普通高等教育交通类专业系列教材

汽车检测与诊断（上册）

第4版

主编　邱兆文　陈焕江

机械工业出版社

本书是《汽车检测与诊断》（第4版）的上册，主要介绍了汽车检测与诊断的基础知识、汽车动力性及燃油经济性检测、汽车发动机技术状况检测诊断、汽车底盘技术状况的检测、汽车的环保性能检测、汽车整车技术参数和车身检测、电动汽车及主要总成系统检测的基本原理和基本方法，以及有关汽车检测诊断设备的结构、工作原理和使用方法等。

《汽车检测与诊断》（第4版）分为具有相对独立性的上、下两册出版。上册以汽车技术状况的检测与诊断为主；下册以汽车各总成的故障诊断为主。本书既可作为高等院校汽车服务工程、车辆工程、交通运输（汽车运用工程）和其他相关专业"汽车检测与诊断技术"课程的教材，也可供汽车检测诊断行业、汽车维修行业、汽车运输行业的技术人员和管理人员参考。

图书在版编目（CIP）数据

汽车检测与诊断.上册/邱兆文，陈焕江主编.—4版.—北京：机械工业出版社，2024.2

普通高等教育交通类专业系列教材

ISBN 978-7-111-74820-5

Ⅰ.①汽⋯ Ⅱ.①邱⋯②陈⋯ Ⅲ.①汽车-故障检测-高等学校-教材 ②汽车-故障诊断-高等学校-教材 Ⅳ.①U472.9

中国国家版本馆CIP数据核字（2024）第039245号

机械工业出版社（北京市百万庄大街22号 邮政编码100037）
策划编辑：舒 恬 责任编辑：舒 恬 丁 锋
责任校对：龚思文 张 薇 封面设计：马精明
责任印制：刘 媛
涿州市般润文化传播有限公司印刷
2024年5月第4版第1次印刷
184mm×260mm・20印张・495千字
标准书号：ISBN 978-7-111-74820-5
定价：65.00元

电话服务 网络服务
客服电话：010-88361066 机 工 官 网：www.cmpbook.com
　　　　　010-88379833 机 工 官 博：weibo.com/cmp1952
　　　　　010-68326294 金 书 网：www.golden-book.com
封底无防伪标均为盗版 机工教育服务网：www.cmpedu.com

前　言

本书是《汽车检测与诊断》（第 4 版）的上册。《汽车检测与诊断》（第 2 版）是普通高等教育"十一五"国家级规划教材，并获"陕西省优秀教材一等奖"。

自《汽车检测与诊断》（第 3 版）2012 年出版以来，汽车新四化（电动化、网联化、智能化、共享化）技术发展迅猛，与此同时，汽车检测与诊断技术也有了很多新的发展，对汽车的技术管理和检测诊断提出了一些新问题、新要求，也产生了一些新的研究成果，有关技术标准和规范也在进一步完善，这些都需要及时纳入《汽车检测与诊断》教材中，以使本教材反映时代特色，继续保持内容的先进性。

《汽车检测与诊断》（第 4 版）仍分为上、下两册出版。上册以汽车技术状况的检测与诊断为主；下册以汽车各总成的故障诊断为主。两册具有一定的相对独立性，以满足不同学校的不同专业"汽车检测与诊断技术"课程的教学需求。

本次再版，《汽车检测与诊断》（第 4 版）上册在以下方面进行了修订：

1. 章节安排上，在原来六章的基础上新增第七章"电动汽车及主要总成系统检测"。第三章"发动机技术状况检测与诊断"中新增"发动机涡轮增压器检测"一节的内容；第五章"汽车环保性能检测"汽油车和柴油车排气污染物检测内容精简合并为第二节"汽车排放检测"，同时新增了第三节"汽车车内污染检测"、第四节"汽车电磁辐射检测"。

2. 在内容方面，则结合汽车和汽车检测诊断技术的发展和有关标准法规，对全书内容及文字进行了较大幅度更新。特别是汽车动力性即底盘输出功率检测、汽车燃油经济性检测、汽车环保性能的检测等方面的内容得到较大幅度加强。由于在各章节中都新增了符合最新要求的内容，使全书内容更为完整。

3. 根据所涉及内容的内在联系，对第 3 版中部分原有章节的内容安排进行了调整，比如将"汽车前照灯检测"和"车速表检测"章节调整至第六章"汽车整车技术参数和车身检测"，使教材章节逻辑性和系统性更好。

《汽车检测与诊断》（第 4 版）上册由长安大学邱兆文教授、陈焕江教授担任主编。其中，第一章、第二章由邱兆文编写；第三章、第七章由长安大学宁一高编写；第四章、第六章由长安大学刘敬一编写；第五章由长安大学郝艳召编写；邱兆文、陈焕江负责统稿。长安大学教务处和汽车学院有关领导对本书的出版非常关心并提供了许多帮助，对此深表谢意。在本书编著过程中，参考了很多文献资料，在此一并向其作者致谢。

希望广大读者对本书的内容、章节安排等提出宝贵意见，以便再版修订时参考。

编　者

目 录

前言
第一章 汽车检测与诊断基础知识 … 1
第一节 概述 … 1
一、基本概念及术语 … 1
二、汽车检测诊断的目的和作用 … 1
三、汽车检测诊断的方法及特点 … 2
四、汽车检测诊断技术的发展 … 3
第二节 汽车技术状况及汽车故障的形成 … 5
一、汽车的技术状况 … 5
二、汽车故障及其主要类型 … 5
三、汽车故障形成及技术状况变化的基本原因 … 6
四、汽车技术状况的变化规律 … 9
第三节 汽车诊断分析方法——故障树分析法 … 10
一、故障树的建立 … 11
二、故障树的分析方法 … 12
第四节 汽车检测诊断标准和周期 … 13
一、检测诊断参数及分类 … 13
二、检测诊断参数的特性与选择 … 16
三、检测诊断参数标准 … 18
四、检测诊断标准的制定 … 19
五、汽车检测诊断周期 … 23
第五节 汽车检测机构 … 24
一、汽车检测机构一般组成 … 24
二、汽车安全检测站 … 24
三、汽车环保检测站 … 27
四、汽车维修检测站 … 30
复习题 … 31

第二章 汽车动力性和燃油经济性检测 … 32
第一节 发动机功率检测 … 32
一、发动机功率检测方法 … 32
二、发动机功率检测标准 … 33
三、发动机无负荷测功 … 33
四、单缸功率检测 … 38
第二节 底盘输出功率检测 … 39
一、汽车底盘测功机的功能 … 39

二、汽车底盘测功机的构造 …………………………………………………………… 39
　　三、汽车驱动轮输出功率检测 ………………………………………………………… 44
　　四、汽车加速能力测试 ………………………………………………………………… 48
　　五、车速表及其他项目的检测 ………………………………………………………… 49
　第三节　汽车燃油经济性检测 …………………………………………………………… 50
　　一、汽车燃油经济性的评价指标 ……………………………………………………… 50
　　二、汽车燃料消耗量的直接测量法 …………………………………………………… 51
　　三、汽车燃油消耗量的间接测量法 …………………………………………………… 55
　　四、汽车燃油经济性评价工况 ………………………………………………………… 57
　　五、汽车燃油经济性检测方法 ………………………………………………………… 62
　　六、汽车燃油消耗量限值 ……………………………………………………………… 66
　复习题 ……………………………………………………………………………………… 68

第三章　发动机技术状况检测与诊断 ……………………………………………………… 69
　第一节　发动机综合性能检测 …………………………………………………………… 69
　　一、发动机综合性能分析仪的基本功能和特点 ……………………………………… 69
　　二、发动机综合性能分析仪的构成和作用 …………………………………………… 71
　　三、发动机综合性能分析仪的使用方法 ……………………………………………… 74
　第二节　发动机气缸活塞组检测 ………………………………………………………… 75
　　一、气缸压缩压力检测 ………………………………………………………………… 75
　　二、气缸漏气量（率）检测 …………………………………………………………… 81
　　三、发动机进气管真空度检测 ………………………………………………………… 83
　　四、曲轴箱窜气量检测 ………………………………………………………………… 86
　第三节　发动机点火系统检测 …………………………………………………………… 89
　　一、发动机点火系统的类型 …………………………………………………………… 89
　　二、点火电压波形检测与分析 ………………………………………………………… 91
　　三、发动机点火正时的检测 …………………………………………………………… 102
　第四节　汽油机燃油供给系统检测 ……………………………………………………… 107
　　一、电子控制汽油喷射系统的组成及工作原理 ……………………………………… 107
　　二、混合气质量检测 …………………………………………………………………… 108
　　三、燃油压力的检测 …………………………………………………………………… 109
　　四、电子控制喷油信号检测 …………………………………………………………… 112
　第五节　柴油机燃油供给系统检测 ……………………………………………………… 115
　　一、混合气质量检测 …………………………………………………………………… 115
　　二、柴油发动机燃油喷射过程及压力变化 …………………………………………… 116
　　三、柴油机供油压力波形检测 ………………………………………………………… 117
　　四、供油压力波形分析 ………………………………………………………………… 119
　　五、柴油机供油正时检测 ……………………………………………………………… 122
　第六节　发动机冷却系统和润滑系统检测 ……………………………………………… 124
　　一、发动机冷却系统检测 ……………………………………………………………… 124
　　二、发动机润滑系统检测 ……………………………………………………………… 126
　第七节　发动机涡轮增压器检测 ………………………………………………………… 128

一、涡轮增压器的结构与工作原理 ………………………………………………………… 129
二、涡轮增压器的检测与故障排除方法 …………………………………………………… 131
第八节　机油品质检测与分析 ………………………………………………………………… 133
一、机油不透光度分析法 …………………………………………………………………… 133
二、介电常数分析法 ………………………………………………………………………… 134
三、滤纸油斑试验法 ………………………………………………………………………… 135
四、机油中金属杂质分析——光谱分析法 ……………………………………………… 137
五、机油中金属杂质分析——铁谱分析法 ……………………………………………… 139
六、机油中金属杂质分析——磁性探测分析法 ………………………………………… 141
第九节　发动机异响诊断 ……………………………………………………………………… 142
一、发动机异响的性质 ……………………………………………………………………… 142
二、发动机异响的特征 ……………………………………………………………………… 142
三、影响发动机异响诊断的因素 …………………………………………………………… 143
四、发动机异响诊断仪的基本原理 ………………………………………………………… 144
五、发动机异响诊断方法 …………………………………………………………………… 146
六、发动机异响振动波形分析 ……………………………………………………………… 147
七、配气相位的动态检测 …………………………………………………………………… 148
复习题 …………………………………………………………………………………………… 149

第四章　汽车底盘技术状况的检测 ……………………………………………………… 151
第一节　汽车转向系统检测 …………………………………………………………………… 151
一、转向盘自由行程和转向力检测 ………………………………………………………… 151
二、转向轮定位检测 ………………………………………………………………………… 153
三、车轮侧滑量检测 ………………………………………………………………………… 160
四、汽车四轮定位检测 ……………………………………………………………………… 165
第二节　汽车传动系统检测 …………………………………………………………………… 170
一、传动系统损失功率和传动效率检测 …………………………………………………… 171
二、汽车滑行距离检测 ……………………………………………………………………… 172
三、离合器滑转的检测 ……………………………………………………………………… 172
四、传动系统角间隙的检测 ………………………………………………………………… 173
第三节　汽车制动性能检测 …………………………………………………………………… 176
一、汽车制动过程 …………………………………………………………………………… 176
二、汽车制动性能检测参数和标准 ………………………………………………………… 178
三、单轴反力式滚筒制动试验台结构及工作原理 ………………………………………… 181
四、惯性式制动试验台结构及工作原理 …………………………………………………… 186
五、平板式制动试验台结构及工作原理 …………………………………………………… 187
六、汽车轴重的检测 ………………………………………………………………………… 188
第四节　汽车行驶系统检测 …………………………………………………………………… 189
一、车轮平衡检测 …………………………………………………………………………… 189
二、悬架装置检测 …………………………………………………………………………… 194
三、悬架装置和转向系间隙检测 …………………………………………………………… 198
复习题 …………………………………………………………………………………………… 200

第五章 汽车环保性能检测 ·· 202

第一节 汽车噪声和喇叭声级检测 ·· 202
一、汽车噪声的来源 ··· 202
二、汽车噪声检测指标 ·· 203
三、汽车噪声检测标准 ·· 204
四、车内噪声和驾驶人耳旁噪声检测 ·· 206
五、汽车加速行驶车外噪声检测 ·· 207
六、汽车喇叭声级检测 ·· 209
七、噪声检测设备 ·· 209

第二节 汽车排放检测 ··· 212
一、汽车排气污染物 ··· 213
二、汽车排气污染物检测标准 ··· 214
三、汽油车排气污染物检测——双怠速法 ···································· 216
四、汽油车排气污染物检测——工况法 ······································· 217
五、柴油车排气污染物检测——自由加速法 ································· 221
六、柴油车排气污染物检测——加载减速法 ································· 222
七、汽车排气污染物检测设备 ··· 224

第三节 汽车车内污染检测 ·· 228
一、车内空气污染的来源 ··· 228
二、车内空气污染检测标准 ·· 228
三、乘用车内空气污染检测 ·· 229
四、长途客车内空气污染检测 ··· 231
五、车内空气污染检测设备 ·· 232

第四节 汽车电磁辐射检测 ·· 235
一、汽车电磁辐射源 ··· 235
二、汽车电磁辐射检测指标 ·· 236
三、汽车电磁辐射检测标准 ·· 236
四、汽车电磁辐射检测方法 ·· 237
五、汽车电磁辐射检测设备 ·· 240

复习题 ·· 240

第六章 汽车整车技术参数和车身检测 ··· 242

第一节 汽车前照灯检测 ··· 242
一、汽车前照灯的结构 ·· 242
二、汽车前照灯的特性 ·· 243
三、汽车前照灯检测项目与标准 ·· 245
四、前照灯检测的基本原理 ·· 246
五、常用前照灯检测仪的结构和工作原理 ···································· 249
六、前照灯检测仪的使用方法 ··· 253
七、前照灯检测仪使用注意事项 ·· 254

第二节 车速表检测 ··· 254
一、车速表误差形成的原因 ·· 254

二、车速表检测的基本原理 255
三、车速表检测设备 255
四、车速表的检测方法 256
五、车速表检测标准及检测结果分析 257
第三节 汽车外观和整车技术参数检测 257
一、汽车外观检测 257
二、汽车结构参数检测 259
三、汽车质量参数检测 260
四、质心位置参数测试 260
五、通过性参数检测 263
六、汽车稳定性参数的测试 264
第四节 车身损伤的检测 266
一、车身损伤的形式 266
二、车身各部件尺寸检测 267
三、整车车身变形检测 268
四、整车车身测量系统 270
第五节 客车防雨密封性检测 272
一、客车防雨密封性检测设备 273
二、客车防雨密封性检测过程 274
三、客车防雨密封性限值 275
四、客车防雨密封性检测的注意事项 276
复习题 276

第七章 电动汽车及主要总成系统检测 277
第一节 电动汽车整车性能检测 277
一、整车安全性技术检测 277
二、整车能耗和续驶里程检测 280
三、整车环境适应性技术检测 281
第二节 动力电池及充电系统检测 285
一、动力电池的主要类型和性能指标 285
二、动力电池主要性能指标的检测方法 289
三、充电系统特性与检测方法 292
第三节 驱动电机系统检测 297
一、驱动电机类型及特点 297
二、驱动电机系统的检测方法 299
第四节 整车控制系统检测 302
一、整车控制系统功能原理 302
二、整车控制系统检测方法 304
复习题 310

参考文献 311

第一章

汽车检测与诊断基础知识

汽车检测与诊断是确定汽车技术状况、寻找故障原因的技术手段，检测与诊断结果是合理使用汽车和维护、修理工作的科学依据。本章所介绍的基本概念、汽车故障及其主要类型、诊断分析方法、诊断参数、诊断标准、诊断周期和诊断工作的工艺组织都是汽车检测与诊断技术的基础。

第一节 概 述

一、基本概念及术语

汽车检测是指确定汽车技术状况或工作能力的检查；汽车诊断是在不解体（或仅卸下个别小件）条件下，为确定汽车技术状况或查明故障部位、原因所进行的检查、分析、判断工作。在汽车检测和诊断工作中常涉及以下术语：

（1）汽车技术状况 定量测得的表征某一时刻汽车外观和性能的参数值的总和。

（2）汽车工作能力 汽车执行技术文件规定的使用性能的能力。

（3）汽车综合能力 汽车多种技术性能的组合，包括汽车动力性、安全性、燃料经济性、使用可靠性、汽车排放性能以及整车装备完整性与状态等。

（4）汽车故障 汽车部分或完全丧失工作能力的现象。

（5）故障率 使用到某行程的汽车，在该行程之后单位行程内发生故障的概率。

（6）故障树 表示故障因果关系的分析图。

（7）检测诊断参数 供检测诊断用的，表征汽车、总成及机构技术状况的参数。

（8）检测诊断标准 对汽车检测诊断的方法、技术要求和限值等的统一规定。

（9）检测诊断规范 对汽车检测诊断作业技术要求的规定。

（10）检测诊断周期 汽车检测诊断的间隔期。

二、汽车检测诊断的目的和作用

根据检测诊断目的，汽车检测诊断可分为以下类型：

（1）安全性能检测 对汽车实行定期和不定期的安全性能检测诊断，目的在于确保汽车具有符合要求的外观、良好的安全性能，以强化汽车的安全管理。

（2）排放性能检测 对燃油汽车或燃油混合动力汽车的排放性能检测诊断，目的在于确保汽车具有规定排放范围内的环保性能。包括新生产机动车下线检验、注册登记检验、在用汽车检验、监督抽测等。

1

(3) 汽车故障检测诊断　对故障汽车进行检测诊断，目的是在不解体（或仅卸下个别小件）情况下，查出故障的确切部位和产生的原因，从而确定故障的排除方法，提高排除汽车故障的效率，使汽车尽快恢复正常使用。

(4) 汽车维修检测诊断　根据交通部《汽车运输业车辆技术管理规定》的要求，汽车定期检测诊断应结合维护定期进行，以此确定维护附加项目，掌握汽车技术状况变化规律；并通过对汽车的检测诊断和技术鉴定，确定汽车是否需要大修，以实行视情修理；同时，在汽车维修过程中，利用设置在某些工位上的诊断设备，可使检测诊断和调整、维修交叉进行，以提高维修质量；对完成维护或修理的车辆进行性能检测和诊断，并对维修质量进行检验。

总的来说，汽车检测诊断有两个不同的目的：对明显出现故障的汽车，应通过检测诊断查找故障的确切部位和发生的原因，从而确定排除故障的方法；对汽车技术状况进行全面检查，以确定汽车技术状况是否满足有关技术标准的要求，及与标准相差的程度，以决定汽车是否继续行驶或采取何种措施延长汽车的使用寿命。对汽车运行中故障的检测诊断和汽车维修前及维修过程中的检测诊断，属于前一种检测诊断；汽车维修作业后的竣工检验和定期或不定期进行的安全性能检测诊断、排放性能检测诊断，则属于后一种检测诊断。

三、汽车检测诊断的方法及特点

汽车检测诊断是由检查、分析、判断等一系列活动完成的。从完成这些活动的方式看，汽车的检测诊断主要有三种基本方法，其一是传统的人工经验检测诊断法，其二是利用现代仪器设备检测诊断法，其三是自诊断法。

(1) 人工经验检测诊断法　人工经验检测诊断法是通过路试和对汽车或总成工作情况的观察，凭借检测诊断人员丰富的实践经验和一定的理论知识，利用简单工具以及眼看、手摸、耳听等手段，边检查、边试验、边分析，进而对汽车技术状况进行定性分析，或对故障部位和原因进行判断的方法。该检测诊断方法不需要专用仪器设备，可随时随地应用。但其缺点在于：检测诊断速度慢，准确性差，并要求检测诊断者具有丰富的实践经验和较高的技术水平。

(2) 现代仪器设备检测诊断法　现代仪器设备检测诊断法是在人工经验检测诊断法的基础上发展起来的，可在不解体情况下，利用建立在机械、电子、流体、振动、声学、光学等技术基础上的专用仪器设备，对汽车、总成或机构进行测试，并通过对检测诊断参数测试值、变化特性曲线、波形等的分析判断，定量确定汽车的技术状况。采用微机控制的专用仪器设备能够自动分析、判断、打印检测诊断结果。现代仪器设备检测诊断法的优点是检测诊断速度快、准确性高、能定量分析；缺点是投资大、占用固定厂房等。

(3) 自诊断法　自诊断法是利用汽车电控单元的自诊断功能进行故障诊断的一种方法。它的基本原理是利用监测电路检测传感器、执行器及微处理器的各种实际参数，并与存储器中的标准数据比较，从而判断系统是否存在故障。当确定系统有故障存在时，电控单元把故障信息以故障码的形式存入存储器，并控制警告灯发出警告信号。把该故障码从存储器中提取出来，然后查阅相应的"故障码表"便可确定故障的部位和原因。

本书主要介绍利用仪器设备对汽车进行检测诊断的技术和方法。

四、汽车检测诊断技术的发展

1. 发展概况

初期的汽车检测诊断技术以人工经验检测诊断法为主，现代仪器设备检测诊断法和自诊断法则是在传统的人工经验检测诊断法的基础上，伴随着现代科学技术的进步而发展起来的。许多检测诊断设备就是沿着人工经验检测诊断的思路研制开发的，即使先进的汽车专家诊断系统，也是把人脑的分析、判断通过计算机语言转化成电脑的分析判断。自诊断法对于电子控制的汽车各大系统的监控和诊断非常准确有效，随着计算机控制技术的发展和在汽车上的广泛应用，自诊断法的优势将更为突出。因此，在汽车检测诊断技术的发展过程中，其基本检测诊断方法并不是相互独立的，而是相辅相成的。

随着社会的发展、技术的进步，现代仪器设备检测诊断和自诊断技术在汽车检测诊断技术中从无到有，所占比重越来越大，并经历了从低级到高级的发展过程。

首先，一些简单的测试仪表，如转速表、气压表、真空表、电压表、电流表等，被应用到了汽车检测诊断工作，其测试结果被作为人工经验检测诊断的依据，使汽车检测诊断从"耳听、手摸"的定性阶段逐步向定量阶段过渡。

专用检测诊断设备的问世是仪器设备检测诊断的第二个发展阶段。电子技术的进步，特别是计算机技术的发展及其在专用检测诊断设备上的应用，对汽车检测诊断技术产生了重大影响。在上述技术背景下，检测诊断设备由单机发展为配套，由单功能发展为多功能，由手工操纵发展为自动控制。汽车检测诊断技术已发展成为检测诊断控制自动化、数据采集自动化、数据处理自动化、结果输出自动化的综合检测诊断技术，能对汽车进行多项目的检测。目前已研制出来并投入使用的汽车检测诊断设备中，用于发动机检测诊断的主要有：发动机无负荷测功仪、发动机综合性能分析仪、电子示波器、点火正时仪、废气分析仪、发动机异响诊断仪、机油快速分析仪、铁谱分析仪、油耗仪、气缸漏气量检测仪等；用于底盘检测诊断的主要有：制动试验台、侧滑试验台、转向轮定位仪、车速表试验台、灯光检验仪、底盘测功机、车轮动平衡机等。

自诊断技术是伴随着电子技术特别是计算机技术的发展应运而生的。电子技术在汽车上的广泛应用，产生了对汽车电子系统的技术状况进行监控和故障诊断的客观需求；电子技术应用于汽车检测诊断技术中，亦使之具备了监控和检测汽车电子系统的技术可能性。目前，随车诊断已成为故障诊断的重要技术方法，许多轿车具有故障自诊断功能。同时，能够模拟专家思维的故障诊断专家系统，把汽车检测诊断专家的知识移植到检测诊断方法之中，并通过在诊断设备中的运用使之具有诊断复杂故障的能力，使汽车检测诊断技术向新的高度发展。

汽车检测诊断技术也是随着汽车技术的进步和汽车运行条件的改善而不断发展的。随着汽车工业的发展，汽车结构越来越复杂，电子化程度越来越高。电子控制燃油喷射系统、电子控制汽车防抱死制动系统、自动变速器等在汽车上的应用已日趋普遍；高速公路建设对汽车的使用性能，特别是高速行驶下的安全性能提出了更高的要求。这些不但使人工经验检测诊断法难以适应，同时提出了开发新型汽车检测诊断设备的客观需求。

在科学技术高速发展的今天，人类越来越重视自身安全的保障和自然界的生态平衡，可持续发展受到广泛关注。因此，今后汽车检测诊断设备的发展将集中在汽车安全性能、排放性能和汽车新结构的检测诊断方面，并向多功能综合式、自动化及智能化方向发展。同时，测试仪表也将向更加精密和小型化、智能化方向发展，并能随车装设，在工作过程中显示。随着计算机网络技术的普及，汽车检测诊断可实现网络化，可随时得到高水平的"故障诊断专家系统"的指导，可方便地获得关于汽车故障诊断结果和排除方法的有关信息。

虽然汽车检测诊断技术发展很快，但目前的检测诊断仪器设备还只能检测诊断汽车的部分性能和故障。某些总成如离合器、变速器、差速器、主减速器等的故障诊断，目前还缺乏方便、实用的仪器设备可以利用；汽车的外观检查，如车体是否周正，车身和驾驶室钣金件是否开裂、变形，油漆是否脱落、锈蚀，甚至一些能引起重大事故的部位的缺陷，如转向横拉杆、直拉杆球头松旷，传动轴和车轮螺栓松动等，都离不开人工经验检查。因此，人工经验检测诊断法虽有一定的局限性，但在某些方面仍是利用仪器设备检测诊断所不能代替的。但随着汽车检测诊断技术的发展，利用汽车检测诊断设备和自诊断、故障诊断专家系统检测诊断汽车的技术状况和故障，必将成为汽车检测诊断的主流。

2. 发展展望

为使我国的汽车检测诊断技术赶超世界先进水平和适应汽车技术高速发展的需要，应从汽车检测技术基础、检测设备智能化、检测诊断网络化及汽车故障预测等方面进行研究和发展。

(1) 实现汽车检测技术基础的规范化　我国汽车检测诊断技术在发展过程中，普遍重视硬件技术，而忽视或是轻视了对难度大、投入多、社会效益明显的检测方法和限值标准等基础性技术的研究。随着汽车诊断技术的发展，应加强基础研究，完善与硬件配套的软件建设，制定定量化的检测标准，统一规范全国各地的检测要求及操作技术。

(2) 提高汽车检测诊断设备的性能和智能化水平　随着汽车诊断技术的发展，汽车诊断设备将向多功能综合式和自动化方向发展，同时，测试仪器也将趋向小型化、轻量化、测量放大一体化、非接触化、智能化，还会不断地提高检测诊断设备的性能，进一步提高诊断系统的智能化水平，增加诊断项目，扩大检测范围，提高产品的可靠性。目前的诊断设备主要是针对汽车电器和电控系统的故障，只能诊断汽车的部分性能和故障，而对汽车发动机及底盘机械故障的诊断，还缺乏方便、实用的仪器设备，仍然以人工经验法为主。但随着新技术的出现和新产品的开发，利用汽车诊断设备诊断汽车故障将会成为汽车维修领域的主流。

(3) 实现汽车检测诊断网络化　随着计算机网络技术的普及，汽车检测诊断将实现网络化。网络化可为汽车检测诊断提供源源不断的信息，人们通过互联网可很方便地与世界上很多汽车公司、厂家联络，获得汽车故障诊断信息，而且随时可以得到高水平的"故障诊断专家系统"的指导，随着可视网络技术的投入使用，远在千里之外的专家能像在现场一样，逐步地指导检修人员诊断和排除故障。另外，利用信息高速公路，可将全国的汽车检测站联成一个广域网，使政府相关管理部门随时掌握车辆的状况。

(4) 逐步实现汽车故障的预测　实现汽车故障的预测是汽车诊断技术发展的一个重要课题，其重要性在于通过预测可以预知诊断对象——汽车或其总成的未来技术状况，并确定其剩余工作寿命和运行潜力，预报无故障期限，做到事先预防和减少危险性故障。发动机可采用分析机油的金属（Fe、Cu、Pb 等）含量、黏度、不溶解成分、总碱值、燃油混入量及水分，对照发动机故障的数据资料，根据机油的各种成分和性能变化与发动机故障的相互关系，来诊断发动机的技术状况。但到目前为止，整车故障的预测实际上还没有真正解决。这首先是因为诊断设备还不完善,其次是缺少必要的结构参数和输出过程参数的变化规律资料。根据这些情况,应逐步加强对汽车的实验与理论的研究,掌握汽车技术状况的变化与其组成的零部件发生磨损、变形、疲劳、腐蚀等引起配合特性变化的规律。确定诊断参数和诊断标准,开发包括检测技术、分析技术和预测技术在内的诊断软件;利用科学技术的新成果和先进技术,尽可能在车辆的关键部位装入车载式监测传感器来获取诊断信息,通过随车计算机和指示仪表,对汽车转轴、轴承、齿轮、润滑油、排放、油耗和振动进行有效的监测,对汽车的渐发性故障进行有效预警。

第二节 汽车技术状况及汽车故障的形成

在汽车运用过程中,由于汽车本身缺陷、外界运用条件等多种因素的影响,汽车技术状况不断发生变化。随着汽车行驶里程的增加,故障率将增大。汽车检测诊断的目的是确定汽车技术状况,查找故障或者异常,并在此基础上,通过及时维护和修理,保障汽车安全、经济、可靠地工作。因此,汽车检测诊断的基础之一是对引起汽车技术状况变化及故障的主要原因有所了解,并掌握科学的检测诊断分析方法。

一、汽车的技术状况

汽车的技术状况是指定量测得的、表征某一时刻汽车的外观和性能的参数值的总和。

在汽车使用过程中,汽车内部零件之间、零件与工作介质和工作产物之间、汽车与外部环境之间均存在着相互作用,其结果是汽车零件在机械负荷、热负荷和化学腐蚀作用下,引起零件磨损、发热、腐蚀等一系列物理的和化学的变化,使零件尺寸、零件装配位置、配合间隙、表面质量等发生改变。如发动机气缸活塞组的尺寸、曲柄连杆机构的尺寸、制动器制动蹄片的尺寸、制动蹄与鼓的间隙等,在汽车使用过程中时刻都在发生着变化。汽车是由机构、总成组成的,而机构和总成又由零件组成,所以零件是汽车的基本组成单元。零件性能下降后,汽车的技术状况将受到影响,因此汽车技术状况的变化取决于组成零件的综合性能。

随着汽车行驶里程的增加,汽车的技术状况将逐渐变坏,致使汽车的动力性下降、燃油经济性变坏、使用方便性下降、行驶安全性和使用可靠性改变,直至最后达到使用极限。

二、汽车故障及其主要类型

某装置或机构发生故障是指其功能的丧失或性能的降低。例如:发动机轴瓦烧损和拉缸属于功能立即丧失的破坏性故障,而汽车制动距离超标则属于性能降低的故障。

从存在形式和发生过程分析,汽车故障具有多种类型。

1. 间断性故障和永久性故障

按照故障存在时间可分为间断性故障和永久性故障。顾名思义,间断性故障只是在引发其发生的原因短期存在的条件下才显现,而永久性故障则只有在更换某些零部件后才能使其得以排除。例如:供油系气阻使供油中断而造成的功能丧失为间断性故障,因为气阻由于供油系温度过高而产生,冷却后气阻自然消失,供油功能就得以恢复;发动机拉缸造成的功能丧失,则须在更换缸套、活塞、活塞环并排除引起拉缸的原因后才能恢复,因此属于永久性故障。

2. 突发性故障和渐发性故障

按照故障发生快慢可分为突发性故障和渐发性故障。突发性故障指发生前无任何征兆的故障，一般不能通过检测诊断来预测，其特点是故障的发生有偶然性；渐发性故障则是由于零件磨损、疲劳、变形、腐蚀、老化等原因使技术状况劣化而引起，常对应有一个逐渐发展的过程，因此能够通过早期检测诊断来预测。例如：车轮掉入坑中使钢板弹簧折断具有突发性质，而由于气缸磨损引起的敲缸则是渐发的。

3. 功能故障和潜在故障

按照故障是否显现可分为功能故障和潜在故障。导致功能丧失或性能降低的故障为功能故障；正在逐渐发展但尚未对功能产生影响的故障属潜在故障。例如：汽车前轴和传动轴裂纹，当未扩展到极限程度时，为潜在故障。值得重视的是：潜在故障一旦对功能产生影响，常常具有突发性质，因此对汽车的安全行驶极其不利。

汽车检测诊断技术面对的主要是渐发性、永久性的功能故障或潜在故障。

三、汽车故障形成及技术状况变化的基本原因

汽车故障形成的内因是零件失效，外因是运行条件。在汽车运行过程中，汽车的零部件之间，工作介质、燃油及燃烧产物与相应零部件之间，均存在相互作用，从而引起零部件受力、发热、变形、磨损、腐蚀等，使汽车在整个使用寿命期内，故障率由低到高，技术状况由好变坏。外界环境（如道路、气候、季节等）和使用强度（如车速、载荷等）通过对上述相互作用过程的影响，而成为汽车故障发生和技术状况变化的重要因素。

1. 磨损

磨损是汽车零件损坏的主要原因，也是汽车故障形成和技术状况变化的主要原因。

磨损是指由于摩擦而使零件表面物质不断损失的现象，是摩擦副相互作用——摩擦的结果。根据表面物质损失的机理，磨损分为以下四类：

（1）黏着磨损　黏着磨损指相互作用的摩擦副间产生表面物质撕脱和转移的磨损。

黏着磨损易发生在承受载荷大、滑动速度高、润滑条件差的摩擦表面。此时，摩擦副间产生大量热，使表面温度升高并形成局部热点，塑性变形增大，材料强度降低。这又使得摩擦副间的润滑油膜遭到破坏，进一步加剧了摩擦过程，表面温度进一步上升。如此逐渐恶化，最终形成局部热点间的"点焊"现象。"点焊"部位由于相互运动再被撕开，从而形成表面物质的撕脱和从一个摩擦表面到另一个摩擦表面的转移。

黏着磨损是破坏性极强的磨损，黏着磨损一旦发生，便能在很短时间内对零件表面造成严重损坏，从而使相应机构的功能立即丧失。在汽车零件中，产生黏着磨损的典型实例是"拉缸"和"烧瓦"。汽车主减速器缺少润滑油时，其锥齿轮轮齿啮合齿面也很容易产生黏着磨损。

在汽车使用过程中，应注意避免黏着磨损的发生。黏着磨损的产生除与零件材料的塑性和配合表面的粗糙度有关外，还与工作条件（如工作温度、压力、摩擦速度）和润滑条件有关。因此，在汽车工作过程中，要设法改善上述条件特别是润滑条件，防止黏着磨损的发生。

（2）磨料磨损　磨料磨损指在夹在摩擦副间微粒的作用下产生的磨损。微粒通常是坚

硬、锐利的颗粒物质，当其存在于相互运动着的摩擦表面间时，可研磨并刮伤摩擦表面；破坏润滑油膜，从而使零件磨损速度加快。

磨料主要是来自外界空气中的尘土、油料中的杂质、零件表面的磨屑及燃烧积炭。因此，避免油料（燃油、润滑油）污染，保持"三滤"（空气滤清器、机油滤清器、燃油滤清器）技术状况良好，可大大减轻磨料磨损。

易于发生磨料磨损的部位主要有：气缸壁、曲轴颈、凸轮轴凸轮表面、气门挺杆等。

（3）表面疲劳磨损　表面疲劳磨损是指在摩擦面间接触应力反复作用下，因表面材料疲劳而产生物质损失的现象。

在交变载荷作用下，摩擦表面产生塑性变形和裂纹并逐渐积累、扩展，润滑油渗入裂纹，而在交变压力下产生的楔入作用进一步加剧了裂纹形成过程，使之加深、扩展，从而导致表面材料剥落。

汽车上的齿轮、滚动轴承、凸轮等，在经过一定使用时间后，摩擦面所产生的麻点或凹坑均是表面疲劳磨损的典型例子。

（4）腐蚀磨损　腐蚀磨损是指在腐蚀和摩擦共同作用下导致零件表面物质损失的现象。

在腐蚀介质作用下，零件表面产生腐蚀产物。由于摩擦的存在，腐蚀产物被磨掉，腐蚀介质又接触到未被腐蚀的金属，再次产生新的腐蚀产物，使腐蚀向深处发展。腐蚀产物的不断生成和磨去，使摩擦表面产生了物质损失。

实际上，任何摩擦副都存在腐蚀磨损，其磨损速度主要受腐蚀介质影响，见图1-1。

2. 变形和断裂

零件尺寸和形状改变的现象称为变形；断裂则指零件的完全破裂。变形和断裂均是零件的应力超过材料极限应力的结果。超过屈服强度，零件中产生永久变形；超过强度极限，零件则发生断裂。

零件变形，特别是基础件变形，改变了与相关零件的配合关系，对机构的功能有很大影响。试验表明，由于发动机缸体变形使气缸轴线对曲轴轴线的垂直度在200mm长度上从0.05mm增大到0.18mm时，气缸磨损增大30%。断裂则导致功能的丧失。

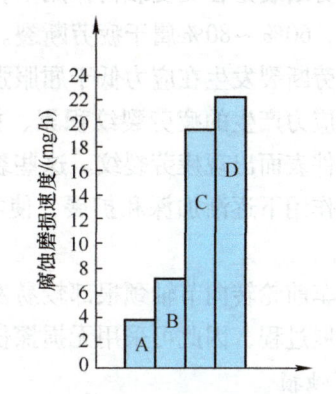

图1-1　不同腐蚀介质中钢的腐蚀磨损速度
A—N_2　B—20% H_2O　C—0.7% SO_2
D—0.7% SO_2 + 20% H_2O
注：含量数据均为质量分数。

（1）变形　从零件应力的来源看，产生变形的原因为：工作应力、内应力和温度应力。

零件承受外载荷时，在零件内产生工作应力。在汽车上，有许多形状复杂、厚薄不一的铸件或焊接件。这些零件在加工过程中，常会产生较大内应力，虽然经过人工时效除去了大部分内应力，但仍有部分内应力残存下来。如薄厚不同的铸件冷却时，外层冷却快，中心部分冷却慢。这样在外层冷却收缩后，中心部分再冷却收缩时，便会产生拉应力。在厚薄不匀的接触面处，薄的部分冷却快，而厚的部分冷却慢。这样，在薄壁处冷却收缩后，较厚部分再冷却收缩时，接触面处就会产生压应力。温度应力由于零件受热不匀、温差大而产生。温度高的区域热膨胀大，温度低的区域热膨胀小，从而在温差大的区域，因膨胀变形量不同而

产生拉应力。

温度差不仅产生温度应力,还可能引起变形,同时温度过高还会使材料的屈服强度降低,使零件易于发生永久性变形。图1-2为碳钢的屈服强度随温度而变化的情况。

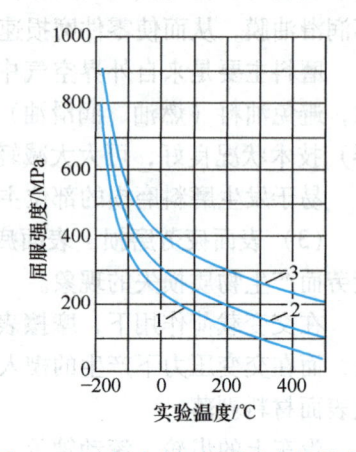

以上各种应力叠加,当应力大于材料的屈服强度时,便会导致零件变形。

(2) 断裂 断裂也是在应力作用下产生的。按产生应力的载荷性质分类,断裂可分为一次加载断裂和疲劳断裂。

一次加载断裂指零件在一次静载荷或动载荷作用下发生的断裂。载荷过大时,零件内产生的工作应力过大,若与其他形式的应力叠加后超过了材料的强度极限,便可导致零件断裂。

图1-2 温度对碳钢屈服强度的影响
1—$w_C = 0.04\%$ 2—$w_C = 0.12\%$
3—$w_C = 0.5\%$
注:w_C 为碳钢中碳的质量分数。

实际上,在汽车正常使用时,其零部件发生一次加载断裂的情况很少。汽车超载过多及遇到过大的行驶阻力或动载荷时,一次加载断裂可能发生。例如:车轮掉入坑中,钢板弹簧折断;汽车突然碰撞障碍物,传动系零部件受到阶跃载荷而断裂。

疲劳断裂是在交变载荷作用下,经历反复多次应力循环后发生的断裂。汽车零件的断裂故障中,60%~80%属于疲劳断裂。

疲劳断裂发生在应力低于屈服强度的情况下,断裂前一般不产生明显塑性变形。断裂是在交变应力产生的疲劳裂纹积累、扩展到一定程度后突然发生的。首先,在交变应力作用下,零件表面出现疲劳裂纹。这些裂纹通常出现在有材料缺陷或应力集中的区域。裂纹在应力反复作用下逐渐加深和扩展,使零件强度大大降低。当受到较大载荷时,零件就会突然断裂。

汽车前轮转向节轴颈根部较易发生疲劳断裂,由于断裂前疲劳裂纹经历了较长时期的积累和发展过程,因此可采用无损探伤技术早期发现裂纹,从而避免因断裂而引发的事故。

3. 蚀损

蚀损指在周围介质作用下产生表面物质损失或损坏的现象。按发生机理的不同,其可分为腐蚀、气蚀和浸蚀。

(1) 腐蚀 腐蚀指零件在腐蚀性物质作用下而损坏的现象。汽车上较易产生腐蚀破坏的零部件有燃料供给系和冷却系的管道及车身、驾驶室、车架等裸露的金属件等。

(2) 气蚀 气蚀又称穴蚀,指在压力波和腐蚀共同作用下产生的破坏现象。气蚀经常发生在与液体接触并有相对运动的零件表面。例如:湿式气缸套外壁、水泵叶轮表面等。

液体中一般溶有一定的气体,当压力降低时,便会以气泡形式析出;若液体中某些部分的压力低于液体在当时温度下的饱和蒸气压,液体也会蒸发形成气泡。压力升高后,气泡崩破产生压力波,不断冲击与其相接触的金属零件表面氧化膜并使其破坏,促使液体对金属表面的腐蚀逐步向深层发展而形成穴坑。发动机工作时,活塞上下敲击气缸壁产生振动。当缸壁外表面因振动稍离开冷却液时,缸壁外表面处压力降低,于是低压区液体蒸发产生气泡,并向缸壁外表面低压区集中；压力再次升高后，气泡在靠近缸壁处崩破，产生的压力波冲击缸壁外表面的氧化膜，使其遭到破坏。如此循环往复，氧化膜不断生成又不断被破坏，使腐蚀得以发展而在缸壁外表面形成许多麻点状的直径为 0.2～1.2mm 的穴坑。气蚀严重时，零件表面可呈泡沫海绵状，直至穿透。图 1-3 为柴油机缸套外壁被气蚀后的情况。

（3）浸蚀　由于高速液流对零件的冲刷导致其表面物质损失或损坏的现象称为浸蚀。易发生浸蚀的零部件有发动机的进、排气门等。

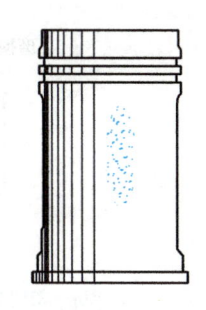

图 1-3　被气蚀后的柴油机缸套外壁

在高速液流冲刷下，零件表面的氧化膜被破坏，继而重新产生。如此周而复始，导致冲刷表面产生麻点、条纹或凹坑，使零件损坏。

4. 其他

除以上原因外，老化、失调、烧蚀、沉积等也是汽车某些零部件发生故障的重要原因。

老化指零件由于材料受物理、化学和温度变化影响而逐渐损坏或变质的故障形式。老化常发生于汽车上的非金属零件，如轮胎、油封、膜片等及电气元件如电容器、晶体管等，可使其破损、断裂或失去应有功能。

失调指某些可调元件或调整间隙由于调整不当，或在使用中偏离标准值而引起相应机构功能降低或丧失的故障形式。如气门间隙调整不当可使发动机的配气相位发生变化，影响发动机的进、排气过程，进而对发动机的动力性、燃料经济性和排放性能产生影响。

零部件在强电流、强火花作用下会发生烧蚀，其正常工作性能将降低或丧失。易发生烧蚀的汽车零部件有火花塞电极、各种照明灯泡和电子元件等。

磨屑、尘土、积炭、油料结胶和水垢等沉积在某些零件工作表面，可引起其工作能力降低或丧失。如空气滤清器、机油滤清器堵塞，燃烧室积炭，气缸盖、气缸体和散热器冷却水道中积有水垢等。

四、汽车技术状况的变化规律

汽车在使用过程中，随着行驶里程增加，技术状况逐渐变坏，致使汽车的动力性下降、经济性变坏、可靠性降低。

如上所述，引起汽车故障和技术状况变化的因素有多种。在正常使用情况下，零件磨损是导致汽车技术状况变坏、产生故障以至失去工作能力的主要因素。如果能够掌握零件磨损规律，适时维护修理，就可以降低磨损速率，保持汽车技术状况良好，延长汽车的使用寿命。

图 1-4 为正常使用情况下汽车零件的典型磨损曲线。磨损过程可分为三个阶段。L_1 为初期磨损或走合期磨损阶段，因零件表面的微观不平、几何形状偏差和零件的装配误差，使该阶段磨损速率较大；L_2 为正常工作阶段，零件经磨合形成光滑摩擦表面后，磨损速率大大降低，磨损量随汽车行驶里程增加而缓慢增长；L_3 为总磨损量达到极限值 δ 后的零件磨损期，此阶段的磨损加剧，故障增加，工作能力急剧下降。若能够注意汽车的合理使用和及时的维护修理，可使初期磨损量减小、正常工作阶段的磨损速率下降、磨损量达到极限值 δ 时的行驶里程增长，从而也就延长了汽车的使用寿命，如图 1-4 中虚线所示。

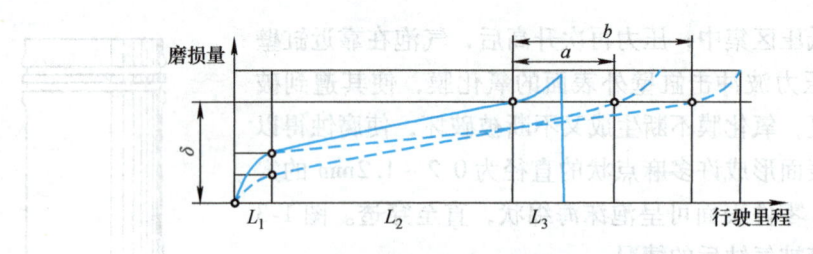

图 1-4　汽车零件的典型磨损曲线

L_1—初期磨损阶段　L_2—正常工作阶段　L_3—逐渐加剧磨损阶段　δ—极限磨损量

汽车运用性能随使用时间或行驶里程的变化曲线见图 1-5。汽车初始性能是在汽车生产制造时确定的，在使用过程中，随着使用时间和行驶里程的增长，汽车使用性能将按指数规律下降。合理运用并及时维护汽车，可使性能的下降速率减小，从而使汽车在整个使用期内的平均使用性能得以提高，如图 1-5 中虚线所示。

对于渐发性故障而言，故障的产生过程是一个损伤逐步积累的过程。在这个过程中，由于磨损、腐蚀、变形、老化等原因，零件的强度降低、理化性能变差，使有关机构的技术状况从正常状况转化为不正常状况。当该机构某项技术性能指标低于许用标准时，该机构则处于故障状态。从汽车投入使用到故障状态所驶过的里程为正常行驶里程。

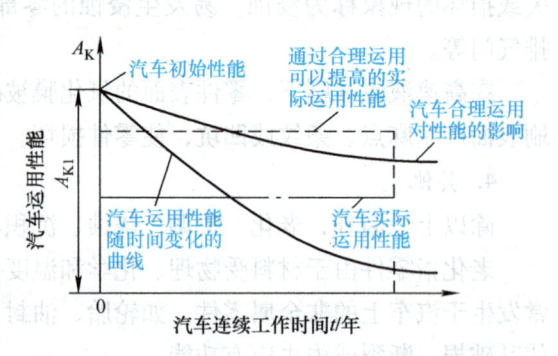

图 1-5　汽车运用性能随使用时间变化曲线图

对于主要承受载荷并在其作用下易产生断裂故障的零件，如汽车大梁、前桥、后桥及发动机曲轴及传动系统齿轮（曲轴断裂、齿轮断齿）等，如果零件强度高于外载荷引起的应力，则处于正常工作阶段；若由于受力变形、磨损、裂纹等使零件强度低于外载荷所引起的应力时，便会产生故障，见图 1-6。

汽车检测诊断的重要目的，是确定汽车技术状况是否正常、有无异常或故障，并预期汽车的续驶里程，通过采用汽车合理使用的技术措施，及时维护修理，消除故障隐患或排除已有故障，保证汽车技术状况良好，延长使用寿命。

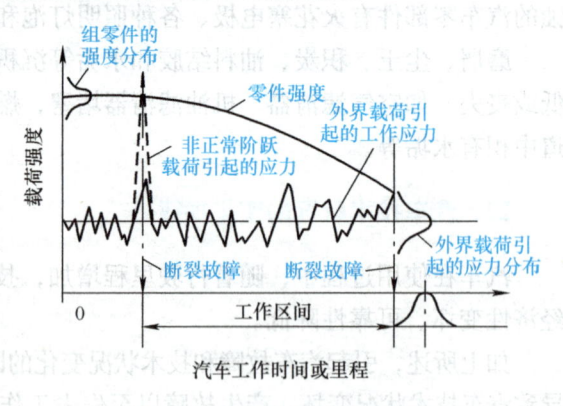

图 1-6　断裂故障产生示意图

第三节　汽车诊断分析方法——故障树分析法

汽车是一个由多个不同功能的子系统构成的复杂机电系统。要对其进行技术性能检测诊断并确定故障所在，除需要先进的检测诊断设备和手段外，还需要科学有效的检测诊断分析

10

方法。故障树分析法是常用的汽车检测诊断分析方法。

故障树分析法是一种将系统故障形成的原因由总体至部分逐级细化的分析方法。由于用于表示故障因素间逻辑关系的图形很像一倒放着的树枝，因此又称为树枝图分析法。

故障树分析法产生于 20 世纪 60 年代初期，并首先作为一种可靠性分析技术而用于复杂系统的可靠性分析和设计。目前，该分析方法不仅在工业领域得到应用，也常应用于社会经济管理领域。

故障树分析法用于汽车检测诊断，不仅可根据汽车故障与引起故障的各种可能原因之间的逻辑关系构成逻辑框图，并据此对故障原因进行定性分析；还可以在此基础上，运用逻辑代数对故障出现的可能性大小进行定量分析。

图 1-7 为故障树分析程序简图。

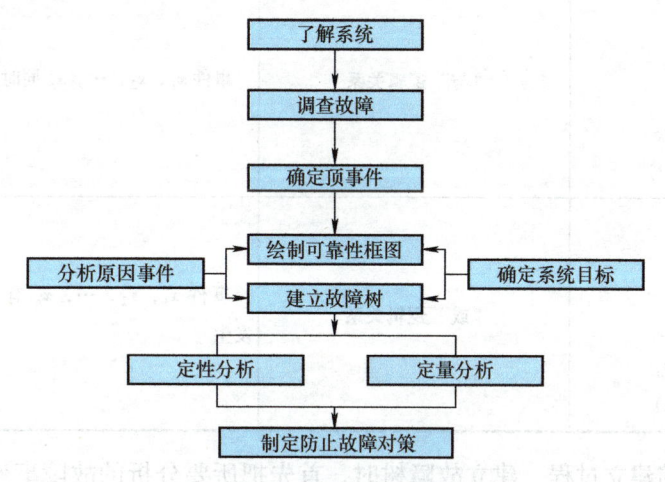

图 1-7　故障树分析程序简图

一、故障树的建立

（1）常用符号　建立故障树时，常把正在研究的故障和引起故障的原因统称为事件，并根据事件的不同性质将其分为 4 类，即要分析的故障事件、暂时不分析和发生概率很小的事件、偶发性非故障事件、基本事件。汽车的各系统和零部件之间是相互联系的，因此上述几类事件之间也是相互关联的。事件间的关系通常有两种："与"逻辑关系和"或"逻辑关系。事件性质和事件间的逻辑关系常用规定符号表示，见表 1-1。

表 1-1　常用事件符号和逻辑关系符号

符号	名称	含义
矩形符号	故障事件	包括除基本事件外所有要分析的故障事件和引发故障事件的原因
圆形符号	基本事件	不能再分析的故障事件，表示了故障发生的基本原因

（续）

符号	名称	含义
屋形符号	非故障事件	表示事件是偶然发生的
菱形符号	省略事件	表示暂时不分析或发生概率很小的事件
与门符号（AND） $x_1, x_2, \cdots, x_n$	"与"逻辑关系	事件 $x_1, x_2, \cdots, x_n$ 同时发生，事件 A 才发生
或门符号（OR） $x_1, x_2, \cdots, x_n$	"或"逻辑关系	事件 $x_1, x_2, \cdots, x_n$ 有一个发生，事件 A 才发生

（2）故障树的建立过程　建立故障树时，首先把所要分析的故障事件扼要地写在故障树顶端，记为"T"，称为顶事件；把与故障事件有直接关系的事件作为第二级事件并写在顶事件下方，记为"A"；继续分析还可列出第三级、第四级、……，直至列出不能再继续分析的基本条件（记为"x"）为止；分析过程中暂时不分析的省略事件记为"D"。分析事件性质和各级事件间的关系，并用表 1-1 中所示符号表示，就形成了故障树。在故障树中，每一级事件都是上一级事件的直接原因，同时又是下一级事件的直接结果，上下级事件间存在着"或"或"与"逻辑关系。图 1-8 为发动机不能起动的故障分析的故障树。

二、故障树的分析方法

（1）定性分析　故障树定性分析的任务是寻找引起所研究故障事件的基本事件及其影响路径，此任务可通过分析故障树所表示的故障事件与基本事件的关系得以解决。

（2）定量分析　故障树定量分析的目的是估计故障事件出现的概率，以评价系统的可靠性。

汽车故障的发生具有随机性，属偶然事件，其发生的可能性大小可用发生概率的大小度量。故障树中的上、下级事件间不是孤立的，而是以"或"或者"与"逻辑关系相联系的。运用概率论中"和"事件和"积"事件的概率计算公式，则可以根据基本事件的发生概率，逐级推算，直至求出故障事件的发生概率。

若基本事件 $x_1, x_2, \cdots, x_n$ 二者间相互独立，并已知发生概率 $P(x_i)$，则：

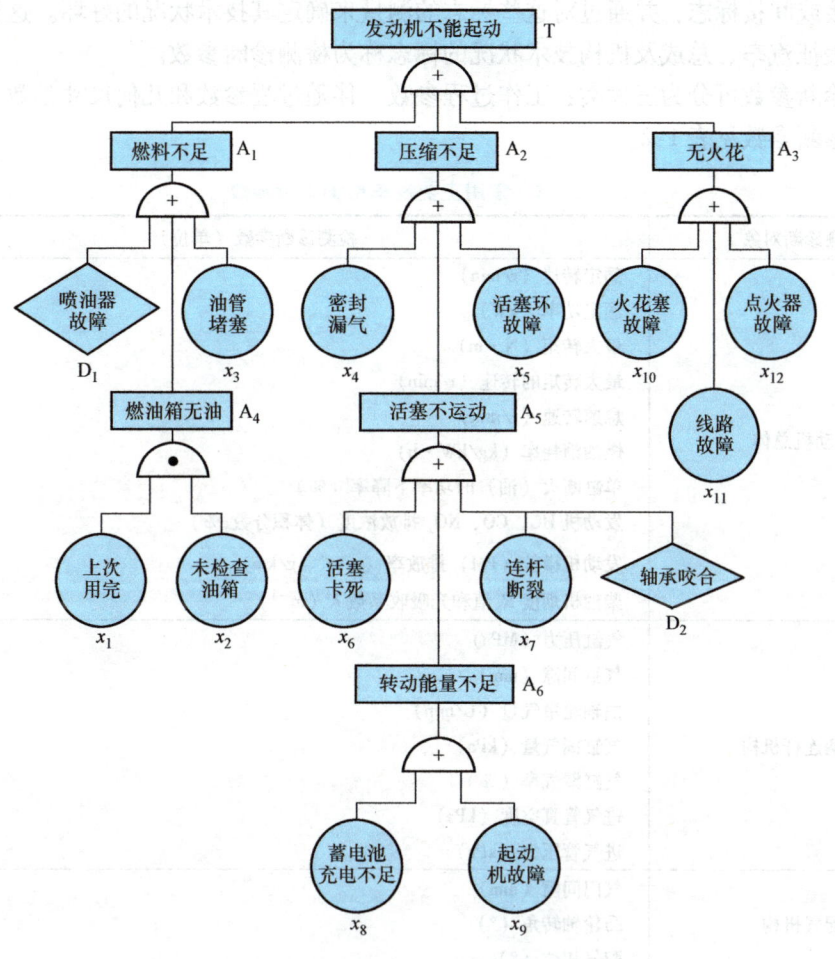

图1-8 发动机不能起动故障树

"与"事件 $T = x_1 \cdot x_2 \cdots x_n$ 的发生概率

$$P(T) = \prod_{i=1}^{n} P(x_i) \tag{1-1}$$

"和"事件 $T = x_1 + x_2 + \cdots + x_n$ 的发生概率

$$P(T) = 1 - \prod_{i=1}^{n} [1 - P(x_i)] \tag{1-2}$$

第四节　汽车检测诊断标准和周期

合理选择检测诊断参数，科学制定检测诊断标准和周期，是汽车检测诊断的前提。

一、检测诊断参数及分类

在不解体条件下，直接测量结构参数（如磨损量、间隙等）常常是不可能的。因此，在进行汽车检测诊断时，需要找到一组与结构参数有联系，能够表征汽车、总成及机构技状况的直接或间接标志，并通过对这些标志的测量来确定其技术状况的好坏。这种供检测诊断用的，表征汽车、总成及机构技术状况的标志称为检测诊断参数。

检测诊断参数可分为三大类：工作过程参数、伴随过程参数和几何尺寸参数。常用主要汽车检测诊断参数见表1-2。

表1-2 常用主要汽车检测诊断参数

检测诊断对象	检测诊断参数（单位）
发动机总体	额定转速（r/min） 额定功率（kW） 最大转矩（N·m） 最大转矩的转速（r/min） 怠速转速（r/min） 燃油消耗率（kg/kW·h） 单缸断火（油）时功率下降率（%） 发动机 HC、CO、NO_x 排放浓度（体积分数,%） 发动机微粒（PM）排放率（g/m³、g/km） 柴油机烟度 R_b 值和光吸收系数 K（m⁻¹）
曲柄连杆机构	气缸压力（MPa） 气缸间隙（mm） 曲轴箱窜气量（L/min） 气缸漏气量（kPa） 气缸漏气率（%） 进气管真空度（kPa） 进气管压力（kPa）
配气机构	气门间隙（mm） 凸轮轴转角（°） 配气相位（°）
点火系统	蓄电池电压（V） 初级电路电压（V） 次级电路电压（V） 各缸点火电压（kV） 各缸短路点火电压（kV） 各缸断路点火电压（kV） 电子点火器闭合角（°） 各缸点火波形重叠角（°） 点火提前角（°） 火花塞电极间隙（mm）
润滑系统	机油压力（kPa） 机油温度（℃） 机油理化性能指标变化量 清净性系数变化量 机油污染指数 介电常数变化量 金属微粒的体积分数（%） 机油消耗量（L/100km）

(续)

检测诊断对象	检测诊断参数（单位）
冷却系统	冷却液温度（℃） 散热器冷却液入口与出口温差（℃） 风扇传动带张力（N/mm） 风扇离合器接合、断开时的温度（℃） 电动风扇开启、停转时的温度（℃） 节温器主阀门开始开启和全开时的温度（℃） 节温器主阀门全开时的升程（mm）
汽油机供给系统	空燃比 过量空气系数 电喷发动机喷油器的喷油量（mL） 电喷发动机各缸喷油不均匀度（%） 电动汽油泵泵油压力（kPa） 喷射系统压力（kPa） 喷射系统保持压力（kPa） 喷射时间（ms）
柴油机供给系统	输油泵输油压力（kPa） 喷油泵高压油管最高压力（kPa） 喷油泵高压油管残余压力（kPa） 喷油器针阀开启压力（kPa） 喷油器针阀关闭压力（kPa） 喷油器针阀升程（mm） 各缸供油不均匀度（%） 供油提前角（°） 各缸供油间隔（°） 每一工作循环供油量（mL/工作循环）
传动系统	传动系游动角度（°） 传动系机械传动效率（%） 滑行距离（m） 滑行阻力（N） 传动系噪声（A声级）（dB） 传动系总成工作温度（℃）
制动系统	制动距离（m） 地面制动力（N） 左右车轮制动力差值（N） 制动阻滞力（N） 制动协调时间（s） 驻车制动力（N） 充分发出的平均减速度（m/s²） 产生最大制动力时的踏板力（N） 制动完全释放时间（s） 汽车制动滑移率（%）

(续)

检测诊断对象	检测诊断参数（单位）
转向系统	转向盘自由转动量（°） 转向盘操纵力（N） 最小转弯直径（m） 转向轮最大转角（°）
行驶系统	车轮侧滑量（m/km） 车轮前束（mm） 前束角（°） 推力角（°） 车轮外倾角（°） 主销后倾角（°） 主销内倾角（°） 左右轮距差（mm） 车轮静不平衡量（g） 车轮动不平衡量（g） 车轮径向圆跳动量（mm） 车轮轴向圆跳动量（mm） 悬架吸收率（%） 车轮接地力（N）
照明及其他	前照灯光发光强度（cd） 前照灯光轴偏移量（mm） 前照灯基准中心高度（mm） 车速表指示误差 喇叭声级（A声级）（dB） 客车车内噪声级（A声级）（dB） 驾驶人耳旁噪声级（A声级）（dB） 加速行驶车外噪声限值（A声级）（dB） 汽车电磁辐射平均值（μV/m） 汽车电磁辐射峰值（μV/m） 汽车电磁辐射准峰值（μV/m）

（1）工作过程参数　工作过程参数指汽车工作时输出的一些可供测量的物理量、化学量，或指体现汽车或总成功能的参数，如发动机功率、油耗、汽车制动距离等。从工作参数本身就可确定发动机或汽车某一方面的功能。

（2）伴随过程参数　伴随过程参数一般并不直接体现汽车或总成的功能，但却能通过其在汽车工作过程中的变化，间接反映检测诊断对象的技术状况，如振动、噪声、发热等。伴随过程参数常用于复杂系统的深入诊断。

（3）几何尺寸参数　几何尺寸参数能够反映检测诊断对象的具体结构要素是否满足要求，如间隙、自由行程、角度等。

二、检测诊断参数的特性与选择

能够表征汽车技术状况的参数很多，而且同一技术性能常可采用不同参数反映。这样，为保证汽车检测诊断的方便性和所得结果的可信性，应该通过研究检测诊断参数值随汽车技术状况变化的规律，选出最适用和最有价值的检测诊断参数。具体选择时，应使其具有下列特性。

（1）单值性　单值性指检测诊断对象的技术状况参数（如间隙、磨损量等）从初始值 u_0 变化到极限值 u_1 的过程中，诊断参数值 T 与技术状况参数值 u 一一对应。即检测诊断参数无极值：

$$\frac{dT}{du} \neq 0 \tag{1-3}$$

（2）灵敏性　灵敏性指检测诊断参数值相对于技术状况参数的变化率 $k_t = \frac{dT}{du}$ 足够大。若同一技术状况参数可用两个不同诊断参数 T_1 和 T_2 检测诊断，则变化率大者灵敏性好。即所选诊断参数 T_1 应满足：

$$\frac{dT_1}{du} > \frac{dT_2}{du}$$

（3）稳定性　稳定性指同样测试条件下，检测诊断参数的多次测量值应有良好的一致性。把测量值看成随机变量，其取值的稳定性及离散性可用样本方差大小衡量。即

$$\sigma_\tau(u) = \sqrt{\frac{\sum_{i=1}^{n}[T_i(u) - \overline{T}(u)]^2}{n-1}} \tag{1-4}$$

式中　$\sigma_\tau(u)$——检测诊断参数测量值的样本方差；
　　　$T_i(u)$——检测诊断参数的第 i 次测量值，$i = 1, 2, \cdots, n$；
　　　$\overline{T}(u)$——检测诊断参数 n 次测量值的平均值。

（4）信息性　信息性指检测诊断参数应可靠地反映检测诊断对象的技术状况。若 T_1 和 T_2 分别表示检测诊断对象在无故障和有故障时检测诊断参数的取值，则多次测量条件下，T_1 和 T_2 的取值应满足 $T_1 > T_2$ 或 $T_1 < T_2$。即二者取值不能有交叉。二者相差越大，信息性越好。若分别以 $f_1(T)$ 和 $f_2(T)$ 表示在无故障和有故障时检测诊断参数值的分布函数，则 $f_1(T)$ 与 $f_2(T)$ 的重叠区域越小，检测诊断结论出现误差的可能性越小，检测诊断参数的信息性越强，见图 1-9。

下式为信息性的定量表示：

$$I(T) = \frac{|\overline{T}_1 - \overline{T}_2|}{\sigma_1 + \sigma_2} \tag{1-5}$$

图 1-9　检测诊断参数的信息性

式中　$I(T)$——检测诊断参数 T 的信息性；
　　　$\overline{T}_1$——无故障时诊断参数 T 的平均值；
　　　$\overline{T}_2$——有故障时诊断参数 T 的平均值；
　　　σ_1——无故障时诊断参数 T 的样本方差；
　　　σ_2——有故障时诊断参数 T 的样本方差。

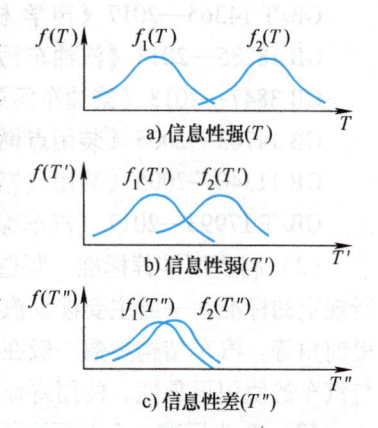

(5) 方便性和经济性　方便性指用检测诊断参数实现对检测诊断对象进行检测诊断的难易程度；经济性指用检测诊断参数对检测诊断对象进行检测诊断的费用高低。

三、检测诊断参数标准

检测诊断参数标准是利用检测诊断参数测量值对检测诊断对象的技术状况进行评价的依据。

根据来源可把检测诊断参数标准分为如下三类：

(1) 国家标准　国家标准指由国家标准化主管机构批准发布，且在全国范围内统一的标准。这类标准主要涉及汽车行驶安全性和对环境的影响。由于这些标准可反映汽车或汽车某机构的工作能力，因此广泛应用于汽车检测诊断中。例如：制动距离可反映汽车制动系统的技术状况；排气中 CO 和 HC 含量大小除可反映汽车对环境的影响外，还可综合反映燃油供给系统、点火系统技术状况和燃烧情况。

汽车检测诊断中常用国家标准如下：

GB 38900—2020《机动车安全技术检验项目和方法》

GB 7258—2017《机动车运行安全技术条件》

GB/T 18344—2016《汽车维护、检测、诊断技术规范》

GB/T 18276—2017《汽车动力性台架试验方法和评价指标》

GB 19578—2021《乘用车燃料消耗量限值》

GB 20997—2015《轻型商用车辆燃料消耗量限值》

GB 12676—2014《商用车辆和挂车制动系统技术要求及试验方法》

GB 1495—2020《汽车加速行驶车外噪声限值及测量方法》

GB/T 14365—2017《声学 机动车辆定置噪声声压级测量方法》

GB 18285—2018《汽油车污染物排放限值及测量方法（双怠速法及简易工况法）》

GB 3847—2018《柴油车污染物排放限值及测量方法（自由加速法及加载减速法）》

GB 14763—2005《装用点燃式发动机重型汽车燃油蒸发污染物排放限值及测量方法》

GB 11340—2005《装用点燃式发动机重型汽车曲轴箱污染物排放限值及测量方法》

GB/T 17993—2017《汽车综合性能检验机构能力的通用要求》

(2) 制造厂推荐标准　制造厂推荐标准指由汽车制造厂通过技术文件对汽车某些参数所规定的标准，一般主要涉及汽车的结构参数，如气门间隙、配气相位、车轮定位角、点火提前角等。汽车结构参数一般在设计阶段确定，并在样车或样机的台架或运行试验中修订，与汽车的使用可靠性、使用寿命和经济性有关。

(3) 企业标准　企业标准指汽车运输企业根据不同使用条件对汽车使用情况所制定的标准。这类标准一般与汽车的使用经济性和可靠性密切相关，其特点因使用条件不同而不同。例如：在市区与公路、平原与山区不同道路条件下，汽车使用油耗相差很大，不能采用统一的油耗标准；汽车在矿区使用与在公路上使用相比，润滑油的污染速度要快得多，应采用不同的润滑油换油周期。

汽车各项检测诊断参数的标准，一般都应包括初始标准值 T_f、极限标准值 T_L 和许用标准值 T_P。

检测诊断参数的初始标准值 T_f 相当于无故障新车的参数值的大小。对汽车的某些机构或系统（如点火系统、供油系统等）的某些检测诊断参数而言，初始标准值是按最大经济性原则确定的，并可在汽车工作过程中一直采用。例如：EQ6100 发动机的基本点火提前角（发动机点火提前装置不起作用时的提前角）为 9°，因为此时能确保发动机的动力性和经济性。

检测诊断参数的极限标准值 T_L 指汽车失去工作能力或技术性能将变坏，以及行驶安全性得不到保证时所对应的参数值。检测诊断参数的测试值低于其极限标准值时，汽车将不能再使用。在汽车使用过程中，通过逐次检测诊断，并把所得结果与极限值比较，可预测汽车的使用寿命。

检测诊断参数的许用标准值 T_P 指汽车无须维护修理可继续使用时，参数的允许界限值。检测诊断参数的测试值超过该界限，即使汽车还有工作能力，也不能再等到下一个维修间隔里程才进行维修，应适当提前安排汽车的维护和修理，否则汽车的技术经济性能将下降，故障率将上升。

若汽车的检测诊断参数值随汽车行驶里程呈线性变化，则 T_f、T_P 和 T_L 与计划检测诊断周期 L_d 的关系见图 1-10。

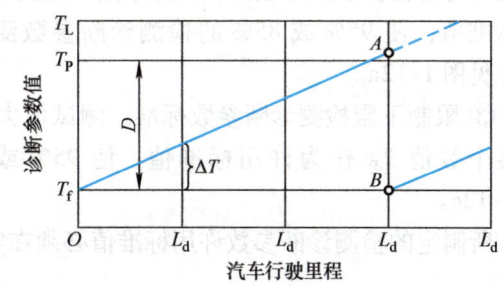

图 1-10 T_f、T_L、T_P 与 L_d 的关系
L_d—计划检测诊断周期　ΔT—在 L_d 内检测诊断参数的增量
D—诊断参数值的允许变化范围　A、B—预防维护的作用

四、检测诊断标准的制定

检测诊断标准是评价汽车技术状况的依据，因此科学合理地制定检测诊断标准许用值，是汽车检测诊断技术的关键问题。若检测诊断标准许用值 T_P 制定得不合理，就不能据此对汽车技术状况作出合乎实际的评价，其结果是或者过早维护修理造成不必要的浪费；或者由于维护修理不及时使汽车带病运行，不能保证其技术经济指标和行驶安全性。

制定检测诊断标准是一项复杂细致的工作。首先，必须坚持从实践中来到实践中去的方针，以汽车技术状况变化和故障发生规律的研究，以及丰富的检测诊断参数实际测试资料为基础；其次，必须掌握制定检测诊断标准的科学方法。离开了实践基础，再好的方法也是无用的，即科学方法的运用应建立在实践的基础之上。

1. 统计方法

运用统计方法确定检测诊断参数许用标准值 T_P 的基本思路是：找出相当数量的汽车，通过研究其在正常工作状况下所研究检测诊断参数的测试值的分布情况，以适应大多数汽车为前提制定许用标准值 T_P。步骤如下：

1）随机选择相当数量的有工作能力的车辆，对所研究的检测诊断参数 T 进行全面测试，得到一组测试值。

2）设测试值分布于 T_f 到 T_L 之间，把 $T_f \sim T_L$ 分成若干个小区间（T_f, T_1），（T_1, T_2），…，（T_{L-1}, T_L）。

3）计算测试值落于各个小区间上的汽车的百分数。

4）以测试值为横坐标，汽车百分数为纵坐标，制成直方图。把各小区间中值所对应的百分数用曲线连接起来，得到测试值的分布密度曲线，见图 1-11。

5）确定检测诊断参数许用标准值。

① 平均检测诊断参数标准。测试值落入以某一数值为中心的一定范围内为合格。以测试值分布密度的均值为中心，确定测试值的允许变化范围 $T_{P1} \sim T_{P2}$，使95%或85%的检测诊断参数测试值处于该范围内，即测试值处于该范围的概率为 0.95 或 0.85，见图 1-12b。

② 限制上限检测诊断参数标准。测试值小于某个上限值时为合格。取分布密度曲线右侧某个数值 T_P 作为许用标准值，使95%或85%的检测诊断参数测试值小于 T_P，见图 1-12a。

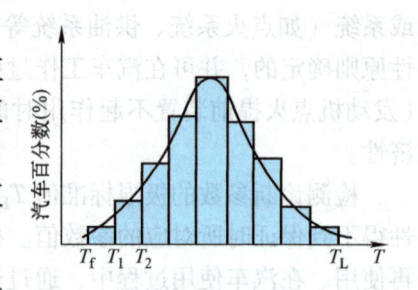

图 1-11 用统计方法确定检测诊断参数测试值的分布

③ 限制下限检测诊断参数标准。测试值大于某个下限值时为合格。取分布密度曲线左侧某个数值 T_P 作为许用标准值，使95%或85%的检测诊断参数测试值大于 T_P，见图 1-12c。

所制定的检测诊断参数许用标准值必须在实际中试用、修改后才能最后确定。

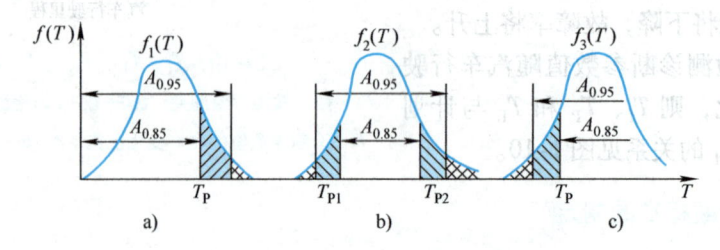

图 1-12 检测诊断参数许用标准值的确定

由以上介绍的利用统计方法确定检测诊断参数许用标准值的过程不难看出，由于所选取的测试车辆均为有工作能力的车辆，因此根据其测试值所制定的许用标准值趋于严格确保汽车技术状况良好。在对汽车技术状况的变化规律缺乏深入研究的情况下，统计方法不失为确定检测诊断参数许用标准值的有效方法。

2. 汽车技术状况随行驶里程平稳变化时，检测诊断参数许用值的确定

平稳变化是指检测诊断参数随行驶里程的变化曲线无交错。图 1-10 为检测诊断参数随行驶里程线性变化的情况。此时，有：

$$T(L) = T_f + v_c \cdot L_\alpha \tag{1-6}$$

式中　$T(L)$——检测诊断参数测试值；

　　　L——行驶里程；

　　　v_c——变化速率；

　　　α——变化指数（图 1-10 中 $\alpha = 1$）。

若不同汽车的某检测诊断参数随行驶里程的变化情况相同（图 1-10），则很容易根据其初始标准值 T_f、极限标准值 T_L 和每一计划检测诊断周期 L_d 内参数值的增量 ΔT，求出检测诊断参数的许用值 T_P。

由于汽车结构强度、运用条件的差异，汽车检测诊断参数的变化曲线尽管无交错，但不会相同。即：检测诊断参数达到极限值时，不同汽车的行驶里程不同。因此，要制定检测诊

断参数的许用标准 T_P，则必须首先掌握该参数达到极限值 T_L 时，行驶里程 L 的分布情况（用概率分布密度 $f(L)$ 表示），见图1-13上半部。

设 $D = T_P - T_f$ 为检测诊断参数的允许变化范围。如果根据检测诊断参数随行驶里程变化速率大的情况确定 D，并保证两次检测诊断间的使用期内不发生故障，则参数的变化范围 D 将大大减小，诊断周期 L_d 将大大缩短；而对于检测诊断参数值变化速率小的汽车而言，这是一种浪费。若按照检测诊断参数值变化速率小的情况确定 D，则 D 增大，L_d 亦增大，但不能保证参数值变化速率大的车辆在两次检测诊断间的使用时期内的技术状况。

若所研究的汽车检测诊断参数不影响其行驶安全性，则可按照技术与经济相结合的原则确定该参数的变化范围 D，使汽车的技术完好率最高，同时使汽车维护和修理费用最小。

由图1-13可见，若以汽车有可能发生故障的行驶里程为诊断周期 L_d，以 D 为检测诊断参数变化范围，则该参数变化曲线在 AB 线以上的车辆，因检测诊断时其参数的测试值大于许用标准值而得到及时维护；而在 AB 线以下的车辆，因测试值小于许用标准值而可继续使用。在继续使用的汽车中，百分比为 Q 的车辆不能行驶到下次检测诊断而发生故障，或使用中发生故障的概率为 Q。每个检测诊断周期内，因发生故障而需修理车辆的百分比或汽车的故障概率 Q 为：

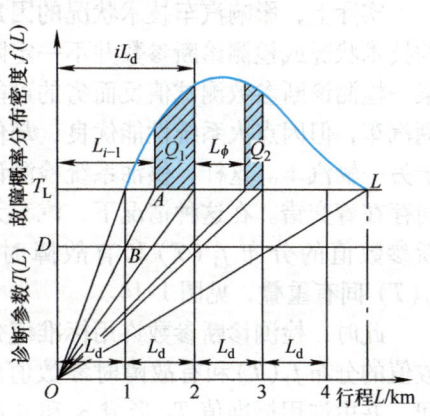

图1-13 平稳变化时检测诊断参数许用值的确定

$$Q_i(D) = \int_{L_{i-1}}^{iL_d} f(L) dL \qquad (1-7)$$

式中　i——检测诊断序号；

　　$f(L)$——检测诊断参数值达到极限标准值 T_L 时的概率分布密度；

　　iL_d——第 i 次检测诊断的行驶里程；

　　L_{i-1}——由直角三角形 $\Delta T_L AO$ 和 ΔDBO 的相似关系所确定的值。

在每个检测诊断周期内，因检测诊断结果不满足许用标准而得以及时维护，从而不发生故障的汽车百分比或不发生故障的概率为：

$$\overline{Q}_i(D) = \int_{(i-1)L_d}^{L_{i-1}} f(L) dL \qquad (1-8)$$

汽车全部检测诊断周期内发生故障的概率 $Q(D)$ 和经及时维护不发生故障的概率 $\overline{Q}(D)$ 分别为：

$$Q(D) = \sum_{i=1}^{n} Q_i(D) \qquad (1-9)$$

$$\overline{Q}(D) = \sum_{i=1}^{n} \overline{Q}_i(D) \qquad (1-10)$$

$Q(D)$ 和 $\overline{Q}(D)$ 的相对大小与检测诊断参数的允许变化范围 D 有关。增大 D，则 $Q(D)$ 增大，$\overline{Q}(D)$ 减小；反之，$Q(D)$ 减小，$\overline{Q}(D)$ 增大。最佳的允许变化范围 D，应使得与之相对应的维护费用和修理费用之和 $C(D)$ 最小：

$$C(D) = \min\left\{\frac{c \cdot Q(D)}{\overline{L}_\phi(D)} + \frac{d \cdot [1 - Q(D)]}{\overline{L}_\phi(D)}\right\} \tag{1-11}$$

式中　c——与修理有关的费用；
　　　d——与维护有关的费用；
　　　$Q(D)$——故障概率；
　　　$\overline{L}_\phi(D)$——维护或修理的实际平均行驶里程。

3. 汽车技术状况不随行驶里程平稳变化时，检测诊断参数许用值的确定

实际上，影响汽车技术状况的因素很多，同时汽车的各系统间是相互联系的，因此汽车的技术状况或检测诊断参数并不一定随行驶里程而平稳变化，存在着技术状况优的汽车，其某一检测诊断参数测试值反而劣的可能性。例如：某汽车供油系统的检测诊断结果不如另一辆汽车，但因点火系统性能优良，却使其技术状况优于另一辆汽车。这样，供油系统检测诊断参数的变化间存在着交错。在这种情况下，汽车无故障时检测诊断参数值的分布 $f_1(T)$ 和有故障时参数值的分布 $f_2(T)$ 间有重叠，见图 1-14。

此时，检测诊断参数许用标准值介于无故障时参数值的分布 $f_1(T)$ 和有故障时参数值的分布 $f_2(T)$ 之间，并由许用标准值 T_P 形成 α 和 β 两个区域。α 区域是指检测诊断参数值低于许用标准值，表示无须维护时，却有百分比为 α 的汽车发生了故障或汽车发生故障的概率为 α。这说明维护未及时进行，虽然节约了汽车维护的费用，却增加了修理费用。若以 c 和 d 分别表示与修理和维护有关的费用，则由此造成的经济损失为 $\alpha(c-d)$，α 区域的大小为：

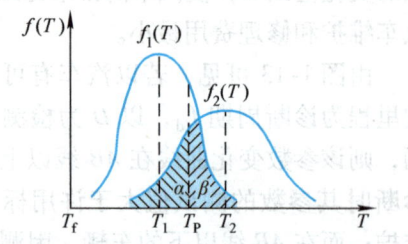

图 1-14　非稳定变化时许用标准值的确定
$f_1(T)$——无故障检测诊断参数的分布
$f_2(T)$——有故障检测诊断参数的分布
T_1——无故障检测诊断参数的中值
T_2——有故障检测诊断参数的中值
T_f——检测诊断参数的初始值
T_P——检测诊断参数的许用值

$$\alpha = \int_{T_f}^{T_P} f_2(T) dT \tag{1-12}$$

如果参数的检测诊断结果大于许用标准值，则汽车应立即维护。实际上，无故障时诊断参数值的分布渗入有故障时参数值的分布，百分比为 β 的汽车无须维护。这相当于浪费了汽车维护费用，所造成的经济损失为 $\beta \cdot d$。β 区域的大小为：

$$\beta = \int_{T_P}^{T_L} f_1(T) dT \tag{1-13}$$

由此造成的总经济损失 C_c 为：

$$C_c = (c-d) \cdot \int_{T_f}^{T_P} f_2(T) dT + d \cdot \int_{T_P}^{T_L} f_1(T) dT \tag{1-14}$$

最佳的许用标准值 T_P 应使经济损失 C_c 最小。在上式两端对 T_P 求导并令其为零，则 T'_P 应满足：

$$(c-d) \cdot f_2(T'_P) - d \cdot f_1(T'_P) = 0 \tag{1-15}$$

或写成：

$$\frac{f_1(T'_P)}{f_2(T'_P)} = \frac{c-d}{d} \tag{1-16}$$

4. 影响汽车行驶安全的检测诊断参数许用标准值的确定原则

为了保证汽车行驶安全，确定影响汽车行驶安全的检测诊断参数许用标准值时，应以足够高的可靠性为基本出发点，从而保证汽车在极其可靠的技术状况下安全运行。

五、汽车检测诊断周期

检测诊断周期指两次检测诊断之间汽车的行驶里程，汽车检测诊断工艺组织指实施汽车检测诊断工作的方案。科学制定汽车检测诊断周期，并对汽车检测诊断工作进行合理组织，对于经济、可靠地保障汽车技术状况良好具有重要作用。

（1）最佳检测诊断周期　根据技术与经济相结合的原则，所谓最佳检测诊断周期指在这样的检测诊断周期 L_d 下，汽车的技术完好率最高而消耗费用最少，即 L_d 应满足如下条件：

$$\frac{d}{dL}\left[\frac{C(L_d)}{\overline{L}(L_d)}\right]=0 \tag{1-17}$$

式中　$C(L_d)$——检测诊断周期为 L_d 时，诊断、维护、修理费用均值；
　　　$\overline{L}(L_d)$——诊断周期为 L_d 时，系统（车辆或机构）平均正常工作里程。

（2）检测诊断周期的确定　检测诊断周期 L_d 与检测诊断参数的许用标准值 T_P 或允许变化范围 D 有关。在确定 D 之后，把上式具体化，得到确定检测诊断周期 L_d 的一般公式：

$$C(D,L_d)=\min_{T_f<D<T_L}\left\{\frac{C_D Q(D,L_d)}{\overline{L}_\phi(D,L_d)}+\frac{d[1-Q(D,L_d)]}{\overline{L}_\phi(D,L_d)}+\frac{C_D K_D(D,L_d)}{\overline{L}_\phi(D,L_d)}\right\} \tag{1-18}$$

式中　C_D——检测诊断费用系数；
　　　$K_D(D,L_d)$——汽车使用寿命期内平均检测诊断次数。

实际确定汽车的检测诊断周期 L_d 时，还需考虑如下问题：
① 汽车是一个不等强度的复杂系统。
② 汽车各个系统的重要性不同。

由于汽车是一个不等强度的复杂系统，各机构的故障间平均行驶里程 $\overline{L}$ 一般并不相同；即使是同一总成、机构内的不同零件，其故障间平均行驶里程也不会相同。所以，通常取总成内故障概率最大的零部件或检测诊断参数的故障间平均里程作为制定该总成检测诊断周期的依据。另外，由于汽车由许多总成、机构组成，不可能对每一个总成或机构都规定一个检测诊断周期，一般是把需要检测诊断的总成或机构，按检测诊断周期相近的原则组合在一级检测诊断中，对汽车执行与现行维护制度类似的分级检测诊断。

对于保证行驶安全的各个系统而言，其可靠性是第一位的，经济上的考虑则占次要地位。为使这些系统有足够高的可靠性，以保证汽车安全行驶，其检测诊断周期常较其他系统或机构的检测诊断周期短得多，甚至每日或隔日检测诊断。现代快速检测诊断技术的不断完善为此提供了条件。

在大规模的汽车运输企业中，由于车辆多，汽车类型和使用年限不同，而且使用条件相差很大，因此汽车的无故障行驶里程在很宽的范围内变化。在制定汽车的检测诊断周期时，应按车种、使用年限及使用条件分成若干类别，使每一类车的无故障行驶里程相差不大，并据此分别建立每一类车的检测诊断周期，见图1-15。

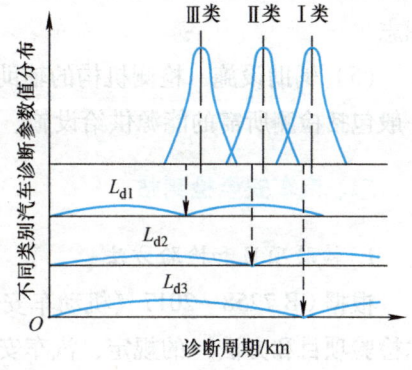

图1-15　不同类别汽车诊断周期的确定

第五节　汽车检测机构

汽车检测机构是综合利用检测诊断技术从事汽车检测诊断工作的场所。汽车的检测诊断工作是在具有若干必需的技术装备、并按一定工艺路线组成的汽车检测机构进行的。按照服务功能，汽车检测机构可分为安全检测站、环保检测站、维修检测站。

一、汽车检测机构一般组成

汽车检测机构一般由检测车间、业务大厅、停车场、试车道路及辅助设施等组成。

（1）检测车间　检测车间是检测站的核心，检测线设置其内。根据检测机构的功能定位、所承担的检测项目及执行的技术标准，检测车间一般设有单条、双条或多条检测线。检测线的规划设置应充分考虑与业务厅、待检车辆停车场、已检车辆停车场、试车道路、车辆出入、行人及行车安全以及其他配套设施的位置和功能相匹配。在检测线上各检测工位的空间、各工位间的安全距离应根据所检测车型的最大长度确定，保证既能形成流水作业，又使各工位间不相互干涉；在检测线出入口处应有足够长的引车道和醒目的交通标志，以保证车辆进出安全。检测车间应设有非工作人员行走区域，并有安全防护装置，以保证检测工作的安全进行。

检测机构根据需要可设置多个检测车间，如安全线检测车间、综合检测车间、外检车间、测功车间等，对汽车进行分门别类的检测。

（2）业务大厅　业务大厅是检测机构的办公场地，车辆的报检、打印报表、办证等都在业务大厅内完成。大厅内通常将车辆检测程序、检测收费标准等信息明示。

（3）停车场　停车场是被检车辆停车的场地，一般分为待检车辆停车区和已检车辆停车区，二者有明显的标识加以区分或分开设置。待检车辆和已检车辆的行驶路线不能有相互交叉和碰头现象，以保证检测车辆的有序、安全行驶。

（4）试车道路　试车道路用于汽车的道路试验，主要承担委托检测或争议仲裁检测。试车道路的长度和宽度、坡度、路面材质等应符合相应技术标准的规定。从安全角度考虑，试验车的行驶方向应与检测车辆行驶方向一致，避免交叉和会车，且试验道路应有明显警示标志。

（5）辅助设施　检测机构的辅助设施是为车辆检测提供服务和保障的各种设施的总称，一般包括检测所需的能源供给设施、办公设施、职工休息生活设施以及车辆调修设施等。

二、汽车安全检测站

1. 检验项目和检验方法

根据 GB 7258—2017《机动车安全运行技术条件》和 GB 38900—2020《机动车安全技术检验项目和方法》的规定，汽车安全技术检测的项目和检验方法见表 1-3。

表 1-3　机动车安全技术检验项目和检验方法

检验项目		检验方法
联网查询	车辆事故、违法、安全缺陷召回等信息	利用联网信息系统查询
车辆唯一性检查	号牌号码和分类	目视检查，目视难以清晰辨别时使用内窥镜等工具
	车辆品牌和型号	
	车辆识别代号（或整车出厂编号）	
	发动机号码/驱动电机号码	
	车身颜色和车辆外形	
车辆特征参数检查	外廓尺寸	长度测量工具测量，重中型货车、重中型专项作业车、重中型挂车应使用符合标准的自动测量装置
	轴距	长度测量工具测量
	核定载人数和座椅布置	目视检查
	栏板高度	用钢尺等长度测量工具测量
	悬架	目视检查
	客车出口	目视检查，目测应急出口尺寸偏小的，使用长度测量工具测量相关尺寸
	客车乘客通道和引道	目视检查，目测通道、引道偏窄或高度不符合要求时，使用通道、引道测量装置检查
	货厢/罐体	目视检查，目测货厢/罐体有超长、超宽、超高嫌疑时，使用长度测量工具测量相关尺寸
车辆外观检查	车身外观	目视检查
	外观标识、标注和标牌	目视检查，目测字高偏小时，使用长度测量工具测量相关尺寸
	外部照明和信号装置	目视检查并操作
	轮胎	目视检查，目测胎压不正常时，使用轮胎气压表测量相关参数
	号牌/号牌板（架）	目视检查，目测号牌安装位置、形式有疑问时使用长度测量工具测量相关尺寸
	加装/改装灯具	目视检查
安全装置检查	汽车安全带	目视检查并操作
	应急停车安全附件	目视检查
	灭火器	目视检查
	行驶记录装置	目视检查并操作
	车身反光标识	目视检查，目测逆反射系数偏小时，使用专用检验仪器
	车辆尾部标志板	目视检查，目测逆反射系数偏小时，使用专用检验仪器
	侧、后、前下部防护	目视检查，目测防护装置单薄、安装不规范时，使用长度测量工具
	应急锤	目视检查

（续）

	检验项目	检验方法
安全装置检查	急救箱	目视检查
	车速限制/报警功能或装置	审查机动车产品公告、机动车出厂合格证、产品使用说明书等凭证资料
	防抱制动装置	打开电源，观察 ABS 指示灯或 EBS 指示灯；对于半挂车检查相关装置
	辅助制动装置	审查机动车产品公告等凭证资料并操作驾驶室（区）内操纵开关，无操纵开关或有疑问时检查相关装置
	盘式制动器	目视检查
	制动间隙自动调整装置	目视检查，有疑问时检查产品使用说明书等凭证资料
	紧急切断装置	目视检查
	发动机舱自动灭火装置	目视检查
	手动机械断电开关	目视检查，有疑问时操作开关，观察是否断电
	副制动踏板	目视检查，有疑问时分别踩下主、副制动踏板，判断主、副制动踏板工作是否正常
	校车标志灯和校车停车指示标志牌	目视检查
	危险货物运输车辆标志	目视检查
	驾驶区隔离设施	目视检查
	肢体残疾人操纵辅助装置	目视检查
底盘动态检验	制动	以不低于 20km/h 的速度正直行驶，双手轻抚方向盘，急踩制动踏板后迅速放松
	转向	检验员操作车辆，起步并行使 20m 以上，利用目视、耳听、操作感知等方式检查。对大型客车、重中型货车、重中型载货专项作业车、危险货物运输车使用转向角测量仪测量方向盘最大自由转动量
	传动	
	仪表和指示器	检验过程中，观察仪表和指示器
车辆底盘部件检查	转向系部件	车辆停放在地沟上方的指定位置，使用专用锤子等工具检查，并由操作人员配合；检查大型客车、重中型货车、重中型专项作业车的转向机构时应使用底盘间隙仪
	传动系部件	
	行驶系部件	
	制动系部件	
	其他部件	
仪器设备检验	整备质量/空车质量	用地磅或轴（轮）重仪等装置测量
	行车制动 空载制动率	采用制动检验台检验；不适用于制动检验台检验的车辆，采用便携式制动性能测试仪等设备路试检验
	行车制动 空载制动不平衡率	
	行车制动 加载轴制动率	
	行车制动 加载轴制动不平衡率	
	驻车制动	
	前照灯远光发光强度	采用前照灯检测仪检验
	转向轮横向侧滑量	采用侧滑检验台检验

2. 汽车安全技术检验流程

按照 GB 38900—2020《机动车安全技术检验项目和方法》的要求，机动车安全技术检验流程如图 1-16 所示，检验机构可根据实际情况适当调整检验流程。

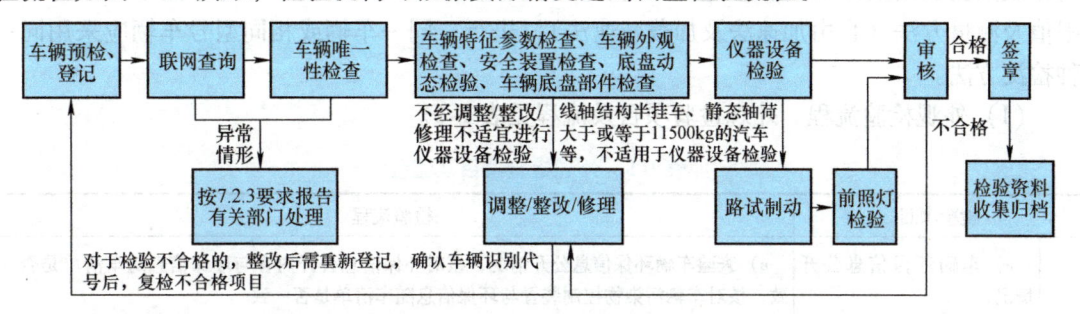

注：图中7.2.3指的GB 38900—2020标准中的条款7.2.3。

图 1-16　机动车安全技术检验流程

三、汽车环保检测站

汽车环保检测站是按照法律法规和标准规定，具备检验检测资质，开展机动车注册登记排放检验及排放定期检验工作，并向社会出具具有证明作用的检验检测数据、结果、报告的机构。

1. 环保检验系统组成

按照 HJ 1237—2021《机动车排放定期检验规范》的要求，汽车环保检验机构需配备与检测能力相匹配的检验设备和配套软件，并根据生态环境主管部门的管理要求，及时升级检验设备及其配套软件。

汽车环保检验系统组成包括外观检验、车载诊断系统（OBD）检查、排气污染物检测、数据采集与处理、视频监控、校准和比对等过程必要的设施及仪器。

2. 检验项目

根据 GB 18285—2018《汽油车污染物排放限值及测量方法（双怠速法及简易工况法）》和 GB 3847—2018《柴油车污染物排放限值及测量方法（自由加速法及加载减速法）》的规定，汽车环保检验项目见表 1-4。

表 1-4　汽车环保检验项目

检验项目	新生产汽车下线	进口车入境	注册登记[1]	在用汽车[1]
外观检验（含对污染控制装置的检查和环保信息随车清单核查）	进行	进行	进行	进行[2]
车载诊断系统（OBD）检查	进行	进行	进行	进行[3]
排气污染物检测	抽测[4]	抽测[4]	进行	进行[5]
燃油蒸发检测[6]	不进行	不进行	按照 GB 18285 条款 10.1.2 规定进行	按照 GB 18285 条款 10.1.2 规定进行

注：1）符合免检规定的车辆，按照免检相关规定进行。
　　2）查验污染控制装置是否完好。
　　3）适用于装有 OBD 的车辆。
　　4）混合动力汽车的污染物排放抽测应在最大燃料消耗模式下进行。
　　5）变更登记、转移登记检验按有关规定进行。
　　6）仅针对汽油车或汽油混合动力汽车。

3. 环保检验流程

外观检验、OBD 检查、排气污染物检测方法和项目按照 GB 18285—2018《汽油车污染物排放限值及测量方法（双怠速法及简易工况法）》和 GB 3847—2018《柴油车污染物排放限值及测量方法（自由加速法及加载减速法）》进行，同一车辆或相同型号车辆应采用同一种检测方法。

（1）外观检验流程　外观检验项目及流程见表 1-5。

表 1-5　外观检验项目及流程

检验项目		检验流程
注册登记检验	a）车辆环保信息公开情况； b）污染物控制装置与环保信息公开内容一致性检查	a）查验车辆环保信息公开情况，核对环保信息公开内容与环保信息随车清单是否一致，核对车辆污染物控制装置与环保信息随车清单是否一致 b）根据环保信息公开内容或环保信息随车清单，查验车辆可见范围内的污染物控制装置，并核对信息。应对污染物控制装置拍照或录制视频记录，照片或视频记录中装置信息应清晰可见。如果装置型号不可见，应记录"信息不可见"
	a）车辆状态检查； b）工况法适用性检查	a）检查车辆机械状况是否良好、车辆仪表工作是否正常、车辆进排气系统有无泄漏、油箱和尿素箱有无异常，并关闭车辆空调等其他附属系统 b）对点燃式发动机汽车还应检查燃油蒸发控制装置（单一燃料燃气汽车除外）、曲轴箱通风系统有无异常 c）检查车辆是否适用工况法进行排气污染物检测，对不适用工况法检测的车辆，检测人员应详细记录原因，并由机构技术负责人或授权签字人审核批准。审批记录应随检验报告一同存档，生态环境主管部门可对审批记录进行监督抽查 d）对适用工况法检测的车辆，应检查车辆轮胎气压是否正常、胎面间有无夹杂异物，并关闭影响车辆检测的相关牵引力控制及制动辅助系统 e）在外观检验过程中，如果发现存在非否决项目不合格，车主可现场自行调整，经调整满足检验要求后，可继续检验
定期检验	a）污染物控制装置状态检查； b）车辆状态检查； c）工况法适用性检查	a）目视检查车辆 OBD 接口和 MI 灯判断车辆是否配备 OBD 系统 b）检查车辆污染物控制装置是否齐全、是否存在污染物控制装置失效或作弊装置，对污染物控制装置应拍照或录制视频记录 c）车辆状态检查与工况法适用性检查流程按照注册登记相关要求流程进行

（2）OBD 检查流程　OBD 检查内容及流程见表 1-6。

表 1-6　OBD 检查内容及流程

检查内容		检验流程
注册登记检验	a）OBD 接口检查； b）OBD 故障指示器目视检查； c）连接 OBD 诊断仪进行通信状态检查； d）OBD 诊断仪中的故障指示器激活状态与仪表盘上显示的 MI 灯状态一致性检查	a）通过 OBD 诊断仪接口连接 OBD 诊断仪，OBD 诊断仪应直接连接车辆原接口，不得通过其他装置间接连接 b）车辆上电，不起动发动机，车辆仪表电路自诊断，检查仪表盘 MI 灯工作是否正常 c）起动发动机，检查 MI 灯是否持续点亮或闪烁 d）开启 OBD 诊断仪检查 OBD 通信是否正常 e）检查 OBD 诊断仪中的故障指示器激活状态。如果故障指示器状态被激活，应记录上报对应的确认故障码 f）国六排放标准车辆应检查是否存在排放相关永久故障码 g）将 OBD 诊断仪读取到的车辆信息和控制单元信息自动发送到主控计算机，并进行数据传输，OBD 检查结束

(续)

检查内容	检验流程
定期检验 a）OBD 接口检查； b）OBD 故障指示器目视检查； c）OBD 诊断仪通信检查； d）OBD 诊断仪中的故障指示器激活状态与仪表盘上显示的 MI 灯状态一致性检查； e）OBD 就绪状态检查	a）通过 OBD 诊断仪接口连接 OBD 诊断仪，OBD 诊断仪应直接连接车辆 OBD 原接口 b）车辆上电，不起动发动机，车辆仪表电路自诊断，检查仪表盘 MI 灯工作是否正常 c）起动发动机，检查 MI 灯是否持续点亮或闪烁 d）打开 OBD 诊断仪开关，进行 OBD 通信检查，如不能正常通信，应按照 OBD 通信检查程序进行 e）检查 OBD 诊断仪中的故障指示器激活状态与仪表板上的 MI 灯状态是否一致，故障指示器是否被激活 f）检查 OBD 诊断仪中的故障指示器激活状态。如果故障指示器状态被激活，应记录上报对应的确认故障码 g）国六排放阶段车型，应检查车辆是否存在排放相关永久故障码 h）检查 OBD 诊断仪中标准规定项目诊断就绪状态 i）将 OBD 诊断仪读取到的 OBD 检查数据项自动发送到主控计算机，进行数据上传，OBD 检查结束

（3）排气污染物检测流程 排气污染物检测程序后续章节将详细介绍，本节重点介绍车辆预热、排气污染物检测工况法适用判定以及混合动力电动汽车、燃气车辆排气污染物检测要求。

1）车辆预热。对不适合通过机油温度传感器测量机油温度的车辆，可通过 OBD 读取发动机机油温度或发动机冷却液温度。当上述方法均无法获取温度数据时，应在起动发动机至少 5 分钟后，再进行排气污染物检测，并进行详细记录。

2）排气污染物检测工况法适用判定。若因车辆技术或安全因素，无法采用工况法检测的车辆，检验机构应制定内部审批程序，详细记录无法采用工况法检测的原因，经机构技术负责人或授权签字人签字批准后，可采用双怠速法（汽油车和燃气车）或自由加速法（柴油车）检测，审批记录应随检验报告一同存挡。同一车辆或同型号车辆应采用同一检测方法。

典型无法采用简易工况法检测的汽油车包括但不限于：无法手动切换为两驱模式的全时四驱或自适应四驱车辆；无法手动关闭防侧滑功能的车辆。

典型无法采用加载减速法检测的柴油车包括但不限于：无法手动切换为两驱模式的全时四驱或自适应四驱车辆，以及配备有牵引力控制或自动制动系统并且无法手动关闭该功能的车辆；行驶速度受限（最高设计速度小于等于 50km/h），无法满足加载减速测试要求的车辆；轴重超出三轴六滚筒测功机规定承载的车辆；无法手动中断电机扭矩输出的柴电混合动力电动汽车。

3）混合动力电动汽车排气污染物检测要求。对于所有混合动力电动汽车，在采用工况法进行排气污染物检测期间，如果发动机自动熄火进入纯电模式，导致无法获取发动机转速，纯电工作模式期间数据应记录为零（包括排放数据和转速），过量空气系数和转速数据不作为检测是否有效的判定依据。

对于插电式混合动力电动汽车，在排气污染物检测前，应确认车辆电量状态并切换至电量保持模式并尝试起动发动机工作。如果因车辆电量高，发动机无法起动时，应要求车主采

用电量消耗模式在实际道路充分行驶或检验机构在底盘测功机上充分行驶放电至发动机起动后，再进行排气污染物检测。

不能通过油门踏板调节车辆发动机转速的混合动力电动汽车，采用双怠速法进行排气污染物检测时，在发动机起动运行后跳过高怠速工况，仅进行怠速工况排气污染物检测。

对放电后仍无法正常起动发动机的混合动力电动汽车，在确保安全和不造成车辆故障的前提下，可采用发动机维修模式强制起动发动机后再进行排气污染物检测。

4）燃气车辆排气污染物检测要求。对以天然气为燃料的点燃式发动机汽车（包括气电混合动力电动汽车），排气污染物检测中的 HC 限值为推荐性限值，检测报告只记录排放结果，不作为检测是否合格的判定依据。

四、汽车维修检测站

汽车维修检测站指由汽车运输企业或维修企业建立的为汽车维修业务服务的检测站。汽车维修检测站以汽车性能检测和故障诊断为主要内容，通过对汽车维修前进行技术状况检测和故障诊断，可以确定汽车维修附加作业、小修项目以及车辆是否需要大修；同时通过对维修后的车辆进行技术检测诊断，可以监控汽车的维修质量。

《汽车运输业车辆技术管理规定》要求：车辆一级维护过程中要检查有关制动、操纵等安全部件；二级维护前必须对车辆进行检测诊断和技术评定，并根据检测结果确定附加作业或小修项目，结合二级维护一并进行；车辆修理应贯彻视情修理的原则，即根据车辆检测诊断和技术鉴定结果，视情按不同作业范围和深度进行。

图 1-17 为配备检测诊断系统的汽车维护和小修工艺组织方案。在日常维护中，包括人工外部检查作业。实际上，目前的现代化检测诊断并不能完全代替人工检查作业，许多故障往往可以从外表现象中明显反映出来，通过外部检查及时发现并排除，可避免其发展为更为严重的故障。

维修前诊断有两种类型：确定总成、机构或系统工作能力的总体检测诊断和寻找具体故障部位及原因的深入检测诊断。如果总体检测诊断合格，并且证明还可连续工作一个周期，可不进行深入检测诊断；但对技术性能不良的或者安全性能检测诊断结果为不合格的车辆，需要进行深入检测诊断。

汽车日常维护后，对计划执行一级维护的车辆首先进行总体检测诊断，重点检测诊断汽车安全性能，尔后进入一级维护，执行完规定作业内容并消除汽车安全行驶隐患后，进入停车场；若通过总体检测诊断不能弄清已出现故障的原因，汽车可进入深入诊断区进行补充检测诊断，通过小修消除已暴露出的故障后，再回到一级维护区，如图 1-17 中虚线所示。

按计划执行二级维护的车辆，维护作业前应进行总体检测诊断和深入检测诊断，然后进入二级维护区，完成二级维护规定的作业内容，并结合小修排除检测诊断中发现的故障后，进入停车场。

在收车检验中登记小修的车辆，完成日常维护后进入

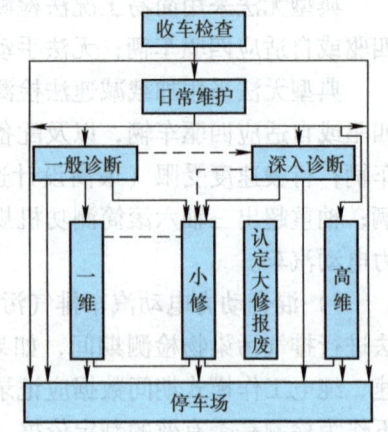

图 1-17 配备检测诊断系统的汽车维护和小修工艺组织方案

深入诊断区，以弄清小修内容。小修完毕后进入停车场。

深入诊断的一个重要任务是确定车辆是否该大修或者报废。为检验维修质量，二级维护和小修后的车辆再回到深入检测诊断区检测诊断，以监控维修作业效果。

为便于维修过程中的检测诊断，有些检测诊断设备可直接设置在维护和小修工位上，检测诊断后可立即着手消除所发现的故障（如就车车轮平衡、检测诊断调整前照灯等），因为某些调整或修理作业和检测诊断作业需交叉进行多次才能完成。

复 习 题

1. 汽车检测诊断分为哪些类型，各有什么目的和作用？
2. 汽车检测诊断的基本方法有哪些？各有什么特点？
3. 简述汽车检测诊断技术的现状及发展趋势。
4. 什么是汽车的技术状况？
5. 汽车故障有哪些主要类型？
6. 影响汽车技术状况变化的基本原因有哪些？其影响机理是什么？
7. 什么是故障树分析法？怎样建立故障树？
8. 何谓诊断参数？诊断参数有哪几类？选用诊断参数时应考虑哪些特性？
9. 什么是诊断参数标准？诊断参数标准有哪几类？
10. 常用汽车检测诊断国家标准有哪些？
11. 怎样用统计法确定诊断参数许用标准值？
12. 什么是最佳检测诊断周期？如何确定检测诊断周期？
13. 汽车检测机构的一般组成有哪些？
14. 汽车安全检测站检测的主要内容是什么？
15. 汽车环保检测站主要检测哪些项目？

第二章 汽车动力性和燃油经济性检测

动力性和燃油经济性是汽车最重要的基本性能。汽车技术状况不良,首先表现为动力性不足,燃油消耗增大。汽车动力性和燃油经济性的检测方法有道路试验和室内台架试验两大类。室内台架试验不受客观条件影响,测试条件易于控制,所以在汽车检测诊断站得到广泛应用。

在对汽车动力性和燃油经济性进行室内台架试验时,常采用无负荷测功仪或发动机综合检测仪检测发动机功率;采用底盘测功机检测汽车驱动轮的输出功率和汽车加速能力;底盘测功机与油耗仪配合使用,可检测汽车的燃油经济性。

第一节 发动机功率检测

发动机的动力性可用发动机的有效功率即轴功率评价。发动机点火系统、燃油供给系统、润滑系统、冷却系统技术状况不良或机件磨损,都会导致功率下降。因此,发动机功率是评价发动机技术状况的综合性指标。检测发动机功率,不仅可以直接评价发动机的动力性,而且可以确定发动机的技术状况。

一、发动机功率检测方法

发动机有效功率 P_e(kW)、有效转矩 M_e(N·m) 和转速 n(r/min) 之间有如下关系:

$$P_e = \frac{M_e \cdot n}{9549} \tag{2-1}$$

由式(2-1)可见,发动机有效功率可以通过测量有效转矩和转速,并据此计算得到。发动机功率检测(简称测功)有台架稳态试验和就车动态试验两种基本形式。

1. 稳态测功

稳态测功,是指发动机在节气门开度一定、转速一定和其他参数都保持不变的稳定状态下,在专用发动机测功机上测定发动机功率的一种方法。常见的测功机有水力测功机、电力测功机和电涡流测功机 3 种。利用测功机测出发动机的转速和转矩,然后计算得出发动机有效功率。

稳态测定发动机的额定功率是在发动机节气门全开的情况下进行的。利用测功机对发动机的曲轴施加负荷,使其在额定转速下稳定运转,测出其对应的转矩,便可据此求出额定有效功率。如在不同的加载负荷下,测出所对应的转矩和转速,并计算出在不同负荷下发动机输出的功率,便可以在 M_e-n、P_e-n 坐标图上绘制出转矩外特性和功率外特性曲线。

稳态测功时，由于需要对发动机施加外部负荷，所以也称为有负荷测功或有外载测功。稳态测功的结果比较准确、可靠，但需要较为复杂昂贵的测功设备，且测功过程费时费力、成本较高。因此，稳态测功多为发动机设计、制造部门和科研单位进行发动机性能试验时所采用。

2. 动态测功

动态测功是指发动机在节气门开度和转速等参数均处于变化的状态下，测定发动机功率的一种方法。动态测功时，由于无须对发动机施加外部载荷，所以又称为无负荷测功或无外载测功。其基本方法是：当发动机在急速或某一低转速下，突然全开节气门，使发动机克服自身惯性和内部各种运转阻力而加速运转时，其加速性能的好坏能直接反映出发动机功率的大小。该测功方法所用仪器轻便，测功速度快，方法简单，但测功精度较低。

对于汽车使用单位而言，由于经常需要在不解体条件下进行就车试验测定发动机功率。因此，发动机无负荷动态测功得到广泛应用。

二、发动机功率检测标准

根据 GB 7258—2017《机动车运行安全技术条件》，发动机功率应大于等于标牌（或产品使用说明书）标明的发动机功率的 75%；根据 GB/T 3799—2021《汽车发动机大修竣工出厂技术条件》，发动机大修竣工时发动机动力性应符合 GB/T 18276—2017 汽车驱动轮输出功率的要求。

GB/T 18276—2017《汽车动力性台架试验方法和评价指标》规定，汽车动力性评价指标包括：

① 汽车在发动机最大转矩工况或额定功率工况时的驱动轮输出功率。
② 汽车在发动机额定功率工况或最大转矩工况时的驱动轮轮边稳定车速。采用驱动轮轮边稳定车速作为评价指标时，压燃式发动机车辆采用额定功率工况，点燃式发动机车辆采用最大转矩工况。

表 2-1 为客车最大转矩工况车速及驱动轮输出功率限值推荐值。

表 2-1　客车最大转矩工况车速及驱动轮输出功率限值推荐值

车长 L(mm)	车速/(km/h)	输出功率限值/kW
$L \leqslant 6000$	50	26
$6000 < L \leqslant 7000$	50	28
$7000 < L \leqslant 8000$	53	35
$8000 < L \leqslant 9000$	60	54
$9000 < L \leqslant 10000$	63	62
$10000 < L \leqslant 11000$	65	70
$11000 < L \leqslant 12000$	70	87
$L > 12000$	70	109

三、发动机无负荷测功

1. 测试原理

如果把发动机的所有运动部件看成一个绕曲轴中心线转动的回转体，当发动机与传动系

统脱开，将没有任何外界负荷的发动机在急速下突然将节气门打开至最大开度时，发动机产生的动力克服机械阻力矩和压缩气缸内混合气阻力矩后所剩余的有效转矩 M_e，将全部用来使发动机运动部件加速。此时，发动机克服本身惯性力矩迅速加速到空载最大转速。对于某一型号的发动机而言，其运动部件的转动惯量近似为一个定值。发动机的有效功率越大，其运动部件的加速度也越大。这样，可以通过测定发动机在某一转速下的瞬时加速度或指定转速范围内的平均加速度、加速时间来确定发动机有效输出功率的大小。

这样，根据基本测功原理，无负荷测功可分为两类：
① 用测定瞬时角加速度的方法测定瞬时功率。
② 用测定加速时间的方法测定平均功率。

（1）瞬时功率测试原理　把发动机的所有运动部件等效地看成一个绕曲轴中心线旋转的回转体，当突然将节气门打开，使发动机克服其惯性力矩加速旋转时，测得发动机的瞬时角加速度，进而求出发动机的瞬时输出功率。

根据刚体定轴转动微分方程，发动机有效转矩与角加速度间的关系为：

$$M_e = J\frac{d\omega}{dt} = J\frac{\pi}{30}\frac{dn}{dt} \tag{2-2}$$

式中　M_e——发动机有效转矩（N·m）；
　　　J——发动机运动部件对曲轴中心线的当量转动惯量（kg·m²）；
　　　n——发动机转速（r/min）；
　　　$\frac{d\omega}{dt}$——曲轴角加速度（rad/s²）；
　　　$\frac{dn}{dt}$——曲轴转速变化率（r/s²）；
　　　ω——曲轴的角速度（rad/s）。

将 M_e 代入式（2-1）得：

$$P_e = \frac{\pi}{30} \cdot \frac{J}{9549} \cdot n \cdot \frac{dn}{dt}$$

令

$$C_1 = \frac{\pi}{30} \cdot \frac{J}{9549}$$

则

$$P_e = C_1 \cdot n \cdot \frac{dn}{dt} \tag{2-3}$$

在节气门突然开启的急加速变工况条件下测试发动机功率时，混合气形成、发动机燃烧状况和热状况等与稳态测试时不同，其有效功率值比稳态测试时的功率值小，因此引入修正系数 K_1 对式（2-3）进行修正。即

$$P_e = K_1 \cdot C_1 \cdot n \cdot \frac{dn}{dt}$$

记 $C' = K_1 \cdot C_1$，则

$$P_e = C' \cdot n \cdot \frac{dn}{dt} \tag{2-4}$$

式（2-4）表明：加速过程中，发动机在某一转速下的功率与该转速下的瞬时加速度成正比。这样，发动机无负荷测瞬时功率的问题，实质上成为测定发动机转速和在该转速下的

角加速度或曲轴转速变化率的问题。即只要测出发动机在加速过程中的转速 n 和对应的瞬时转速变化率 $\dfrac{\mathrm{d}n}{\mathrm{d}t}$，便可求出该转速下的瞬时有效功率。

（2）平均功率测试原理　瞬时功率检测要求检测系统具有很快地处理、计算转速传感器输出的转速信号的能力，在实际应用时有时会遇到一定困难。

平均功率测试指在无负荷工况下根据发动机从某一指定转速急加速到另一指定转速所经过的时间，求得在加速过程中发动机的平均有效功率 P_{em}。

发动机空载低速运转时，将加速踏板突然开至最大开度，相当于对发动机施加一个阶跃输入，其转速响应过程接近于二阶系统的阶跃响应曲线，如图 2-1 所示。从图中可以看出，在一定时间内转速呈直线上升趋势。在此时间段内，发动机的功率克服自身加速运动产生的惯性力矩而做功。

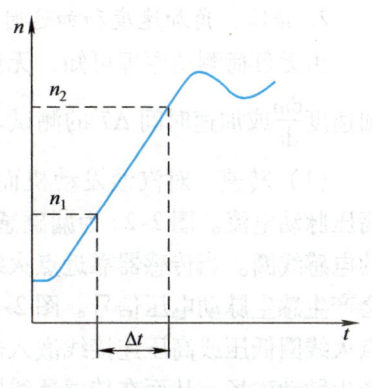

根据动能原理，发动机无负荷加速过程中，其动能增量等于发动机所作的功。即

$$A = \frac{1}{2}J\omega_2^2 - \frac{1}{2}J\omega_1^2$$

图 2-1　发动机转速上升曲线

式中　A——发动机所做的功（J）；
ω_1——测定区间起始角速度（rad/s）；
ω_2——测定区间终止角速度（rad/s）。

若发动机曲轴旋转角速度从 ω_1 上升到 ω_2 的时间为 $\Delta T(\mathrm{s})$，则发动机在这段时间内的平均功率 $P_{em}(\mathrm{W})$ 为

$$P_{em} = \frac{A}{\Delta T} = \frac{1}{2}J\frac{\omega_2^2 - \omega_1^2}{\Delta T}$$

显然：$\omega = \dfrac{\pi}{30}n$，如果以千瓦（kW）作为平均功率 P_{em} 的单位，则有

$$P_{em} = \frac{C_2}{\Delta T} \tag{2-5}$$

$$C_2 = \frac{1}{2}J\left(\frac{\pi}{30}\right)^2 \frac{n_2^2 - n_1^2}{1000}$$

若已知转动惯量 $J(\mathrm{kg \cdot m^2})$，并确定测量时的起始转速和终止转速 $n_1(\mathrm{r/min})$、$n_2(\mathrm{r/min})$，则 C_2 为常数，称为平均功率测功系数。一般 n_1 要稍高于怠速转速，n_2 宜取额定转速。

式（2-5）表明，加速过程中，发动机在某一转速范围 $n_1 \sim n_2$ 内的平均功率与加速时间 $\Delta T(\mathrm{s})$ 成反比。即节气门突然全开时，发动机由转速 $n_1(\mathrm{r/min})$ 加速到转速 $n_2(\mathrm{r/min})$ 的时间越短，表明发动机功率越大，动力性越好；加速时间越长，则发动机功率越低。这样，测某转速范围的平均功率，实质上就成为测定该转速范围加速时间的问题。

与瞬时功率测试的情况类似，由于 $n_1 \sim n_2$ 范围内的平均功率亦是在急加速变工况条件下测得的，其测试值与稳态工况下的测试值有一定差异，需引入修正系数 K_2 进行修正，并令 $C'' = K_2 \cdot C_2$。这样：

$$P_{em} = \frac{C''}{\Delta T} \tag{2-6}$$

由于现代内燃机具有类似的外特性功率曲线和动态特性，发动机发出的平均功率与外特性最大有效功率间有较为稳定的比例关系。因此，通过对比无负荷平均功率的测试值与台架试验发动机功率的测试值，找到所测机型的动态平均功率与稳态有效功率间的关系，确定 K_2 的值，并据此对无负荷测功仪进行标定，便可以通过测定 $n_1 \sim n_2$ 转速范围内的加速时间 ΔT 测出发动机的功率值。

2. 转速、角加速度和加速时间测试原理

由无负荷测功原理可知，无论瞬时功率测试还是平均功率测试，都离不开对转速 n、角加速度 $\frac{d\omega}{dt}$ 或加速时间 ΔT 的测试。

（1）转速　对汽油发动机而言，其转速信号可取自点火线圈的漏磁或点火线圈低压、高压脉动电流。图 2-2a 为漏磁感应所用传感器，在螺栓形的磁心上绕一匝数约为 10000 匝的电感线圈。当传感器靠近点火线圈时，在点火线圈脉动漏磁作用下，传感器 1、2 两端便会产生感生脉动电压信号。图 2-2b 为电磁感应所用传感器，在 U 形磁心上绕一电感线圈，点火线圈低压或高压连接线嵌入磁心内，发动机运转时，连接线有脉动电流通过，在其周围产生脉动磁场，从而在传感器线圈两端产生脉动电压信号。

发动机转速 $n(r/min)$ 与高压连接线中感生电压脉动频率 $f(s^{-1})$ 的关系为

$$f = \frac{n}{60} \cdot \frac{\tau}{2} \tag{2-7}$$

式中　τ——发动机缸数。

对于柴油发动机，可利用磁阻式传感器从发动机飞轮上取得转速信号，见图 2-2c。磁阻式传感器由永久磁铁及绕在其上的线圈组成，使用时装在飞轮壳上并使其与飞轮齿顶保持 $1 \sim 2mm$ 的间隙。当飞轮旋转时，轮齿的凹部和凸部交替通过磁阻式传感器，引起磁路中磁阻的变化，使通过线圈的磁通量发生强弱交替变化，从而在线圈中产生交流电动势。电动势的交变频率等于飞轮每秒钟转过的齿数，由此得到发动机转速 n 与传感器线圈中感应电动势的交变频率 f 间的关系为

$$f = \frac{n}{60} z \tag{2-8}$$

式中　z——飞轮齿圈齿数。

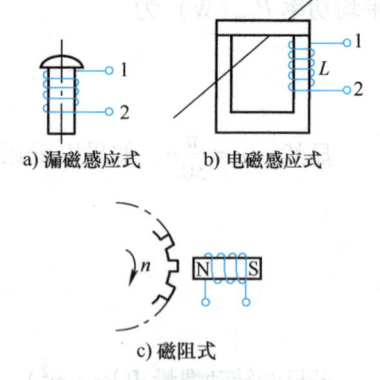

a) 漏磁感应式　b) 电磁感应式　c) 磁阻式

图 2-2　转速传感器工作原理

（2）角加速度　图 2-3 为瞬时角加速度测试原理框图。从传感器传来的转速脉冲信号，输入脉冲整形装置整形放大，转变为矩形触发脉冲信号，并把脉冲信号的频率放大 $2 \sim 4$ 倍，以提高仪器的灵敏性。矩形触发脉冲信号输入加速度计算器，并且只有在发动机转速达到规定值时，整形装置才输出触发脉冲信号。触发脉冲信号通过控制装置触发加速度计算器工作，计算一定时间间隔内输入的脉冲数，并把这些脉冲数累加起来。时间间隔由时间信号发生器控制。每一时间间隔的脉冲数与发动机转速成正比，后一时间间隔和前一时间间隔脉冲数的差值则与发动机的角加速度成正比，而发动机的有效功率又与角加速度成正比。转换分

析器可把计算器输出的脉冲信号，即与功率成正比的角加速度脉冲信号转变为直流电压信号，然后输入指示电表。该指示电表可按功率单位标定，因而可直接测得功率值。时间间隔取得越小，则所测出的有效功率越接近瞬时有效功率。

(3) 加速时间　图2-4为加速时间测试原理框图。来自传感器的发动机转速信号脉冲，经整形装置整形为矩形触发脉冲，并转变为平均电压信号。在发动机加速过程中，当转速达到起始转速 n_1 时，此时与 n_1 对应的电压信号通过 n_1 触发器触发计算与控制电路，使时标信号进入计算器并寄存。当发动机加速到终止转速 n_2 时，与 n_2 对应的电压信号通过 n_2 触发器又去触发计算与控制电路，使时标信号停止进入计算器，并把寄存器中时标脉冲数经数模转换随时转换成电信号，通过显示装置显示出加速时间或直接标定成功率单位显示。

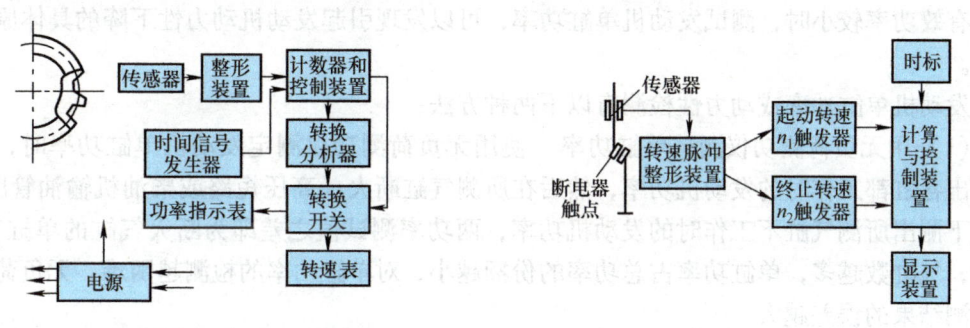

图 2-3　瞬时角加速度测试原理框图　　　　图 2-4　加速时间测量原理框图

3. 无负荷测功的误差分析

无负荷测功误差较大的主要原因如下：

(1) 发动机运转部件的当量转动惯量 J 的误差　当量转动惯量 $J(\mathrm{kg \cdot m^2})$ 用于模拟发动机所有运动部件对曲轴中心线的转动惯量，不可避免会存在误差。即使对同型号发动机而言，J 的值也只是基本上接近常量。因此，当量转动惯量 J 值的精确度在很大程度上决定了无负荷测功结果的精确度。

(2) 无负荷测功的阻力负载　除发动机的惯性阻力外，发动机加速过程中的阻力负荷还包括：

① 运动部件的摩擦阻力。
② 驱动发动机附件的阻力。
③ 进、排气过程的泵吸损失等。

这些阻力都随相应部件、机构的技术状况而变化，不是定值。若不考虑其变化或视为定值，则会因此导致测试误差较大、重复性较差、可比性不好。

(3) 变工况修正系数 K_1、K_2 的精确度　无论瞬时功率测试还是平均功率测试都是在节气门突然打开的急加速变工况条件下进行的，测试过程中的混合气形成、发动机燃烧状况和热状况等与稳态测试时不同，其有效功率值比稳态测试时的功率值小，因此引入了修正系数 K_1、K_2 对检测结果进行修正。但由于影响因素众多且不确定性较大，修正系数 K_1、K_2 的取值难免有误差，从而使无负荷功率检测结果产生较大误差。

(4) 操作方法等人为因素的影响　操作方法等人为因素对无负荷加速测功的结果影响很大。测试时，踩加速踏板的快慢所引起的测试误差可高达20%。因此，测功试验时，踩

加速踏板的速度和力度要均匀,重复性要好。

为提高无负荷测功结果的准确性,测试前应使影响发动机加速过程的有关机构处于正常的技术状况。例如:发动机供油系的加速踏板拉线松紧、节气门摇臂等机构的间隙应适当;并应充分暖车以使冷却系预热到正常工作温度。

四、单缸功率检测

检查各个气缸的功率及各缸动力性能是否一致,是动力性检测的重要内容。在发动机正常工作情况下,发动机输出功率应等于各缸功率之和,各缸输出功率应大致相等,即各缸动力应平衡。这样,发动机才能具有良好的动力性,其运转才能平稳。另一方面,在测得的发动机有效功率较小时,测试发动机单缸功率,可以发现引起发动机动力性下降的具体原因和部位。

发动机单缸功率或动力性检测有以下两种方法:

(1) 用无负荷测功仪测试单缸功率 使用无负荷测功仪测定发动机单缸功率时,首先应测出各缸都工作时的发动机功率,然后在所测气缸断火(高压短路或柴油机输油管断开)情况下测出所测气缸不工作时的发动机功率,两功率测试值之差即为断火气缸的单缸功率。显然,气缸数越多,单缸功率占总功率的份额越小,对单缸功率的检测越困难,无负荷测功仪检测结果的误差越大。

若各单缸功率相同,则说明发动机各缸功率均衡性好;若某缸断火后,测得的功率没有变化,则说明其单缸功率为零,该缸完全不工作。若发动机单缸功率偏低,则一般是该缸高压线、分线插座或火花塞技术状况不佳、气缸密封性不良所致,应更换、调整或维修。

(2) 利用断火试验时的发动机转速下降值判断单缸动力性 发动机以某一转速稳定运转时,如果交替使各缸点火短路,则每次短路后发动机均应出现功率下降,导致发动机转速下降。若各气缸工作状况良好,则每次转速下降的幅度应大致相等;而当各缸依次断火后发动机转速下降的幅度差别很大,则说明各缸动力性均衡性差,有些缸工作不正常;若某缸断火后,发动机依旧以原来的转速旋转或下降幅度不大,则可以断定该缸不工作或工作状况不良。据此,可以采用简单的转速表测定某缸不工作时的转速下降值,以判断该缸的动力性好坏。

断火试验时,发动机转速下降的程度与起始转速有关。试验表明:若发动机起始转速为1000r/min,正常情况下,某缸不工作时发动机转速的下降范围见表2-2。检测时,单缸断火后的转速下降值应符合诊断标准,且最高和最低下降值之差不大于转速下降平均值的30%。

表2-2 某缸不工作时发动机转速的下降值

气缸数/缸	平均转速下降值/(r/min)	允许偏差/(r/min)
4	100	±20
6	70	±10
8	45	±5

发动机单缸断火后转速下降的平均值与气缸数有关,气缸数越多,单缸断火后转速的下降值越小。因此,对于气缸数多于8个的发动机,用单缸断火后的转速下降值判断各缸工作性能的难度较大。

使用上述两种方法检测发动机单缸功率时,应该注意的是:由于某缸断开后,进入该缸的汽油混合气不参与燃烧,汽油会洗刷气缸壁上的润滑油膜,使气缸磨损加剧;同时窜入油底壳的汽油会稀释机油。因此,进行断火试验时,其时间不能太长。

第二节 底盘输出功率检测

汽车动力性,除了可以通过整车道路试验测定外,还可以用驱动车轮输出功率或驱动力作为诊断参数,在检测站的室内条件下用汽车底盘测功试验台检测。汽车驱动轮输出功率直接反映汽车动力性,是评价汽车技术状况的基本参数,也是汽车综合性能检测的必检项目。

底盘输出功率检测又称底盘测功,其主要目的是评价汽车动力性;同时,通过对驱动轮输出功率和发动机输出功率进行对比,可求出传动效率以评价汽车传动系统的技术状况。本节在介绍底盘测功机的构造原理的基础上,主要介绍利用底盘测功机检测汽车底盘输出功率的基本原理和方法;同时,对底盘测功机的其他基本功能和测试原理进行简单介绍。

一、汽车底盘测功机的功能

汽车底盘测功机是汽车底盘综合性能检测设备,其基本功能为:
① 测试汽车驱动轮的输出功率。
② 测试汽车的加速能力。
③ 测试汽车的滑行能力。
④ 测试汽车传动系的传动效率。
⑤ 检测及校正车速—里程表。
⑥ 间接测试汽车发动机的功率。

另外,辅以油耗计、废气分析仪、异响检测仪等设备,还可以对汽车的燃油经济性、排放性能和汽车发动机及底盘运转过程中的异响进行检测。因此,利用汽车底盘测功机可以对汽车的综合性能进行检测。

二、汽车底盘测功机的构造

汽车底盘测功机一般由滚筒装置、测功装置、飞轮机构、测量装置、控制与指示装置等构成。其机械部分的结构见图2-5。

1. 滚筒装置

测功试验时,汽车驱动轮置于滚筒装置上,在滚筒上滚动行驶,驱动滚筒旋转。因此,滚筒装置的作用相当于能够连续移动的路面,用于支撑车轮并传递功率、转矩、速度。汽车底盘测功机的滚筒装置有单滚筒和双滚筒两种类型,见图2-6。滚筒的直径、表面状况和两滚筒(双滚筒)的中心距是影响汽车底盘测功机性能的重要参数。

同一车轴上的左、右驱动轮各由一个滚筒支撑或两驱动车轮共同由一个长滚筒支撑的底盘测功机称为单滚筒底盘测功机,其滚筒直径较大,多在1500～2500mm之间,有的可达4000mm。滚筒直径愈大,滚筒表面曲率愈小。车轮在滚筒上滚动与汽车在平路上行驶类似,轮胎与滚筒表面间的接触面积大,滑转率小,行驶阻力小,因而测试精度高。但大滚筒试验台制造成本大,占地面积大,同时对车轮在滚筒上的安放定位要求严格,其车轮中心与滚筒中心的对中比较困难，故使用不太方便。因此，单滚筒底盘测功机一般用于科研单位、大专院校和汽车制造部门，较少用于汽车维修和汽车检测诊断等生产企业。

同一车轴上的左、右驱动轮各由两个滚筒支撑或两驱动车轮共同由两条长滚筒支撑的底盘测功机称为双滚筒底盘测功机，其滚筒直径一般在 185～400mm 之间。由于曲率半径小，滚筒表面曲率大，因而轮胎与滚筒表面的接触面积与在平路上行驶时相比小得多。接触面间比压和变形都较大，滑转率大，从而使滚动阻力增大，测试精度低。在较高试验车速下，轮胎的滚动功率损失可达到所传递功率的 15%～20%。但双滚筒底盘测功机具有车轮在滚筒上安放定位方便和制造成本低等优点，因而适用于汽车维修和汽车检测诊断等生产企业，尤其单轴双滚筒式汽车底盘测功机应用广泛。如图 2-6c 所示。

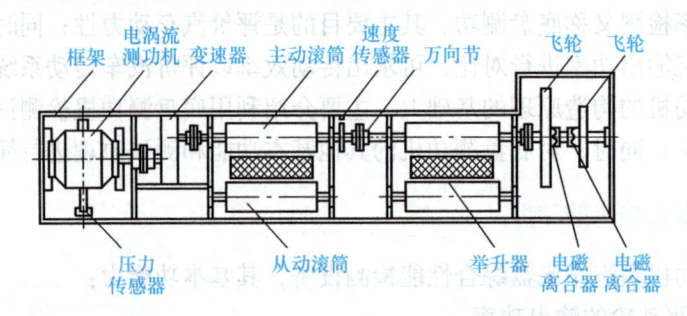

图 2-5 汽车底盘测功机机械部分结构示意图

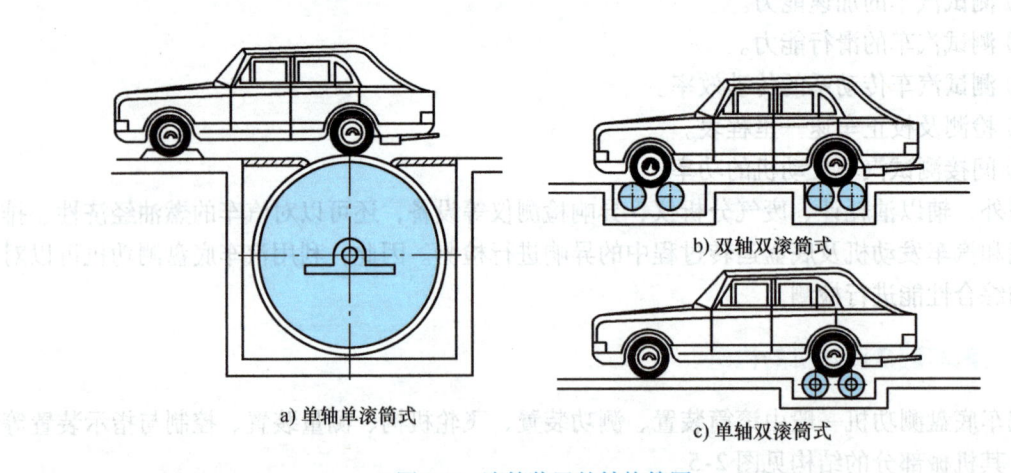

图 2-6 滚筒装置的结构简图
a) 单轴单滚筒式　b) 双轴双滚筒式　c) 单轴双滚筒式

按表面状况不同，底盘测功机滚筒装置的滚筒可分为光滚筒、滚花滚筒、带槽滚筒和喷涂滚筒等类型，其表面状况越接近路面状况越好。由于汽车在滚花滚筒、带槽滚筒底盘测功机上试验时，轮胎磨损严重，故目前已很少采用。喷涂滚筒的附着系数虽较高，但喷涂层易脱落，使用寿命短，且价格高。在汽车底盘测功机上，目前应用最多的滚筒类型是光滚筒，但光滚筒附着系数较低。

双滚筒底盘测功机的滚筒中心距应依据滚筒直径合理选取，应保证汽车试验时不会发生向前（或向后）越出滚筒的现象。当滚筒中心距一定时，若汽车车轮直径过大，则相应安置角过小，试验时很不安全；车轮直径过小时，则无法进行测试。因此，一定规格的底盘测功机只适用于某一范围内的车型。

2. 测功装置

测功装置用于吸收和测量汽车驱动轮的输出功率，通常称为测功器。汽车在底盘测功机上进行测功实验时，只有驱动轮运转驱动滚筒，其车身则静止不动，其外部阻力为驱动轮在滚筒上的滚动阻力及滚筒机构的轴承摩擦力等，这些阻力之和比汽车在道路上行驶时受到的外部阻力要小得多。另外，与汽车在道路上行驶时受到的阻力相比，在底盘测功机上试验时汽车不受空气阻力和坡度阻力的作用。因此，用底盘测功机检测汽车的技术状况，必须用加载装置模拟汽车在道路上行驶时受到的各种阻力，使车辆的受力情况如同在道路上行驶时一样。从这个角度出发，测功装置也是一个加载装置。

根据动力传递介质的不同，底盘测功机的常用测功装置有水力测功器、电力测功器和电涡流测功器三类。测功器主要由定子和转子构成。其中：测功器转子与底盘测功机滚筒相连，而测功器定子可绕其主轴线摆动。图2-7为常用水冷电涡流测功器的结构示意图。

水力测功器用水作为加载制动介质。水填充在测功器的定子和转子之间，转子转动时对其起阻碍作用，形成制动力矩，并把该力矩传递给定子。通过调节进出水量控制水面高度，改变转子旋转阻力矩的大小，可获得不同大小的制动力矩。

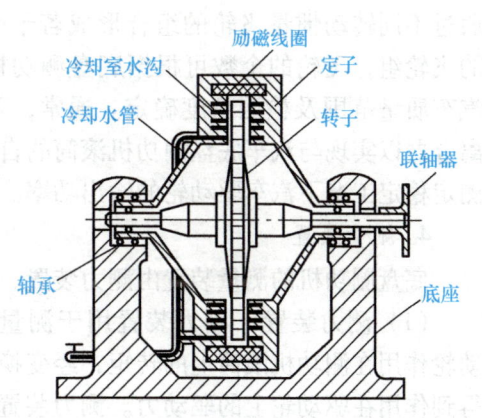

图2-7 水冷电涡流测功器结构示意图

而进出水流量一定时，测功器的制动力矩可随着转子转速的增大而提高。水力测功器的结构简单，使用可靠性好；但伺服性能较差，因此难以完成在自动控制下的循环试验。

电力测功器又称为平衡电机，作为负载使用时，其作用相当于直流发电机；而作为驱动机械使用时，可以输出功率，其作用相当于直流电动机。利用电子控制的电力测功器可以很好模拟汽车的行驶阻力和汽车加速时的惯性力，扩展了汽车底盘测功机的用途。但电力测功器的制造成本较高，多用于高等院校及科研单位所用的大直径单滚筒底盘测功机。

汽车检测站和维修企业使用的底盘测功机多采用电涡流测功器（图2-7）。电涡流测功器的定子内部沿圆周布置有励磁线圈和涡流环，转子外圆上加工有均匀分布的齿槽，齿顶与涡流环间留有一定的空气隙。当励磁线圈接通直流电时，在其周围形成磁场，因而磁力线通过定子、气隙、涡流环和转子形成闭合磁路。由于通过转子齿顶的磁通量比通过齿槽的磁通量大，因此转子旋转时，通过定子内圈涡流环上某点的磁通呈周期性变化，而磁通的变化可以在定子涡流环内感应出感生电流（涡电流）以阻止磁通的变化。涡电流和励磁线圈形成的磁场相互作用，使转子受到一个制动力矩（与滚筒旋转方向相反），起到加载作用。电涡流测功器具有测量精度高、振动小、结构简单和易于调控的特点，只要使励磁电流的强弱发生变化，就可以控制测功器所产生的制动力矩的大小，因而能比较容易、经济地实现自动控制。此外，电涡流测功器具有较宽的转速范围和功率范围。图2-8为电涡流测功器的外特性曲线图。

3. 飞轮机构

汽车在底盘测功机滚筒上试验时，仅发动机、传动系和驱动轮旋转，并不产生汽车在道路上行驶时的平移动能。飞轮系统用于模拟汽车在道路上行驶时的平移动能，通过模拟汽车

在运行速度变化时的平移动能的变化，来反映汽车在非稳定工况下运行时的阻力，进行非稳定工况的性能试验（如加速性能、滑行性能等）。

确定飞轮机构转动惯量的原则是：相同车速下，底盘测功机滚筒和飞轮机构在测试时的旋转动能与汽车在道路上行驶的平移动能等效。由于车型不同，汽车的质量和车轮规格也不同。若要检测不同类型的汽车，就必须按车型配备具有不同转动惯量的飞轮，并通过不同转动惯量飞轮的组合形成若干个转动惯量级的飞轮组，飞轮的个数可根据底盘测功机需要检测的汽车质量范围及检测精度确定。通常，飞轮机构采用离合器以实现与汽车底盘测功机滚筒的自由结合。而没有配置飞轮机构的底盘测功机则只能测定稳定工况下汽车驱动轮的输出功率。

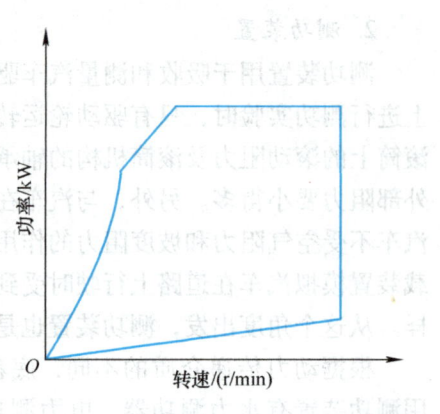

图 2-8 电涡流测功器的外特性曲线

4. 测量装置

底盘测功机的测量装置由测力装置、测速装置和测距装置组成。

（1）测力装置　测力装置用于测量驱动轮作用在测功机滚筒上的转矩，经变换后得到作用在驱动轮上的驱动力。测力装置主要由电涡流测功器外壳、测力臂、测力传感器及信号处理电路等组成，如图 2-9 所示。电涡流测功器的外壳（定子）用轴承安装在轴承座上，外壳可在轴承座上绕转子轴转动。测力臂的一端装在外壳上，另一端装测力传感器。

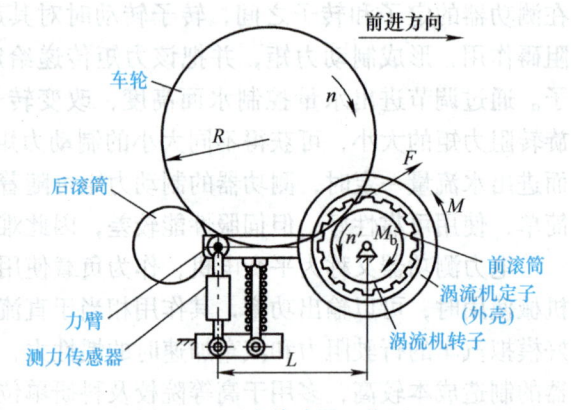

图 2-9 测力传感器工作原理

电涡流测功器工作时，电涡流与其磁场的相互作用对转子形成制动力矩 M_b，作用方向与转子旋转方向相反。同时，外壳（定子）也受到一个与 M_b 大小相等、方向相反的力矩 M，迫使外壳连同固定在其上的测力臂转动，使之对测力传感器产生压力或拉力。测力传感器在拉力或压力作用下产生的应变，通过应变放大器，产生一定的输出电压，从而将压（拉）力信号转变成电信号。该电信号由仪表或显示装置显示出来，经过标定即可用于表示出作用于滚筒上的驱动力矩或驱动力。

（2）测速、测距装置　汽车在底盘测功机上进行驱动轮输出功率试验、加速试验、等速试验、滑行试验和燃油经济性试验时，都必须对试验车速和驶过的距离进行测试。测速装置一般由测速传感器、中间处理装置和指示装置构成。常用的测速传感器有光电式、磁电式、霍尔式传感器和测速发电机等类型。通常安装在从动滚筒的一端，随从动滚筒一起转动，把滚筒的转速转变为电信号。该电信号经放大后送入处理装置，换算为车速（km/h）并在指示装置上显示出来。

光电式测速装置主要由光电传感器、计数器和控制电路构成。光电传感器主要由光源、光电盘、光电池组成。光电盘安装在从动滚筒一端并由滚筒带动旋转，光源和光电池固定在光电盘两侧，光源发出的光线可通过光电盘上的孔照在光电池上，由光电池把接收到的光能转化为电能。试验时，底盘测功机滚筒带动光电盘旋转，把持续发出的光线切割成光脉冲，从而在光电池的两极间产生电脉冲，如图 2-10a 所示。在控制电路的控制下，计数器可记录试验过程中产生的电脉冲数。由于光电盘的孔数是一个定值，所以每接收与该数值相等的电脉冲数时，表明滚筒旋转了一圈，因此根据记数器记录的电脉冲数和滚筒的圆周长，可经折算得到试验过程中汽车驶过的距离。显然，根据每单位时间内记录得到的电脉冲数，亦可折算得到试验车速。

磁电式测速传感器由信号盘齿轮和磁头（感应线圈及永久磁铁）等组成，如图 2-10b 所示。信号盘齿轮是一个带齿的薄圆盘，固装在滚筒轴上；磁头由感应线圈及永久磁铁组成，固定在机架上。当信号盘齿轮随滚筒旋转时，其上的齿依次越过固定磁头，引起磁阻的变化，感应线圈中的磁通量随之变化，使磁电传感器输出交变的感应电动势，即信号电压。将信号电压放大及整形后，转化为脉冲信号输入处理装置，通过测量脉冲频率或周期即可得到车速的测量值。

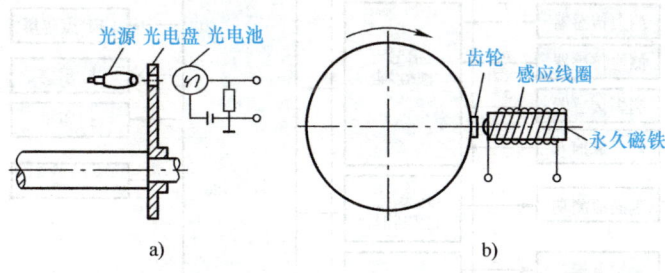

图 2-10　测速装置

5. 反拖装置

有些汽车底盘测功机配置有反拖装置，提供原动力以驱动汽车驱动轮和传动系运转，用以检测底盘测功机滚筒系统的机械损失、传动系的机械损失及车轮在滚筒上的滚动阻力。

反拖装置由反拖电动机、离合器及测力装置组成，如图 2-11 所示。反拖电动机通过离合器直接与滚筒轴连接（或经传动链条、离合器与滚筒轴连接），其转速可通过变频调速装置调节，使反拖速度在 0～100km/h 的范围内变化，以模拟汽车的实际运行车速。

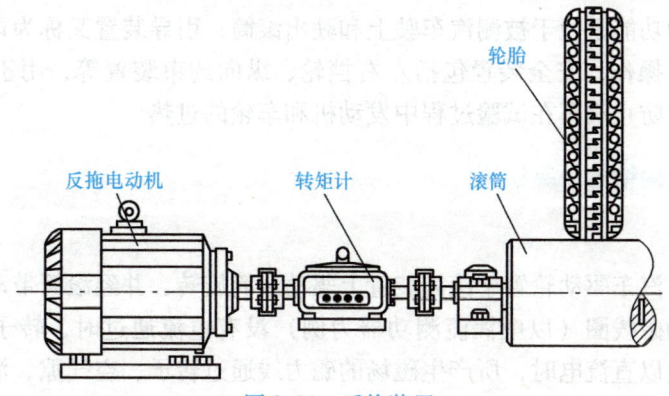

图 2-11　反拖装置

测力装置有电功率表和测力传感器两种形式，用于测定被检汽车和底盘测功机传动系的阻力。电功率表测定反拖电动机消耗的电功率，再测定反拖车速，经过换算求出反拖阻力。

测力传感器可直接测定反拖阻力，其原理与电涡流测功机的测力装置的原理相同。反拖电动机外壳浮动支承在轴承座上，外壳（定子）受反力矩作用便可转动，从而对固装定位的测力传感器施加压力或拉力。

6. 控制系统

大多数汽车底盘测功机采用全自动控制方式，能够自动连续测试汽车在任一运行车速下的功率，整个测试过程由计算机控制。此外，全自动控制方式可以自动模拟汽车的运行工况。

汽车底盘测功机的全自动控制系统的原理框图如图 2-12 所示。控制系统是底盘测功机的核心，其技术水平的高低和性能好坏直接影响到整机性能。控制系统一般由控制柜、计算机及控制软件等组成。通过控制软件可实现数据采集与处理、结果输出、电涡流或电力测功器的载荷控制和其他附件的控制等。

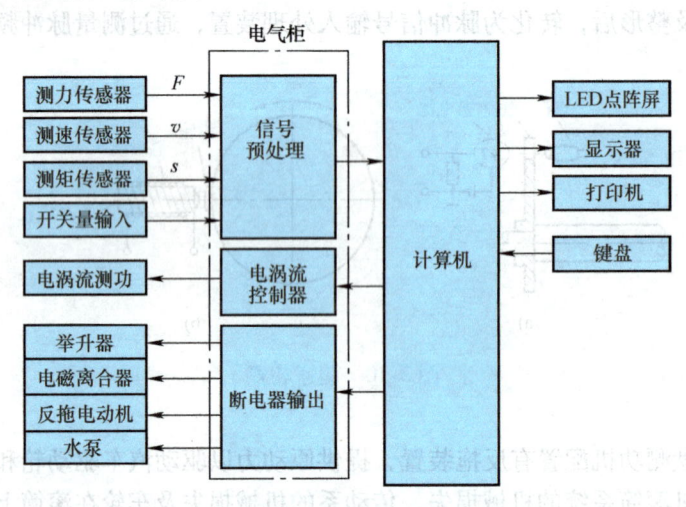

图 2-12 控制系统结构图

7. 其他附属装置

此外，汽车底盘测功机还配置有举升、锁定、引导、安全、冷却风机等附属装置。举升和滚筒锁定装置的功能是便于被测汽车驶上和驶出滚筒；引导装置又称为司机助，用于引导驾驶人按提示进行操作；安全装置包括左右挡轮、纵向约束装置等，用于保障检测作业安全；冷却风机用于防止汽车在试验过程中发动机和车轮的过热。

三、汽车驱动轮输出功率检测

1. 检测原理

测功实验时，汽车驱动轮置于滚筒装置上驱动滚筒旋转，并经滚筒带动测功器的转子旋转。当定子上的励磁线圈（以电涡流测功器为例）没有电流通过时，转子不受制动力矩作用；而励磁线圈通以直流电时，所产生磁场的磁力线通过转子、空气隙、涡流环和定子构成闭合磁路。磁通的强弱与激磁线圈匝数和所通过的电流大小有关。由于通过转子齿顶的磁通量比通过齿槽的磁通量大，因此转子旋转时，通过定子内圈涡流环上某点的磁通呈周期性变化。当转子齿顶转到这一点时，通过的磁通量最大；而当转子齿槽转到该点时，所通过的磁通量最小。由电磁感应定理可知，通过涡流环的磁通量的周期性变化将在定子涡流环内产生周期性感应电流，以阻止磁通的变化。由于定子涡流环是整体式的，因此产生的感应电流是封闭的，称为涡电流。涡电流产生的磁场与励磁磁场相互作用，产生了与转子旋转方向相反的转矩，从而对滚筒起到了加载作用。测出该转矩和转子转速，便可据此换算得到由驱动轮通过滚筒传递给测功器转子的驱动功率。

作用力和反作用力是成对出现的。对转子施加制动力矩的同时，定子受到与制动力矩大小相同但方向相反的力矩作用，力图使可绕主轴摆动的定子顺着转子旋转方向摆动。在测功机定子上安装一定长度的测力杠杆，并在其端部下方安装压力传感器，压力传感器便会受压力作用而产生与其成正比的电信号。显然，该压力与杠杆长度（压力传感器至测功器主轴的距离）之积便是定子（或转子）所受力矩的数值。在滚筒稳定旋转时，该力矩与驱动轮驱动力对滚筒的驱动力矩相等。据此，可求出车轮作用在滚筒（其半径为已知常数）上的驱动力的大小。

在底盘测功机上进行测功试验，以及进行加速试验、车速表检验、滑行试验、燃油经济性试验时，都需要测得试验车速，因此必须配备测速装置和测距装置。

由压力传感器和测速传感器传来的电信号输入控制装置，经计算机处理后，在指示装置上显示出驱动轮输出功率 $P_k(kW)$、驱动轮驱动力 $F(N)$ 或滚筒驱动力矩 $M_b(N \cdot m)$ 和车速 $v(km/h)$ 或滚筒转速 $n(r/min)$ 的数值。显然，驱动轮输出功率 $P_k(kW)$ 为

$$P_k = \frac{F \cdot v}{3600} = \frac{M_b \cdot n}{9545}$$

同理，在装有反拖装置或在以电力测功器作为加载装置的底盘测功机上，以反拖装置或电力测功器作为动力，反拖底盘测功机滚筒、汽车驱动轮和传动系运转，底盘测功机滚筒作用于汽车驱动轮的力克服汽车驱动轮的滚动阻力和汽车传动系的阻力，反拖运转所消耗的功率等于汽车驱动轮的滚动阻力功率和传动阻力功率之和。据此可换算得到汽车传动系统的传动效率，详见第四章第二节。

2. 环境条件

① 环境温度：0~40℃；

② 环境湿度：<85%；

③ 大气压力：80~100kPa。

3. 检测能力

按照 JT/T 445—2021《汽车底盘测功机》要求，汽车底盘测功机检测能力应符合表2-3的要求。用于汽车污染物排放检测的测功机，功率吸收能力还应符合 GB 3847—2018 和 GB 18285—2018 的要求。

表 2-3　汽车底盘测功机检测能力

额定承载质量/t	3	10	13	
			两轴式	三轴式
额定吸收转矩/N·m	≥1200	≥2500	≥5000	≥7000
最高测试车速/(km/h)	≥130	≥130	≥130	

注：额定吸收转矩是指电涡流机冷态时的最大制动转矩。

4. 检测结果分析

在汽车底盘测功机上测得的驱动轮输出功率取决于发动机输出功率、传动系传动效率、滚动阻力损失功率和底盘测功机传动效率等因素。由于受滚筒表面曲率的影响，驱动轮在底盘测功机滚筒上滚动时的滚动阻力比在良好路面上行驶时的滚动阻力大，由滚动阻力所消耗的功率可达所传递功率的15%～20%。在传动系技术状况良好的情况下，汽车传动系的功率损失约占发动机输出功率的10%～20%，其具体数值取决于传动系的类型。研究表明：检测在用汽车的驱动轮输出功率时，新车若能达到发动机输出功率的70%，载货汽车和大客车若能达到其发动机输出功率的60%（双级主减速器）、65%（单级主减速器），即可说明传动系技术状况良好。

（1）实测驱动轮输出功率 实测驱动轮输出功率指在实际环境状态下，利用底盘测功机测得的汽车驱动轮的输出功率。该功率不含轮胎滚动阻力和底盘测功机传动系阻力所消耗的功率。

（2）驱动轮输出功率的校正 发动机额定功率和发动机额定转矩均为在标准环境状态和规定的额定转速下输出的功率。标准环境状态定义为：大气压 p_0 = 100kPa；相对湿度 ϕ_0 = 30%；环境温度 T_0 = 298K（25℃）；干空气压 p_{s0} = 99kPa。其中：干空气压是基于总气压 100kPa、水蒸气分压 1kPa 经计算而得到的。

因实际测试环境与标准环境差别较大，在不同的测试环境下测得的驱动轮输出功率将明显不同。如在高原、热带和寒带地区，汽车发动机功率将显著下降。因此，以实测驱动轮输出功率与额定值比较将导致不正确的检测结论。为此，须将驱动轮输出功率实测值校正为标准环境状态下的功率，再与额定输出功率进行比较，以保证汽车驱动轮功率检测结果的可靠性。其校正公式为：

$$P_0 = \alpha \cdot P \tag{2-9}$$

式中　P_0——校正功率，即标准环境状态下的功率（kW）；
　　　α——校正系数，汽油机 α_a、柴油机 α_d；
　　　P——实测功率（kW）。

1）汽油车驱动轮输出功率校正系数 α_a。汽油车驱动轮输出功率校正系数 α_a 可用计算法或图表法求得，其计算公式为：

$$\alpha_a = (99/p_s)^{1.2} \cdot (T/298)^{0.6} \tag{2-10}$$

式中　p_s——试验时的干空气压，kPa；
　　　T——试验时的环境温度，K。

$$p_s = p - \phi \cdot p_{sw} \tag{2-11}$$

式中　p——测试环境下的大气压，kPa；
　　　ϕ——测试环境下的大气湿度，%；
　　　p_{sw}——测试环境下的饱和蒸气压，kPa。

求 α_a 的图表法为：根据测试时的环境温度 T 值及环境干空气压 p_s 值，由图2-13查得。例如：当测试环境干空气压 p_s 为 100kPa、测试环境温度 T 为 293K（20℃）时。从图2-13中的 T(K) 坐标找出 T = 293K 的点，从 p_s(kPa) 坐标找出 p_s = 100kPa 的点，过两点作连线并延长至与 α_a 坐标相交，交点 α_a = 0.978 即为该测试环境温度下的功率校正系数。

2）柴油车驱动轮输出功率校正系数 α_d。同理，柴油车驱动轮输出功率校正系数 α_d 也可用计算法或图表法求得，其计算公式为：

$$\alpha_d = (f_a)^{f_m} \quad (2\text{-}12)$$

$$f_a = (99/p_s)^{1.2} \cdot (T/298)^{0.7}$$

$$f_m = 0.036 \cdot g_c/(r - 0.04)$$

式中　f_a——大气因子；

　　　f_m——发动机因子，一般取固定值0.3；

　　　g_c——校正的比排量循环供油量，mg/(L·循环)；

　　　r——增压比，压缩机出口压力与进口压力之比（自然吸气发动机 $r=1$）。

非增压及机械增压柴油机驱动轮输出功率的校正系数可从图2-14查得。若：测试环境的干空气压 $p_s = 100\text{kPa}$，温度 $T = 288\text{K}$，柴油发动机因子 $f_m = 0.6$。在图2-14上通过 p_s 和 T 坐标的两点连线，并延长至0.98点，作该点与 f_m 坐标上的0.6点的连线，并延长至与 α_d 坐标点相交，可得该车在给定测试环境下驱动轮输出功率的校正系数为0.98。

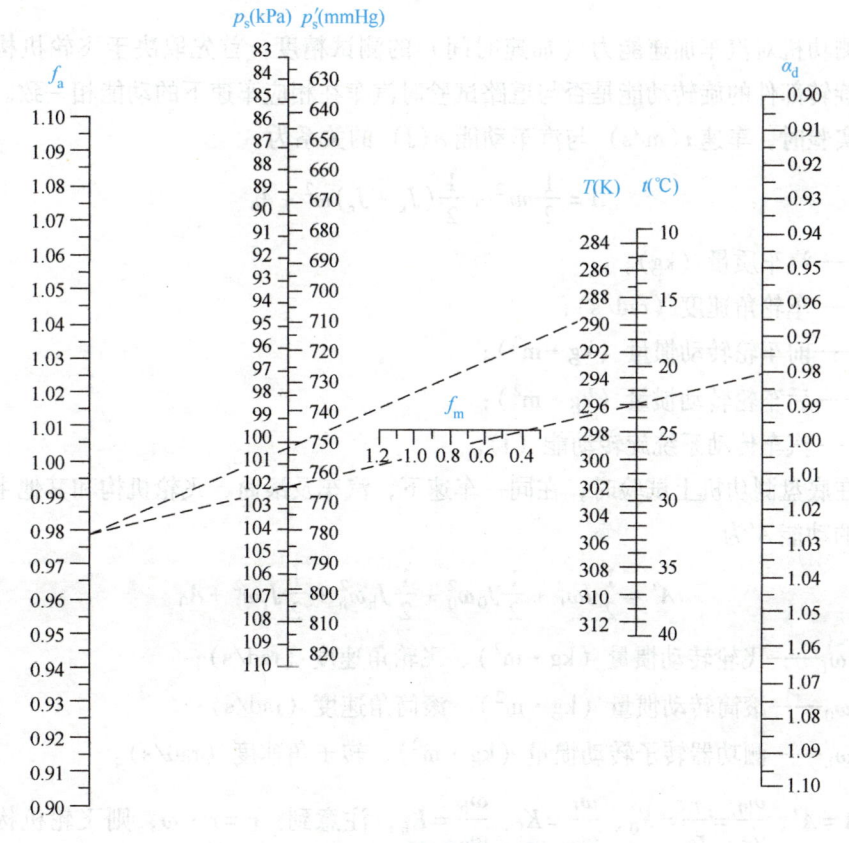

图2-13　汽油车驱动轮输出功率校正系数图

图2-14　柴油机驱动轮输出功率校正系数图

(3) 在用汽车动力性的评价　GB/T 18276—2017《汽车动力性台架试验方法和评价指标》要求，汽车的动力性是采用汽车在底盘测功机上驱动轮的输出功率或轮边稳定车速作为评价指标或检测参数。采用驱动轮轮边稳定车速作为评价指标时，压燃式发动机车辆采用额定功率工况，点燃式发动机车辆采用最大扭矩工况。在进行维修质量监督检查或对动力性检测结果有异议时，采用驱动轮输出功率作为评价指标。判断方法如下：

1）采用最大转矩工况或额定功率工况下的驱动轮输出功率评价时，当校正驱动轮输出功率大于或等于限值（最大转矩工况下，驱动轮输出功率限值取最大扭矩点功率的51%；额定功率工况下，驱动轮输出功率限值取额定功率的49%）时，判定该车动力性为合格。

2）采用额定功率工况下的驱动轮轮边稳定车速评价时，当驱动轮轮边稳定车速大于或等于额定功率工况下的驱动轮轮边稳定车速限值时，判定该车动力性为合格。

3）采用最大转矩工况下的驱动轮轮边稳定车速评价时，当驱动轮轮边稳定车速大于或等于最大转矩工况下的驱动轮轮边稳定车速限值时，判定该车动力性为合格。

4）当校正驱动轮输出功率或驱动轮轮边稳定车速小于限值时，允许复检一次。一次复检合格，则判定该车动力性为合格。

5）当检测结果和复检结果均小于限值时，判定该车动力性为不合格。

四、汽车加速能力测试

底盘测功机对汽车加速能力（加速时间）的测试精度，首先取决于飞轮机构、滚筒装置及其他旋转部件的旋转动能是否与道路试验时汽车在相应车速下的动能相一致。

道路实验时，车速 v(m/s) 与汽车动能 A(J) 的关系为：

$$A = \frac{1}{2}mv^2 + \frac{1}{2}(J_k + J_r)\omega^2 + A_0 \tag{2-13}$$

式中　m——汽车质量（kg）；
　　　ω——车轮角速度（rad/s）；
　　　J_k——前车轮转动惯量（kg·m²）；
　　　J_r——后车轮转动惯量（kg·m²）；
　　　A_0——汽车传动系统旋转动能（J）。

汽车在底盘测功机上试验时，在同一车速下，汽车及滚筒、飞轮机构和其他主要旋转零件所具有的动能 A' 为

$$A' = \frac{1}{2}J\omega_f^2 + \frac{1}{2}J_0\omega_0^2 + \frac{1}{2}J_h\omega_h^2 + \frac{1}{2}J_r\omega^2 + A_0 \tag{2-14}$$

式中　J、ω_f——飞轮转动惯量（kg·m²）、飞轮角速度（rad/s）；
　　　J_0、ω_0——滚筒转动惯量（kg·m²）、滚筒角速度（rad/s）；
　　　J_h、ω_h——测功器转子转动惯量（kg·m²）、转子角速度（rad/s）。

令：$A = A'$，$\dfrac{\omega_0}{\omega} = \dfrac{r}{r_0} = K_0$，$\dfrac{\omega_f}{\omega_0} = K_f$，$\dfrac{\omega_h}{\omega_0} = K_h$，注意到：$v = r \cdot \omega$，则飞轮机构的转动惯量应满足：

$$J = \frac{mr^2 + J_k - J_0 K_0^2 - J_h K_h^2 K_0^2}{K_f^2 K_0^2} \qquad (2\text{-}15)$$

式中　r、r_0——车轮滚动半径、滚筒半径（m）；

　　　K_0——滚筒与车轮间速比；

　　　K_f——飞轮与滚筒间速比；

　　　K_h——测功机转子与滚筒间速比。

汽车在底盘测功机上试验时，驱动轮驱动滚筒旋转，但整车处于静止状况。这样，要测试汽车在一定速度区间内的加速时间，必须以具有相应转动惯量的飞轮机构模拟汽车行驶时的动能。汽车在滚筒上加速时，滚筒及飞轮机构转速的提高使滚筒及飞轮机构的旋转动能相应增大，从而消耗驱动轮输出功率，表现为汽车的加速阻力。滚筒圆周速度从某一值上升到另一值的时间与汽车路试时在相应速度区间的加速时间相对应。加速时间的长短则反映其加速能力的大小。

同理，以汽车底盘测功机滚筒机构作为活动路面，以飞轮机构、滚筒装置及其他旋转部件的旋转动能模拟汽车道路试验时的动能，则可以利用汽车底盘测功机检测汽车的滑行能力。即由于滚筒装置和飞轮机构具有的动能与汽车道路试验时具有的动能相等，因此摘挡滑行后，储存在滚筒装置、飞轮机构的动能释放出来驱动汽车驱动轮和传动系统旋转，滚筒继续转过的圆周长与汽车路试时的滑行距离相对应。详见第二章第二节。

汽车在底盘测功机滚筒上做滑行试验时，滚动阻力与道路试验时的滚动阻力有一定差别，因此应参照道路试验时对滑行距离的有关规定，通过对比试验确定其滑行距离的检测标准。由于同样的原因，其加速时间检测标准，亦应通过把动力性良好的汽车在道路试验时的加速时间与在底盘测功机上测得的加速时间进行对比试验，合理确定。

五、车速表及其他项目的检测

用底盘测功机进行车速表检测时，将汽车驱动轮置于滚筒上，并以某一预定车速行驶，当底盘测功机测速装置所显示的车速达到该车速时，检查车速表指示值，二者比较便可检测出汽车车速表误差。根据 GB 7258—2017《机动车运行安全技术条件》的规定：车速表指示车速 v_1（km/h）与实际车速 v_2（km/h）间应满足如下关系：

$$0 \leqslant v_1 - v_2 \leqslant (v_2/10) + 4 \qquad (2\text{-}16)$$

当机动车车速表的指示值为 40km/h 时，底盘测功机速度指示仪表的指示值（实际车速）在 32.8~40km/h 范围内为合格；而当指示仪表的指示值为 40km/h 时，该机动车车速表的指示值在 40~48km/h 范围内时为合格。由于汽车底盘测功机具有车速检测功能，所以在装备有底盘测功机的汽车检测站，可以不再配备车速表试验台。

除以上检测诊断项目外，利用底盘测功机滚筒装置作为活动路面，以测功器的制动力矩模拟汽车的行驶阻力，以飞轮系统模拟汽车的平动动能，则凡是汽车在运行中进行的检测和诊断的项目，在配备所需仪器设备后均可在底盘测功机上进行。例如：采用油耗计测试汽车在各种工况下的油耗；采用废气分析仪测试汽车在各种工况下的废气成分和烟度；采用发动机综合性能分析仪测试发动机点火提前角或供油提前角，观测发动机点火波形或柴油机供油波形；利用异响诊断分析仪诊断各总成或系统的异响；以及检测各总成工作温度和电气设备工作情况等。

第三节　汽车燃油经济性检测

汽车燃油经济性指汽车以最少的燃油消耗完成单位运输工作的能力。汽车的燃油消耗量除与发动机燃油供给系的技术状况有关外，还与发动机的曲柄连杆机构、配气机构、点火系、润滑系、冷却系和汽车底盘的传动系、行驶系、转向系等有关，因此是一个综合性评价指标。

一、汽车燃油经济性的评价指标

汽车燃油经济性常用单位行程的燃油消耗量评价，即在一定运行工况下，汽车行驶每单位里程（常用百公里为单位）所消耗燃油的升数（L/100km）。汽车行驶单位里程所消耗油的升数越小，则汽车燃油经济性就越好。根据燃油消耗量试验时所采用的汽车运行工况的不同，主要表示方法有等速百公里燃油消耗量和循环工况百公里燃油消耗量两种。

1. 等速百公里燃油消耗量

等速百公里燃油消耗量是常用的汽车燃油经济性评价指标，指汽车在额定载荷下以最高挡在水平良好路面上等速行驶 100km 的燃油消耗量。试验时，通常可把汽车以某种速度等速行驶一定的距离所测得的燃油消耗量（L）折算成汽车在该车速下的等速百公里燃油消耗量。乘用车常用 90km/h 和 120km/h 的燃油消耗量（L/100km）来评价其燃油经济性，部分车型的等速百公里燃油消耗量见表 2-4。

表 2-4　部分车型的等速百公里燃油消耗量

车型	富康 988EL	赛欧 SL	本田雅阁 2.3L	现代 XH30	波罗 ALi	奥迪 A4－3.0	宝来 1.8T
90km/h 等速百公里燃油消耗量/(L/100km)	6.5	5.3	7.3	10.4	5.8	9.7	6.3

等速百公里燃油消耗量检测简单、使用方便，但因为该指标不能反映汽车实际行驶中频繁出现的加速、减速、怠速等非稳定行驶工况，而不能全面考核汽车燃油经济性。

2. 循环工况百公里燃油消耗量

循环工况百公里燃油消耗量是按规定的循环行驶试验工况来模拟汽车的实际运行工况所折算成的汽车百公里燃油消耗量。循环行驶试验工况包括了换挡、怠速、加速、减速、等速、离合器脱开等汽车运行工况。车型不同时，汽车的实际运行工况也会有所不同，因此循环工况百公里燃油消耗量试验的多工况试验循环、规范也不一样，如轻型汽车常采用十五工况试验循环、全球统一轻型车测试循环（WLTC）或我国自行研制的中国汽车行驶工况（CLTC）；重型商用车采用 C－WTVC 循环，该循环是以世界重型商用车瞬态循环（world transient vehicle cycle，WTVC）为基础，调整加速度和减速度形成的驾驶循环。

循环工况百公里燃油消耗量是一项综合性评价指标，能较实际地反映汽车的运行工况，从而较全面评价汽车的燃油经济性。

需说明的是，我国及欧洲一些国家多采用单位行程的燃油消耗量（L/100km）作为汽车燃油经济性评价指标。而美国、英国等一些国家则采用汽车消耗单位量的燃油所能驶过的里程作为汽车燃油经济性评价指标，单位是 mile/US-gal，即每消耗 1 加仑的燃油汽车行驶的英里数。其数值越大，则汽车燃油经济性就越好。

二、汽车燃料消耗量的直接测量法

燃油消耗量的直接测量指在发动机供油管路中串接油耗传感器直接对所消耗的燃油量进行测量的方法。油耗仪是测量汽车燃油消耗量的仪器，也称为燃油流量计。车用油耗仪一般由油耗传感器和计量显示装置组成，二者采用电缆线连接。按测试方法主要分为容积法、质量法等，所采用油耗仪为容积式油耗仪、质量式油耗仪。

1. 容积法

采用容积法测量汽车的燃油消耗量时，由容积式油耗仪测量发动机运转时累计消耗的燃油总容积，同时记录汽车行驶时间和行驶里程，通过换算得到汽车的燃油消耗量。常用容积式油耗仪为行星活塞式油耗仪。

图 2-15 为行星活塞式油耗传感器的流量变换机构的工作原理图。该装置由十字形配置的四个活塞和曲轴构成，用于将一定容积的燃油流量转变为流量变换机构的曲轴旋转的圈数。

在泵油压力作用下，燃油推动活塞往复运动，4 个活塞各往复运动一次则曲轴旋转一周，完成一个进、排油循环。活塞在油缸中处于进油行程或是排油行程，取决于活塞相对于进、排油口的位置。图 2-15a 表示活塞 1 处于进油行程，来自曲轴箱的燃油通过通道 P_1 推动其上行，并使曲轴作顺时针旋转。此时，活塞 2 处于排油行程终了，活塞 3 处于排油行程中，燃油从活塞 3 上部经通道 P_3 从排油口 E_3 排出，活塞 4 处于进油终了位置。当活塞和曲轴的位置如图 2-15b 时，活塞 1 处于进油行程终了位置，活塞 2 处于进油行程，通道 P_2 导通，活塞 3 处于排油行程终了位置，活塞 4 处于排油行程，燃油从通道 P_4 经排油口 E_4 排出。图 2-15c 和图 2-15d 的进排油状态及曲轴旋转方向如图中箭头所示。如此循环往复，曲轴每旋转一圈，各缸分别泵油一次，从而具有连续定容量泵油的作用。曲轴旋转一周的泵油量为：

$$V = 4 \cdot \frac{\pi \cdot d^2}{4} \cdot 2 \cdot h = 2 \cdot h \cdot \pi \cdot d^2 \tag{2-17}$$

式中　V——四缸泵油量（cm^2）；

　　　h——曲轴偏心距（cm）；

　　　d——活塞直径（cm）。

由此可见，经上述流量变换机构的转换后，把测燃油消耗量转化为测定流量变换机构曲轴的旋转圈数。这可由装在曲轴一端的信号转换装置完成。一般采用光电测量装置进行信号转换，把曲轴旋转圈数转化为电脉冲信号。

信号转换装置由主动磁铁、从动磁铁、转轴、光栅、发光二极管和光电管等组成，见图 2-16。主动磁铁装在曲轴端部，从动磁铁装在转轴端部，两磁铁相对安装但磁铁之间留有间隙，其作用在于构成磁性联轴器；光栅固定在转轴上，由转轴带动旋转；光栅两侧相对位置上固定有发光二极管和光电管，光电管用于接收发光二极管发出的光线，光栅位于二者之间，其作用是把发光二极管发出的连续光线转变为光脉冲。当曲轴转动时，通过磁性联轴器带动转轴及光栅旋转，光栅在发光二极管和光电管之间旋转，使光电管接收到光脉冲，由于光电管的光电作用将光脉冲转换为电脉冲信号输入计量显示装置。显然，该电脉冲数与曲轴

转过的圈数成正比,从而经过运算处理,在显示装置上显示出燃油的消耗量。国产 LCH-1 型油耗仪采用四活塞式流量传感器,如图 2-16 所示,其输出的光电信号为 0.2mL/脉冲。

现代四活塞式车用油耗仪多采用由微机控制的具有运算功能的智能化计量显示仪表,以微机为控制核心,可以测定各种类型发动机油耗的累计流量、瞬时流量、道路行驶流量和累计时间等参数,并具有定时间、定容积、定质量等功能,可以对数据进行运算、处理、存储、显示和打印。SLJ-3 型油耗仪的外形如图 2-17 所示。

测出发动机运转时累计消耗燃油的总容积后,根据在此时间内汽车的行驶里程亦可将其转化为单位行驶里程的燃油消耗量。

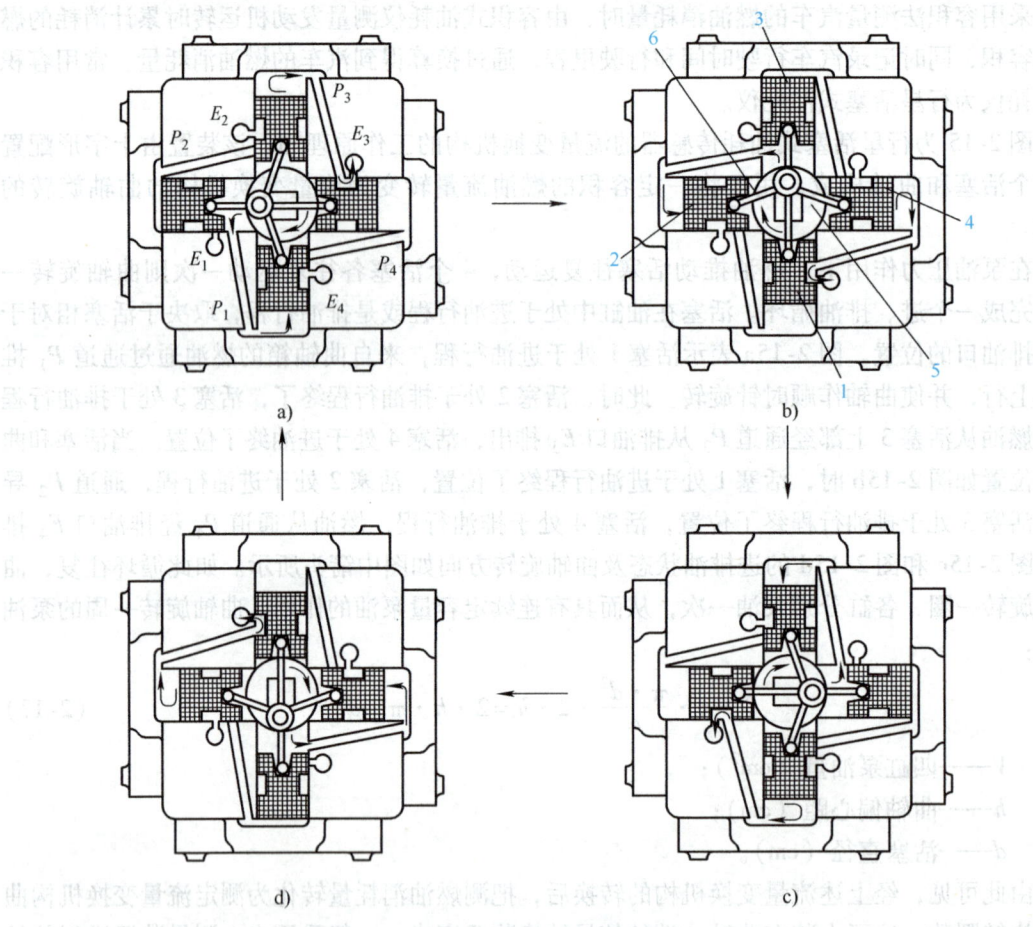

图 2-15 行星活塞式油耗传感器工作原理
1、2、3、4—活塞 5—曲轴 6—连杆
P_1、P_2、P_3、P_4—油道 E_1、E_2、E_3、E_4—排油口

2. 质量法

按容积测定的燃油消耗量,会因燃料规格和环境温度的变化使燃油密度变化而引起测量误差。而按质量法测定燃油消耗量,则不受燃油密度变化的影响,因而广泛应用于燃油消耗量的精密测量中。

质量式油耗仪测量消耗一定质量的燃油所用的时间,根据在此时间内汽车的行驶里程可

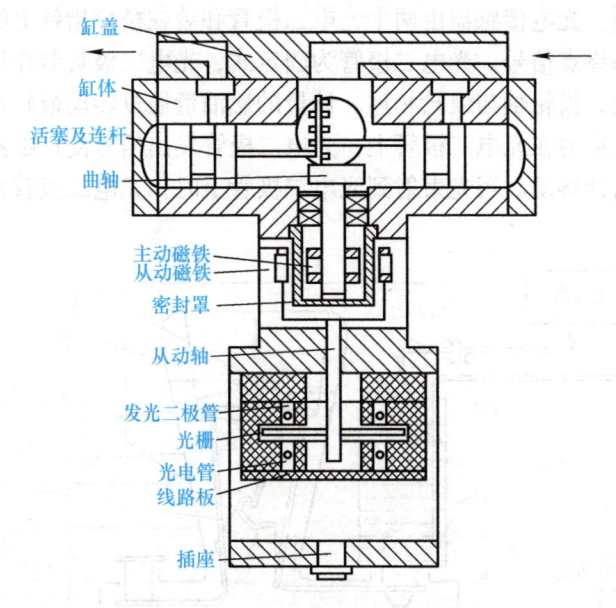

图 2-16 LCH-1 型流量传感器结构图

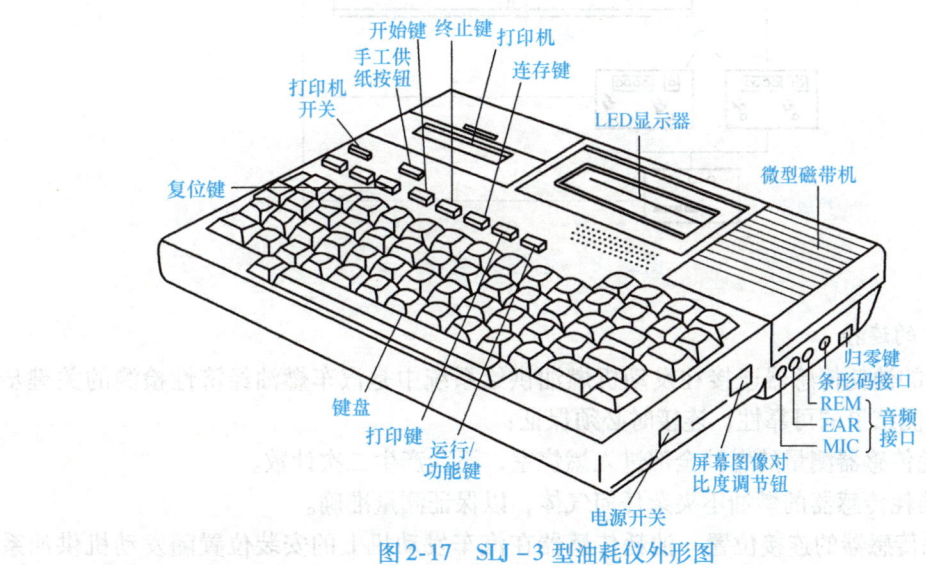

图 2-17 SLJ-3 型油耗仪外形图

将其转化为单位行驶里程所消耗燃油的质量,依据测试状态下燃油的密度可换算得到汽车单位行驶里程所消耗燃油升数。单位时间内的燃油消耗质量计算式为:

$$G = 3.6 \frac{q}{t} \tag{2-18}$$

式中 q——燃油质量(g);
t——测量时间(s);
G——燃油消耗量(kg/h)。

质量式油耗仪由称量装置、计数装置和控制装置构成,见图 2-18。称量装置的秤盘上装有油杯,燃油经电磁阀加入油杯。电磁阀的开闭由装在平衡块上的行程限位器拨动两个微

型限位开关进行控制。光电传感器由两个光电二极管和装在棱形指针上的光源组成，用于确定燃油消耗的始点和终点信号。光电二极管为固定式，光电二极管装在活动滑块上，滑块通过齿轮齿条机构移动，齿轮轴与鼓轮相连，计量的燃油量通过转动鼓轮从刻度盘上读出。计量开始时，光源的光束射在光电二极管上，光电二极管发出信号使计数器开始计数。随着油杯中燃油的消耗，指针移动。当光束射到光电二极管上时，光电二极管发出信号，使计数器停止计数。

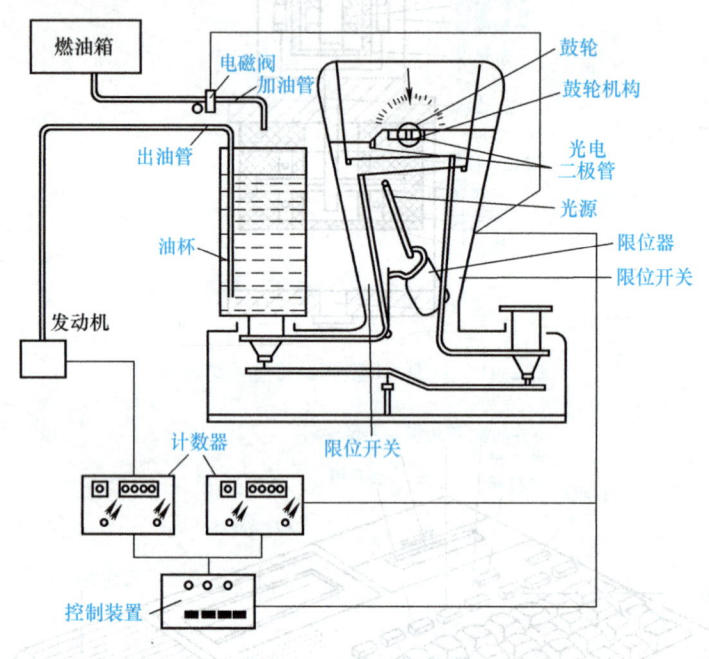

图 2-18 质量式油耗仪

3. 油耗仪的连接

把油耗仪的油耗传感器连接在发动机燃油供给系统中是汽车燃油经济性检测的关键步骤。为保证检测结果的可靠性，连接时必须保证：

① 经油耗传感器测量的燃油全部进入燃烧室，不会产生二次计数。

② 进入油耗传感器的燃油不夹杂任何气体，以保证测量准确。

（1）油耗传感器的连接位置 油耗传感器在汽车发动机上的安装位置随发动机供油系的不同而异。

装用电控汽油喷射系统的供油系一般都设有回油管，油耗传感器应串接在燃油滤清器与燃油分配管之间。但为避免对回油量的重复计量。需采用一个三通阀构成一个回路（图 2-19），把从燃油压力调节器经回油管流回燃油箱的燃油改接在油耗传感器与燃油分配管之间。

在柴油发动机的供油系统中，全部设置有回油管路，输油泵的供油量比喷油泵的出油量多 3~4 倍。为保持喷油泵油室中有一定压力，一般在喷油泵低压油出口装有溢流阀，大量多余燃油经溢流阀和回油管路流回输油泵入口或直接回油箱；此外，从喷油器工作间隙处泄漏的少量燃油也经回油管流回油箱。图 2-20 为油耗传感器在柴油发动机供油系中的连接方法。油耗传感器接在油箱到高压油泵之间的油路上，回油管路则用三通阀接在油耗传感器

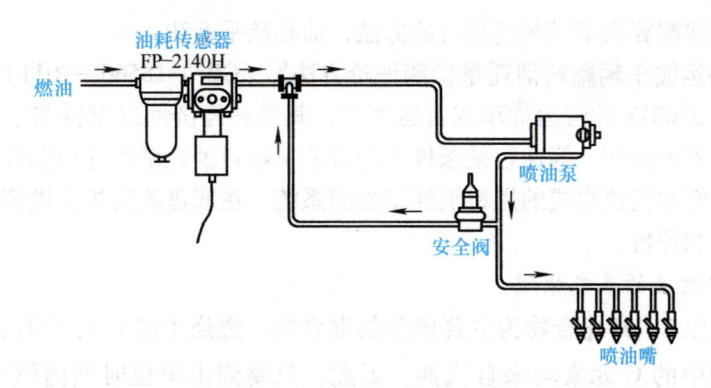

图 2-19　油耗传感器在电控汽油车供油系中的安装

的出油管路上，以免燃油被油耗传感器重复计量。采用双油耗仪也可避免重复计量，即在输油管路和回油管路上分别安装一只油耗传感器，实际燃油消耗则为输油管路上油耗仪的测量值减去回油管路上油耗仪的测量值。

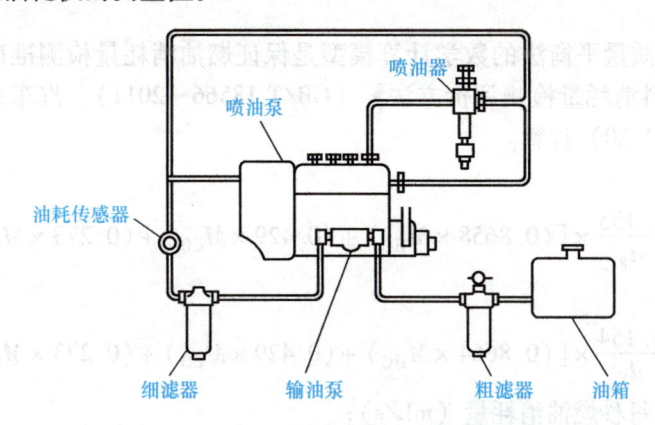

图 2-20　油耗仪在柴油机供油系中的安装

（2）油路中空气泡的排除　油路中的空气泡对检测结果的准确性影响极大，应予以排除。这是因为油耗仪会把空气泡所占的容积当成所消耗燃油的容积，从而使检测结果偏大而失准。因此，在安装油耗传感器后，必须把空气泡排除干净。

在油耗传感器进口处串接气体分离器，可以在测试过程中消除气泡对测量结果的影响，保证测量精度。气体分离器的简图如图 2-21 所示。当混有气体的燃油进入气体分离器浮子室时，气体会迫使浮子室内的油平面下降，使针阀打开，气体排入大气，从而除去由出油管进入油耗仪传感器的燃油中的气泡。

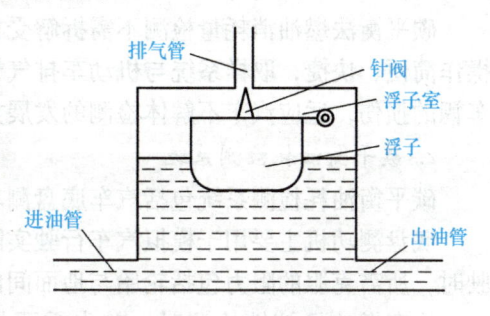

图 2-21　气体分离器简图

三、汽车燃油消耗量的间接测量法

汽车燃油经济性检测过程中最常用的间接测量法是碳质量平衡法。

碳质量平衡法，是根据燃油在发动机中燃烧后碳质量总和与燃油燃烧前的碳质量总和相

等的质量守恒定律测算汽车燃料消耗量的方法,简称碳平衡法。

根据《道路运输车辆燃料消耗量检测评价方法》(GB/T 18566—2011):燃用柴油或汽油、总质量大于3500kg的营运货车或营运客车,其燃料经济性以车辆在水平硬路面上、额定总质量、变速器最高挡、等速行驶条件下的百公里燃料消耗量作为检测评价参数。采用底盘测功机和碳平衡油耗仪组成的燃料消耗量检测系统,在底盘测功机上模拟受检汽车道路行驶工况进行检测和评价。

1. 碳质量平衡法的基本原理

汽车燃油是以C、H化合物为主要成分的混合物,燃烧生成CO、CO_2、HC、H_2O等物质,其燃烧产物中的C元素均来自汽油。因此,只要测出单位时间内汽车尾气中的CO、CO_2、HC中的碳量,再与单位体积燃油中的碳量相比较,即可得到汽车的燃油消耗量。在碳平衡法检测系统中,采用高精度的CO、CO_2、HC三种组分测量分析单元,对稀释排气中的这三种成分浓度进行测量,同时采用高精度的流量计,对稀释排气流量(流速)进行测量,从而完成对稀释排气中含碳质量流量(流速)的测量,再运用碳平衡原理,计算得到汽车的燃料消耗量。

科学地建立碳质量平衡法的数学计算模型是保证燃油消耗量检测准确性的关键。根据《道路运输车辆燃料消耗量检测评价方法》(GB/T 18566—2011),汽车每秒燃料消耗量按式(2-19)或式(2-20)计算。

对于柴油车:

$$Q_S = \frac{1.155}{d_F} \times [(0.8658 \times M_{HC}) + (0.429 \times M_{CO}) + (0.273 \times M_{CO_2})] \qquad (2\text{-}19)$$

对于汽油车:

$$Q_S = \frac{1.154}{d_F} \times [(0.8664 \times M_{HC}) + (0.429 \times M_{CO}) + (0.273 \times M_{CO_2})] \qquad (2\text{-}20)$$

式中 Q_S——汽车每秒燃油消耗量(mL/s);

M_{HC}、M_{CO}、M_{CO_2}——分别为汽车每秒排放的HC、CO、CO_2气体质量(g/s);

d_F——288K(15℃)时燃油密度,取固定值;柴油0.838、汽油0.740(kg/L)。

汽车燃料消耗量($\sum Q_S$)等于采样时间内汽车每秒燃料消耗量的累加,有效值取小数点后两位,单位为毫升(mL)。

碳平衡法燃油消耗量检测不需拆解受检车辆的供油系统,只需将取样探头插入排气管,操作简便、快捷,取样系统与机动车排气管间不需要密封连接,可缩短检测时间,并减小对车辆的损伤,适应汽车不解体检测的发展方向。

2. 碳平衡油耗检测系统

碳平衡油耗检测系统包括汽车底盘测功机、碳平衡油耗仪和测控系统,如图2-22所示。

底盘测功机主要用于模拟汽车行驶实际行驶道路情况和工况。汽车在平直道路上等速行驶时,所需克服的阻力包括轮胎与地面间的滚动阻力、空气阻力等。

汽车燃油经济性检测时,首先需要根据《道路运输车辆燃料消耗量检测评价方法》(GB/T 18566—2011)规定的检测工况和载荷,科学确定台架加载阻力。

底盘测功机的功率吸收装置,通过滚筒对汽车驱动轮进行加载可以模拟汽车的行驶阻力。

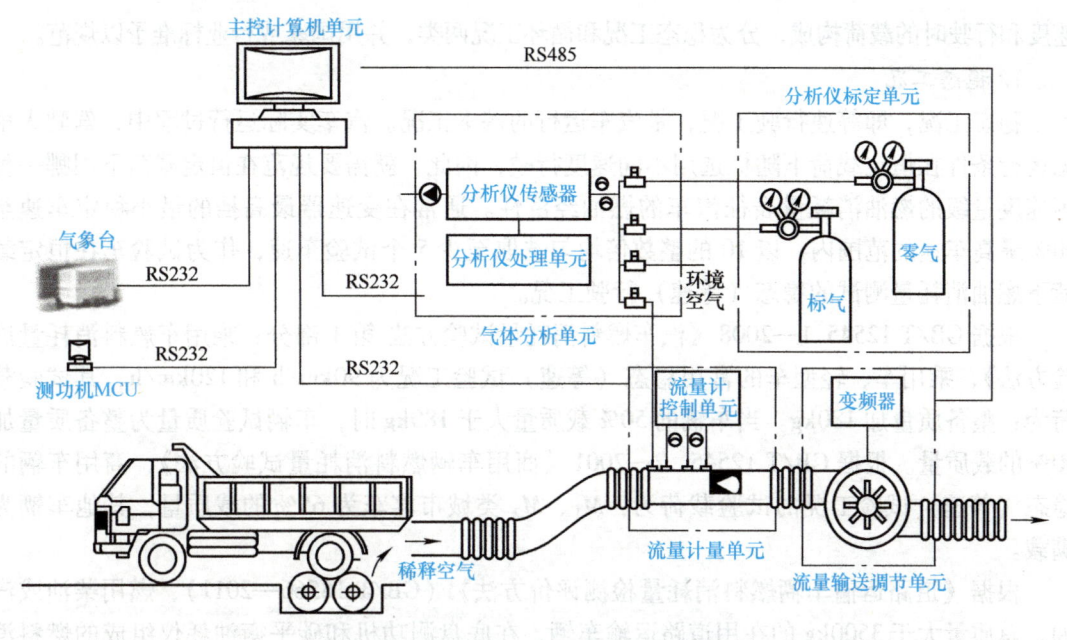

图 2-22 碳平衡油耗检测系统组成示意图

主控计算机根据录入的受检车辆技术参数及信息,计算并控制底盘测功机恒定加载阻力。

碳平衡油耗仪主要由排气稀释装置、稀释排气温度/压力/流量测量装置、含碳气体浓度测量装置组成,其基本构成如图 2-23 所示。

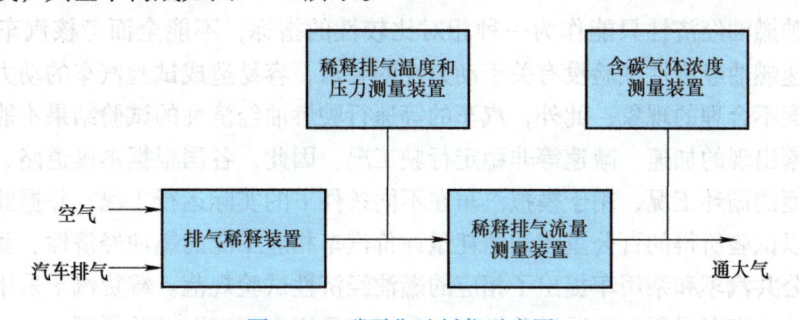

图 2-23 碳平衡油耗仪示意图

碳平衡油耗仪的基本功能是测取汽车排放废气有关气体的体积和浓度,其核心构成是排气浓度测量系统和排气体积测量系统。

检测时,碳平衡油耗仪通过含碳气体体积分数测量装置、流量计及温度传感器、压力传感器、密度计进行取样测量,测取汽车排放废气中 CO、CO_2、HC 气体的体积分数 Q_{CO}(%)、Q_{CO_2}(%)、Q_{HC}(1×10^{-6}),稀释排气流量以及温度、压力和燃油密度等参数。

测控系统换算得到汽车每秒排放的 CO_2、CO、HC 气体质量 M_{CO_2}、M_{CO}、M_{HC};根据碳质量平衡法的数学计算模型,计算单位时间燃油消耗量 Q_S(mL/s);然后,再根据汽车在底盘测功机上采样时间内汽车的行驶距离 S(m),计算得出百公里油耗值 Q(L/100km)。

四、汽车燃油经济性评价工况

汽车的燃油消耗量与行驶工况密切相关。行驶工况(汽车行驶的工作状况)主要由行驶速度和行驶时的载荷构成，分为稳态工况和循环工况两类，并用国家或行业标准予以规范。

1. 稳态工况

稳态工况，即等速行驶工况，是汽车运行的基本工况。汽车实际运行过程中，驾驶人根据运行条件在恒定载荷下随机选用不同速度行驶，因此，就需要规范在恒定载荷下用哪一种等速度量级的燃油消耗量表征汽车的燃油经济性。通常在变速器最高挡的最小稳定车速至90%最高车速的范围内，以10的整数倍均匀选取至少5个试验车速，作为试验车在恒定载荷下燃油消耗量测试的稳态（等速）行驶工况。

根据 GB/T 12545.1—2008《汽车燃料消耗量试验方法 第1部分：乘用车燃料消耗量试验方法》，乘用车、轻型车的常用稳态（等速）试验工况为 90km/h 和 120km/h，其试验载荷为：整备质量加 180kg。当车辆的 50% 载质量大于 180kg 时，车辆试验质量为整备质量加 50% 的载质量。根据 GB/T 12545.2—2001《商用车辆燃料消耗量试验方法》，商用车辆的稳态（等速）试验工况的试验载荷为：M_1、M_2 类城市客车为 65% 的载质量，其他车辆为满载。

根据《道路运输车辆燃料消耗量检测评价方法》（GB/T 18566—2011），燃用柴油或汽油，总质量大于 3500kg 的在用道路运输车辆，在底盘测功机和碳平衡油耗仪组成的燃料消耗量检测系统上检测燃油经济性时，检测车速工况为：高级营运客车 60km/h；中级、普通级营运客车及营运货车：50km/h。载荷（阻力）工况为：汽车在水平硬路面上，以额定总质量、变速器最高挡、等速行驶的道路行驶阻力。

2. 循环工况

等速行驶燃油经济性只能作为一种相对比较性的指标，不能全面考核汽车的燃油经济性。因为等速燃油经济性试验没有关于动力性的要求，容易造成试验汽车的动力性要求与燃油经济性匹配不合理的现象；此外，汽车的等速行驶燃油经济性的试验结果不能反映汽车实际行驶中频繁出现的加速、减速等非稳定行驶工况。因此，各国根据本国道路、交通状况制定了一些典型的循环工况，用于模拟汽车在不同条件下的实际运行工况，并据此进行燃油经济性试验，以试验所得的百公里燃油消耗量评价汽车相应工况的燃油经济性。我国针对载货汽车、城市公共汽车和乘用车提出了相应的燃油经济性试验规范。载货汽车采用六工况试验循环、城市公共客车采用四工况试验循环、乘用车采用十五工况试验循环。

（1）六工况循环　GB/T 12545.2—2001《商用车辆燃料消耗量试验方法》规定：商用车辆燃油消耗量试验采用六工况法循环试验，并规定了六工况循环中每个工况的行程、持续时间、车速、加速度等试验参数，见表2-5和图2-24。六工况循环模拟干线公路车辆的行驶工况，试验车辆载荷为满载，其整个循环共需 96.2s，累计行程 1350m。

表2-5　六工况循环试验参数表

工况	行程/m	时间/s	累计行程/m	车速/(km/h)	加速度/(m/s²)
1	125	11.3	125	40	—
2	175	14.0	300	40~50	0.2
3	250	18.0	550	50	—
4	250	16.3	800	50~60	0.17
5	250	15.0	1050	60	—
6	300	21.5	1350	60~40	0.26

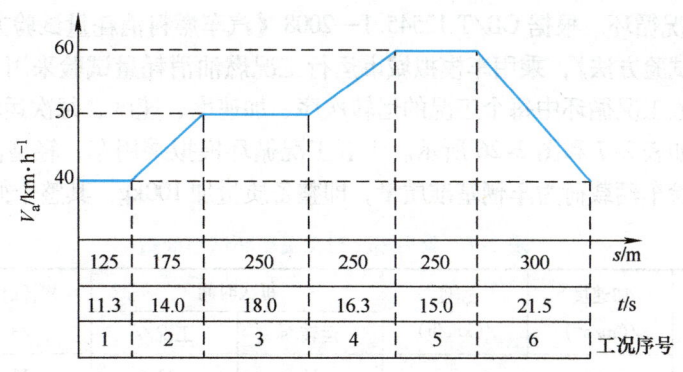

图 2-24　载货汽车六工况试验循环试验规范

（2）四工况循环　GB/T 12545.2—2001《商用车辆燃料消耗量试验方法》规定：城市客车燃油消耗量试验采用四工况法循环试验，并规定了四工况循环中每个工况的运转状态、行程、持续时间、挡位和换挡车速等试验参数，见表 2-6 和图 2-25。四工况循环模拟城市公交客车站间的行驶工况，试验车辆载荷为 65% 载质量，其整个循环共需 72.5s（或 75.7s），累计行程 700m。

表 2-6　城市客车四工况循环试验参数

工况序号	运转状态 /(km/h)	行程 /m	累积行程 /m	时间 /min	变速器挡位及换挡车速/(km/h)	
					挡位	换挡车速
1	0~25 换挡加速	5.5	5.5	5.6	Ⅱ~Ⅲ	6~8
		24.5	30	8.8	Ⅲ~Ⅳ	13~15
		50	80	11.8	Ⅳ~Ⅴ	19~21
		70	150	11.4	Ⅴ	
2	25	120	270	17.2	Ⅴ	
3	(30) 25~40	160	430	(20.9) 17.7	Ⅴ	
4	减速行驶	270	700		空挡	

注：1. 对于 5 挡以上变速器采用Ⅱ挡起步，按表中规定循环试验；对于 4 挡变速器采用Ⅰ挡起步，将Ⅳ挡代替表中Ⅴ挡，其他依次代替，则按表中规定试验循环进行。

2. 括号内数字适用于铰接式客车及双层客车。

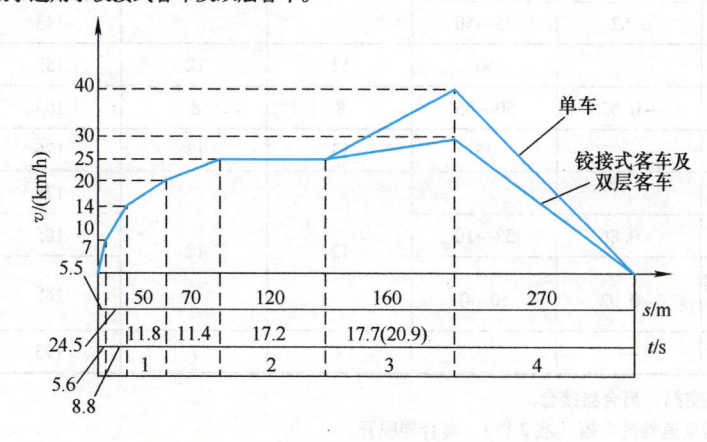

图 2-25　城市客车四工况试验循环试验规范

(3) 十五工况循环 根据 GB/T 12545.1—2008《汽车燃料消耗量试验方法 第 1 部分：乘用车燃料消耗量试验方法》，乘用车模拟城市运行工况燃油消耗量试验采用十五工况法循环试验，并规定了十五工况循环中每个工况的运转次序、加速度、速度、每次运转时间、变速器挡位等试验参数，如表 2-7 和图 2-26 所示。十五工况循环模拟乘用车、轻型汽车在城市道路上的运行工况，试验车辆载荷为车辆基准质量，即整备质量加 100kg，其整个循环共需 195s。

表 2-7 乘用车十五工况循环试验参数

工况	运转次序	加速度 /(m/s^2)	速度 /(km/h)	每次时间 运转/s	每次时间 工况/s	累计时间 /s	手动变速器 使用挡位
1	1 怠速	—	—	11	11	11	6s PM^1 + 5sK$_1$^{1}
2	2 加速	1.04	0→15	4	4	15	1
3	3 等速	—	15	8	8	23	1
	4 减速	−0.69	15→10	2		25	1
4	5 减速，离合器脱开	−0.92	10→0	3	5	28	
5	6 怠速	—	—	21	21	49	16sPM + 5sK$_1$
	7 加速	0.83	0→15			54	1
6	8 换挡			12	12	56	—
	9 加速	0.94	15→32			61	2
7	10 等速	—	32	24	24	85	2
	11 减速	−0.75	32→10	8		93	2
8	12 减速，离合器脱开	−0.92	10→0	3	11	96	K$_2$
9	13 怠速	—	—	21	21	117	16sPM + 5sK$_1$
	14 加速	0.83	0→15			122	1
	15 换挡					124	
10	16 加速	0.62	15→35	26	26	133	2
	17 换挡					135	
	18 加速	0.62	35→50			143	3
11	19 等速	—	50	12	12	155	3
12	20 减速	−0.52	50→35	8	8	163	3
13	21 等速	—	35	13	13	176	3
	22 换挡					178	
14	23 减速	−0.86	32→10	12	12	185	2
	24 减速，离合器脱开	−0.92	10→0			188	K$_1$
15	25 怠速	—	—	7	7	195	7sPM

1. PM 指变速器在空挡，离合器接合。
2. K$_1$（或 K$_2$）指变速器挂 1 挡（或 2 挡），离合器脱开。
3. 如车辆装备自动变速器，驾驶人可根据工况自行选择合适的挡位。

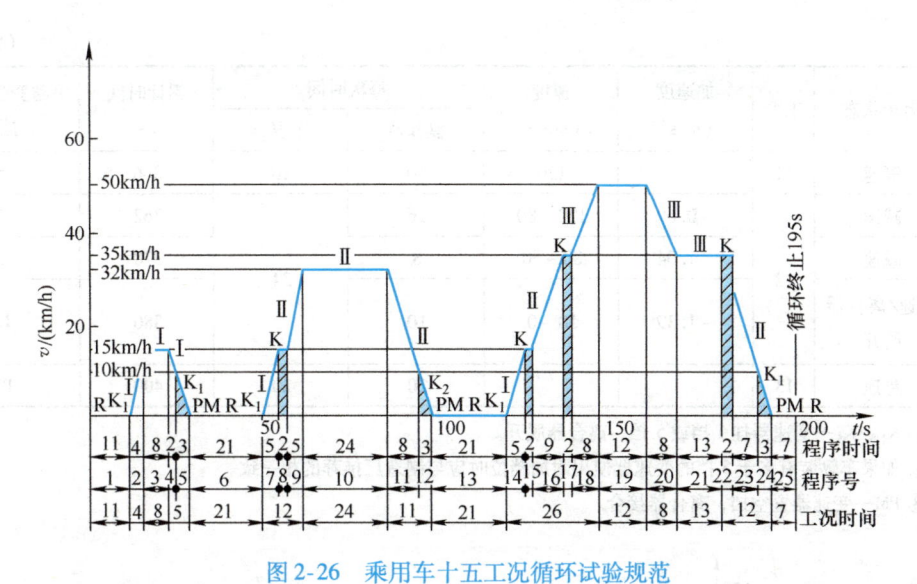

图 2-26 乘用车十五工况循环试验规范

K—离合器分离 K_1、K_2—离合器分离,变速器结合 1 挡或 2 挡

Ⅰ、Ⅱ、Ⅲ—变速器 1 挡、2 挡、3 挡 PM—空挡 R—怠速（图中阴影表示换挡）

（4）十三工况循环 十三工况循环用于模拟乘用车和轻型汽车在市郊条件下行驶时汽车的运行工况。如表 2-8 和图 2-27 所示。试验车辆载荷为车辆基准质量，即整备质量加 100kg，其整个循环共需 400s。

表 2-8 乘用车、轻型汽车模拟市郊十三工况循环试验参数

操作序号	运转状态	工况	加速度/(m/s²)	速度/(km/h)	每次时间 操作/s	每次时间 工况/s	累计时间/s	手动变速器使用挡位
1	怠速	1			20	20	20	K_1
2	加速		0.83	0~15	5		25	1
3	换挡				2		27	—
4	加速		0.62	15~35	9		36	2
5	换挡	2			2	41	38	—
6	加速		0.52	35~50	8		46	3
7	换挡				2		48	—
8	加速		0.43	50~70	13		61	4
9	等速	3		70	50	50	111	5
10	减速	4	-0.69	70~50	8	8	119	4s·5+4s·4
11	等速	5		50	69	69	188	4
12	加速	6	0.43	50~70	13	13	201	4
13	等速	7		70	50	50	251	5
14	加速	8	0.24	70~100	35	35	286	5
15	等速	9		100	30	30	316	5
16	加速	10	0.28	100~120	20	20	336	5

（续）

操作序号	运转状态	工况	加速度/(m/s²)	速度/(km/h)	每次时间 操作/s	每次时间 工况/s	累计时间/s	手动变速器使用挡位
17	等速	11		120	10	10	346	5
18	减速	12	−0.69	120~80	16		362	5
19	减速	12	−1.04	80~50	8	34	370	5
20	减速/离合器脱开		−1.39	50~0	10		380	K_5
21	怠速	13			20	20	400	PM

注：① K_1、K_5—变速器挂1挡或5挡，离合器脱开。
② 如果车辆装有多于5挡的变速器使用附加挡位时应与制造厂推荐的相一致。
③ PM—变速器置空挡，离合器接合。

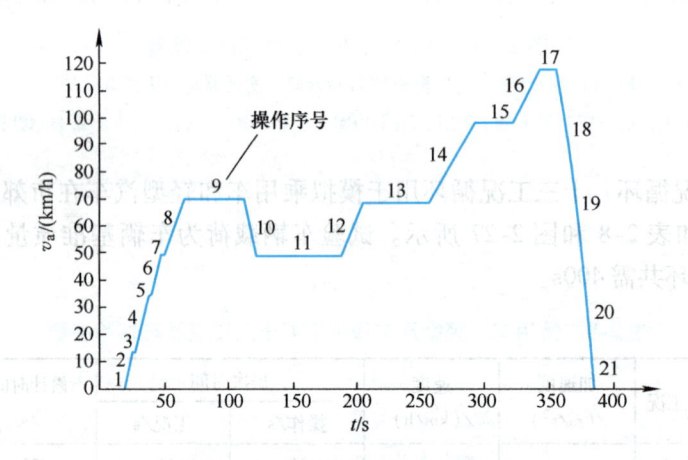

图 2-27　十三工况循环试验规范

（5）乘用车和轻型汽车燃油经济性试验的多工况循环　GB/T 19233—2020《轻型汽车燃料消耗量试验方法》要求，燃用汽油或柴油的轻型汽车通过测定汽车二氧化碳、一氧化碳和碳氢化合物排放量，用碳平衡法计算燃料消耗量，排放测量试验循环采用全球统一轻型车测试循环（WLTC）或中国汽车行驶工况（CLTC）。

WLTC 测试工况分为低速、中速、高速及超高速四个循环，对应持续时间分别为 589s、433s、455s 及 323s，其整个循环共需 1800s，如图 2-28 所示。该循环将车辆的滚动阻力、挡位、车重等因素都合并入测试工况中，因此更加接近真实路况的行驶条件。CLTC 测试工况详见 GB/T 38146.1—2019《中国汽车行驶工况　第1部分：轻型汽车》。

五、汽车燃油经济性检测方法

汽车燃油经济性试验是检测汽车在规定条件下的燃油消耗量，以获取评价其燃油经济性指标的试验。汽车燃油经济性试验可分为道路试验和室内台架试验两类。

1. 道路试验法

道路试验法是测量汽车在规定行驶工况下的燃油消耗量的常用方法。由于道路试验法简

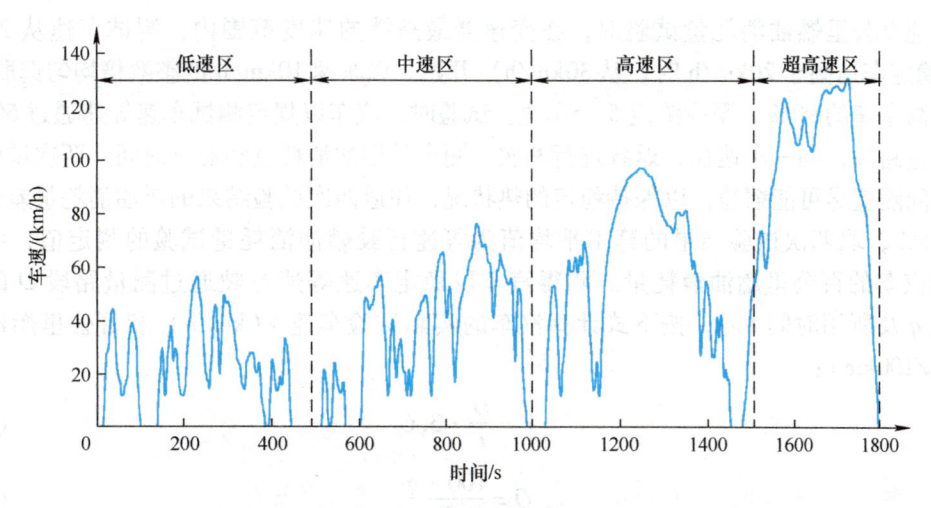

图2-28 用于乘用车、轻型汽车测试的WLTC试验工况

单、易行,试验时汽车所受阻力与汽车实际行驶阻力一致,油耗测量数据的可靠度好,而且设备费用低廉。因此,道路试验早就广泛用于试验、评价汽车的燃油经济性。

道路试验法的主要不足是:需要有符合规定的道路;受气象条件限制;试验结果受道路条件和试验人员的影响,可比性和可重复性较差;难以实现复杂的多工况循环行驶试验。

(1) 试验条件 根据GB/T 12545.1—2008《汽车燃料消耗量试验方法 第1部分:乘用车燃料消耗量试验方法》和GB/T 12545.2—2001《商用车辆燃料消耗量试验方法》,汽车燃油经济性的试验条件如下。

1) 道路条件:试验道路应为沥青或混凝土铺装的、平坦的直线路,道路长2~3km,宽不小于8m,纵向坡度在0.1%以内,最大横向路拱高度小于1.5%。路面应干燥、清洁(需清除路面上的砂石颗粒)。

2) 气象条件:无雨、无雾;相对湿度小于95%;气温0~40℃;风速小于3m/s。试验时的空气密度与基准状态($P=100$kPa,$T=293.2$K)下的空气密度相差不得超过±7.5%,否则需要进行修正。

3) 试验仪器示值误差:燃油流量,0.5%;车速,小于0.1m/s或0.5%;时间,小于0.1s;距离,小于0.1m或0.3%;风速,小于0.5%。

4) 试验汽车:试验汽车装备应符合生产厂出厂的规定;若试验车为新车,则应按生产厂使用说明书走合;技术状况正常。

轮胎充气压力应符合该车技术条件的规定,误差不超过±10kPa,并保持各车轮气压一致;试验车辆应运行预热,使之处于正常行驶的温度状况。

5) 试验质量:M_1类汽车、总质量小于2t的N_1类汽车的试验质量为整备质量加180kg,若汽车的50%的载质量大于180kg,则试验质量为整备质量加50%的载质量(包括测量人员和仪器的质量);M_2、M_3类城市客车试验质量为装载质量的65%;最大总质量大于2t的N类及其他车辆的试验质量为满载。

(2) 稳态工况燃油消耗量试验 汽车稳态道路运行工况燃油消耗量试验,即等速百公里燃油消耗量试验,一直是评价汽车燃油经济性常用方法,且已标准化。

等速百公里燃油消耗量试验时，在变速器最高挡的速度范围内，测试车速从20km/h（最小稳定车速高于20km/h时，从30km/h）开始，以车速10km/h的整数倍均匀选取车速，直至最高车速的90%，至少测定5个车速。试验时，汽车以规定测试车速等速通过500m长度的测量路段，同一车速往、返各进行两次，测定其燃油消耗量和通过时间。两次试验之间的时间间隔应尽可能缩短，以保持稳定的热状况，往返四次试验结果的燃油消耗量差值应不超过±5%，取四次试验结果的算术平均值为等速行驶燃油消耗量试验的测定值，而后折算得到汽车的百公里燃油消耗量。测得汽车以稳定车速等速行驶通过测量路段 D 的燃油消耗量 q 及所用时间 t 后，按下式计算汽车的实际试验车速 V(km/h)和百公里燃油消耗量 Q(L/100km)：

$$V = \frac{D}{t} \cdot 3.6 \tag{2-21}$$

$$Q = \frac{100 \cdot q}{D} \tag{2-22}$$

式中　D——给定长度的测量路段（m）；

　　　t——汽车通过测量路段时间（s）；

　　　q——汽车通过给定长度测量路段的油耗量（mL）。

根据各车速下的百公里燃油消耗量数据，便可以在横坐标为车速、纵坐标为百公里燃油消耗量的坐标系中绘出该车的百公里燃油消耗量特性曲线图，如图2-29所示。

乘用车常用90km/h和120km/h的燃油消耗量（L/100km）来评价其燃油经济性，因此一般取测试车速90km/h或120km/h，测试车速误差±2km/h。

（3）循环工况燃油消耗量试验　道路循环工况燃油消耗量试验只适于较简单的四工况、六工况循环，如图2-24和图2-25所示。

图2-29　百公里燃油消耗量特性曲线图

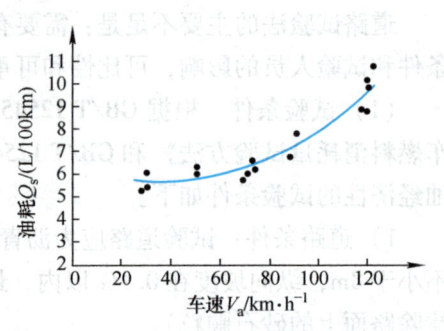

试验前，根据规定工况的行程在试验道路上安置标杆，以帮助驾驶人准确驾驶汽车按规定工况行驶。试验时，汽车按规定的车速—时间规范（如换挡、怠速、加速、减速、等速、离合器脱开等）和挡位，通过测试路段，用试验仪器记录汽车的行程—车速—时间曲线，记录每一次循环试验的燃油消耗量和行驶时间。

在进行循环工况试验时，汽车终速度的允许偏差为±3km/h，其他各工况的速度偏差为±1.5km/h；在工况改变过程中，允许车速的偏差大于规定值，但在任何条件下超过车速偏差的时间应不大于1s，即时间偏差为±1s。

每辆车的循环工况燃油消耗量试验应进行四次，取四次试验结果的算术平均值为循环工况燃油消耗量试验的测定值，而后根据循环工况的距离折算得到汽车在相应循环工况下的百公里燃油消耗量。

2. 室内台架试验法

室内台架试验是以底盘测功机作活动路面，模拟汽车道路行驶阻力和车速，以进行汽车等速行驶燃油消耗量试验和循环工况燃油消耗量试验的方法。

汽车燃油消耗量的台架试验是由底盘测功机和油耗仪（或排放分析仪，采用碳平衡法）配合使用完成的。底盘测功机用于提供活动路面，并模拟汽车在道路上行驶时的阻力；油耗仪则用于燃油消耗量的测量。汽车燃油消耗量检测结果的准确性除与油耗仪的测试精度有关外，还与底盘测功机对汽车行驶阻力的模拟是否准确，及所采用的试验循环是否合理有关。

根据 GB/T 12545.1—2008《汽车燃料消耗量试验方法 第一部分 乘用车燃料消耗量试验方法》，乘用车模拟城市工况循环燃油消耗量试验应在底盘测功机上进行，其试验循环工况见图 2-26 和表 2-7。

车辆试验质量：M_1 类车辆的试验质量为整车整备质量加上 100kg；N_1 类车辆的试验质量为整车整备质量加上 180kg；当车辆的 50% 装载质量大于 180kg 时，测试质量为整车整备质量加上 50% 的装载质量（包括测量仪器和人员的质量）。

燃油消耗量的测量值由两个连续的模拟城市工况循环所消耗的燃料量来决定。进行循环之前，应使发动机在规定条件下进行足够次数（至少进行 5 次循环）的模拟城市工况循环试验，直到其工作温度稳定，特别应使机油温度稳定。发动机温度应保持在制造厂规定的正常工作范围内。

为了便于测量燃油消耗量，两个连续的模拟城市工况循环之间的间隔时间（怠速状态）应不超过 60s。

试验结果：按模拟城市工况循环测量的燃油消耗量应等于按上述规定进行的 3 次连续测量的算术平均值。如果进行 3 次试验后的燃油消耗量极限值与平均值之差超过 5%，则按上述规定继续试验，直至获得至少 5% 的测量精度为止。

根据测量结果和十五工况循环的累计行程，可以折算得到所测汽车城市工况循环下的百公里燃油消耗量。

GB/T 19233—2020《轻型汽车燃料消耗量试验方法》规定，轻型车在底盘测功机上模拟低速段、中速度、高速段和超高速段工况进行汽车燃油消耗量试验；GB 19578—2021《乘用车燃料消耗量限值》规定，乘用车燃油消耗量限值试验采用全球统一轻型车辆测试循环（WLTC）进行测定。

汽车燃油消耗量室内模拟试验不受道路、气象条件的限制，可模拟复杂的汽车行驶工况，可采用质量法、容积法、碳平衡法中的任一方法测量燃油消耗量，试验条件可控，试验结果重复性好，可同时进行燃油经济性和排放污染物试验。

室内台架试验的主要不足是：能模拟汽车复杂行驶工况的底盘测功机价格昂贵；不易准确模拟汽车的道路行驶阻力；底盘测功机用电惯量或机械惯量难以准确、实时地模拟汽车加、减速行驶时的惯性阻力。如若设定底盘测功机模拟的行驶阻力与试验车道路试验时的实际行驶阻力差别太大，就会明显降低测试结果的可靠度和可比性。

3. 燃油消耗量检测结果处理

(1) 燃油消耗量测试数据的重复性　汽车的燃油消耗量测试数据必须满足的要求为：

$$\frac{Q_{max} - Q_{min}}{Q_A} \leqslant R \tag{2-23}$$

式中　Q_{max}——百公里燃油消耗量测试数据中的最大值（L/100km）；
　　　Q_{min}——百公里燃油消耗量测试数据中的最小值（L/100km）；
　　　Q_A——百公里燃油消耗量测试数据中的算术平均值（L/100km）；
　　　R——比例系数，其取值见表 2-9。

表 2-9 比例系数 R 的取值

试验次数 n	2	3	4	5	10
R	0.053	0.063	0.069	0.073	0.085

若测试数据的重复性达不到上述要求，必须排除测试仪器及发动机或底盘的有关故障后重新进行检测。

(2) 燃油消耗量测试数据的修正　在测试条件下测得的汽车燃油消耗量测试数据应修正为标准状态下的数值。标准状态指气温 20℃；气压 100kPa；汽油密度 0.742g/mL；柴油密度 0.830g/mL。修正公式为：

$$Q_c = \frac{Q_A}{C_1 \times C_2 \times C_3} \tag{2-24}$$

$$C_1 = 1 + 0.0025(20 - T)$$

$$C_2 = 1 + 0.0021(p - 100)$$

$$C_3 = 1 + 0.8(0.742 - \rho) \text{（汽油车）}$$

$$C_3 = 1 + 0.8(0.830 - \rho) \text{（柴油车）}$$

式中　Q_c——修正后的燃油消耗量（L/100km）；
　　　Q_A——实测的燃油消耗量均值（L/km）；
　　　C_1——环境温度修正系数；
　　　C_2——大气压力修正系数；
　　　C_3——燃油密度修正系数；
　　　T——试验时的环境温度（℃）；
　　　p——试验时的大气压力（kPa）；
　　　ρ——试验时的燃油密度（g/mL）。

六、汽车燃油消耗量限值

1. 乘用汽车燃料消耗量限值

GB 19578—2021《乘用车燃料消耗量限值》规定了国产乘用车按 WLTC 循环工况试验时的燃油消耗量限值。

1) 装有手动挡变速器且具有三排以下座椅的乘用车，其燃料消耗量限值应按下式计算，计算结果圆整（四舍五入）至小数点后两位。

如果整车整备质量 $CM ≤ 750$，则

$$FC_L = 5.82$$

如果 $750 < CM ≤ 2510$，则

$$FC_L = 0.0041 \times (CM - 1415) + 8.55$$

如果 $CM > 2510$，则

$$FC_L = 13.04$$

式中　CM——整车整备质量（kg）；
　　　FC_L——车型燃料消耗量限值（L/100km）。

2) 其他类型乘用车的燃料消耗量限值应按下式计算，计算结果圆整（四舍五入）至小

数点后两位。

如果整车整备质量 $CM \leqslant 750$，则

$$FC_L = 6.27$$

如果 $750 < CM \leqslant 2510$，则

$$FC_L = 0.0042 \times (CM - 1415) + 9.06$$

如果 $CM > 2510$，则

$$FC_L = 13.66$$

2. 轻型商用汽车燃油消耗量限值

《轻型商用车辆燃料消耗量限值》（GB 20997—2015）规定了国产的轻型商用车的燃油消耗量限值。试验工况为 WLTC 循环或中国汽车行驶工况（CLTC）；试验载荷采用基准质量，即汽车整备质量加 100kg。对新认证车，执行日期为 2018 年 1 月 1 日；对在生产车，执行日期为 2020 年 1 月 1 日。表 2-10 为 N_1 类车辆燃料消耗量限值。

表 2-10　N_1 类车辆燃料消耗量限值

整车整备质量/kg	汽油车型燃料消耗量限值/(L/100km)	柴油车型燃料消耗量限值/(L/100km)
$CM \leqslant 750$	5.5	5.0
$750 < CM \leqslant 865$	5.8	5.2
$865 < CM \leqslant 980$	6.1	5.5
$980 < CM \leqslant 1090$	6.4	5.8
$1090 < CM \leqslant 1205$	6.7	6.1
$1205 < CM \leqslant 1320$	7.1	6.4
$1320 < CM \leqslant 1430$	7.5	6.7
$1430 < CM \leqslant 1540$	7.9	7.0
$1540 < CM \leqslant 1660$	8.3	7.3
$1660 < CM \leqslant 1770$	8.7	7.6
$1770 < CM \leqslant 1880$	9.1	7.9
$1880 < CM \leqslant 2000$	9.6	8.3
$2000 < CM \leqslant 2110$	10.1	8.7
$2110 < CM \leqslant 2280$	10.6	9.1
$2280 < CM \leqslant 2510$	11.1	9.5
$2510 < CM$	11.7	10.0

3. 道路运输车辆燃料消耗量限值

根据《道路运输车辆燃料消耗量检测评价方法》（GB/T 18566—2011），燃用柴油或汽油，总质量大于 3500kg 的在用道路运输车辆，在底盘测功机和碳平衡油耗仪组成的燃料消耗量检测系统上检测燃油经济性时，检测车速工况为：60km/h 或 50km/h，载荷工况为：满载，其燃料消耗量限值为：

已列入交通运输主管部门公布的《道路运输车辆燃料消耗量达标车型表》的车辆，其燃料消耗量限值为表中车辆以 50km/h 或 60km/h 满载等速油耗的 114%。

未列入交通运输主管部门公布的《道路运输车辆燃料消耗量达标车型表》的车辆，其燃料消耗量限值的参比值详见《道路运输车辆燃料消耗量检测评价方法》（GB/T 18566—2011）附录 C。

其他不同类型车辆燃油消耗量限值详见相关标准。

复习题

1. 发动机功率检测有哪些方法？各有什么优缺点？
2. 发动机无负荷测功的基本原理是什么？其测试值为何要修正？
3. 转速测试的基本原理是什么？常用转速传感器有哪几类？
4. 无负荷测功误差较大的主要原因是什么？
5. 发动机单缸功率检测有哪些方法，怎样测定？
6. 什么是汽车底盘测功？底盘测功机有哪些主要功能？
7. 汽车底盘测功机由哪些装置构成？各装置有什么作用？
8. 简述底盘测功机检测驱动轮输出功率的基本原理。
9. 简述底盘测功机检测汽车加速能力和滑行能力的基本原理。
10. 简述底盘测功机速度测试和距离测试的基本原理。
11. 简述汽车驱动轮输出功率检测原理。
12. 怎样用底盘测功机检测汽车传动系的效率？
13. 如何对在用汽车的动力性进行评价？
14. 简述在底盘测功机开展汽车加速能力测试的原理。
15. 汽车燃油经济性评价指标有哪些？
16. 简述容积式油耗仪的测试原理。
17. 简述质量式油耗仪的测试原理。
18. 简述碳质量平衡法的基本原理。
19. 如何检测汽车的等速百公里油耗？模拟加载量如何确定？
20. 如何进行汽车多工况燃油消耗量检测？
21. 汽车燃油经济性检测方法有哪些？

第三章 Chapter 3
发动机技术状况检测与诊断

发动机是汽车行驶的主要动力来源,是汽车的重要总成,其技术状况的好坏直接影响到汽车的动力性、经济性和排放性能。由于发动机结构复杂,工作条件恶劣,因而其故障率较高。尽管现代汽车发动机设计制造中大量采用了新技术、新工艺、新材料,其性能日臻完善,可靠性越来越高,但由于其结构的复杂性,仍是汽车运行故障发生率最高的总成。因此,发动机技术状况的检测与诊断是汽车综合性能检测诊断的重点之一。

在发动机的各个系统或机构中,因工作条件和零件数量不同,其可靠度也不同。对发动机各机构、系统故障比例和排除故障所占工时比例的统计表明:发动机多数故障发生在电路、油路。电路(电气设备、点火系统、蓄电池等)故障比例高达45%,排除故障工时比例占40%;油路故障比例为18%,排除故障工时比例占10%;二者相加则油路、电路故障比例及排除故障的工时比例均占发动机总故障及排除故障总工时的50%以上。由于气缸活塞组和曲柄连杆组在高温、高压条件下工作,也是故障多发部位。气缸活塞组故障比例约占发动机总故障的13%,排除故障工时比例占排除发动机故障总工时的23%;曲柄连杆机构的故障比例约占12%,排除故障工时比例占17%;二者相加,故障比例占发动机总故障的25%,排除故障工时比例则占40%。上述系统或机构的技术状况直接影响着发动机的动力性、经济性和排放性能,理应成为发动机技术状况检测诊断的重点。

第一节 发动机综合性能检测

发动机是汽车动力的主要来源,发动机综合性能检测是考核发动机的动力性、经济性和工作可靠性等技术指标不可缺少的手段。

发动机的综合性能用一组从各个角度反映其工作状况的指标或参数表示,如输出功率、燃油消耗、气缸压缩压力、点火电压和点火提前角等。对发动机进行检测诊断,可以使用单一功能的检测设备,如无负荷测功仪、点火正时仪、点火示波器等,也可以使用具有多种检测功能的发动机综合性能分析仪。单一功能的检测设备可靠性好、价格便宜;综合性能分析仪检测项目多,可以实现微机自动控制,自动分析、判断和输出检测结果。但对同一检测项目而言,单一功能检测设备与综合性能分析仪比较,其基本检测原理一般并无本质不同。因此,本节仅介绍发动机综合性能分析仪的功能、基本结构等,其主要单项检测项目的检测原理见本章其他各节。

一、发动机综合性能分析仪的基本功能和特点

发动机综合性能分析仪是汽车检测设备中功能最多、检测项目和涉及系统最广的装置,

也是结构较复杂、技术含量较高的设备。

1. 发动机综合性能分析仪的基本功能

发动机综合性能分析仪的基本功能一般为：

① 无负荷测功功能。

② 检测点火系统。包括初级与次级点火波形的采集与处理，平列波、并列波和重叠角的处理与显示，断电器闭合角和开启角、点火电压值、点火提前角的测定等。

③ 机械和电控喷油过程各参数（压力、波形、喷油脉宽、喷油提前角等）的测定。

④ 进气歧管真空度波形测定与分析。

⑤ 各缸工作均匀性测定。

⑥ 起动过程参数（电压、电流、转速）测定。

⑦ 各缸压缩压力测定。

⑧ 电控供油系统各传感器的参数测定。

⑨ 数字万用表功能。

⑩ 排放污染物分析功能（需附带废气分析仪或烟度计）。

国产 EA2000 型发动机综合性能分析仪的主要检测项目见表 3-1。

表 3-1　国产 EA2000 型发动机综合性能分析仪的主要检测项目

测试对象	测试项目
汽油机	无外载测功及转动惯量测试
	初、次级点火波形及特征值测试（常规点火、单缸独立点火、双缸独立点火发动机）
	点火提前角测试
	动力平衡功能测试
	气缸效率分析功能测试
	进气管真空度波形测试
	相对气缸压缩压力功能测试
	起动电流、电压及波形测试
	充电电流、电压及波形测试
柴油机	喷油压力及波形测试
	喷油提前角测试
	起动电流、电压及波形测试
	充电电流、电压及波形测试
	无外载测功及转动惯量测试
电控系统传感器测试	转速、温度、进气管真空度、节气门位置、爆燃信号、空气流量、喷油脉冲信号、氧传感器
其他	数字示波器及万用表功能、检测线联网功能、废气分析仪、烟度计联机功能和信号回放与分析

2. 发动机综合性能分析仪的特点

发动机综合性能分析仪具有如下功能特点：

(1) 动态测试功能　发动机综合性能分析仪的信号采集系统，能迅速、准确地获取发动机运转过程中各瞬时变化参数随时间变化的函数曲线，便于为发动机工作性能和技术状况的准确判断提供科学依据。

(2) 普遍性和通用性　发动机综合性能分析仪的测试、分析过程不依据被测发动机的数据卡（即检测软件），只针对发动机基本结构和工作原理的实际情况进行。因此，检测结果具有良好的普遍性，检测方法具有广泛的通用性。

(3) 主动性　发动机综合性能分析仪不仅能适时采集发动机的动态参数，而且还能主动地发出某些指令干预发动机的工作，以完成某些特定的试验程序，如发动机断火试验等。

二、发动机综合性能分析仪的构成和作用

发动机综合性能分析仪见图3-1，其基本组成部分包括信号拾取系统（各种传感器）、信号处理系统和采控与显示系统，如图3-2所示。

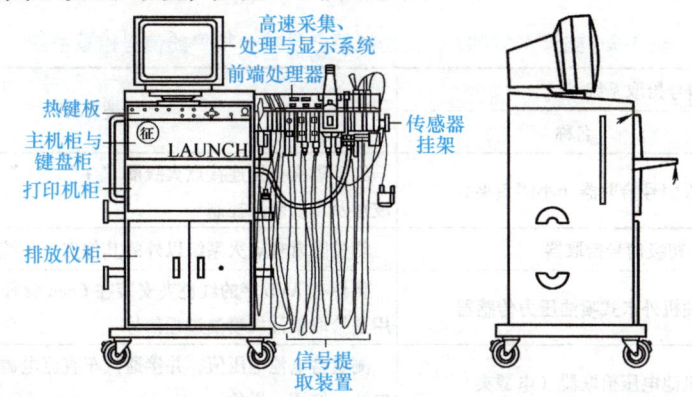

图3-1　发动机综合性能分析仪

图3-2　发动机综合性能分析仪基本构成

1. 信号拾取系统

信号拾取系统见图3-3，其作用为测取发动机有关参数的信号，并把非电量转化为电量。因此，必须配备多种传感器，直接或间接地与被测点接触进行检测。鉴于被测点的机械结构和参数性质不同，信号拾取系统必须具有多种形式，以适应不同的测试部位。根据接触形式不同，大多数发动机综合性能分析仪的信号拾取系统可以分为四类：

① 直接接触式的拾取器，如探针、鳄鱼夹和各种接头。

② 非接触式的拾取器。对于高电压和强电流等直接接触测量困难很大的信号，须采用非接触式拾取器。这类传感器主要有次级高电压传感器、标准缸压传感器、卡式供油传感器和正时灯传感器。

③ 非电量转变成电量传感器。这类传感器与被测点直接接触，直接采集电信号或将非电量转换成电量后采集信号。这类传感器有蓄电池传感器、初级点火传感器、缸压传感器、油压传感器、异响传感器、振动传感器、真空度传感器和温度传感器。

④ 各种转接信号用的适配器。为了不中断计算机的控制功能，通过 T 形接头来提取信号。国产 EA2000 型发动机综合性能分析仪的信号拾取系统的具体配置和主要作用见表 3-2。

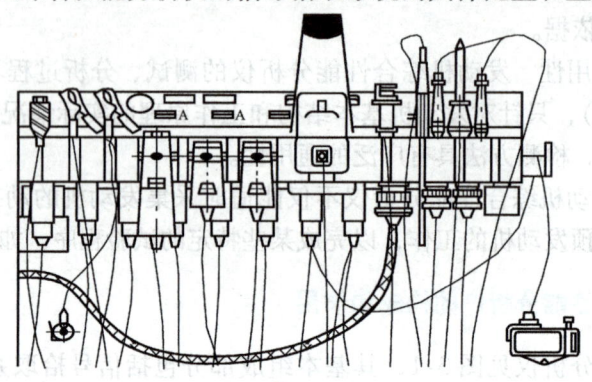

图 3-3 信号拾取系统

表 3-2 国产 EA2000 型发动机综合性能分析仪的信号拾取系统

信号拾取系统		主要作用
编号	名称	
1280401	初级信号拾取器（小鳄鱼夹）	红、黑夹分别连接点火线圈"+""-"极，可测试初级电压波形及自动断缸控制
1280401-1	DSI 初级信号拾取器	测试除常规点火系统以外的其他点火系统的初级信号
1280402	柴油机外卡式喷油压力传感器	将标有 AVL 字的红色夹安装在 6mm 管径的高压油管上，其作用是拾取柴油机喷油过程信号
1280403	蓄电池电压拾取器（电源夹）	测量蓄电池电压值，并接通汽车直流电源；夹持器连接汽车蓄电池，红正、黑负
1280404	起动电流拾取器（大电流互感器）	测试发动机起动电流
1280405	充电电流拾取器（小电流互感器）	测试发动机充电电流
1280406	气缸信号传感器	测试发动机转速，更重要的是用于高速采集的信号触发
1280406-1	喷油脉冲及初级同步适配器	提取一缸的喷油脉冲及初级信号，并整形为系统可识别的信号，以作为缸号识别标志
1280407	正时灯和进气压力传感器	正时灯用于检测汽油机的点火提前角和柴油机喷油提前角。进气压力传感器用于检测汽车发动机配气系统的故障等
1280408	次级高压信号和温度传感器	次级高压信号传感器用于检测次级高压点火波形；温度传感器用于检测汽车发动机进气温度、冷却液温度和机油温度
1280408-1	电感式次级信号传感器	拾取无中心高压线的非直接点火车型的次级信号，如广州本田
1280408-D1		拾取常规双缸点火系统的次级高压点火波形的信号和测试
1280408-S1		拾取 PASSAT 1.8GSI 和 1.8GLI 车型的次级高压点火波形的信号和测试
1280408-S2		拾取宝马各车型的次级高压点火波形的信号和测试
1280408-S3		拾取 BENZ E320 和 E200 车型的次级高压点火波形的信号和测试
1280408-S4		拾取 NISSAN、HONDA LEGEND、TOYOTA CAMRY3.0 各车型的次级高压点火波形的信号和测试

(续)

信号拾取系统		主要作用
编号	名称	
1280409	万用表探针	检测电压、电流、电阻。红色和黑色探针用于检测电压和电阻，黄色探针和黑色探针用于检测电流
1280410	充电电压探针	检测汽车发电机电压
1280411	上止点位置传感器	检测发动机上止点信号
1280412	通用探针	检测电控燃油喷射传感器信号和数字示波器的信号输入端子
其他	初级及电控测试转接线	测试初级信号及电控传感器时转接信号，以方便将信号引入设备进行测试
	次级信号测试线	由汇接线、次级信号转接线、次级信号连接线和次级信号夹组成，可构成次级信号的输入通道
	次级信号感应片	拾取汽车的次级信号。各专用感应片与相应的次级信号适配器配合使用，用于测试相应车型的次级信号

2. 信号预处理系统

信号预处理系统也称为前端处理器，其作用是把各种传感器输出的发动机有关参数的信号经衰减、滤波、放大、整形，并转换成标准的数字信号送入中央处理器。即对采集来的信号进行预处理，并能把所有脉冲信号和数字信号直接输入 CPU 的高速输入端。信号预处理系统是发动机综合性能分析仪的关键部分。从发动机采集来的信号千差万别，不能被发动机综合性能分析仪的中央控制器直接使用，必须经过预处理、转换后，才能输入微机。某型发动机综合性能分析仪的前端处理器系统如图 3-4 所示。该系统由部分信号预处理、32 路换线开关等组成，并承担与微机的并行通信。其前端处理器底面有 8 个适配器插座、4 个航插插座和 1 个主电缆插座，以便与信号拾取系统连接。

车载传感器的输出信号分为模拟信号和频率信号两种，其处理方法也相应不同。

（1）模拟信号的处理　对于模拟信号，应根据其信号的特点进行相应处理。

① 模拟信号的幅值较小时，需经信号放大、低通滤波和信号隔离后，才能进行 A/D 转换。如氧传感器为 0~1V，废气分析仪的电气接口输出信号多为 0~50mV，均需进行上述处理。

② 模拟信号的幅值较大时，应先经过信号衰减，再经低通滤波和信号隔离后才能进行 A/D 转换。如初、次级点火信号，由于线圈的自感和互感作用，其电压幅值可达 300V 或 30kV，甚至更高，故要用电压衰减器进行衰减后再进行后续处理，由于其频率很高（可达 1MHz 以上），故要使用高速 A/D 转换器，才能保证转换后的信号不失真；起动电流的峰值可达 200A 以上，无法直接测量，要利用电流互感器转换成 0~5V 的电压信号再进行测量。

③ 模拟信号为电荷量时，可采用电荷放大器作为前级放大，且要从频率非常丰富的振动信号中准确提取有效信号，必须对其进行带通滤波。车用爆燃传感器和柴油机喷油压力传感器多用压电晶体作为敏感元件，其输出信号为电荷量，需进行上述处理。

（2）频率信号的处理　对于频率信号，如发动机的转速、车速信号等，由于多选用电磁式、霍尔效应式或光电式传感器，其输出信号本身即为数字脉冲。但由于传输过程中的衰减、交变电磁波辐射等原因，其输出常出现一定程度的失真，故要对其进行整形。整形后输出的标准数字脉冲，再经高速光电隔离器送入后继电路，以消除其干扰，提高系统的工作可靠性。

为了实现传感器的准确测量，不影响发动机的正常运转，进行信号拾取时必须保证电路有足够高的输入阻抗，同时为保证预处理系统的主板安全，对各输出信号均采取了限幅措施。

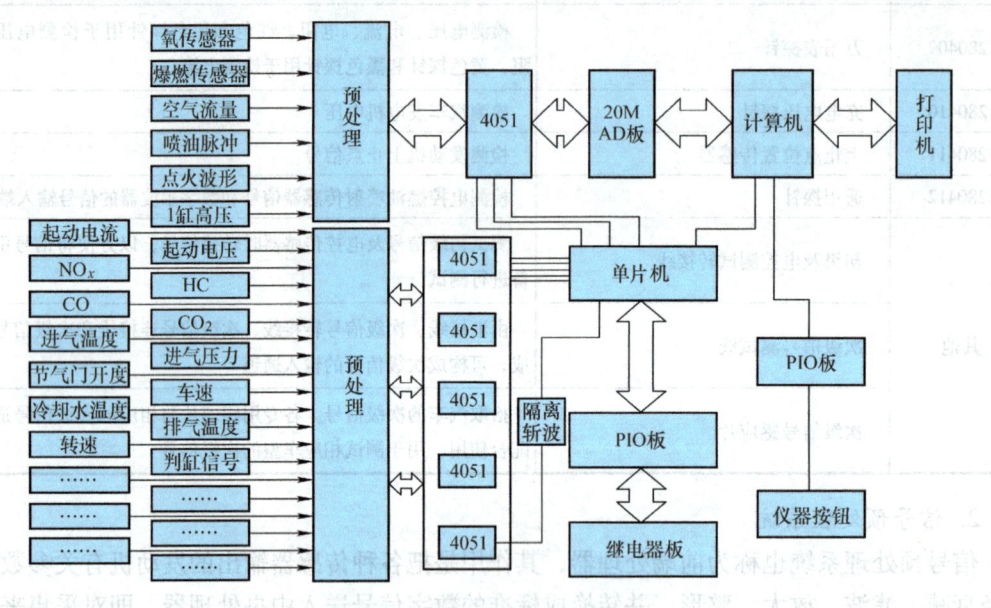

图 3-4　信号预处理系统框图

3. 采控与显示系统

现代发动机综合性能分析仪多为微机控制式，为了捕捉高频信号（如喷油、爆燃信号等），分析仪采集卡一般都具有高速采集功能，采样速率可达 10~20Mbit/s，采样精度不低于 10bit，并行 2 通道；同时，现代采控显示系统具有存储功能，以使波形回放或锁定，供观察、分析或输出、打印。

现代发动机综合性能分析仪，不管是台式移动式还是手提便携式，其显示装置一般采用彩色 CRT 显示器或液晶 LCD 显示器，采用多级菜单操作，能实时显示被测发动机的动态参数和波形，使用十分方便，观察非常醒目。

三、发动机综合性能分析仪的使用方法

发动机综合性能分析仪的种类、型号繁多，各有其使用特点。因此，应按使用说明书的要求、操作步骤使用，以进行发动机综合性能检测。以下仅介绍其一般使用方法。

1. 准备工作

（1）仪器的准备

① 接通电源，打开发动机综合性能分析仪总开关、微机主机开关和微机显示器开关，暖机 20min。

② 在发动机不工作和点火系断开的情况下，将信号提取系统连接到被测发动机上。

③ 使电源线可靠搭铁。

④ 在测试电控燃油喷射发动机的电子控制单元（ECU）时，除仪器电源搭铁外，仪器搭铁线必须与发动机共同搭铁，测试人员必须随时与汽车车身接触。

(2) 发动机的准备
① 发动机应预热至正常工作温度。
② 调整发动机怠速至规定范围之内。
③ 使发动机运转。

2. 启动综合性能分析仪
① 经过预热后，用鼠标双击显示器上相应图标，启动分析仪的综合性能检测程序。
② 分析仪主机对检测系统的配置逐一进行自检。自检通过为绿，未通过将给予提示。
③ 显示屏出现"用户资料录入"界面。单击"修改"按钮，录入汽车用户资料，然后单击"确定"按钮，显示屏出现检测程序主、副菜单。

3. 检测方法
① 在主菜单上选择要测试的"汽油机""柴油机""电控发动机参数"或"故障分析"等项中的其中一项，单击后进入下一级菜单。
② 在下一级菜单中再选择要测试的项，单击后进入检测界面。
③ 按检测界面上的要求进行操作、读数、存储和打印。
④ 如需清除测试数据，按F2键或单击显示屏下方的"清除数据"按钮即可。

第二节　发动机气缸活塞组检测

气缸活塞组的技术状况与发动机的气缸密封性直接相关。因而关于气缸密封性的检测诊断参数可作为气缸活塞组技术状况的评价指标。

这里所指的气缸活塞组包括气缸、活塞、活塞环、气门、气缸盖和气缸垫等包围发动机工作介质的零部件（图3-5），是发动机的心脏。在使用过程中，由于磨损、烧蚀、结胶、积炭等原因，气缸活塞组的技术状况变坏，从而使气缸密封性不良。不但使发动机的动力性、燃油经济性和排放性能下降，而且决定了发动机的使用寿命。

评价气缸密封性的主要参数有气缸压缩压力、气缸漏气率、进气管真空度、曲轴箱窜气量等。但这些参数各有侧重，具有不同的使用特点，在使用时应注意各自的适用性。

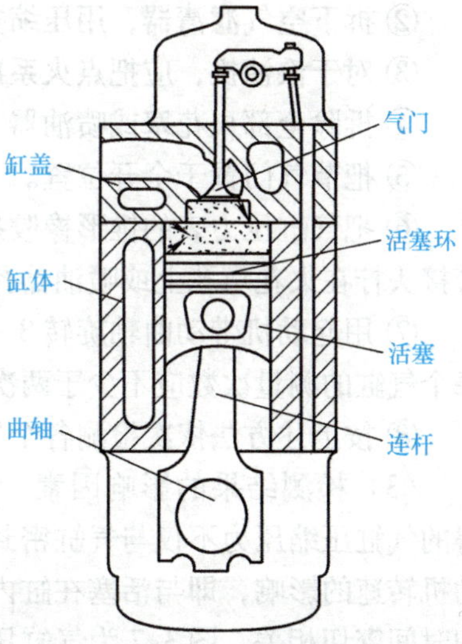

一、气缸压缩压力检测

气缸压缩压力检测指测量活塞在气缸内压缩终了到达上止点时气缸内的压缩气体压力。发动机气缸活塞组

图3-5　气缸活塞组

的技术状况正常，气缸密封性良好，是保证发动机气缸内压缩压力正常的基本条件。气缸密封性差，则压缩过程中压缩空气从缸内泄漏量大，必然使气缸压缩压力降低。因此，根据气缸压缩压力检测值可以判断气缸的密封性，进而判断发动机气缸活塞组的技术状况。

根据热力学的有关结论，气缸压缩压力与发动机的热效率和平均指示压力有直接关系，发动机输出的转矩和功率取决于各缸内的平均压力。若气缸密封性差，则发动机的动力性、燃油经济性和排放性能都将下降。

气缸压缩压力是评价气缸密封性最为直接的指标，并且由于所用仪器简单，测量方便，因此得到广泛应用。根据所用仪器的不同，气缸压缩压力检测的方法有以下几种。

1. 利用气缸压力表检测法

（1）气缸压力表的结构　气缸压力表（图3-6）是一种专用压力表，一般由表头、导管、单向阀和接头等组成。压力表头多为鲍登管式，通过导管与接头相连。气缸压力表接头有螺纹管接头和锥形或阶梯形橡胶接头两种。螺纹管接头可以拧在火花塞或喷油器的螺纹孔中；橡胶接头可以压紧在火花塞或喷油器孔中。与之相适应，导管也有橡胶软导管和金属硬导管两种，前者与螺纹接头匹配，后者与橡胶接头匹配。单向阀用于控制压缩气体，单向阀处于关闭位置时，压缩气体控制在压力表内，可保持测得的气缸压缩压力读数（保持压力表指针位置）；单向阀打开时，压缩空气从压力表内泄入大气，可使压力表指针回零，以用于下次测量。

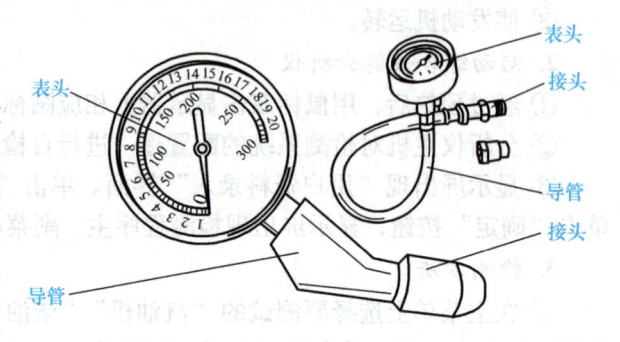

图3-6　气缸压力表

（2）检测方法

① 发动机应运转至正常工作温度，水冷发动机冷却液温度75~95℃，风冷发动机机油温度80~90℃。

② 拆下空气滤清器，用压缩空气吹净火花塞或喷油器周围。

③ 对于汽油机，应把点火次级点火总线拔下并可靠搭铁，以防止电击或着火。

④ 拆除全部火花塞或喷油器（柴油机）。

⑤ 把节气门置于全开位置。

⑥ 把气缸压力表的锥形橡胶接头压紧在被测缸的火花塞孔内或喷油器孔中，或把螺纹管接头拧在火花塞孔上或喷油器孔上。

⑦ 用起动机带动曲轴旋转3~5s，指针稳定后读取读数，然后按下单向阀使指针回零。每个气缸的测量次数应不少于两次，测量结果应取其平均值。

⑧ 按上述方法依次检测各个气缸。

（3）检测结果的影响因素　用气缸压力表测得的气缸压缩压力不仅与气缸密封性有关，还受发动机转速的影响，即与活塞在缸内压缩行程所持续的时间密切相关。图3-7为气缸压缩压力与发动机曲轴转速的关系曲线。由图可见，当起动机带动发动机在较低转速范围内运转时，即使是较小的转速差 Δn，也能使气缸压缩压力检测结果发生较大的变化 Δp。只有当发动机曲轴转速超过某一值时，检测结果受转速的影响才会较小。因此，检测时的转速应符合制造厂规定，见表3-3。

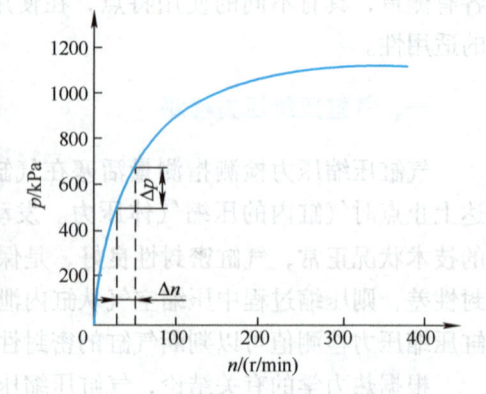

图3-7　气缸压缩压力与曲轴转速的关系

表 3-3 常用汽车发动机气缸压缩压力

发动机型号	压缩比	气缸压力/kPa	检测转速/(r/min)
东风 EQ6100-Ⅰ	7.2	880	130~150
解放 CA6102	7.4	930	130~150
北京 BJ1040	7.2	785~981	200~250
跃进 NJ1041	7.5	980	200~250
夏利 TJ7100	9.5	1029~1225	350
夏利 TJ376Q-E	9.5	1000~1225	200~250
桑塔纳 JV	8.5	1000~1300	200~250
桑塔纳 2000AFE	9.0	1000~1300	200~250
桑塔纳 2000AJR	9.5	1000~1300	200~250
奥迪 100	8.5	800~1100	
切诺基	8.6	1068~1275	200~250
神龙富康（TU3F2/K）	8.8	1200	200~250
天津大发	9.0	1225	200~250
丰田 1Y、2Y、3Y	8.8	1225	250
丰田 4M、5M	8.5、8.8	1078	250
丰田 12R	8.5	1078	250
广州本田雅阁	8.9	930~1230	200~250
上海别克 L46	9.0	不小于 689	200~250
五十铃 4JA1	18.4	3100	200
五十铃 4JB1 或 493Q	18.2	3100	200
日产 RD8	16	2549	200
日野 EC100	20.3	3138~3530	250
三菱扶桑 6DS70A	19	2549	250

检测时，发动机转速高低取决于蓄电池和起动机的技术状况，以及发动机旋转时的摩擦阻力矩。因此，要求蓄电池、起动机的技术状况良好；同时，要求发动机润滑条件良好，并运转至正常热状况，以减小运转时的摩擦阻力。

用气缸压力表检测气缸压缩压力时，引起测试误差的主要原因是起动转速不符合检测气缸压缩压力时的转速要求。因此在检测气缸压力时，如能监控曲轴转速，对于减小测量误差，以获得正确的检测分析结果是非常重要的。

(4) 气缸压缩压力检测结果分析

1) 检测标准。气缸压缩压力与发动机的压缩比有直接关系，其检测标准值一般由制造厂通过汽车使用说明书提供。常用汽车发动机压缩压力标准值见表 3-3。

对于发动机大修竣工检验，根据《汽车修理质量检查评定方法》(GB/T 15746—2011) 的规定，发动机各气缸压缩压力应符合原设计规定，每缸压力与各缸平均压力的差：汽油机应不大于 5%，柴油机应不大于 8%。

2) 检测结果分析。气缸压缩压力的检测值低于标准值时，可以根据润滑油具有密封作用的特点，以下述方法确定导致气缸密封性不良的原因所在。

由火花塞或喷油器孔注入适量（一般20~30mL）润滑油后，再次检测气缸压缩压力，并比较两次检测结果。

① 第二次检测结果比第一次高，并接近标准值，表明气缸密封性不良可能是由于气缸、活塞环、活塞磨损过大或活塞环对口、卡死、断裂及缸壁拉伤等原因而引起。

② 第二次检测结果与第一次近似，表明气缸密封性不良的原因为进、排气门或气缸衬垫不密封（滴入的润滑油难以达到这些部位起不到密封作用）。

③ 两次检测结果均表明某相邻两缸压缩压力低，其原因可能是两缸相邻处的气缸衬垫烧损窜气。

对于压缩压力检测值低的气缸，还可以采用压缩空气判断气缸内漏气部位，具体方法如下：拆下空气滤清器盖，打开散热器盖、加机油口盖和节气门。摇转发动机，使被测气缸的活塞处于压缩终了上止点位置。然后用带锥形橡皮头的软管把压缩空气从火花塞或喷油孔引入气缸，并注意倾听发动机漏气声。如果在进气管处听到漏气声，说明进气门关闭不严密；如果在排气消声器口处听到漏气声，说明排气门关闭不严密；如果在散热器加水口处看到有气泡冒出，说明气缸衬垫不密封造成气缸与水套沟通；如果在加机油口处听到漏气声，说明气缸活塞配合副磨损严重。注意：在把压缩空气引入气缸前，应把变速器挂入高速挡，拉紧驻车制动器。

如果气缸压缩压力高于标准值，并不一定表示气缸密封性好；具体原因应结合使用和维修情况分析。因为燃烧室内积炭过多、气缸衬垫过薄或缸体与缸盖的结合平面经多次修理后加工过甚，均会导致气缸压缩压力过高。同时，气缸压缩压力高于标准值常会导致爆燃、早燃等不正常燃烧情况的发生。

2. 利用气缸压力测试仪检测法

（1）用气缸压力传感器式气缸压力测试仪检测 气缸压力传感器式气缸压力测试仪利用缸压传感器（图3-8）拾取气缸内的压力信号，经放大后送入A/D转换器进行模、数转换，输入显示装置即可指示出所测气缸的压缩压力。

用压力传感器式测试仪测试气缸压力时，需先拆下被测气缸的火花塞或喷油器，旋上仪器配置的压力传感器，使发动机节气门位于全开位置，用起动机转动曲轴3~5s，即可检测出气缸的压缩压力值。

（2）用起动电流或起动电压降式气缸压力测试仪检测

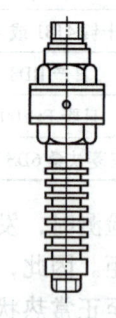

图3-8 缸压传感器

1）起动电流式气缸压力测试仪工作原理。发动机起动时的阻力矩，主要由气缸与活塞之间及曲柄连杆机构产生的摩擦力矩、惯性阻力矩和各缸在压缩行程中压缩气体的反力矩三部分组成。摩擦力矩、惯性阻力矩可认为是稳定的常数，而各缸压缩行程压缩气体的反力矩是随各缸压缩压力变化的波动值。起动机带动发动机曲轴旋转所需要的转矩是起动电流的函数，起动电流的变化与气缸压缩压力的变化间存在着对应的关系，而起动转矩又与气缸压缩压力成正比。因此，可以用起动过程中起动电流的变化去评价各缸的气缸压缩压力。

发动机起动时，起动机驱动曲轴的转矩M和起动工作电流I_s之间存在一定函数关系。电枢电流I_s与磁场（通常由励磁电流产生）的磁通量ϕ相互作用，产生电磁力和电磁转矩。其关系为

$$M = K_m \phi I_s$$

式中 K_m——电动机常数,与结构有关;
ϕ——磁通量(Wb);
I_s——电枢电流(A);
M——起动力矩(N·m)。

另一方面,电枢在磁场中旋转时,电枢绕组也要切割磁场的磁力线,从而在绕组中感应出反电动势 E',其方向与电枢绕组电流 I_s 的方向相反,其值大小与电动机转速成正比。

$$E' = K_E \phi n$$

式中 E'——感应电动势(V);
K_E——常数,与电机结构有关;
n——起动机转速(r/min)。

起动机电枢端电压 U(V)、电枢内阻 R_a(Ω) 与电枢电流 I_s(A) 间的关系为

$$I_s = \frac{U - E'}{R_a}$$

起动机的电磁转矩 M 为驱动力矩,稳定运转时,应与发动机的起动阻力矩 M' 平衡。发动机的起动阻力矩 M' 由机械阻力矩、惯性阻力矩和气缸压缩空气的反力矩构成。正常情况下,前两种阻力矩变化不大,可看作常数;而气缸压缩空气反力矩是周期性波动的,在每一缸活塞到达压缩行程上止点时具有峰值。若阻力矩增大,电磁转矩 M 便暂时小于阻力矩 M',起动机转速 n 下降;随着 n 下降,反电动势 E' 将减小,而电枢电流 I_s 将增大。于是,电磁转矩 M 随之增加,直到与阻力矩 M' 达到新的平衡。若阻力矩降低,则起动机加速旋转,转速 n 增大,反电动势 E' 随之增大,从而电枢电流 I_s 及转矩 M 减小,直至 M 与 M' 平衡。由此可见,发动机起动时,压缩压力的波动引起了起动机起动工作电流的波动,电流波动的峰值与气缸压缩压力成正比。如果能确定某一电流峰值所对应的气缸(如第Ⅰ缸),按点火次序即可确定各个气缸所对应的起动电流峰值,其大小可代表该缸的气缸压缩压力值。用示波器记录的起动机起动电流波形与缸压波形见图3-9所示。

如果在测发动机起动电流的同时,用缸压传感器测出任一气缸(例如Ⅰ缸)的气缸压缩压力值,则其他各缸的气缸压缩压力值可按其起动电流波形峰值计算而得。应注意的是:标准缸的气缸压缩压力值是由缸压传感器直接测出的,其余各缸的压缩压力值则是通过各缸起动电流峰值与标准缸起动电流峰值相比较而得到的。因此,为保证测试结果可靠、准确,应经常用气缸压力表的检测值与缸压传感器的检测值相比较,以检查缸压传感器是否准确。

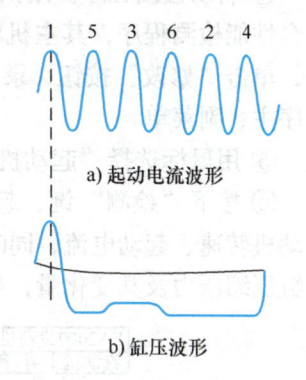

a) 起动电流波形

b) 缸压波形

图3-9 起动电流波形与缸压波形图

2) 起动电压降式气缸压力测试仪工作原理。起动机工作电流 I_s 与蓄电池端电压 U 的关系为:

$$U = E - I_s R$$

式中 E——蓄电池电动势(V);
R——蓄电池内阻(Ω)。

因此，由气缸压缩空气阻力矩引起的起动机工作电流波动，会导致蓄电池端电压的波动。起动电流增大时，端电压降低，即起动电流与电压降成正比。如前所述，起动电流峰值与气缸压缩压力成正比，因此起动时蓄电池的电压降也与气缸压缩压力成正比。所以，可以通过测量蓄电池的起动电压降，进而检测气缸压缩压力。

3) 检测方法。根据上述原理制成的气缸压缩压力测试仪，称为起动电流式或起动电压降式气缸压缩压力测试仪。有的测试仪可以显示各缸压缩压力的具体数值，并能与标准值对照；有的仅能定性显示"合格"或"不合格"；也有的只能显示波形；有些发动机综合性能分析仪，把起动电流的波形变成柱状图来显示各缸的压缩压力，非常直观。对于后者，如果检测时显示的各缸波形振幅一致，峰值又在规定范围内，说明各缸压缩压力符合要求；若各缸波形振幅不一致，对应某缸电流峰值低于规定范围，则说明该缸压缩压力不足，应借助其他方法测出压缩压力的具体数值以便分析判断。至于各缸波形峰值对应的缸号，一般是通过点火传感器或喷油传感器（柴油机）确定Ⅰ缸波形位置，其他缸的波形位置按点火次序确定。

不同类型发动机综合性能分析仪，其检测方法也略有差异。下面以EA2000型发动机综合性能分析仪为例，说明发动机气缸压缩压力的检测方法。

① 将发动机运转至正常工作温度（冷却液温度达70~90℃）后停机。

② 接通电源，打开分析仪总开关、显示器开关、主机开关，预热仪器。

③ 按仪器使用说明书给定的方法，连接好测试线和传感器。

④ 启动检测程序。用鼠标左键双击显示器上"元征发动机检测仪"图标，启动检测仪综合性能检测程序，其主机将进入系统自检画面，通过系统自检后，进入用户数据录入界面，单击"修改"按钮，录入汽车用户资料，然后单击"确定"按钮，显示屏就出现检测程序主、副菜单。

⑤ 用鼠标选择"起动机及发电机"，进入起动电流检测功能。

⑥ 按下"检测"键，起动发动机，分析仪自动发出全部断油指令，仪器屏幕将显示出发动机转速、起动电流，同时绘制出起动电流曲线和相对气缸压力的柱状图，从而检测出各气缸压缩压力及其变化量，如图3-10所示。

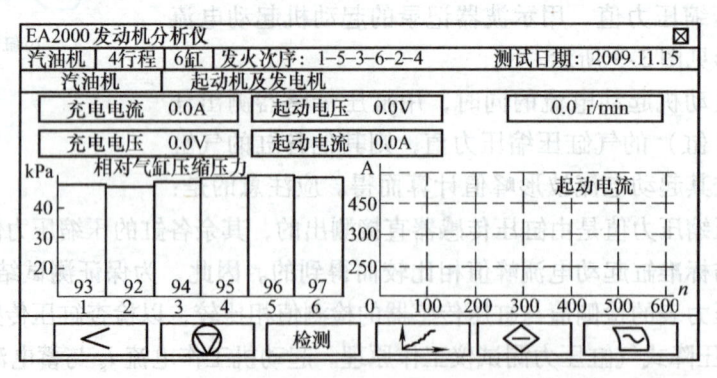

图3-10 起动电流及起动电压检测

⑦ 视需要打印输出检测结果。

用发动机综合性能分析仪检测气缸压缩压力，不需拆装火花塞或喷油器（柴油机），且能同时检测各个气缸,因而其检测速度快、效率高。适用于发动机一般技术状况的定性检查。

二、气缸漏气量(率)检测

气缸的漏气量(率)也可用于对气缸密封性进行检测。检测气缸的漏气量(率)时,发动机不运转,活塞处于压缩行程上止点。其基本检测原理是:若把具有一定压力的压缩空气从火花塞或喷油器孔充入气缸,检测活塞处于上止点时气缸内压力的变化情况,以此表征气缸的密封性。气缸漏气量(率)不仅反映气缸活塞摩擦副的磨损状况,还反映进排气门、气缸垫、气缸盖和气缸的密封性。

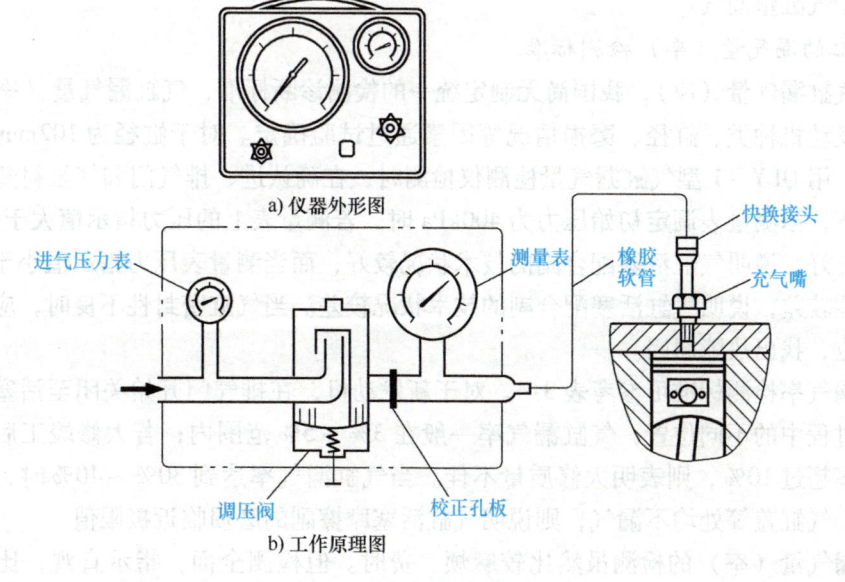

1. 气缸漏气量检测原理

气缸漏气量检测仪及其工作原理见图3-11。测试时,拆下发动机的火花塞,使所测缸的活塞处于上止点位置,并把检测仪的充气嘴安装于所测气缸的火花塞孔上。外接气源的压力应相当于气缸压缩压力,一般为 0.6~0.8MPa,其具体压力值由进气压力表显示;压缩空气进入漏气量检测仪后,经调压阀调压至某一确定压力 p_1(0.4MPa),然后经过校正孔板上的量孔及快换管接头、充气嘴进入气缸。当气缸密封不严时,压缩空气就会从不密封处泄漏,使校正孔板量孔后的空气压力下降为 p_2。该压力值由测量表显示,其压力变化情况 $p_1 - p_2$ 即可反映气缸的密封性。

p_1 和 p_2 的关系为

$$p_1 - p_2 = \rho \cdot Q^2 / 2 \cdot \phi^2 \cdot A^2$$

式中　Q——空气流量(m^3/s);

　　　A——量孔截面积(m^2);

　　　ρ——空气密度(kg/m^3);

　　　ϕ——流量系数,$\phi = 1/\sqrt{1+\xi}$,ξ 为量孔局部阻力系数。

a) 仪器外形图

b) 工作原理图

图3-11　气缸漏气量检测仪

当校正孔板量孔截面积和结构一定时，A 和 ϕ 为常数；而进气压力 p_1 及测试时的环境温度一定时，空气密度 ρ 亦为常数。因此，校正孔板量孔后的压力 p_2（由测量表指示）取决于经过量孔的空气流量 Q。显然，空气流量 Q 的大小（漏气量）与气缸的密封程度有关。当气缸、活塞、活塞环和气门、气门座等处磨损过大或因发生故障，密封不良时，漏气量 Q 增大而使测量表指示压力 p_2 低于进气压力 p_1 的量增大。因此，根据测量表压力下降值即可判断气缸的漏气量，并据此检测气缸的密封性。

2. 气缸漏气率检测原理

检测气缸漏气率时，无论所使用的是何种仪器、检测方法，还是何种判断故障的方法，其基本原理都与检测气缸漏气量一致。所不同的是气缸漏气量的测量表以 kPa 或 MPa 为单位，而气缸漏气率测量表的标定单位为百分数。即密封仪器出气、漏气量为 0 时，测量表指针指示值为 0；而打开仪器出气口，表示气缸内压缩空气完全漏掉，测量表指针指示值为 100%。测量表指示值在 0 和 100% 之间均匀分度，并以百分数表示。这样，把原表盘的气压值标定为漏气的百分数，就能直观地指示气缸的漏气率了。

气缸的磨损情况，可根据活塞在压缩行程不同位置时的气缸漏气率间接测出。首先测定在压缩行程开始，进气门关闭后气缸的漏气率；而后，在曲轴每旋转 10° 曲轴转角的位置测量一次，直到活塞到达上止点位置为止，从而得到活塞在气缸内不同位置时的气缸漏气率；所测结果与新发动机气缸漏气率所测结果比较，即可了解气缸的磨损情况。同时，把所测在用发动机的气缸漏气率与已达到大修极限的同类型发动机的气缸漏气率相比较，便可大致估计所测发动机的使用寿命。

通过气缸漏气量（率）检测，发现某一缸的密封性不良后，可进一步在进气管、排气消声器出口、散热器加水口和机油加注口等处，倾听有无漏气声，以判断气缸的漏气部位。当活塞到达压缩行程上止点位置时，若在进气管处能听到漏气声，说明进气门密封不良；在排气管处能听到漏气声时，表明排气门密封不良；若在散热器加水口有漏气声并出现水泡时，则属于气缸垫漏气。

3. 气缸的漏气量（率）检测标准

对于气缸漏气量（率），我国尚无制定统一的检测诊断标准，气缸漏气量（率）检测标准应根据发动机种类、缸径、磨损情况等因素通过试验确定。对于缸径为 102mm 左右的汽油发动机，用 QLY-1 型气缸漏气量检测仪检测时，在确认进、排气门和气缸衬垫密封性良好的前提下，当测量表调定初始压力为 400kPa 时，若测量表上的压力指示值大于 0.25MPa，则密封性良好，说明气缸活塞配合副的技术状况较好；而当测量表压力指示值小于 0.25MPa 时，密封性较差，说明气缸活塞配合副的技术状况较差。当气缸密封性不良时，应进一步察听漏气部位，找出故障原因。

气缸漏气率检测标准可参考表 3-4。对于新发动机，在排气门开始关闭至活塞到达上止点的整个过程中的不同位置，气缸漏气率一般在 3%～5% 范围内；若大修竣工后，发动机气缸漏气率超过 10%，则表明大修质量不佳。当气缸漏气率达到 30%～40% 时，若能确认气缸衬垫、气缸盖等处均不漏气，则说明气缸活塞摩擦副的磨损临近极限值。

气缸漏气量（率）的检测虽然比较麻烦、费时。但检测全面，指示直观，比用气缸压缩压力检测值反映气缸密封性精确。

表 3-4　气缸漏气率检测参考表

气缸密封状况	仪器读数值（%）	气缸密封状况	仪器读数值（%）
良好	0~10	较差	20~30
一般	10~20	换环或镗缸	30~40

4. 气缸漏气量（率）检测方法

气缸漏气量（率）检测的步骤如下：

① 发动机预热至正常工作温度。

② 用压缩空气吹净火花塞周围，清除脏物，而后拧下所有气缸的火花塞，并在火花塞孔上装好充气嘴。

③ 接好压缩空气源，在检测仪出气口堵塞的情况下，用调压阀调节进气压力，使测量表指针指示 0.4MPa。

④ 安装好活塞定位盘（图 3-12），使分火头旋转至第Ⅰ缸跳火位置（此时Ⅰ缸活塞到达上止点，Ⅰ缸进、排气门均处于关闭位置），然后转动定位盘使刻度 1 对准分火头尖端（分火头也可用专用指针代替）。

⑤ 为防止压缩空气推动活塞使曲轴转动，变速器挂高速挡，拉紧驻车制动。

⑥ 把Ⅰ缸充气嘴接上快换管接头，向Ⅰ缸冲入压缩空气，此时测量表上的压力读数或漏气率百分比读数便反映了该缸的密封性。

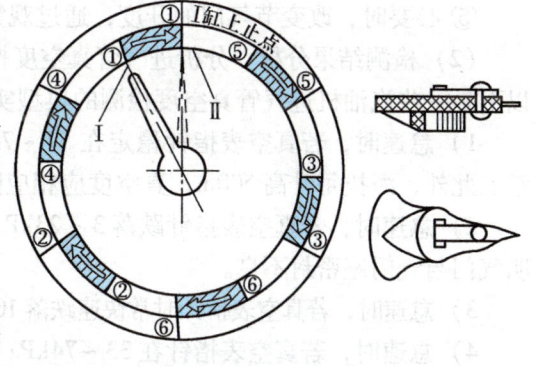

图 3-12　活塞定位盘

⑦ 转动曲轴，使分火头（或指针）对准活塞定位盘上下一缸刻度线，按以上方法检测下一缸的漏气量（率）。

⑧ 按以上方法和点火次序检测其余各缸的漏气量（率）。为使检测结果可靠，各缸应重复检测一次。

三、发动机进气管真空度检测

1. 影响进气管真空度检测结果的因素

进气管真空度指进气管内的进气压力与外界大气压力之差。通过检测发动机进气歧管真空度来评价发动机的气缸密封性，主要是针对汽油机而言。

汽油机负荷采用"量"调节，即依靠节气门开度变化控制进入气缸的混合气的量，改变发动机输出功率。怠速时，节气门开度小，进气节流作用大，进气管中真空度较高；节气门全开时，进气管中真空度较小。由此可见，进气管真空度首先取决于发动机的工作状态。检测进气管真空度，大多数是在怠速条件下进行。因为技术状况良好的汽油机怠速时，进气管真空度有一较为稳定的值；同时怠速时进气管真空度高，对因进气管、气缸密封性不良引起的真空度下降较为敏感。

进气管真空度还与发动机的技术状况有关，可以反映气缸活塞组和进气管的密封性。若进气管垫、真空点火提前机构等处密封不良，气缸活塞组、配气机构因磨损或故障间隙增大，以及点火系和供油系的调整等都会影响发动机进气管的真空度。因此，通过对进气管真空度的检测可发现这些部位的故障。如能确认进气管自身密封性良好，则进气管真空度的检测结果可用于分析、判断发动机气缸活塞组的密封性。进气管真空度可以用真空表或示波器检测。

2. 用真空表检测进气管真空度

（1）检测步骤　检测进气管真空度的真空表由表头和软管构成。软管一头固定在真空表上，另一头可方便地连接在进气管上的检测孔上（真空助力或真空控制装置从进气管取真空的孔，即可作为检测孔）。其检测步骤如下：

① 将发动机预热至正常工作温度。
② 把真空表软管与进气歧管上的检测孔连接。
③ 变速器置于空挡，发动机怠速稳定运转。
④ 在真空表上读取真空度读数。
⑤ 必要时，改变节气门的开度，通过观察进气管真空度的变化情况判断相关故障。

（2）检测结果分析　分析进气管真空度检测结果，可以判断发动机的技术状况和故障。以下是一些汽油机进气管真空度检测的典型实例。

1）怠速时，若真空表指针稳定在 57~70kPa 之间，见图 3-13a，则表明气缸密封性正常。此外，海拔每升高 500m，真空度应相应降低 4~5kPa。

2）怠速时，若真空表指针跌落 3~23kPa，见图 3-13b，而且指针有规律地摆动，则表明气门与气门座密封不良。

3）怠速时，若真空表指针时常快速跌落 10~16kPa，见图 3-13c，则表明气门与导管卡滞。

4）怠速时，若真空表指针在 33~74kPa 范围内缓慢摆动，且随发动机转速升高摆动加剧，见图 3-13d，则表明气门弹簧弹力不足。

5）怠速时，若真空表指针较正常值低 10~13kPa，且缓慢地在 47~60kPa 范围内摆动，见图 3-13e，则表明气门导管磨损严重。

6）当发动机转速升至 2000r/min 左右时，突然迅速开启节气门，若真空表指针迅速跌落至 6~16kPa 以下，且关闭节气门后，指针不能回复到 83kPa，见图 3-13f，则表明活塞环失效。若快速开启节气门时，指针不低于 6~16kPa，则表明活塞环工作状况良好。

7）怠速时，若真空表指针从正常值突然跌落至 33kPa，随后指针又恢复至正常值，在发动机运转过程中，真空表指针总是这样来回波动，见图 3-13g，则表明气缸垫窜气。

8）怠速时，若真空表指针不规则跌落，见图 3-13h，则表明发动机的混合气过稀；若真空表指针缓慢摆动，则表明发动机的混合气过浓。

9）怠速时，若真空表指示值比正常值约低 10~30kPa，但很稳定，见图 3-13i，则表明进气歧管衬垫漏气。

10）怠速时，若真空表指针稳定地指示在 47~57kPa 之间，见图 3-13j，则表明发动机点火过迟。

11）怠速时，若真空表指针稳定地指示在 27~50kPa 之间，见图 3-13k，则表明发动机气门开启过迟。

12）怠速时，若真空表指针缓慢地摆动在 47~54kPa 之间，见图 3-13l，则表明火花塞电极间隙太小，断电器触点接触不良。

图 3-13　真空表检测实例

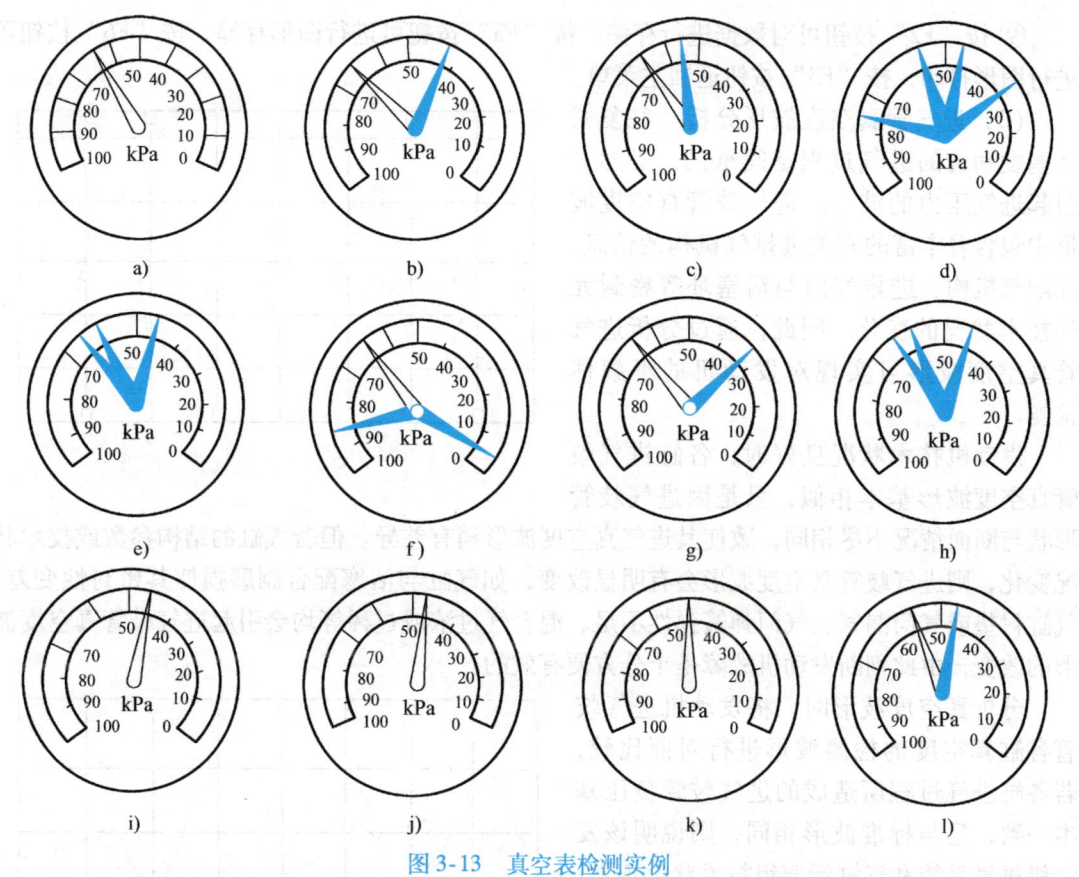

3. 用发动机综合性能分析仪检测进气管真空度

发动机综合性能分析仪可以检测进气管真空度波形。由传感器采集到的进气歧管真空度的电压信号，经仪器处理后送入显示器，于是屏幕上便可显示出进气管真空度波形。

（1）检测步骤　进气管真空度的检测步骤如下（以元征 EA-2000 型发动机综合性能分析仪为例讲解）。

① 发动机运转至正常工作温度。

② 将分析仪真空度传感器的橡胶软管通过三通接头连接到发动机的真空管上，电控燃油喷射发动机的真空软管一般在发动机总成顶部。

③ 使发动机转速稳定在规定转速（1700r/min 左右）。

④ 在主菜单下的副菜单上选择"进气管内真空度"，进入进气管真空度检测状态。

⑤ 按下检测界面下方的"检测"按钮，分析仪高速采集进气管真空度值，并显示出被检发动机的进气管真空度波形。

⑥ 对进气管真空度波形观测、分析和判断。

⑦ 再按下"检测"按钮，高速采集结束。

⑧ 必要时可按下 F4 按钮，检测仪提供 4 缸、6 缸或 8 缸发动机的进气管真空度标准波形。其中：4 缸发动机进气管标准波形见图 3-14 所示。除此之外，可检测进气门开启不良、进气门漏气、排气门开启不良和排气门关闭不良等故障波形。

⑨ 按 "F2" 按钮可对数据进行存储，按 "F3" 按钮可进行图形存储，按 "F6" 按钮可进行图形打印，按 "F3" 按钮返回主菜单。

(2) 进气管真空度波形分析　往复式活塞发动机的进气过程是间歇的，必然会引起进气压力的波动。进气歧管真空度波形中包含着丰富的有关进排气机构的信息，如配气机构、进排气门与活塞环等密封元件技术状况的变化。因此，通过分析进气管真空度波形可实现对发动机的不解体检测。

发动机技术状况良好时，各缸进气歧管真空度波形基本相似，只是因进气歧管形状与断面情况不尽相同，致使其进气真空度波形稍有差异。但若气缸的结构参数或技术状况变化，则进气歧管真空度波形会有明显改变，如气缸与活塞配合副磨损使其密封性变差、气缸衬垫或气门漏气、气门弹簧弹性不足、混合气过浓或过稀等均会引起进气歧管真空度波形的改变，由此判断发动机故障是十分方便有效的。

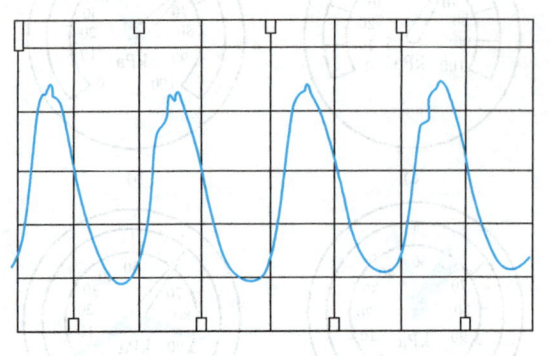

图 3-14　4 缸发动机进气管标准波形

分析真空度波形时，将发动机进气歧管各缸真空度的检测波形进行对照比较，若各缸进气过程所造成的进气歧管负压基本一致，且与标准波形相同，则说明该发动机进气系统和气缸活塞组技术状况正常；若个别气缸波形异常，则说明进气系统和气缸活塞组存在故障，图 3-15 所示为四缸发动机第 4 缸进气门严重漏气的进气管真空度波形。

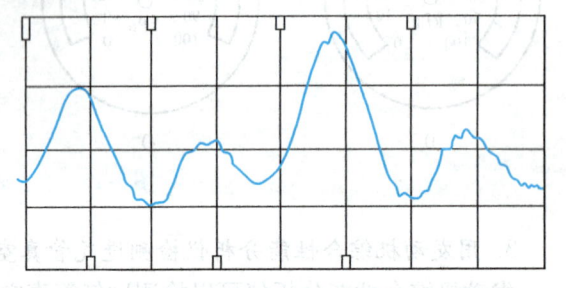

图 3-15　四缸发动机第 4 缸进气门严重漏气的进气管真空度波形

4. 进气管真空度检测标准

根据《汽车修理质量检查评定方法》（GB/T 15746—2011）的规定，在正常工作温度和标准状态下，大修竣工的汽油发动机怠速运转时，进气歧管真空度符合原设计规定，其波动范围：6 缸汽油机一般不超过 3kPa；4 缸汽油机一般不超过 5kPa。

进气管真空度随海拔高度升高而降低。海拔每升高 1000m，真空度将降低 10kPa 左右。因此检测发动机进气管真空度时，应根据当地海拔高度修正检测标准。

进气管真空度检测是一种综合性检测，能检测多种故障现象，而且检测时不需要拆下火花塞，因此是较实用、快速的检测方法；但不足之处是往往不能确定故障的具体原因。

四、曲轴箱窜气量检测

1. 影响曲轴箱窜气量的因素

气缸活塞组配合副磨损、活塞环弹性下降或粘结均会使气缸密封性下降，工作介质和燃气将会从不密封处窜入曲轴箱。窜入曲轴箱的气体量越多，表明气缸与活塞、活塞环间不密封程度越高。窜入曲轴箱的废气可以逸出的通道有加机油口、机油尺口和曲轴箱强制通风阀，如图 3-16 所示。

显然，曲轴箱窜气量与使用工况有关。但在确定工况下，曲轴箱窜气量可反映气缸活塞组的技术状况或磨损程度。图 3-17 表明曲轴箱窜气量与功率、油耗的关系。随着曲轴箱窜气量增大，发动机输出功率逐渐下降，而燃油消耗量则线性增长。

因此，检测发动机工作状态下单位时间内窜入曲轴箱的气体量，可评价气缸活塞配合副的密封性。

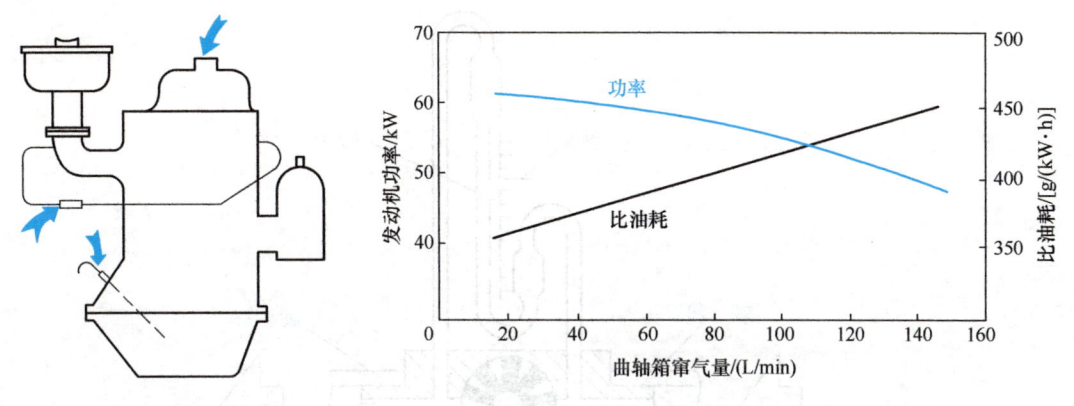

图 3-16 曲轴箱废气可以溢出的通道

图 3-17 曲轴箱窜气量与功率、油耗的关系

2. 曲轴箱窜气量的检测方法

由于从曲轴箱窜出的气体具有温度高、量小、脉动、污浊的特点，因而检测曲轴箱窜气量的难度较大。

曲轴箱窜气量可采用曲轴箱窜气量检测仪（图 3-18）检测。曲轴箱窜出的废气经集气头、软管输送到气体流量计，并测出单位时间流过气体流量计的废气流量。目前，曲轴箱窜气量检测仪使用微压传感器，当废气流过取样探头孔道时，在测量小孔处产生负压，微压传感器检测出负压并将其转变成电信号。流过集气头孔道的废气流量越大，测量小孔处产生的负压越大，微压传感器输出的电信号越强。该信号输送到仪表箱，由仪表指示出废气流量大小，以反映曲轴箱窜气量的大小。

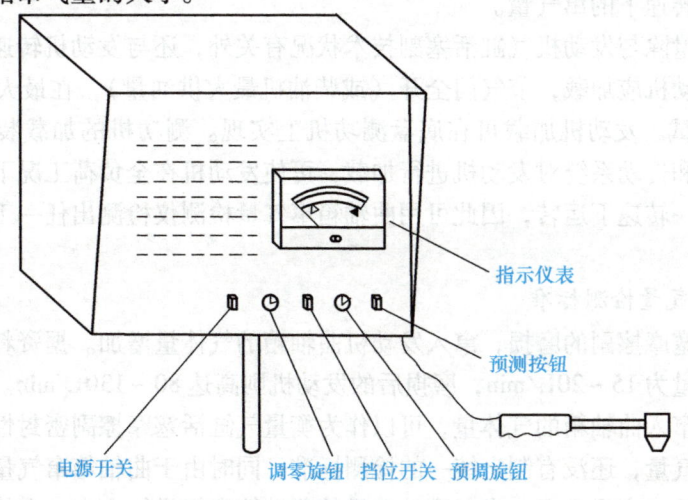

图 3-18 曲轴箱窜气量检测仪

曲轴箱窜气量的检测也可采用专用气体流量计进行。图 3-19 所示的玻璃气体流量计由 U 形管式压力计、流量孔板、刻度板和通往曲轴箱的胶管等组成。使用前，先将曲轴箱密封（堵住机油尺口、曲轴箱通风进出口等），再用胶管从加机油管口处将曲轴箱内的废气导出，接入气体流量计。当气体流过流量孔板时，由于两边存在压力差，使压力计水柱移动，直至气体压力与水柱落差平衡为止。压力计水柱高度可以确定窜入曲轴箱的气体量。流量孔板备有不同直径的小孔，可以根据窜气量的大小调节选用。

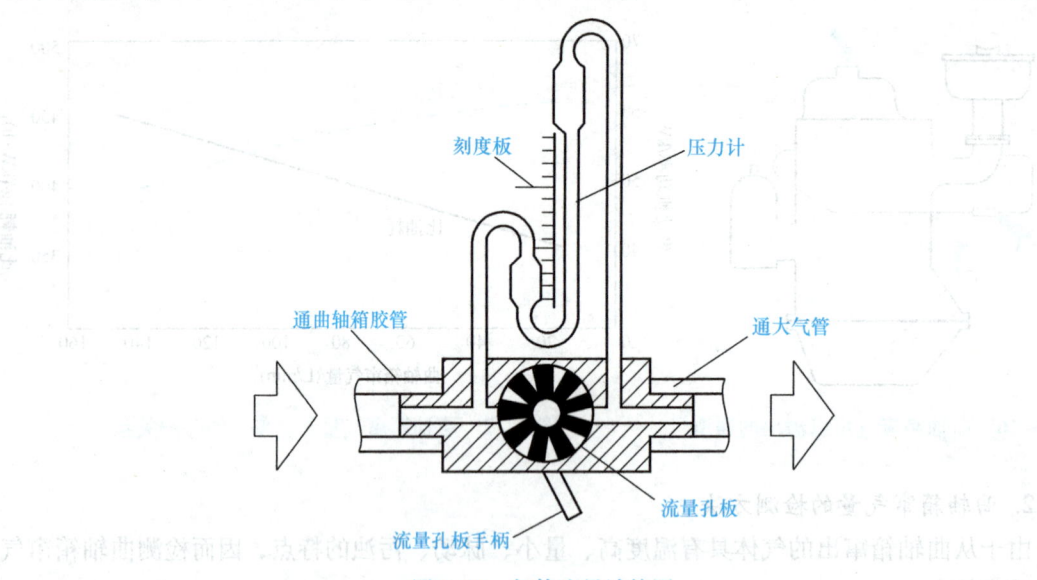

图 3-19 气体流量计简图

测试步骤如下：

① 打开电源开关，按仪器使用说明书的要求对检测仪进行预调。

② 密封曲轴箱，即堵塞机油尺口、曲轴箱通风进出口等，将取样探头插入机油加注口内。

③ 起动发动机，待其预热至正常工作温度且运转平稳后，仪表箱仪表的指示值即为发动机曲轴箱在该转速下的窜气量。

曲轴箱窜气量除与发动机气缸活塞副技术状况有关外，还与发动机转速和负荷有关。因此在检测时，发动机应加载，节气门全开（或柴油机最大供油量），在最大转矩转速（此时窜气量最大）测试。发动机加载可在底盘测功机上实现。测功机的加载装置可方便地通过滚筒、驱动车轮和传动系统对发动机进行加载，可使发动机在全负荷工况下在最大转矩转速至额定转速的任一转速下运转，因此可用曲轴箱窜气量检测仪检测出任一工况下曲轴箱的窜气量。

3. 曲轴箱窜气量检测标准

随着气缸活塞摩擦副的磨损，窜入发动机曲轴箱的气体量增加。据资料统计，国外新发动机曲轴箱漏气量为 15~20L/min，磨损后的发动机则高达 80~130L/min。所以，发动机工作时单位时间内窜入曲轴箱的气体量，可以作为衡量气缸活塞摩擦副密封性的评价指标。

对曲轴箱窜气量，还没有制定统一的检测标准；同时由于曲轴箱窜气量大小还与缸径大小和缸数多少有关，也很难把众多车型发动机的曲轴箱窜气量综合在一个检测标准内。维修企业和汽车检测站应积累具体车型发动机的曲轴箱窜气量检测数据资料，经分析整理制定企业标准，作为检测依据。对于东风 EQ1090E 汽车和解放 CA1091 汽车，可用表 3-5 所列试验分析结果作为曲轴箱窜气量检测时的参考标准。表 3-6 所列单缸平均漏气量可作为判断发动机技术状况的参考标准。

表 3-5　曲轴箱窜气量

车型	发动机转速/(r/min)	窜气量/(L/min)
东风 EQ1090E	2000	<70
解放 CA1091	1000	<40

表 3-6　曲轴箱单缸平均漏气量

发动机技术状况	单缸平均漏气量/(L/min)	
	汽油机	柴油机
新发动机	2~4	3~8
需大修发动机	16~22	18~28

曲轴箱窜气量大的主要原因：气缸活塞、活塞环磨损量大，配合间隙增大或活塞环对口、结胶、积炭、失去弹性、断裂及缸壁拉伤等。要结合发动机使用、维修和配件质量等情况进行分析判断。

第三节　发动机点火系统检测

汽油发动机在不同工况下工作时，不仅需要供给各个气缸适量且浓度适当的可燃混合气，还必须由发动机点火系按点火次序适时供给具有足够能量的电火花，以点燃混合气。点火系的技术状况，不仅严重影响发动机的动力性、燃油经济性和排放性能，还决定了发动机能否正常工作。前已述及，点火系统是汽油发动机各系统、机构中故障率最高的系统，因此是发动机检测诊断的重点。

在不解体情况下，发动机点火系的检测与诊断主要分为点火波形的检测与分析和点火正时检测两个方面。点火系统常见故障的深入诊断，可见本书下册。

一、发动机点火系统的类型

发动机点火系的基本功能是在适当时刻为发动机的各个气缸提供足够能量的电火花，以点燃气缸内的压缩可燃混合气。

目前，汽车发动机常用点火系的类型如下所述。

1. 电子点火系统

电子点火系统（又称为半导体点火系统或晶体管点火系统）在传统点火系统的基础上，利用半导体元器件（如晶体管、晶闸管等）组成的电子开关电路（即点火电子组件或点火器），代替传统点火系统中的断电器触点，以接通和断开点火线圈初级电路。而接通和断开点火线圈初级电路的具体时刻，则由点火信号发生器产生的点火信号来控制。其基本组成见图 3-20。

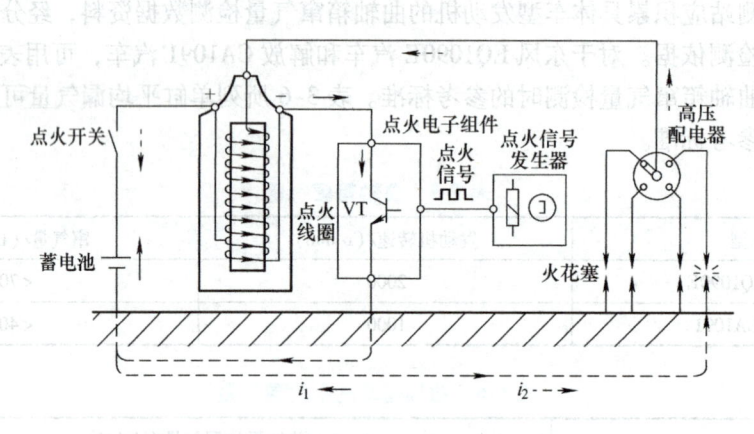

图 3-20　电子点火系的基本组成和工作原理

点火信号发生器安装在分电器内，分电器轴转动时，产生与发动机曲轴位置相对应的点火信号。此点火信号经电子点火组件前置电路处理后，控制大功率开关晶体管的导通或截止，使点火线圈初级电流适时地通断。大功率开关晶体管导通时，点火线圈初级电路接通，储存点火能量；当开关晶体管截止时，点火线圈初级电路断开，次级电路中便产生高压，通过配电器及高压导线等将高压送至点火缸火花塞使之产生电火花。分电器每旋转一圈各气缸轮流点火一次。

2. 计算机控制的点火系

发动机的最佳点火提前角不仅决定于发动机的工作转速和负荷，而且还与发动机冷却液温度、进气温度、可燃混合气浓度、汽油的辛烷值等多种运行参数和使用因素有关。在电子点火系统的基础上，计算机控制的点火系利用传感器对与点火有关的各种运行参数和使用因素进行信号采集和检测，然后由计算机进行运算、处理后，给点火控制器提供最佳的点火控制信号，从而使发动机在任何工况下都处于最佳的点火时刻和初级电路导通时间，以进一步改善发动机的动力性和燃油经济性，降低排气污染。因此，计算机控制的点火系统也称点火提前角控制系统。

计算机控制的点火系统可分为有分电器式和无分电器式两类。前者仍由传统的机械式分电器完成高压配电；而后者则由电子分火方式完成高压配电。

有分电器式计算机控制的点火系统主要由与点火有关的各种传感器、电子控制器（点火 ECU）、点火电子组件（点火器）、点火线圈、高压配电器、火花塞等组成，如图 3-21 所示。

无分电器式计算机控制的点火系统取消了分电器的机械配电方式，因此完全消除了分电器的缺陷，进一步提高了点火性能，降低了点火能量的高压传输损失，提高了点火系统的可靠性和耐久性。无分电器点火系所采用的配电方式均为计算机控制的电子配电方式。目前常用的分火方式有各缸单独点火和双缸同时点火两种。

各缸单独点火方式即一个火花塞配一只点火线圈（图 3-22），并且可将点火线圈直接安装在火花塞顶上，不仅没有分电器，而且也不用高压线。

双缸同时点火方式即一只点火线圈同时为两个缸点火，见图 3-23。

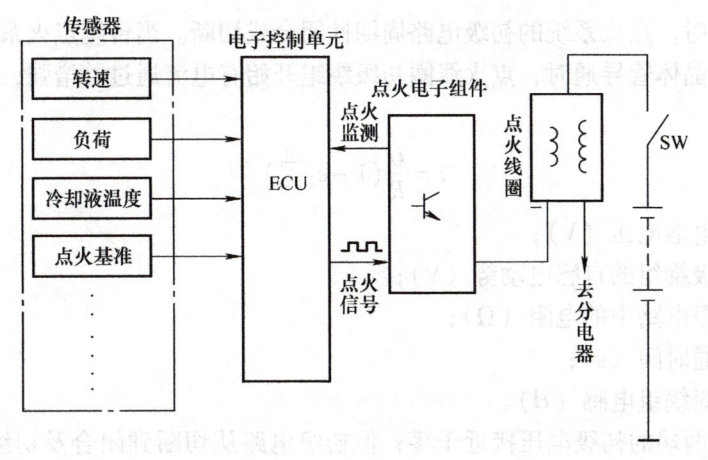

图 3-21 有分电器式计算机控制的点火系统基本组成

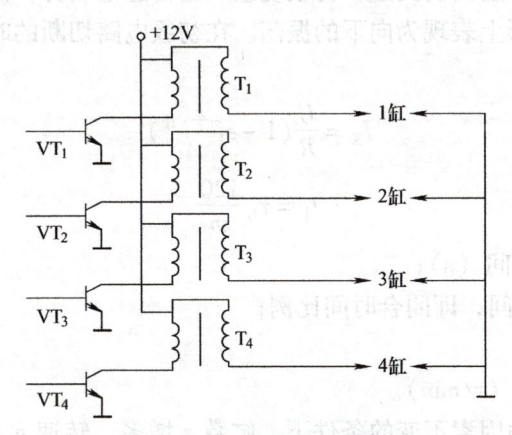

图 3-22 各缸单独点火原理

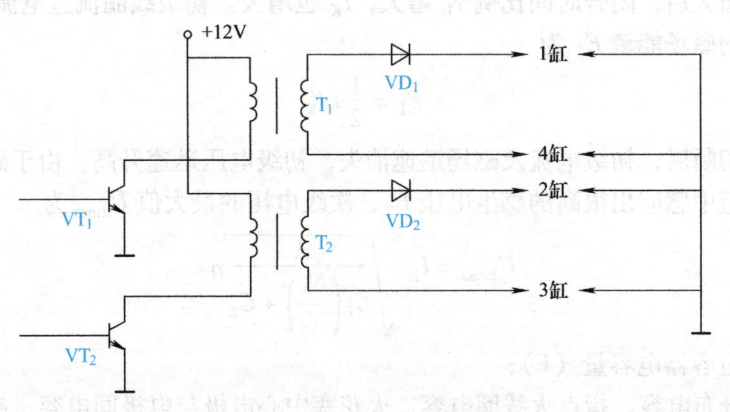

图 3-23 双缸同时点火方式原理

二、点火电压波形检测与分析

1. 点火电压波形的形成

点火系统是由点火线圈通过互感作用把低压电转变为高压电，通过火花塞跳火点燃混合气做功的。发动机点火波形形成的基本原理如下：

发动机工作时，点火系统的初级电路周期性闭合或切断。当传统点火系统的触点闭合或电子点火系统的晶体管导通时，点火线圈初级绕组开始有电流通过并增强，初级电流的增长规律为

$$i = \frac{U}{R}(1 - e_1^{-\frac{R}{L}t})$$

式中　U——蓄电池电压（V）；
　　　e_1——初级绕组的自感电动势（V）；
　　　R——初级电路中的电阻（Ω）；
　　　t——导通时间（s）；
　　　L——初级绕组电感（H）。

此时，触点两端的初级电压接近于零；但初级电路从切断到闭合及初级电流 i 的增长，使初级线圈产生的磁场强度由弱到强，初级绕组产生自感电动势；而次级绕组因互感产生逆电动势，在点火电压波形上表现为向下的振荡。在初级电路切断的时刻，初级电流所能达到的值 I_K 为

$$I_K = \frac{U}{R}(1 - e_1^{-\frac{R}{L} \cdot t_b})$$

$$t_b = \tau_b \frac{120}{zn}$$

式中　t_b——触点闭合时间（s）；
　　　τ_b——相对闭合时间，即闭合时间比例；
　　　z——气缸数；
　　　n——发动机转速（r/min）。

由上式可见，在其他因素不变的条件下，缸数 z 增多，转速 n 增高，初级电流值 I_K 降低；而闭合角增大后，闭合时间比例 τ_b 增大，I_K 也增大。初级线圈流过电流 I_K 时，储存在线圈及铁心中的磁场能量 E_1 为

$$E_1 = \frac{1}{2}LI_K^2$$

初级电路切断后，初级电流及磁场迅速消失，初级电压迅速升高。由于磁场强度剧烈衰减，在次级绕组中感应出很高的感生电压 U_2，次级电压的最大值 U_{2max} 为

$$U_{2max} = I_K \sqrt{\frac{L}{C_1\left(\frac{N_1}{N_2}\right) + C_2}} \eta$$

式中　C_1——电容器电容量（F）；
　　　C_2——分布电容，指点火线圈电容、火花塞中心电极与电极间电容、高压线与机体间电容的总和（F）；
　　　N_1——初级绕组匝数；
　　　N_2——次级绕组匝数；
　　　η——热耗系数，$\eta = 0.75 \sim 0.85$。

次级电压的最大值 U_{2max} 一般可达 15000~20000V。实际上，次级电压在小于 U_{2max} 的某一数值时，即可把火花塞的电极击穿，此时的电压值称为击穿电压 U_j。电极被击穿后，初

级、次级电压均迅速下降,电极间形成火花放电并延续一段时间,在次级电压波形上表示为火花线,即发火线后的一条起伏小而密的高频振荡曲线。当储存在点火线圈中的能量消耗到不足以继续维持放电时,火花终了,次级电压略有上升后又剧烈下降。此后,点火线圈和电容器中的残余能量以阻尼振荡的形式耗尽,在次级电压波形上出现低频振荡波形。由于初级、次级线圈的互感作用,上述高频振荡和低频振荡波形也出现在初级电压波形中。通过放电和阻尼振荡消耗尽点火线圈的能量后,在初级电路接通之前,初级电压稳定于蓄电池的电压值,而次级电压降至零,直至初级电路接通后下一点火循环开始。

图3-24为点火过程初级电流 i、初级电压 U_1 和次级电压 U_2 的波形图。

如上所述,发动机工作过程中,其点火系统低压部分、高压部分的电压变化过程是有规律的,点火系统有关元件的性能和技术状况的变化必然会反映在点火波形的变化中。因此,把实际测得的点火系统点火电压波形与正常工作情况下的点火电压波形进行比较并分析,可判断点火系技术状况好坏及故障所在。

2. 发动机点火波形检测仪器

发动机点火波形通常用汽车专用示波器检测(如国产 QDS-IA 型示波器),也可以用发动机综合性能分析仪检测。因为,大多数发动机综合性能分析仪(如 EA2000 和 QFC-5 型发动机综合性能分析仪)都配备有示波器,用于观测点火波形、缸压波形、油压波形、真空度波形、喷油器针阀升程波形、异响振动波形和汽车电控元件信号波形等。

汽车专用示波器主要由检测探头、外接线、电控系统和显示器等组成,如图3-25所示。

检测探头是示波器的信号获取装置(传感器),用于连接测量点,感应测量点的被测信号,并通过其外接线传输给示波器的电控系统。

电控系统用来接受、处理外接线输入的信号和波形控制旋钮输入的控制信号,并将其传送给显示器控制输出波形。现代示波器多采用带有微处理器的电控系统,能将模拟电压信号转换为数字信号输至显示器,并具有记忆功能,以实现对检测波形的显示、记录、打印和储存进行控制。

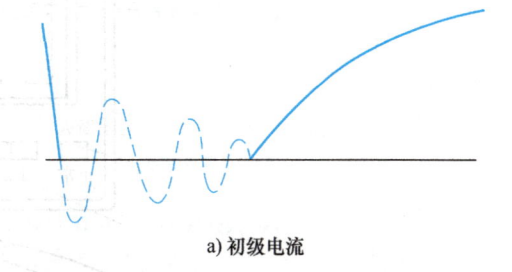

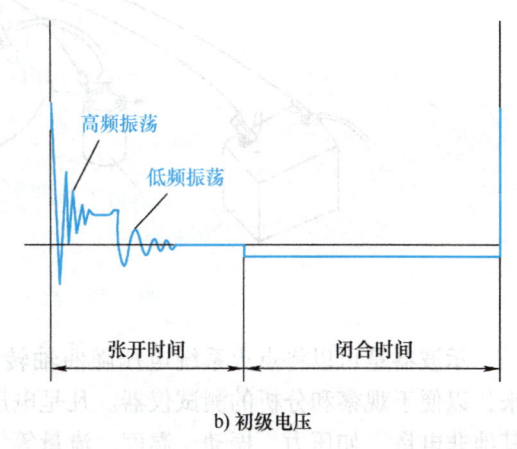

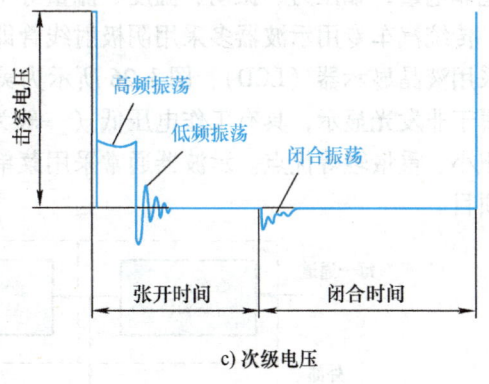

a) 初级电流

b) 初级电压

c) 次级电压

图3-24 点火工作过程波形图

显示器用来显示被测信号的波形。

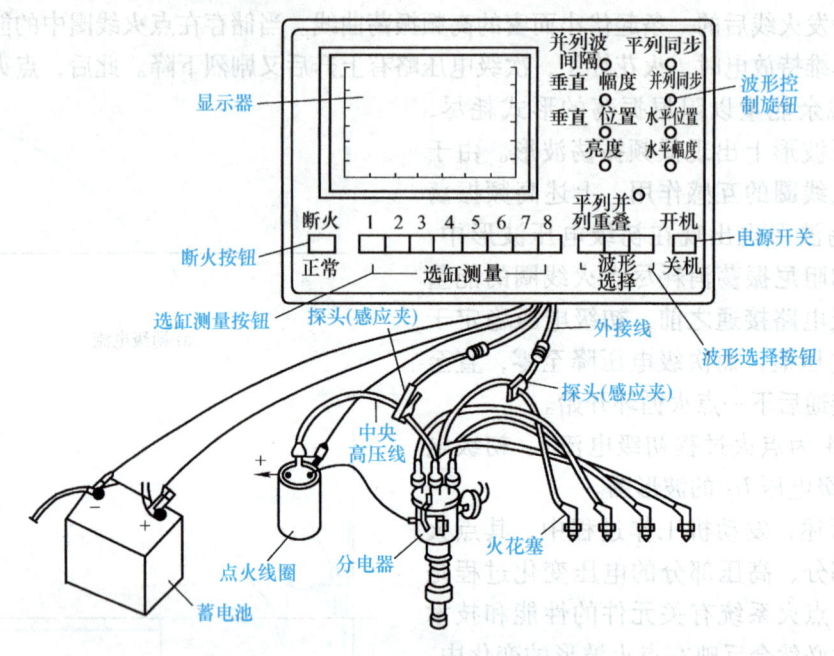

图 3-25 汽车专用示波器及其连接

示波器是可以将点火系统电压随曲轴转角或凸轮轴转角的变化关系用波形直观表示出来，以便于观察和分析的测试仪器。凡是电压、电流以及能通过传感器转变为电压、电流的其他非电量，如压力、振动、温度、流量等均可以用示波器观测。

传统汽车专用示波器多采用阴极射线管即显像管（CRT）显示器。现代汽车专用示波器多采用液晶显示器（LCD），图 3-26 所示为美国泰克 TDS1002 液晶显示示波器原理。液晶显示属于非发光显示，具有工作电压低（一般为 3V）、耗电少、显示面积大、图形清晰度高、体积小、重量轻等优点。示波器通常采用菜单式操作，可用按钮或鼠标选择所需的检测或调整项目。

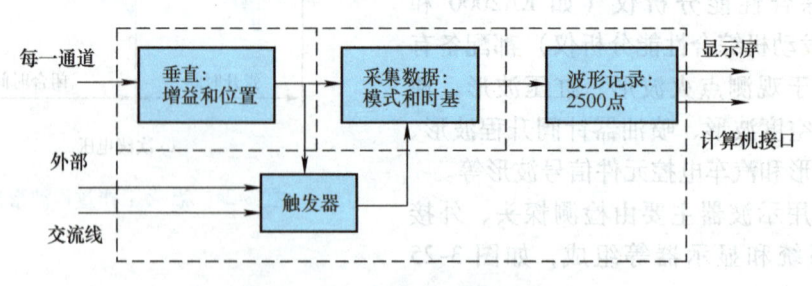

图 3-26 液晶显示示波器原理图

3. 发动机点火波形的检测方法

利用示波器进行电压波形检测时，将示波器的一根外接线探头连接到被测线路电压取样点，另一根外接线搭铁，被测的电压波形就会显示在示波器屏幕上。两根外接线端部探头的距离越近，干扰信号越少，波形就越稳定。

在发动机运转过程中，其点火系统的点火线圈相当于一个变压器，在一次绕组周期性通电和断电的过程中，一、二次绕组都因电流变化而产生感生电动势，而此时一、二次电压随时间变化的波形就是一次点火电压波形和二次点火电压波形。

利用汽车专用示波器检测发动机点火波形的方法见图 3-27。检测时，使发动机运转，将示波器探针分别连接点火线圈的"-"接线柱和搭铁，可以测得初级电压波形；将示波器的外接线用感应夹连接高压线，另一个探针搭铁，可测得次级电压波形。

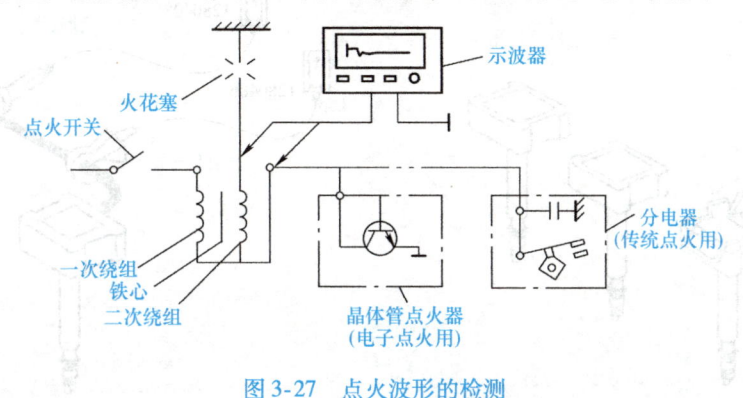

图 3-27 点火波形的检测

（1）点火波形检测仪器与发动机的连接　点火波形检测仪通过点火传感器与发动机连接。检测仪器或发动机点火系统不同，其检测仪器与发动机的连接和测试方法也有所差异，因此传感器的具体连接方式应参考其使用说明书。当使用 EA2000 型发动机综合性能分析仪检测发动机的次级点火波形时，传感器的连接方法如下：

1）传统点火系的连接。把发动机综合性能分析仪的电源夹持器夹持在蓄电池正、负极上（红正、黑负）；初级信号红、黑小鳄鱼夹分别夹在点火线圈的初级接线柱上（红正、黑负）；Ⅰ缸信号传感器（外卡式感应钳）卡在第Ⅰ缸高压线上；次级信号传感器（外卡式电容感应钳）卡在点火线圈中心高压线上，见图 3-28。通过次级信号传感器的信号可获得次级点火波形，通过Ⅰ缸信号传感器信号的触发，可使各缸波形按点火次序排列。

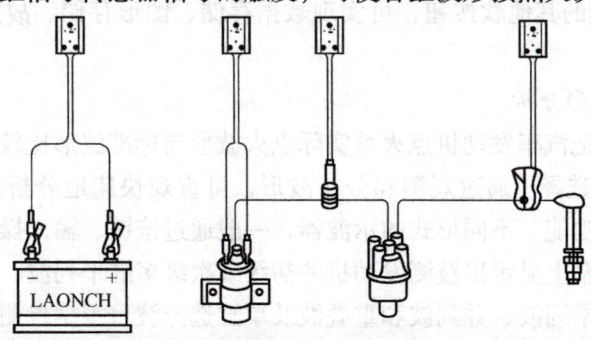

图 3-28 传感器与传统点火系的连接

2）无分电器点火系的连接。对于单缸独立点火线圈式点火系统，须采用分析仪的金属片式次级信号传感器，连接方法见图 3-29。

对于双缸独立点火线圈式点火系统，在检测任一缸点火波形时，应将Ⅰ缸信号传感器和次级信号传感器共同卡在该缸高压线上，见图 3-30。

（2）检测步骤

1）按发动机点火示波器或发动机综合性能分析仪使用说明书的要求对仪器通电预热，

检查校正。

2) 起动发动机并预热至正常工作温度,使发动机在规定转速下稳定运转。
3) 按要求正确联机,即把各类传感器连接在发动机有关部位。
4) 使系统进入检测状态,检测发动机点火系的初级或次级点火波形。

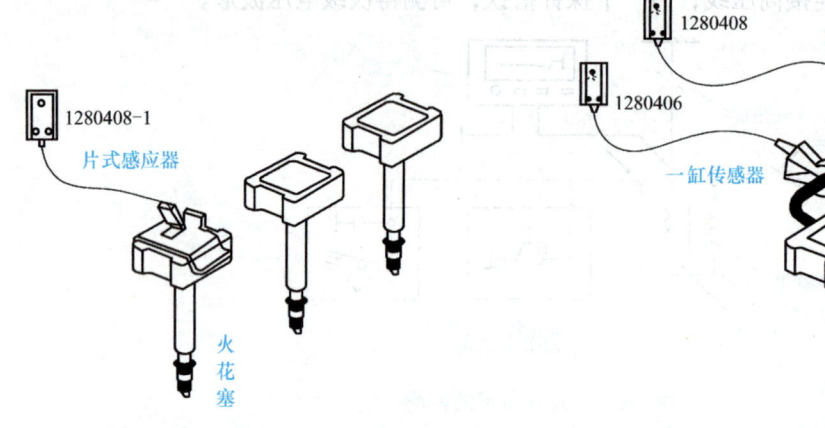

图 3-29　传感器与单缸独立点火线圈式点火系统的连接

图 3-30　传感器与双缸独立点火线圈式点火系统的连接

① 在综合性能分析仪主菜单上选择"汽油机",在副菜单上选择"点火系统",在点火系统的下级菜单中选择"次级点火信号",分析仪屏幕显示点火系统次级检测界面。

② 点击界面下端的波形切换软按钮可分别观测到次级多缸平列波、次级多缸并列波和次级多缸重叠波。

③ 在点火系的下级菜单中选择"初级点火信号",检测仪屏幕显示点火系初级检测界面。

④ 点击界面下端的其他软按钮,可实现数据存储、图形存储、故障诊断、图形打印和返回主菜单功能。

4. 发动机点火波形分析

点火波形分析指把汽车发动机点火系实际点火波形与标准波形比较以判断故障的过程。

(1) 点火波形的选择　通过观测和分析波形,可直观快速地分析判断发动机点火系的技术状况。对于不同功能、不同形式的示波器,一般通过按键、输入操作码、菜单选择等方法,能够在示波器屏幕上显示出被测发动机的初级或次级多缸平列波、多缸并列波、多缸重叠波和单缸选择波。平列波、并列波和重叠波及单缸选择波可根据检测目的而选择。其中:

① 平列波(图 3-31)按点火顺序从左至右首尾相连排列,易于比较各缸发火线的高度。

② 并列波(图 3-32)按点火顺序从下至上分别排列,可以比较火花线长度和初级电路闭合区间的长度。

③ 重叠波(图 3-33)把各缸波形之首对齐重叠在一起排列,用于比较各缸点火周期、闭合区间及断开区间的差异。

④ 单缸选择波。按点火顺序逐个单选出一个缸的波形进行显示,把横坐标拉长,以看

清点火波形各阶段的变化,也可看清火花线的长度和高度。采用单缸选择波便于对火花线和低频振荡阶段的观察和分析。

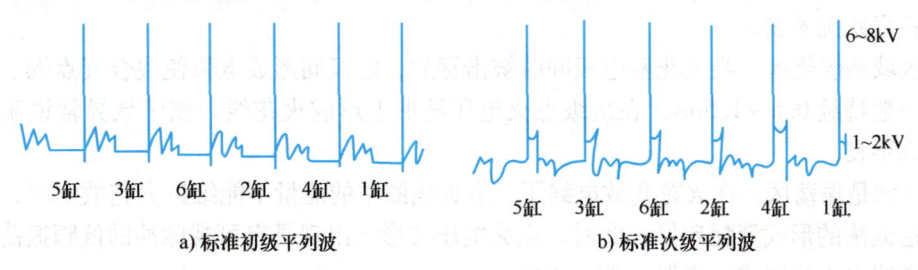

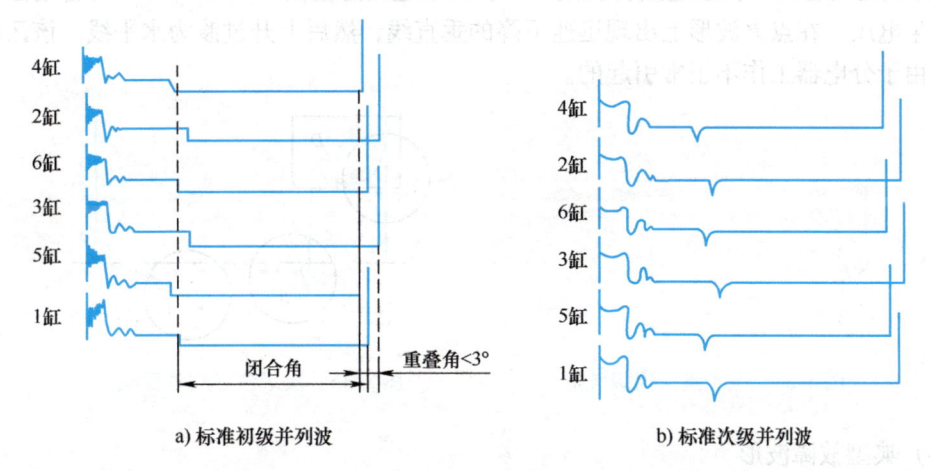

a) 标准初级平列波   b) 标准次级平列波

图 3-31　平列波

a) 标准初级并列波   b) 标准次级并列波

图 3-32　并列波

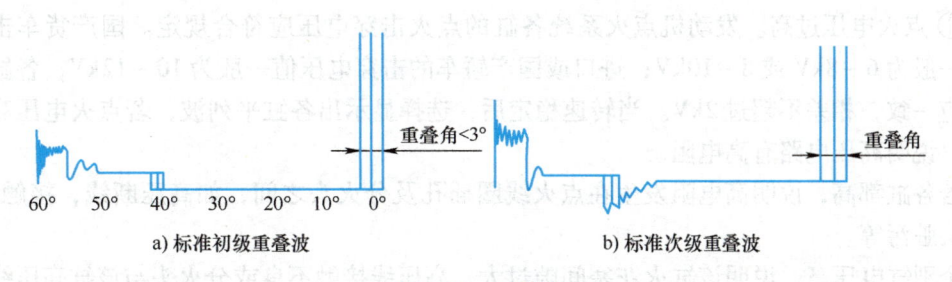

a) 标准初级重叠波   b) 标准次级重叠波

图 3-33　重叠波

(2) 点火电压标准波形　传统机械点火系统初级、次级标准点火电压波形见图 3-24。电子点火系统的次级点火波形与机械点火系统点火波形的主要区别在于,其闭合段后部电压略有上升;有的波形在闭合段中间也有一个微小的电压波动,这反映了点火控制器(电子模块)中限流电路的作用;另外,电子点火波形闭合段的长度随转速变化而变化。电子点火次级波形见图 3-34。

(3) 点火波形上的故障反映区　如果用示波器测得的发动机的实际次级点火电压波形与标准波形比较有差异,说明点火系有故障。传统机械点火系的故障在波形(以次级波形为例)上有四个主要反映区,见图 3-35。

C 区域是点火区。当初级电路切断时,点火线圈初级绕组内电流迅速降低,所产生的磁场迅速衰减，在次级绕组中产生高压电（15000~20000V），火花塞间隙被击穿，在波形上形成发火线。火花塞电极被击穿放电后，次级点火电压随之下降。该区域异常说明电容器或断电器技术状况不良。

D 区域是燃烧区。当火花塞电极间隙被击穿后，电极间形成电弧使混合气点燃。火花放电过程一般持续 0.6~1.5ms，在次级点火电压波形上形成火花线。该区域异常说明分电器或火花塞不良。

B 区域是振荡区。在火花塞放电终了，点火线圈中的能量不能维持火花放电时，残余能量以阻尼振荡的形式消耗殆尽。此时，点火电压波形上出现具有可视脉冲的低频振荡。该区域异常说明点火线圈或电容器工作不正常。

A 区域是闭合区。初级电路再次闭合后，次级电路感应出 1500~2000V 与蓄电池电压相反的感生电压。在点火波形上出现迅速下降的垂直线，然后上升过渡为水平线。该区域异常通常是由于分电器工作不正常引起的。

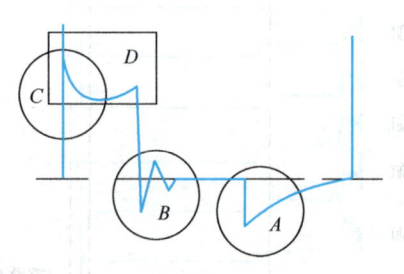

图 3-34　电子点火次级波形　　　图 3-35　次级波形故障反映区

（4）典型故障波形

1）发火线分析。

① 点火电压过高。发动机点火系统各缸的点火击穿电压应符合规定。国产货车击穿电压值一般为 6~8kV 或 8~10kV；进口或国产轿车的击穿电压值一般为 10~12kV；各缸击穿电压应一致，相差不超过 2kV。当转速稳定后，选择显示出各缸平列波，若点火电压高于标准值，说明高压电路有高电阻。

若各缸都高，说明高电阻发生在点火线圈插孔及分火头之间，如高压断线、接触不良、分火头脏污等。

个别缸电压高，说明该缸火花塞间隙过大、高压线接触不良或分火头与该缸高压线接触不良。

② 点火电压过低。点火电压过低一般是由于电路中某处漏电或短路引起的。

若各缸点火电压均过低，低于规定值下限，则可能是混合气过浓、各缸火花塞间隙过小、火花塞电极油污、蓄电池电压不足或电容器容量不足等原因造成的。

如果个别缸点火电压过低，则可能是火花塞电极油污、间隙太小、火花塞绝缘性能差或高压短路等原因引起。

如果二次并列波击穿电压不足 5kV，则说明次级线圈漏电。

③ 多余波形。发火线下端出现多余波形，一般反映了白金触点烧蚀或接触不良、电容器漏电，或电子点火系中开关晶体管故障等。如果二次并列波在一次电路断开处出现小平台，见图 3-36，则说明电容器漏电。

④ 单缸开路电压。当显示出各缸平列波，拔下除第一缸以外任一缸的高压线（第一缸高压线上夹持着示波器的传感器），使高压线端与搭铁部位的间隙逐渐增大，此时的点火电压值称为单缸开路高压值。从波形上看该缸发火线应明显上升（图3-37），其电压值应是点火线圈的最高输出电压。对传统点火系统，此电压应高于20kV；对电子点火系统，则应高于30kV。否则，说明高压线、分电器盖绝缘不良或点火线圈、电容器技术状况不良。

图3-36 电容器漏电

⑤ 单缸短路电压。若使拔下的高压线搭铁，发火线应明显缩短，其值应低于5kV（图3-38）；否则，说明分火头或分电器盖插孔电极间隙大，或分缸高压线与插孔接触不良。

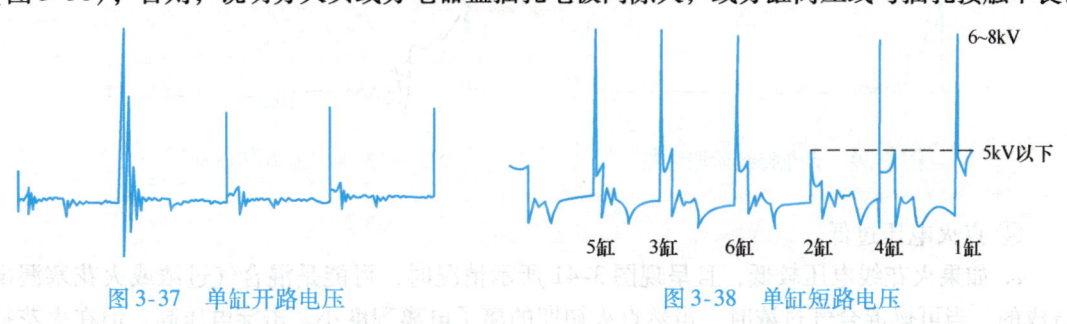

图3-37 单缸开路电压

图3-38 单缸短路电压

⑥ 转速升高电压。当荧光屏上显示次级点火平列波时，如果使发动机转速突然增高，所有缸的发火线相应均匀升高，说明各缸火花塞工作正常，火花塞加速性能良好。若一个缸或几个缸的发火线不能升高，说明火花塞有积炭或电极间隙过小。若某缸高压峰值上升很高，则说明该缸火花塞电极间隙偏大或电极烧蚀。例如：当转速稳定在800r/min左右，突然开大节气门使发动机加速运转，此时各缸点火电压增高量应不超过3kV，否则应更换火花塞。

2）火花线分析。利用单缸选择波可较容易观察该缸火花线。在具有毫秒扫描装置的示波器上，可以从刻度上读出火花线延续时间和点火电压值（如美国BEAR-200型发动机综合性能分析仪，可显示出火花线延续时间的毫秒数）。对于装有电子点火系统的大多数汽车发动机而言，火花延续时间在转速为1000r/min时约为1.5ms。火花延续时间小于0.8ms时，就不能保证混合气完全燃烧，同时会造成排气污染增大，动力性下降；若火花持续时间超过2ms，火花塞电极寿命会明显缩短。机械点火系火花线长度一般为0.6~0.8ms，燃烧区电压一般为1~2kV。

用某些发动机综合性能分析仪观测点火波形时，尽管不能准确确定火花线的具体长度，但通过对各缸点火波形的比较，亦可发现火花延续时间较短及火花线电压较低或不正常的气缸。

① 火花线过短。其原因一般如下：
a. 火花塞间隙过大。
b. 分火头和分电器盖电极烧蚀或二者间隙过大。
c. 高压线电阻过高。
d. 混合气过稀。

② 火花线过长。其原因一般如下：
a. 火花塞脏污。
b. 火花塞间隙过小。
c. 高压线或火花塞短路。
③ 火花线较陡或波动。如果在火花放电过程中，火花的持续阶段较为陡峭（图3-39），说明次级电路电阻太大，可能是次级电路开路、接触不良或火花塞间隙过大等原因造成。

如果火花线电压有波动现象（图3-40），说明电喷系统喷油器工作不良，引起可燃混合气浓度波动造成的。这一故障现象可能出现在每一缸波形上，也可能出现在某一缸波形上。

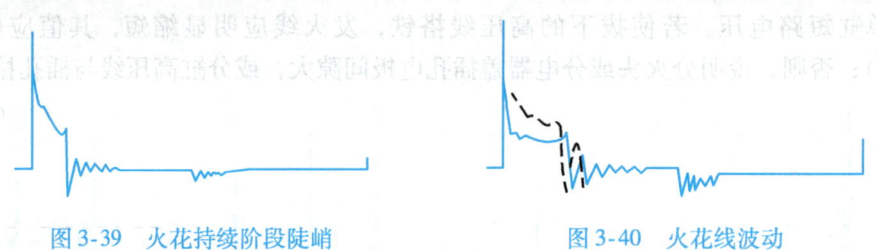

图3-39　火花持续阶段陡峭　　　　图3-40　火花线波动

④ 点火电压过低。
a. 如果火花线电压较低，且呈现图3-41所示情况时，可能是混合气过浓或火花塞漏电造成的。当可燃混合气过浓时，虽然点火初期的离子电离程度小，击穿电压高，但在火花持续阶段离子电离程度提高，火花电压有所降低。当火花塞漏电时，火花电压也降低。

b. 如果火花线电压较低，且呈现图3-42所示情况时，可能是可燃混合气过稀或气缸压力低造成的。这是由于可燃混合气过稀或气缸压力太低时，都会引起可燃混合气密度降低，易产生碰撞电离现象，无须多高电压就可将火花塞间隙击穿，故火花电压有下降现象。

c. 如果火花线电压较低，且呈现图3-43所示情况时，可能是火花塞积炭或间隙太小造成的。由于积炭是具有电阻的导体，消耗了一部分电能，引起火花电压降低。火花塞间隙太小，也会引起点火电压降低。

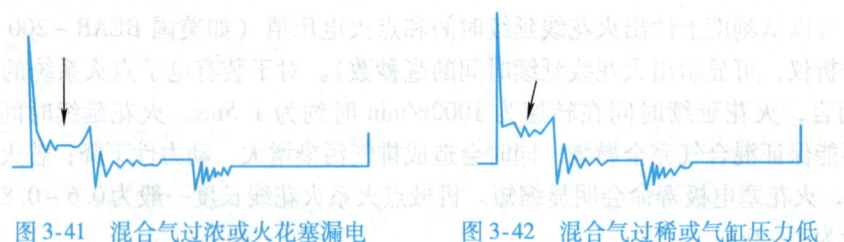

图3-41　混合气过浓或火花塞漏电　　图3-42　混合气过稀或气缸压力低

3）低频振荡区分析。发动机点火系技术状况良好时，其低频振荡区应有5个以上可见脉冲；高功率线圈所产生的脉冲将多于8个。振荡脉冲数少，且振幅也小的原因是：①点火线圈短路；②电容器漏电；③点火线圈初级电路接头或线路连接不良，阻值过大。

若振荡脉冲数过多，则表明电容器容量过大。

图3-43　火花塞积炭或间隙太小

对于电子点火系，低频振荡区异常时，仅表示点火线圈技术状况不正常，而与电容器无关，这是因为电子点火系统无电容器。

4）闭合区分析。对于传统点火系统，在初级电路闭合时，点火波形上产生垂直向下的直线，在此处有杂波说明白金触点烧蚀、接触不良、触点弹簧弹力不足，见图3-44。同理，在闭合区末端发火线前若有杂波，也说明白金触点技术状况不良。

对于电子点火系而言，闭合区的波形虽与传统点火系相似，但反向电压和击穿电压是由于晶体管导通和切断初级电流而产生的。因此该两处波形异常是由于晶体管技术状况不良造成的。电子点火系统闭合区波形的长度、形状与传统点火系不同，主要表现在：闭合区在高转速时拉长，闭合段内有波纹或凸起；有的电子点火系统在闭合区结束前，先产生一条锯齿状的上升斜线，而后出现点火线。以上均属正常情况。

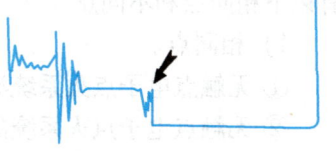

图3-44 触点烧蚀故障波形

5）闭合角检测。汽油机点火过程中，初级电路导通阶段所对应的凸轮轴转角称为闭合角。对于传统点火系，闭合角为白金触点闭合时期所占的凸轮轴转角；对于电子点火系统，闭合角则是晶体管导通所占的凸轮轴转角。

利用初级并列波（图3-32）可方便地观测各缸的闭合角，闭合角的大小应在以下范围内：3缸发动机：60°~66°；4缸发动机：50°~54°；6缸发动机：38°~42°；8缸发动机：29°~32°。

在闭合角相同时，发动机转速高则闭合时间短，转速低则闭合时间长。因此为保证点火可靠，闭合角应随发动机转速而变化。电子点火系中的点火控制器可对闭合角的大小进行控制和调节；低速时减小闭合角；高速时，增大闭合角。

6）重叠角检测：各缸点火波形首端对齐，最长波形与最短波形长度之差所占的凸轮轴转角称为重叠角（图3-33）。

重叠角应不大于点火间隔的5%，即4缸发动机≤4.5°；6缸发动机≤3°；8缸发动机≤2.25°。

重叠角的大小反映多缸发动机点火间隔的一致程度，重叠角越大，则点火间隔越不均匀。这不仅会影响发动机的动力性、经济性，还影响发动机运转的稳定性。

7）波形倒置或平移。点火线圈正负极接反时，发动机也能起动，但点火消耗的能量增大。这是因为火花塞工作时，中心电极的温度较旁电极高，电子从中心电极向旁电极运动较容易；反之则稍难。点火线圈正负极接线正确时，发火线向上；极性接反时，则发火线向下，见图3-45。

如果二次并列波不时有上下平移现象，见图3-46，则说明次级电路有间歇性断电现象。

（5）无触点电子点火系统点火波形的特点 随着电子技术在汽车上的应用，无触点电子

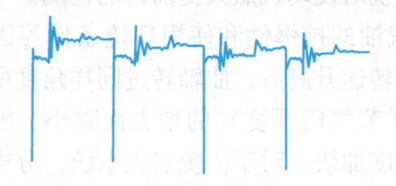

图3-45 点火线圈极性接反的故障波形

图3-46 次级电路间歇性断电

点火系统一经问世，就在提高发动机的动力性、燃油经济性和减轻排气污染等方面显示出优越性，从而得到广泛应用。无触点电子点火系统点火波形与机械点火系统点火波形相比有以下相同点和不同点。

1）相同点。

① 无触点电子点火系统波形的排列形式、波形观测方法与机械点火系统相同。

② 无触点电子点火系统的初级点火波形、次级点火波形基本上与机械点火系统的点火波形相同。波形上也有高频振荡波（点火线、火花线）、低频振荡波和次级闭合振荡波，也有张开段和闭合段，点火线和火花线的解释也与机械点火系统相同。

2）不同点。

① 无触点电子点火系波形上低频振荡波异常时，仅表示点火线圈的技术状况不佳，而与电容器无关，这是因为电子点火系统无电容器。

② 无触点电子点火系统波形上闭合点处和张开点处的波形，虽然与机械点火系统极为相似，但不是断电器触点闭合和张开造成的，而是晶体管或晶闸管的导通与截止电流造成的。

③ 无触点电子点火系波形上闭合段的长度、形状，与机械点火系波形不完全相同，甚至不同车型之间也略有差异。主要表现在：有的车型闭合段在发动机高转速运转时加长，次级点火波形闭合段内有波纹或凸起，这些现象均属正常。

④ 无触点电子点火系中，有的点火系当波形闭合段结束时，先产生一条锯齿状的上升斜线，然后导出点火线。不像机械点火系点火波形那样，随着触点打开产生一条急剧上升的点火线，但这属于正常现象。

⑤ 在无分电器点火系中，有两缸共用一个点火线圈的点火系统。该种点火系统在一个气缸中会发生两次点火：一次点火发生在压缩行程终了，为有效点火；另一次点火发生在排气行程终了，为无效点火。在有效点火波形上，因气缸内可燃混合气电离程度低，所以击穿电压和火花电压都较高。在无效点火波形上，因气缸内废气电离程度高，所以击穿电压和火花电压都较低。这些，均属正常现象。

利用示波器观测点火波形，是实现快速检测诊断的重要方法之一，其应用十分普遍。其中，特别是观测次级波形，被认为是一项综合检测手段。这是因为，如果被测发动机的次级波形正常，则说明点火系、供油系的技术状况良好。

三、发动机点火正时的检测

点火正时指正确的点火时间，一般用点火提前角（曲轴转角）表示。从点火开始到活塞到达上止点这一段时间内，曲轴转过的角度称为点火提前角。点火提前角对发动机的动力性、燃油经济性和排放性能有很大影响，因此应重视对发动机点火提前角的检测。

发动机的最佳点火提前角应随转速、负荷、汽油的抗爆性和使用环境条件等因素而变化。点火提前角应随发动机转速增高而增大，因为转速升高后，曲轴转过同样角度所用的时间将会缩短；同时，点火提前角应随发动机负荷（节气门开度）的增大而减小，因为在大负荷时，压缩行程终了的压力和温度增高，燃烧速度加快。对于传统点火系统，分电器中具有离心点火提前机构和真空点火提前机构，以实现点火提前角随转速和负荷变化的调节。在离心点火提前机构和真空点火提前机构工作正常的情况下，发动机点火提前角是否正确往往取决于初始点火提前角,即点火提前装置进入工作状态前的点火提前角。所使用汽油的辛烷值和使用条件(环境温度、海拔)变化后,初始点火提前角亦应随之改变。

对于现代发动机上的计算机控制电子点火系统,各种传感器将关于发动机工作状况的信息传输至计算机,并计算出正确的点火时间,以控制晶体管的导通或截止,控制点火线圈初级电流的接通和切断,实现点火时刻的调节。计算机控制点火时刻除根据发动机转速和负荷两个因素外,还根据发动机的工作温度、海拔高度、爆燃倾向等有关因素。

尽管凭经验可对发动机的点火正时进行粗略检查并校正,但点火提前角的精确检测必须借助于仪器。常用的检测方法有频闪法和缸压法。

1. 点火提前角的检测方法——频闪法

用频闪法检测点火提前角时,所使用的点火正时检测仪又称为正时灯,见图3-47a。该仪器由闪光灯、传感器、整形装置、延时触发装置和显示装置构成,利用闪光时刻与Ⅰ缸点火同步的原理测出发动机的点火提前角。其基本工作原理建立在频闪原理的基础上。即如果在精确的确定时刻,相对转动零件的转角,照射一束短暂(约1/5000s)且频率与旋转零件转动频率相同的光脉冲,由于人们视力的生理惯性,似乎觉得零件是不转动的,见图3-47b。

用频闪法制成的点火正时检测仪,即可以制成单一功能的便携式,又可以与其他功能的仪器构成多功能综合式(如发动机综合性能分析仪)。其指示装置既可以是指针式,也可以是数码式,有的带有打印输出功能。指示装置具有测速并显示瞬时转速的功能时,可在规定转速下测得发动机的点火提前角。

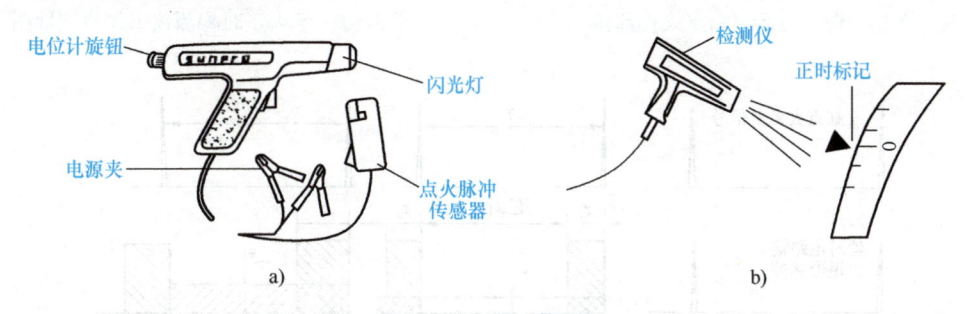

图3-47 点火正时检测示意图

(1)点火正时检测仪工作原理 在发动机飞轮或曲轴皮带轮上,一般都刻有正时标记,在与之相邻的固定机壳上也刻有标记。曲轴旋转至活动标记与固定标记对齐时,第Ⅰ缸活塞刚好到达上止点。如果用第Ⅰ缸的点火信号触发闪光灯,并使之发出短暂光脉冲,当用闪光灯照射刻有活动定时标记的飞轮或曲轴带轮时,若发动机转速稳定,则活动标记与闪光灯闪光在光学上是相对静止的,活动标记似乎不动。当闪光灯在第Ⅰ缸点火信号发生的同时闪光时,Ⅰ缸活塞尚未到达上止点,活动标记与固定标记尚未对齐,此时两标记之间所对应的发动机曲轴转角即为点火提前角,见图3-48。

为了测出点火提前角的大小,点火正时检测仪具有延时触发电路,并可用电位计来改变延时常数,使闪光滞后于Ⅰ缸点火一定的时间发生。此时,当闪光照射于活动标记时,发现随着延时常数增大,活动标记距固定标记转过的角度越来越小。当两标记对齐时,延时常数所对应的发动机曲轴转角即为点火提前角。

图 3-49 为点火正时检测仪工作原理框图。测试时,把点火脉冲传感器串接或外卡在第 Ⅰ 缸高压线上;传感器输出的第 Ⅰ 缸点火信号电脉冲经过整形后,进入延时装置。延时装置是一个单稳态延时可调电路。如果此时延时电路处于非延时状态,即延时常数为零,则延时电路即刻输出一极窄的矩形脉冲,直接使闪光灯触发装置工作,闪光灯闪光。此时,Ⅰ 缸点火脉冲、延时电路脉冲和闪光灯触发信号处于同一时刻(图 3-50a)。如在闪光灯下,活动标记与固定标记重合,说明提前角为零;若点火提前角不为零,则活动标记位于固定标记之前某个曲轴转角。设点火提前角为 θ,则

$$\theta = 6n\tau$$

式中 θ——点火提前角(°);
n——发动机转速(r/min);
τ——转过 θ 角的时间(s)。

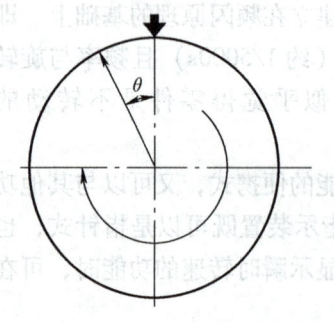

图 3-48 飞轮及壳上的标记和点火提前角

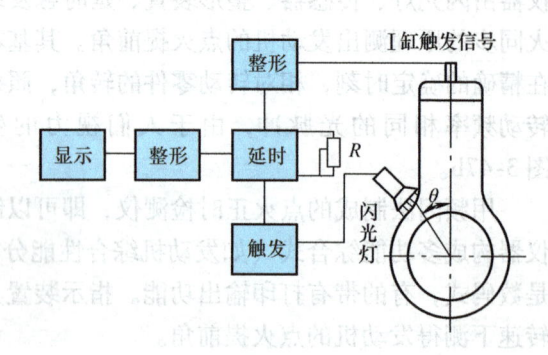

图 3-49 点火正时检测仪工作原理框图

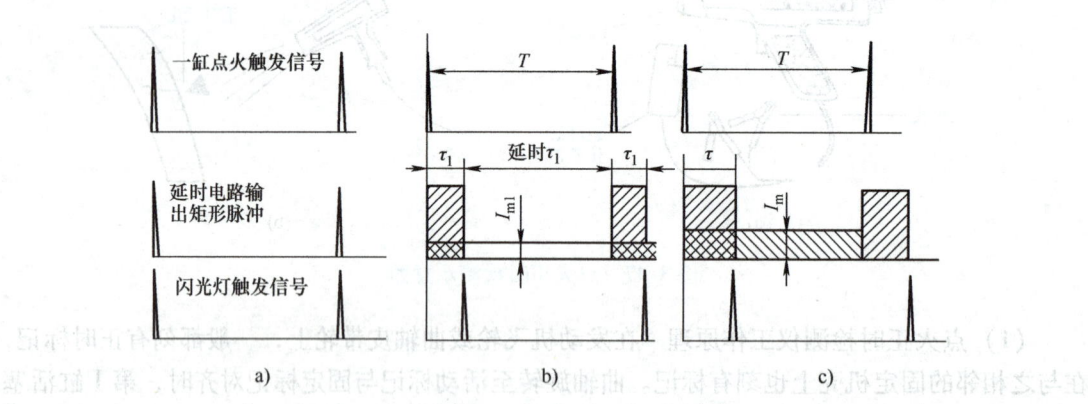

图 3-50 点火、延时、闪光信号示意图

Ⅰ 缸点火信号脉冲频率 f(次/s)与发动机转速 n(r/min)之间的关系为:$n = 120f$,从而

$$\theta = 720 f\tau$$

稳定转速下,f 为常数,故只需测出转过 θ 角的时间 τ 即可得到点火提前角。

改变延时电路电位计电阻值 R 至 R_1,以改变延时电路的时间常数。此时延时电路输出一个矩形脉冲,脉冲宽度对应时间 τ_1,该矩形脉冲的后沿微分,产生触发闪光灯工作的脉冲,所以此时闪光灯发光延迟了时间 τ_1(图 3-50b)。在闪光灯下,活动标记向固定标记靠

拢，转过的角度为 $\theta_1 = 6n\tau_1$。代表延时电路矩形脉冲宽度的平均工作电流为 I_{m1}，τ_1 与 I_{m1} 成正比。因此，θ 也与 I_{m1} 成正比。继续改变电位计电阻值，直至活动标记与固定标记重合。此时闪光灯延时时间 τ 与提前角 θ 成正比，也与矩形脉冲的平均工作电流 I_m 成正比（图3-50c）。因此，在稳定转速下，电流 I_m 的大小可表示点火提前角，经标定后，可在显示屏上或表针上直接显示出用曲轴转角表示的点火提前角的值。延时电路输出的电流值为

$$I_m = K\frac{\tau}{T} = Kf\tau = K'\theta$$

式中　K——结构常数；
　　　T——Ⅰ缸点火周期。

上式说明，点火提前角 θ 的大小只决定于延时电路输出的电流值 I_m，而与转速无关。这是由于转速增大，转过 θ 角所需时间 τ 和Ⅰ缸点火周期均相应缩短，比值不变。

(2) 点火正时的检测方法

1) 准备工作。

① 仪器准备：把正时灯的两个电源夹，接到蓄电池的正、负电极上；再把点火脉冲传感器串接在Ⅰ缸火花塞与高压线间或外卡在Ⅰ缸高压线上（感应式传感器）；把正时灯的电位计调到初始位置，打开开关，正时灯应闪光，指示装置应指示零位。

② 发动机准备：擦拭飞轮或曲轴带轮使之清晰显露出正时标记；发动机运转至正常工作温度。

2) 检测步骤。

① 置发动机于怠速工况下稳定运转，打开正时灯并使之对准正时标记，见图3-47。

② 调整电位计旋钮，使活动标记与固定标记对齐，此时所显示的读数即为怠速工况下的点火提前角。

③ 用同样方法可测出不同工况下的点火提前角。

发动机怠速运转时，离心式和真空式点火提前装置未起作用或起作用很小，此时测得的点火提前角为初始点火提前角。测出的各工况下的点火提前角若符合规定，说明初始点火提前角调整正确，同时说明离心点火提前装置和真空点火提前装置工作正常。也可对各种工况下的离心点火提前角和真空点火提前角进行测试。拆下分电器真空提前装置的真空软管，用在真空提前装置不起作用时各种转速下的点火提前角减去初始点火提前角，即可得到在各种转速下的离心点火提前角；在连接真空提前装置真空软管的情况下，用在同样转速下测得的点火提前角减去离心点火提前角和初始点火提前角，则又可得到真空点火提前角。

④ 如果需要检测并调试汽车在实际运行中的点火提前角，则应在采用汽车底盘测功机模拟汽车的实际运行工况的条件下进行检测，见图3-51。

⑤ 检测完毕，关闭正时灯，退回电位计，取下外卡式传感器和两个电源夹。

电控燃油喷射发动机采用的是由中央处理器ECU控制的点火系统，其点火提前角包括初始点火提前角、基本点火提前角和修正点火提前角三部分。其中，基本点火提前角是点火提前角中最主要的部分，其大小取决于发动机工况。发动机工况不同时，基本点火提前角的大小也不相同。基本点火提前角是在设计发动机电控系统时，根据发动机性能要求并通过大量实验、优化处理而获得的，预先存储在ECU内微机的只读存储器ROM的存储单元中，以此构成点火提前角脉谱图。汽车运行中，传感器检测出发动机的实际工况（转速与负荷），

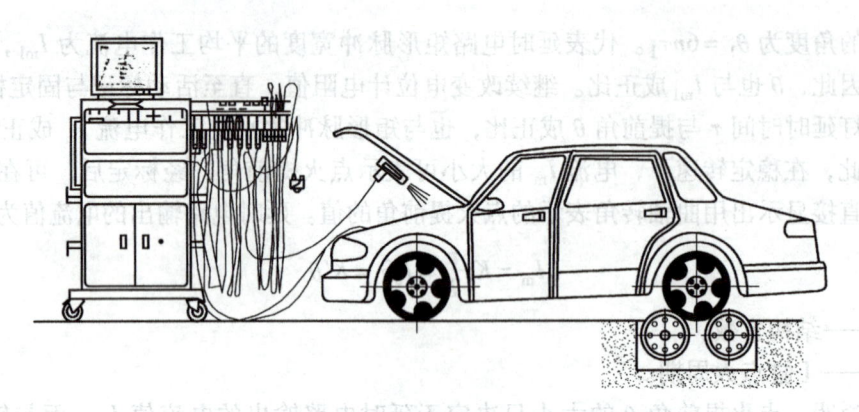

图 3-51　在汽车底盘测功试验台上检测点火正时

中央处理器 ECU 根据发动机转速、进气量（或进气管压力）等信号，从存储器 ROM 的存储单元中调出与此工况相对应的基本点火提前角，再根据其他有关传感器信号加以修正，就可获得最佳点火提前角。

检测电控燃油喷射发动机的点火提前角时，一般应先把发动机罩下的点火正时检测接线柱搭铁，使计算机控制点火提前不起作用，首先检测基本提前角（即发动机自动控制点火提前装置不起作用时的点火提前角）；检测完后再把搭铁导线拆除。具体检测方法和步骤应查阅说明书。表 3-7 为常见车型发动机的基本点火提前角。使用闪光灯检测电控燃油喷射发动机点火提前角的原理和方法与传统发动机相同。

电控燃油喷射发动机的点火提前角，一般是不可调的。其检测目的，往往是判断发动机电子控制系统是否存在故障以便于确定是微处理器损坏还是传感器失效。

表 3-7　常见车型发动机基本点火提前角

车型或发动机型号	基本点火提前角	车型或发动机型号	基本点火提前角
EQ6100	9°	广州标致	10°/(900~950r/min)
CA6102	14°±2°/(1200r/min)	一汽捷达	20°/(8500r/min)
桑塔纳（JV）	6°±1°/(850r/min)	富康	8°/(750r/min)
北京切诺基	12°/(1600r/min)	TJ7100	5°±2°/(800r/min)

2. 点火提前角的检测方法——缸压法

（1）检测原理　发动机运转过程中，当某缸活塞到达压缩行程上止点时，气缸内压缩压力最高。用缸压传感器检测出这一时刻，同时用点火传感器检测出同一缸的点火时刻，二者间所对应的曲轴转角即为点火提前角。

用缸压法制成的点火正时检测仪，由缸压传感器、点火传感器、处理装置和指示装置等构成。如果点火正时检测仪带有油压传感器，还可以用来检测柴油机的供油提前角。用缸压法制成的点火正时检测仪，既有单一功能便携式，又可以与其他仪表一起构成多功能综合式。许多类型的发动机综合性能分析仪都具有用缸压法检测发动机点火提前角的功能。具体的检测原理见图 3-52。

（2）检测方法　用缸压法检测发动机点火提前角的步骤如下：

① 运转发动机使其达到正常工作温度后停机。

② 拆下某缸的火花塞，把缸压传感器（图3-8）装在火花塞孔内。

③ 把拆下的火花塞固定在机体上使之搭铁（注意中心电极不能与机体接触），并把点火传感器插接在火花塞上，连接好该缸的高压线。此时，该缸火花塞可缸外点火。

④ 起动发动机运转，由于被测缸不工作，因而缸压传感器输出的缸压信号反映气缸压缩压力大小，其最大值产生于活塞压缩终了上止点，连接在该缸火花塞上的点火传感器输出点火脉冲信号或点火电压波形信号。从检测仪指示装置上获得该缸从出现点火信号至出现最高缸压所对应的曲轴转角，即点火提前角。

⑤ 按仪器使用说明书的要求操作，可从指示装置上测得怠速、规定转速或任一转速下的点火提前角。对具有打印功能的检测仪，在按下打印健后，还可打印出检测结果。

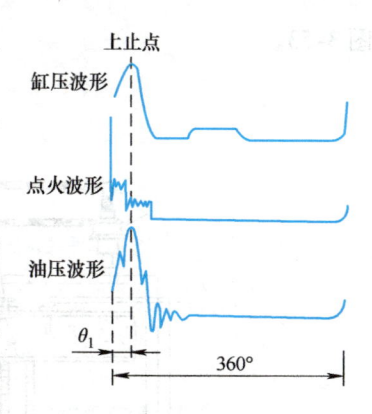

图 3-52　缸压法检测点火、供油提前角原理图

缸压法与频闪法一样，可测得初始点火提前角和不同工况下的总提前角、离心提前角、真空提前角及计算机控制电子点火系统的基本点火提前角。

检测点火正时时，一般仅需实测一个缸（如Ⅰ缸）的点火提前角，其他各缸的点火提前角是否符合要求，则决定于点火间隔。点火间隔可从示波器屏幕上显示的重叠波和并列波上得到（微机控制式点火示波器可直接显示点火间隔），然后根据被测缸的点火正时和各缸的点火间隔，推算出其他各缸的点火提前角。当测得的各缸波形的重叠角很小时，可认为各缸间的点火间隔是相等的，因而其他各缸的点火提前角与被测缸的点火提前角相等，此时被测缸的点火提前角可以认为是被测发动机的点火提前角。

第四节　汽油机燃油供给系统检测

汽油机燃油供给系的作用是：根据发动机各种工况的要求，向气缸即时提供一定数量和浓度的可燃混合气，以便在临近压缩终了时使发动机点火燃烧而膨胀作功，最后把燃烧产物排至大气。汽油机燃油供给系的技术状况好坏直接影响着发动机的动力性、燃油经济性和工作稳定性。同时，燃油供给系也是发动机各机构、各系统中较易发生故障的系统之一。因此，燃油供给系统技术状况的检测诊断及正确调整，对于保障发动机的技术状况具有重要意义。

一、电子控制汽油喷射系统的组成及工作原理

1. 电子控制汽油喷射系统的类型

电子控制汽油喷射系统根据喷射部位分为单点喷射和多点喷射。

① 单点喷射将燃油喷射在节气门体的混合室中，再经进气歧管分配到各气缸中。

② 多点喷射是在每个进气门外侧的气道中设一个喷油器。

2. 电子控制汽油喷射系统的构成

电控燃油喷射系统由各种传感器、电控单元（ECU）、执行器及连接线路组成，见

图 3-53。

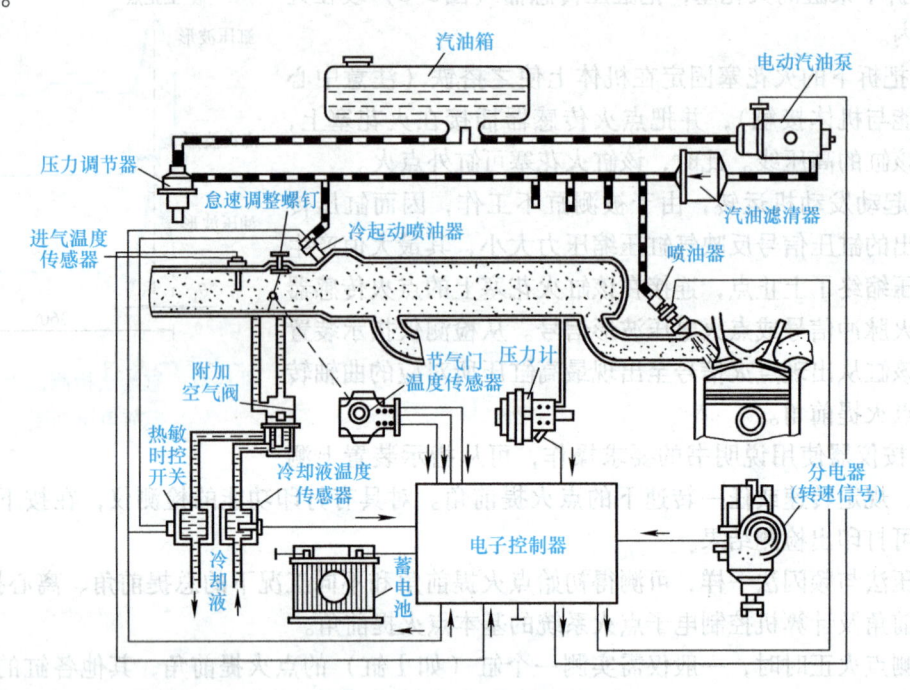

图 3-53 电控燃油喷射系统

3. 电控汽油喷射系统的基本工作原理

电动汽油泵将汽油从油箱中吸出，经过滤清器滤去杂质和水分后，由输油管路中的压力调节器维持 250~300kPa 的稳定供油压力，输送到喷油器。当压力超过规定值时，压力调节阀内的减压阀打开，汽油经回油管流回油箱，使输油压力保持恒定。

在喷油控制系统中，喷嘴的喷油截面积和喷油压力都是恒定的，喷油量由喷射时间决定。传感器将采集到的各种信息传给电子控制器，计算确定满足发动机运转状态需要的燃料量，并根据该需要的喷射量转化成不同电脉冲信号，控制喷油器的打开及延续时间，以控制汽油喷射时刻及延续时间长短，满足发动机不同工况对混合气的要求。

为了改善发动机的起动性能，有些发动机在进气管道上设有冷起动喷油器，在发动机冷态起动时，由热敏时控开关根据发动机冷却液温度高低控制其开闭，提供不同程度的加浓混合气。

二、混合气质量检测

无论何种类型的汽油机燃油供给系统，都必须根据发动机的工况供给气缸高质量的混合气，只有这样，发动机才能正常工作并具有良好的动力性和经济性。因此，混合气质量是发动机燃油供给系统检测的综合检测项目。

混合气质量可以用空燃比（A/F）或过量空气系数（α）评价。空燃比指可燃混合气中空气的质量与燃油质量的比值；理论空燃比为 14.8，即 1kg 汽油完全燃烧所需要的空气量为 14.8kg。过量空气系数指燃烧过程中实际供给的空气质量与理论上完全燃烧所需要空气质量的比值。混合气的空燃比可以用分析发动机排气成分的方法进行间接分析。

1. 汽油机的排气成分与混合气空燃比的关系

在保证发动机动力性的前提下，获得最佳经济性和排气净化，是发动机燃油供给系统技术状况好、供给可燃混合气质量高的表现。随着世界各国制定的汽车排放法规逐步严格，汽车排放废气中的成分及含量也逐渐成为评价混合气质量的重要指标。

在一定转速和节气门开度下，发动机空燃比或过量空气系数与发动机排放废气的成分及含量间存在一定关系，见图3-54。由图可见，当 A/F 值低时，混合气较浓，燃油在燃烧过程中缺氧，一部分燃油未经燃烧而排出，HC 排放量较高；当 A/F 值高时，混合气较稀，若稀到一定程度，就会发生缺火现象，未燃的 HC 经排气管排出，HC 排放量也增大。CO 生成的主要原因是空燃比低，A/F 值低时，混合气浓，燃油缺氧燃烧会产生大量 CO；当 A/F 值高时，燃油在高氧含量状态下燃烧，排气中的 CO 含量降低。由图可见，CO 含量与空燃比的大小有极好的对应关系，因此可通过检测废气中 CO 的含量来判断空燃比的大小。汽车排气中的含氧量，是电控燃油喷射式发动机监测空燃比、控制排放量、保护三元催化转化器正常工况的重要信号，排气中氧的含量与空燃比亦有很好的对应关系，但变化趋势与 CO 含量的变化趋势相反。

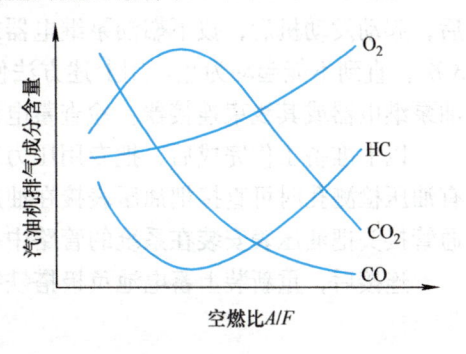

图 3-54　汽油机排气成分与空燃比的关系

2. 混合气空燃比的分析方法

汽油发动机排气成分的检测方法见本书第五章第二节，根据检测结果可对混合气的空燃比是否适当进行分析。

如果排出的废气中 CO、HC 的含量很高，CO_2 和 O_2 的含量很低时，表示空燃比太小，混合气过浓；如果 HC、O_2 的含量高，而 CO、CO_2 的含量均较低时，表明空燃比太大，混合气过稀。

O_2 的含量是最有用的诊断分析依据之一。发动机技术状况正常时，装有催化转化器的发动机所排出废气中氧的含量在 1.0%~2.0% 之间。小于 1.0% 时，说明空燃比太小，混合气太浓，不利于完全燃烧；大于 2.0% 时，说明空燃比太大，混合气过稀，易于导致缺火。

由于发动机排气成分与空燃比具有直接关系，因此可在使用气体分析仪对发动机排放进行监测的条件下对其进行调整，改善混合气质量，使其达到各工况下的最佳空燃比，以提高发动机的动力性、经济性和排放性能。

电控燃油喷射系统的电子控制喷油信号和燃油压力可反映发动机电子控制燃油喷射系统的技术状况。若所测电控燃油喷射系统不能提供满足使用工况要求的适宜浓度的可燃混合气，可进一步对电控喷射系统的喷油信号、喷油压力和汽油泵的技术状况进行检测。

三、燃油压力的检测

燃油压力和进气歧管压力的高低决定喷油器供油压力的高低，因此直接影响混合气的浓度；同时，通过检测发动机运转时燃油管路内的油压，可以判断电动燃油泵、油压调节器有无故障，汽油滤清器是否堵塞等。检测燃油压力的方法如下。

1. 燃油压力表的连接

检测电控燃油喷射系统燃油压力时应采用量程为1MPa左右的专用压力表,并将其正确连接在系统的油路中。

连接前,首先松开油箱上的加油盖,释放油箱中的蒸气压力,并检查油箱内燃油量。然后,起动发动机后,拔下燃油泵继电器或其线束连接器,使发动机自行熄火。如此重复2~3次,直到不能起动为止。用上述方法使燃油系统压力充分释放后,关闭点火开关,接上燃油泵继电器或其线束连接器。检查蓄电池电压,拆下蓄电池负极搭铁线。

以上准备工作完成后,把专用压力表(量程为1MPa左右)连接在油路中。燃油供给系有油压检测孔时可直接把油压表接在油压检测孔上;无油压检测孔时,可断开进油管,用三通管接头把油压表安装在系统的管路中,见图3-55。

连接后,重新装上蓄电池负极搭铁线。

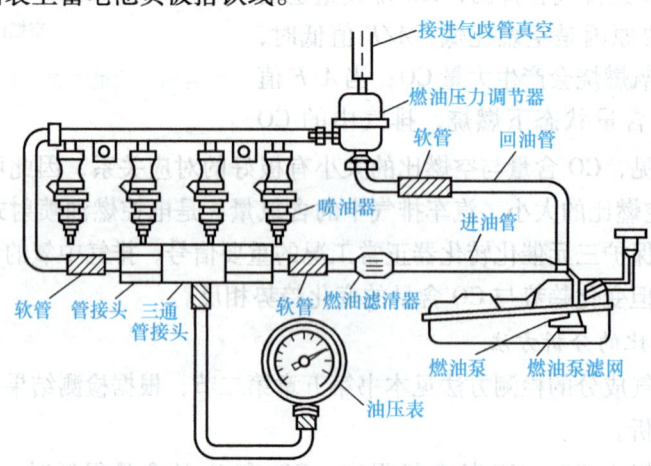

图3-55 压力表在多点燃油喷射系统中的连接

2. 燃油供给系统静态压力的检测

用导线在检测插座上短接电动燃油泵端子和电源端子,接通点火开关使电动燃油泵运转,其压力表读数即为系统的静态燃油压力。其正常油压约为300kPa。若油压过低,应检查油路有无渗漏,检查电动燃油泵、汽油滤清器和燃油压力调节器等;若油压过高,应检查燃油压力调节器。

3. 发动机运转时燃油压力的检测

起动发动机,使发动机怠速运转,其压力表读数即为发动讥怠速运转时的燃油压力。

缓慢踩下加速踏板,至节气门全开,其压力表读数即为节气门全开时的燃油压力。

使发动机怠速运转,拔下燃油压力调节器上的真空软管,并用手堵住,此时压力表压力读数应与节气门全开时的燃油压力基本相等,通常多点喷射系统的压力约为250~350kPa,见表3-8。

若测得的燃油压力过低,则应检查燃油系有无泄漏,燃油泵滤网、燃油滤清器和燃油管路是否堵塞;而后,应检查燃油泵和油压调节器。若测得的燃油压力过高,应检查回油管路是否堵塞,真空软管是否破裂;而后,则应检查油压调节器。

4. 燃油供给系保持压力的检测

保持压力指发动机熄火后为便于再次起动,燃油管路中所应保持的压力。测得发动机怠速运转的燃油压力后，发动机熄火，待 5min 后油压表上的油压读数即为燃油供给系的保持压力。该压力应大于或等于 147kPa。若保持压力过低，则发动机难以发动或不能发动。保持压力过低时，应检查燃油供给系油路有无泄漏，并进一步检查燃油泵出油阀、燃油压力调节器回油阀或喷油器密封情况。

表 3-8　电控燃油喷射系统的供油压力和供油量

类型	测试项目		压力值（MPa）	测试条件
MPI 型电控喷射系统	系统压力		0.25~0.35	油泵运转或怠速
	调节压力		0.20~0.26	
	系统保持压力	10min 后	>0.20	熄火后开始计时
		20min 后	>0.15	
	燃油泵压力		0.5~0.7	油泵运转
	燃油泵保持压力		0.35	油泵运转
	燃油泵供油量/（L/min）		1.2~2.6	油泵运转
SPI 型电控喷射系统	系统压力		0.07~0.10	油泵运转或怠速
	调节压力		0.10	
	调节保持压力		0.05	
	油泵压力		0.30	油泵运转
	油泵供油量/（L/min）		0.83~1.5	油泵运转

5. 燃油压力调节器保持压力的检测

当燃油供给系保持压力低于标准值时，其原因有可能是油压调节器故障。应检测油压调节器的保持压力。检测方法：用导线在检测插座上短接燃油泵端子和电源端子，接通点火开关使燃油泵运转 10s 左右时间。然后，关闭点火开关，拔去燃油泵检测插座上的短接导线。夹紧燃油压力调节器回油管上的软管 2（图 3-55），堵住回油通道。待 5min 后油压表上的压力读数即为油压调节器的保持压力。

若燃油供给系保持压力低于标准，而油压调节器保持压力又大于燃油供给系保持压力，则说明油压调节器回油阀泄漏，应更换油压调节器；若油压调节器保持压力仍然与燃油供给系保持压力相同，则说明保持压力过低的原因可能是燃油泵、喷油器、油管泄漏。

6. 燃油泵最大压力和保持压力的检测

当燃油供给系统的保持压力及运转时燃油压力低于标准，其原因可能是燃油泵故障。因此，必要时需检测燃油泵的最大压力和保持压力。检测方法如下。

夹紧通往喷油器的软管（图 3-55），堵塞燃油的输出通道；用导线在检测插座上短接电动燃油泵端子和电源端子。然后，接通点火开关使燃油泵运转 10s 左右时间，此时油压表指示的压力即为燃油泵的最大压力。关闭点火开关，拔掉燃油泵检测插座上的短接线 5min 后，油压表上的压力值即为电动燃油泵的保持压力。

车型不同，燃油泵的最大压力和保持压力标准也不一样。通常燃油泵的最大压力为 490~640kPa；保持压力应大于 340kPa。

四、电子控制喷油信号检测

对于电控燃油喷射系统而言,如果燃油压力由调节器控制,使其与进气歧管的压力之差为规定值,则从喷油器喷出的燃油量仅取决于喷油器的开启时刻和开启时间的长短,该时刻和开启时间是由微处理器向喷油器电磁线圈发出指令的信号控制的。

1. 喷油信号控制原理

喷油信号对于喷油器开启的控制原理见图 3-56。微机的指令信号控制大功率晶体管的导通与截止,当大功率晶体管导通时,喷油器电磁线圈电路接通,产生电磁力,当电磁力超过针阀弹簧力时,铁心被吸起,针阀被打开,喷油器开始喷油;当大功率晶体管截止时,喷油器电磁线圈电路切断,电磁力消失,弹簧力又使针阀返回阀座,喷油器停止喷油。为了正确判断喷射系统的基本喷油控制是否正常、各种传感器喷油量的修正控制(加浓补偿)是否良好、ECU 和喷油器是否存在故障,有必要对喷油控制信号波形进行检测与分析。

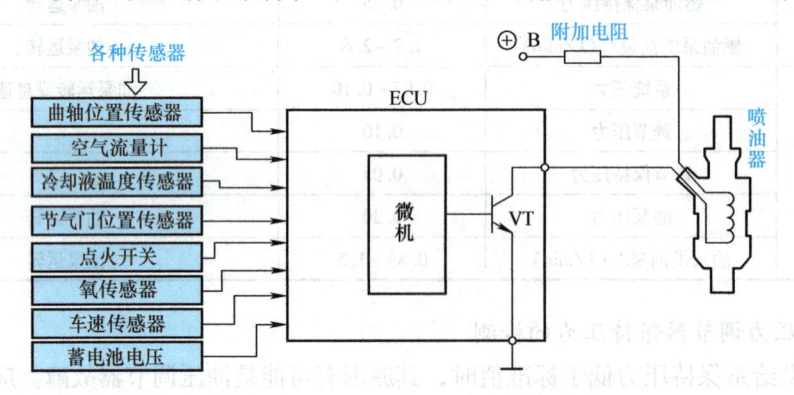

图 3-56 电子控制燃油喷射系统原理

2. 喷油信号波形检测方法

电子控制燃油喷射系统喷油器工作时的喷油信号波形,可以用发动机综合性能分析仪或汽车专用示波器来检测,其检测方法如下:

① 按照使用说明书的要求连接好检测仪器。为测得电控喷油系统的喷油压力脉冲信号,可拆开喷油器电路插头,中间接入专用 T 形接头。其一端接喷油器,另一端接电路插头,中间引出端接发动机综合性能分析仪的信号拾取系统的信号探针,见图 3-57。该 T 形接头有两种形式,图 3-57a 为直接插头引出式,图 3-57b 为鱼夹引出式,可供多种传感器信号引出用。

② 起动发动机,使发动机稳定运转预热至正常温度。

③ 打开检测仪器。按规定工况运转发动机,示波器则显示喷油器工作时的喷油信号波形和喷油脉宽,如图 3-58 所示。

3. 标准喷油信号波形

标准喷油信号波形是指电控燃油喷射系统工作正常时,喷油控制信号电压随时间变化的波形,它是不解体动态检测电控燃油喷射系统的诊断依据。

喷油器的驱动方式有电压驱动和电流驱动两种。喷油器的驱动方式不同,其喷油信号波形也不同。

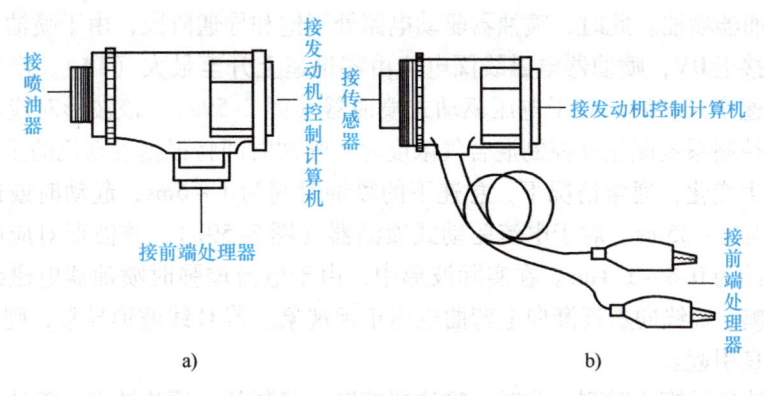

图 3-57 T形接头的联接

（1）电压驱动式喷油器喷油信号波形 电压驱动式喷油器的电控系统 ECU 对驱动喷油器的喷油脉冲电压进行恒定控制。在喷油器控制电路中，ECU 控制功率晶体管导通或者截止。导通时蓄电池电压加到喷油器电磁线圈上，喷油器喷油；截止时停止喷油。其喷油器标准喷油信号波形如图 3-59a 所示。

（2）电流驱动式喷油器喷油信号波形 电流驱动式喷油器的电控系统 ECU 对驱动喷油器的电磁线圈电流进行调节控制。在电流驱动式控制电路中，功率晶体管除起基本的开、关作用

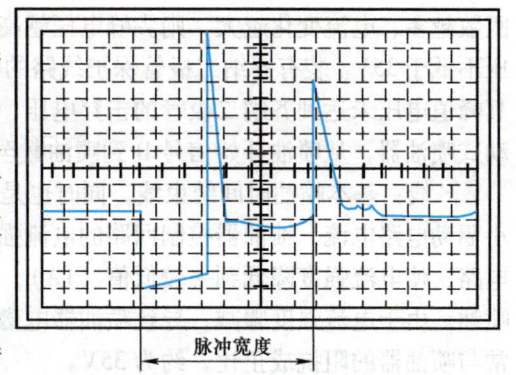

图 3-58 电流驱动式喷油器喷油信号波形

外，还具有限流功能。在基本喷油时间内，功率晶体管导通，驱动电流不受限制；在加浓补偿喷油时间内，控制其电流迅速下降到能维持喷油器处于全开状态的较小值，以免喷油器电磁线圈过热损坏。电流驱动式喷油器标准喷油信号波形如图 3-59b 所示。

a) 电压驱动式喷油器喷油信号波形　　b) 电流驱动式喷油器喷油信号波形

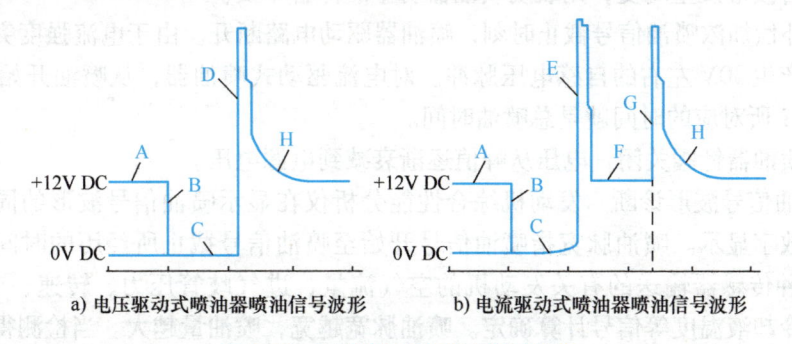

图 3-59　喷油器标准喷油信号波形

（3）喷油器喷油信号波形各线段的含义

A 线：喷油器关闭时的系统电压信号，通常为 12V。

B 线：电子控制装置（ECU）给出喷油信号，喷油器控制回路搭铁、开始喷油的时刻。此时，功率晶体管完全导通，电压迅速下降接近 0V。B 线应光滑平顺，无毛刺。否则，说明功率晶体管性能不良。

C线：喷油器喷油。此时，喷油器驱动电路处于饱和导通阶段，由于喷油器控制回路搭铁，波形电压接近0V，喷油器电磁线圈电流由零迅速上升至最大（4A），产生最大磁力使喷油器针阀迅速全开喷油。对于电压驱动式喷油器（图3-59a），该波形对应的时间为喷油时间，当燃油控制系统能正确控制混合气浓度时，喷油时间将根据发动机的工况和氧传感器的输出电压发生变化，通常情况下，急速下的喷油时间为1~6ms，起动时或最大负荷时的喷油时间一般为6~35ms。对于电流驱动式喷油器（图3-59b），该波形对应的时间为基本喷油时间，大约为0.8~1.1ms。在实际波形中，由于电流增强时喷油器电磁线圈所产生的感应电压的影响，C线向右逐渐向上弯曲也属正常现象。若C线波形异常，则多是喷油器驱动电路搭铁不良引起。

D线：喷油信号终止时刻。此时，喷油器控制电路断开，喷油结束，喷油器线圈因电流突变而产生感应脉冲电压。其电压尖峰高度与喷油器线圈匝数、喷油器电流强度有关。线圈匝数越多、电流变化越大，则尖峰电压越高；反之，则尖峰电压越小。通常，D处的峰值电压不低于35V。装有齐纳二极管保护线路的喷油器，尖峰的顶部应以方形截止。否则，说明其峰值电压未达到齐纳二极管的击穿电压，其原因可能是喷油器的电磁线圈不良。对电压驱动式喷油器，从喷油开始信号B到喷油截至信号D所对应的时间即为总喷油时间。

E线：基本喷油时间结束线，同时也是电流限制起始线。此时，ECU起动电流限制，减小驱动电路电流。喷油器控制回路的电流强度由最大（4A）立即转换到一个带限流电阻的电路，使电流强度降低到一较低值（1A），但仍维持喷油器针阀开启，以便转入加浓补偿量喷油。由于电流强度骤减，导致喷油器电磁线圈感应出较高的电压脉冲。其电压脉冲峰值通常与喷油器的阻抗成正比，约为35V。

F线：补偿加浓时期，该时期长短由ECU根据各种传感器输送的有关转速、负荷、进气温度、进气歧管压力的信息计算确定；一般约为1.2~2.5ms。此时，喷油器处于电流限制模式状态，其功率晶体管在不停地截止与导通，使通过喷油器电磁线圈的电流强度约为1A左右，喷油器针阀处于开启状态，以使喷油器进行补偿加浓喷油。曲线中的电压与电源电压接近。若波形发生畸变，则表明喷油器功率晶体管不良。

G线：补偿加浓喷油信号截止时刻，喷油器驱动电路断开。由于电流强度突变，而在喷油器线圈中产生30V左右的自感电压脉冲。对电流驱动式喷油器，从喷油开始信号B至喷油截止信号G所对应的时间就是总喷油时间。

H线：喷油器针阀关闭，电压从峰值逐渐衰减到电源电压。

（4）喷油信号波形诊断　发动机综合性能分析仪在显示喷油信号波形的同时，可以将喷油脉宽用数字显示。喷油脉宽指喷油信号开始至喷油信号截止所经历的时间，该时间由ECU根据各种传感器输送的有关发动机的空气流量、进气歧管压力、转速、节气门开度、进气温度、冷却液温度等信号计算确定。喷油脉宽越宽，喷油量越大。当检测得到的喷油脉宽与标准不同时，则表明喷射系统存在故障。通过改变发动机的工作状况、工作条件可以观测喷油信号波形的变化，从而诊断电控燃油喷射系统的故障。检测方法如下：

① 检测时，首先按照使用说明书的要求把专用示波器或发动机综合性能分析仪的检测线通过专用插头与喷油器的插接器相连，将变速杆置于空挡，再起动发动机，使发动机运转至正常工作温度。

② 在急速、高速及加速时观察喷油信号波形，在正常情况下，喷油脉宽应随转速提高

和节气门开度加大而相应增长。否则，可能是喷油器、燃油喷射控制系统及氧传感器存在故障。

③ 在高速稳定运转时，通过改变混合气浓度来观察喷油信号波形。当遮盖发动机滤清器或从进气管中加入丙烷使混合气变浓时，若喷油脉宽变窄，以试图对浓混合气进行修正，则系统正常；当拔下发动机某一真空软管使混合气变稀时，若喷油脉宽延长，以试图对稀混合气进行补偿，则系统正常。若混合气浓度变化时，喷油脉宽没变化，则可能是喷油器、燃油喷射控制系统及氧传感器存在故障。

④ 使发动机在2500r/min的转速下稳定运转，若可以观察到许多被测波形上的喷油时间在稍宽与稍窄之间来回变换，变换时间范围在0.25~0.5ms之间，则说明燃油控制系统能使混合气在正常浓、稀之间转换，喷油器工作正常。若喷油脉宽毫无变化，则可能是喷油器、燃油喷射控制系统及氧传感器存在故障。

由此可见，观察并分析喷油器波形，不仅可以观测出喷油器的技术状况，而且可以分析、判断出燃油供给系统工作是否正常。

发动机在怠速工况下检测喷油信号时，由于总喷油脉宽变化很小，不易准确判断ECU的加浓补偿功能。因此，在底盘测功机上模拟运行工况来检测喷油信号，可以有效地对ECU的喷油补偿功能进行全面检测，有利于正确判断电子控制喷油系统的控制作用。

第五节　柴油机燃油供给系统检测

柴油机具有热效率高、可靠性强、排气污染少和较大功率范围内的适应性等优点。因而在汽车上的应用愈来愈广泛。与汽油机相比，柴油机最大的不同点是所用燃料和燃料供给、着火方式的不同。汽油机吸入气缸中的混合气是由电火花点燃的，而柴油机采用压燃点火。即在压缩行程接近终了时，把柴油喷入气缸，使之与空气混合成可燃混合气，并利用空气压缩所形成的高温、高压使其自行发火燃烧。柴油机燃油供给系的作用是根据柴油机各种工况的需要，将适量的柴油在适当的时间以合理的空间形态喷入燃烧室，即对燃油喷入量、喷油时间和油束的空间形态三方面进行有效控制。柴油机燃油供给系的技术状况对于混合气的形成及燃烧过程的组织具有重要作用，是对发动机的动力性和燃油经济性影响最大的因素。

由于所采用的燃料和相应燃料供给系统不同，柴油机燃油供给系检测诊断的内容、方法与汽油机相比有许多不同之处。

一、混合气质量检测

测试柴油机排放废气的烟度，根据空燃比或过量空气系数与烟度的关系可以对混合气质量进行分析评价。

过量空气系数指发动机工作过程中每千克燃油实际供给的空气量与该燃料完全燃烧所需理论空气量的比值。在一定工况下，发动机的过量空气系数取决于进入气缸的空气量和喷油器的喷油量。对于柴油机而言，过量空气系数 α 只能通过改变供油量调整，即 α 主要与供油量的多少有关。柴油机所排放的废气的烟度由供油量、喷油泵和喷油器的调整、容积效率和喷雾质量决定。一般情况下，柴油机每一工况对应于一确定的 α 值（称冒烟界限）。低于该值时，混合气过浓，燃烧不完全，烟度增大。若进气系统工作状况正常，则由冒烟界限决定了柴油机在各种工况下的极限供油量。由于在不同转速下，冒烟界限有所不同，因此不同转速下的极限供油量也会有所不同。如果在任何转速下，喷油泵—喷油器的供油量均略低于极限供油量，则可以为柴油发动机提供质量较高的浓度适宜的可燃混合气，柴油机排放废气的烟度就较低。

图 3-60 为柴油机所排放废气中 CO 体积分数和烟度（哈特里季烟度 R_H）的关系。由图可见，烟度（R_H）与过量空气系数几乎呈线性关系。因此，可根据测得的柴油机排放废气的烟度值反映混合气质量好坏以及过量空气系数是否适当；同时，可在对排放烟度值进行监测的条件下，对喷油泵的循环供油量进行精确调整。如果柴油发动机的气缸压缩压力和所燃用的燃油质量均正常，则发动机怠速时烟度大，说明怠速循环供油量太大；如果额定转速时烟度大，说明额定循环供油量太大；而如果大负荷运转时烟度大，则说明校正加浓供油量太大。所以，在对柴油机排放废气的烟度进行检测的同时，对柴油机燃油供给系进行调整，可以改善可燃混合气质量，提高柴油机的动力性、燃油经济性和排放性能。

图 3-60　柴油机废气中 CO 体积分数和烟度与过量空气系数的关系

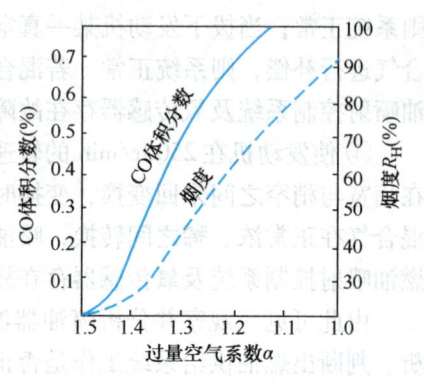

二、柴油发动机燃油喷射过程及压力变化

图 3-61 为在有负荷情况下实测得到的高压油管内压力 p 和喷油器针阀升程 S 随凸轮轴转角 θ 变化的关系曲线。由于高压柴油在油管沿程以波动方式传播，使得高压油管内靠近喷油泵端和靠近喷油器端的压力并不完全相同，因此分别给出了燃油喷射过程中该两端的压力变化曲线。

图中，高压油管中的压力 p_0、p_{max}、p_b、p_r 分别表示针阀开启压力、最高压力、针阀关闭压力和油管中的残余压力。整个燃油喷射过程中，高压油管中的压力变化可分为三个阶段：

第 I 阶段为喷油延迟阶段，对应于从喷油泵泵油压力上升到超过高压油管内的残余压力 p_r，燃油进入油管使油压升高到针阀开启压力 p_0 的一段时间，即

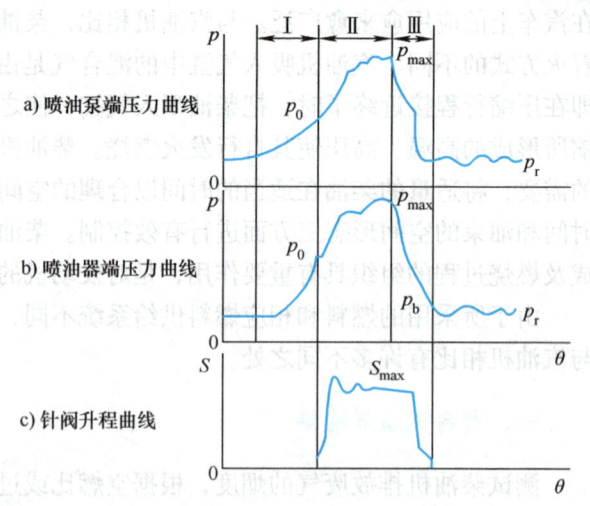

图 3-61　高压油管内压力曲线和针阀升程曲线

喷油泵供油始点至喷油器喷油始点的一段时间。若针阀开启压力 p_0 过高、高压油管渗漏、出油阀偶件或喷油器针阀偶件不密封而使残余压力 p_r 下降，以及增加油管长度或增加高压油系统的总容积，均会使喷油延迟阶段增长。

第 II 阶段为主喷油阶段，由于喷油泵柱塞继续上行，因而高压油管内压力继续升高，直到喷油泵回油孔打开。该阶段长短取决于喷油泵柱塞的有效供油行程，并随发动机负荷大小

而变化。负荷越大，则该阶段越长。

第Ⅲ阶段为自由膨胀阶段，当柱塞有效行程结束，出油阀关闭后，尽管燃油不再进入油管，但由于油管中的压力仍高于针阀关闭压力 p_b，燃油会继续从喷孔中喷出。若油管中最大压力 p_{max} 不足，该阶段缩短，反之则该阶段延长。

由图可见，喷油泵的实际供油阶段为第Ⅰ、Ⅱ阶段。喷油器的实际喷油阶段为Ⅱ、Ⅲ阶段。若循环供油量即柱塞有效行程一定，则第Ⅰ阶段延长和第Ⅲ阶段缩短时，喷油器针阀开启所对应凸轮轴转角减少，喷油量减少；反之，若第Ⅰ阶段缩短，第Ⅲ阶段延长，则喷油量增大。因此，压力曲线上三个阶段的长短，对发动机工作状况的好坏会产生影响。对多缸发动机而言，若各缸供油压力曲线上的Ⅰ、Ⅱ、Ⅲ段不一致，则对发动机工作性能的影响会更大。

三、柴油机供油压力波形检测

柴油机喷油泵和喷油器的技术状况决定了燃油的喷射质量，从而对柴油机的工作性能有很大影响。在不解体情况下，可以通过燃油喷射过程中高压油管中的压力变化来检测柴油机燃油供给系的技术状况。因为当燃油供给系某一主要零部件工作不良时，必然会对燃油喷射过程产生影响，其供油压力波形也就会发生变化。因此，根据测得的供油压力波形的特征并与标准波形进行比较，就可以判断燃油供给系的技术状况和故障原因。

1. 油压传感器及其安装

检测高压油管中的压力波形时，首先要将非电量的供油压力信号转变成电量信号。常用压电式油压传感器来获取供油压力信号，其油压传感器主要有外卡式和串接式两种。

外卡式油压传感器如图3-62所示。检测时，传感器以一定预紧力卡夹在喷油泵与喷油器之间的高压油管上。柴油机工作时，油管在高压油脉冲的作用下产生微小膨胀，挤压外卡式油压传感器内的压电传感元件，产生压电电荷，经分析仪中的电荷放大器放大后输入检测系统进行油压分析。

安装串接式油压传感器时，需要拆下高压油管，让其串接在喷油泵与喷油器之间。柴油机工作时，油压传感器的压电元件直接将高压油管内的油压信号转换为电量信号对外输出。串接式油压传感器灵敏度高，但安装比较麻烦。

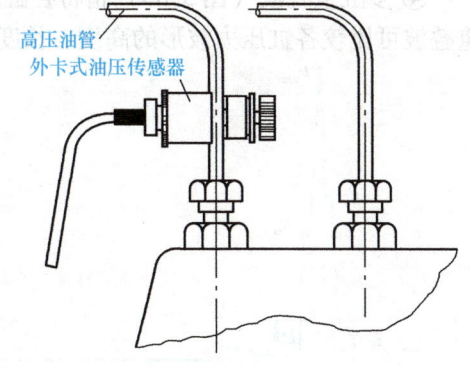

图3-62 外卡式油压传感器及其安装

2. 供油压力波形的检测

采用柴油机专用示波器和柴油机综合性能分析仪等，均能在柴油机不解体情况下，检测各缸高压油管中的压力波形和喷油器针阀升程波形。通过波形分析，不但可以得到最高压力 p_{max}，针阀开启压力 p_0、关闭压力 p_b 以及残余压力 p_r，还可判断喷油泵、喷油器故障和各缸喷油过程的均匀性。常用的检测仪器有 CFC-Ⅰ型柴油发动机综合性能分析仪、QFC-4型发动机综合性能分析仪、EA2000型发动机综合性能分析仪等。其检测步骤如下：

① 检测时，检测仪器经预热、自校、调试后，把串接式油压传感器按使用要求安装在

高压油管与喷油器之间或把外卡式油压传感器按要求卡在高压油管上。

② 运转预热发动机，使其工作温度正常，并使发动机在检测工况下稳定运转（一般转速为 800~1000r/min）。

③ 按使用说明书的要求通过按键选择，屏幕上即可出现被测发动机的供油压力波形。据此可测出各缸高压油管内的最高压力 p_{max}、残余压力 p_r、针阀开启压力 p_0、针阀关闭压力 p_b 等。

④ 把测得的实际压力波形与标准波形进行比较，以判断柴油发动机燃油供给系统的技术状况和故障原因。

3. 供油压力波形选择

高压油管内的压力波形，可以根据需要和观测方便，通过按键选择用全周期单缸波、多缸平列波、多缸并列波和多缸重叠波四种方式进行观测。

① 全周期单缸波（图3-63）指喷油泵凸轮轴旋转360°时某单缸高压油管中的压力变化波形。

② 多缸平列波（图3-64）是以各缸高压油管中的残余压力 p_r 为基线，按发火次序把各缸压力波形从左到右首尾相接所形成的波形，利用该波形可比较各缸的 p_0、p_{max}、p_b 的大小是否一致。

③ 多缸并列波（图3-65）指把各缸压力波形首部对齐，按发火次序在垂直方向上自下而上展开所形成的波形，通过比较各缸压力波形三阶段面积的大小，即可判断各缸喷油量的一致性。

④ 多缸重叠波（图3-66）指将各缸压力波形首部对齐重叠在一起所形成的波形，利用重叠波可比较各缸压力波形的高度、长度、面积和各缸 p_0、p_{max}、p_b、p_r 的一致性。

图3-63　全周期单缸波

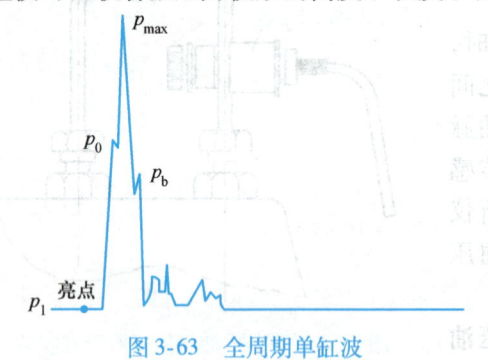

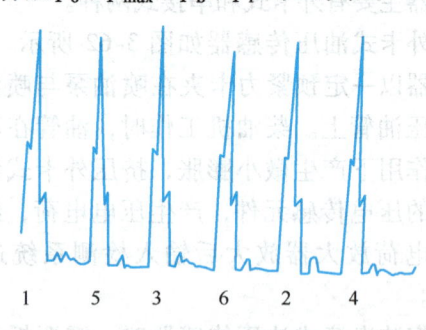

图3-64　六缸平列波

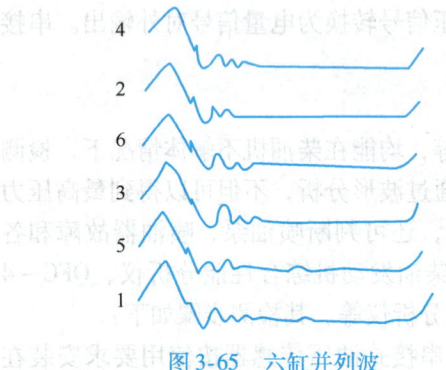

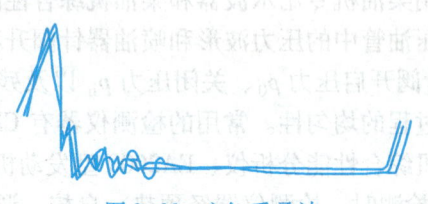

图3-65　六缸并列波

图3-66　六缸重叠波

用现代发动机综合性能分析仪检测柴油机燃油供给系统时，除用示波器显示外，还可打印发动机转速值、最大压力 p_{max}、残余压力 p_r 和压力波形。

把测得的柴油机实际供油压力波形与标准供油压力波形进行比较，即可评价柴油机燃油供给系统的技术状况。

4. 柴油机燃油供给系统的主要检测项目

利用柴油机示波器，对柴油机燃油供给系统的主要检测项目如下所述。

① 观测压力波形：以多缸平列波、多缸并列波、多缸重叠波、单缸选缸波和全周期单缸波等不同形式，观测各缸高压油管中的压力波形。

② 观测针阀升程波形：不仅可观测到喷油器针阀升程与喷油泵凸轮轴转角对应关系的波形，而且可观测针阀升程与高压油管中压力变化对应关系的波形。

③ 检测瞬态压力：即测出高压油管内的最高压力 p_{max}、残余压力 p_r、针阀开启压力 p_0 和针阀关闭压力 p_b。

④ 判断供油均匀性：通过比较各缸高压油管中压力波形的面积，可判断各缸供油量的一致性，并能找出供油量过大或过小的缸。

⑤ 观测异常喷射：根据针阀升程波形和压力波形，可观测到停喷、间隔喷射、二次喷射、喷前滴漏、针阀开启卡死和喷油泵出油阀关闭不严等故障。

⑥ 检测供油间隔：通过观测屏幕上各缸并列波对应的喷油泵凸轮轴角度，可检测到各缸之间供油间隔的大小。

四、供油压力波形分析

1. 高压油管内的瞬态压力检测

使柴油机以 800~1000r/min 的转速稳定运转，通过柴油机示波器菜单或按键选择，使示波器屏幕上显示出稳定的被测缸的全周期单缸波，调节示波器上的电位器，使亮点沿全周期单缸波形移动（图3-63），亮点所在位置的瞬态压力由示波器指示出来。由此可分别测出高压管内喷油器针阀开启压力 p_0、关闭压力 p_b、最大压力 p_{max} 和残余压力 p_r。当发动机空转且循环供油量很小时，有时 p_0 与 p_{max} 相等，即针阀开启压力等于油管内最大压力，见图3-67。

为使柴油发动机有良好的工作性能，在发动机各缸供油压力波形曲线上观测到的最高压力 p_{max}、针阀开启压力 p_0、针阀关闭压力 p_b 和油管中的残余压力 p_r 应基本相等，并符合规定要求。表3-9列出了常见车型的喷油器供油压力（喷油器针阀开启压力）。若供油压力低于规定值时，应在专用喷油器试验台上对喷油器进行调试。

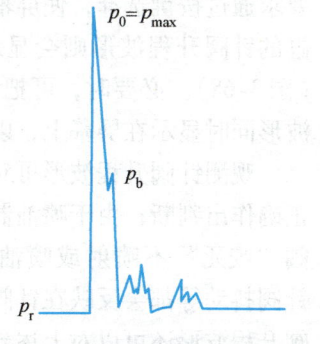

图3-67 循环供油量很小时的全周期单缸波

2. 各缸供油量一致性检测

在各缸压力 p_0、p_{max}、p_b、p_r 基本一致的前提下，可通过波形比较来检测各缸供油量的一致性。波形比较时，先把发动机转速调整至中、高速，而后利用并列波或重叠波比较各缸油压波形的一致性。若波形三阶段的重叠均较好，则说明各缸供油量比较一致；若某一缸波形窄，则说明该缸供油量小；若波形宽，则说明该缸供油量大。

表 3-9　常见柴油车的供油压力

车型或发动机型号		供油压力/MPa	车型或发动机型号		供油压力/MPa
EQ6100		22	五十铃	TXD50	
EQ6105		18.5		TD72LD	9.8
黄河 JN162		21		TD50A-D	
太脱拉	T138		日野	KL 系列	11.8
	T148	16.66		KM400	
	T815		三菱扶桑 T653BL		11.8
斯太尔 91 系列		22.5	日产 GWL50P		19.6
东风 6102QB		19.5	依发 H6		9.8
红岩 6140		21.5	沃尔沃	GB88	18.1
斯柯达	706	13.7		N86-44S	15.4
	706R		斯堪尼亚 L_{1105}		19.6
斯柯达 RT		17.2			

柴油机的起动供油量往往等于或大于额定供油量。检查起动供油量时，应将加速踏板踩到底，此时喷油泵的操纵臂靠在高速限制螺钉上，然后观察或测量供油拉杆是否能处在供油方向上的极端位置。否则，应进行调整。但起动供油量调整得太大，也会造成柴油机起动困难。

3. 针阀升程波形检测

观测针阀升程波形时，应拆下所测缸喷油器的回油管，并旋入针阀传感器。当传感器触杆被顶起时，把传感器锁紧，使发动机在中等转速下运转，按使用要求通过按键选择，使屏幕上出现六条并列线，被测缸的针阀升程波形则会显示在屏幕上相应并列线上（图 3-68）。必要时，可把该缸针阀升程波形和压力波形同时显示在屏幕上，以对照观测。

观测针阀升程波形可对针阀开启、关闭时刻是否正确作出判断；由于喷油器隔次喷射、二次喷射、针阀"咬死"不喷射或喷油泵不供油引起的不喷射、针阀抖动等都会反映在针阀升程波形中，因此根据针阀升程波形还可以对上述异常喷射现象作出正确判断。其中，隔次喷射或不喷射在喷油量较小的急速或低速情况下发生较为频繁。此时，压力波形峰值 p_{max} 和残余压力 p_r 均发生变化，针阀升程波形表现为时有时无或升程时大时小。

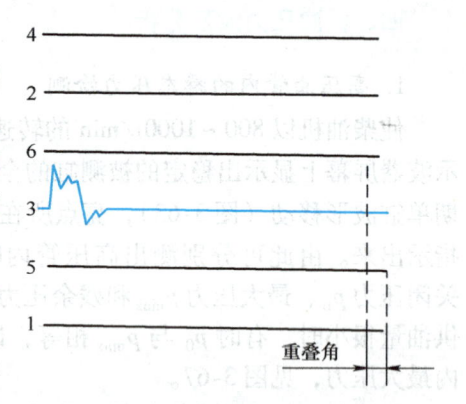

图 3-68　针阀传感器安装在 3 缸喷油器上的针阀升程波形

4. 各缸供油间隔检测

利用发动机综合性能分析仪示波器检测各缸供油间隔时，应在观测针阀升程波形之后接着进行，仍保持原来的操作键位。观测时，通过操作有关旋钮使屏幕上的并列线首端与屏幕左边的横标尺零线对齐，而尾端处于屏幕右边横标尺的 60°（喷油泵凸轮轴转角）左右。读取各线所占屏幕横标尺度数，即为各缸实际供油间隔。若各并列线的长度不相等，其中最短并列线与最长并列线之间的重叠区所占凸轮轴转角,称为喷油泵重叠角,见图3-68。重叠角以接近零为好,即各缸供油间隔的误差越小越好。

柴油机按工作顺序的各缸供油间隔(凸轮轴转角)可用下式计算:

$$\theta_g = \frac{360°}{\tau}$$

式中　θ_g——供油间隔(°);
　　　τ——发动机缸数。

可以看出,6缸柴油机的各缸供油间隔为60°凸轮轴转角,而4缸、8缸柴油机的各缸供油间隔分别为90°和45°凸轮轴转角。

各缸供油间隔之差也可以用曲轴转角表示。根据规定,实际供油间隔与标准供油间隔相比,其误差应在±0.5°曲轴转角的范围内。

如果各缸供油间隔不符合要求,可通过调整喷油泵柱塞与滚轮之间的调整螺钉高度或更换不同厚度的调整垫块加以解决,直至符合要求。

5. 典型故障波形

把所测供油压力波形与典型供油压力波形比较,可判断喷油泵或喷油器故障,使用发动机综合性能分析仪测得的常见故障波形如下所述。

1)喷油泵不泵油或喷油器在开启位置"咬死"不能关闭。当喷油泵柱塞弹簧折断或因其他原因而使喷油泵不泵油或泵油很少时,高压油管内的压力很低;喷油器针阀在开启位置"咬死"不能落座关闭时,高压油管内同样不能建立起足够高的供油压力,此时的故障波形见图3-69。

2)喷油器在关闭位置不能开启。产生该故障的主要原因是针阀开启压力调整过高或喷油器针阀被高温烧蚀而"咬死"。此时,喷油泵正常供油但喷油器不喷油,反映在油压波形曲线上,则曲线光滑无抖动,见图3-70。

图3-69　喷油泵不泵油或喷油器在开启位置"咬死"　　图3-70　喷油器在关闭位置不能开启

3)喷油器喷前滴漏。产生喷前滴漏的主要原因是喷油器针阀密封不严,或者针阀磨损过度,或者脏物粘在针阀密封表面。在油压波形曲线上,表现为压力上升阶段有两个抖动点,见图3-71。

4)高压油路密封不严。高压油路密封不严时,油压波形曲线残余压力部分呈窄幅振抖并逐渐降低,见图3-72。

5)隔次喷射。隔次喷射指某次喷射后,

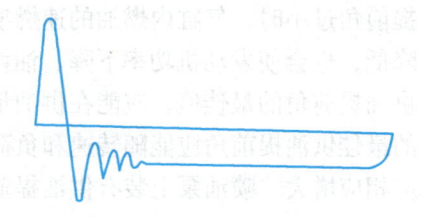

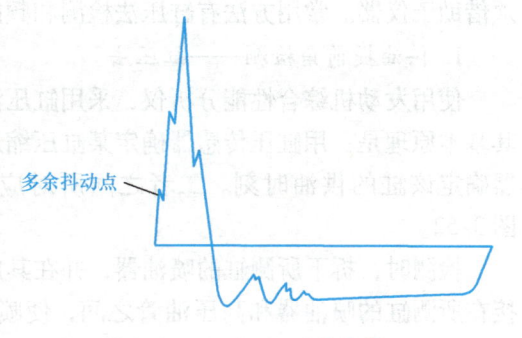

图3-71　喷油器喷前滴漏

油管内残余压力低，而下次初级供油量又很小，高压油管中产生的油压不足以使喷油器针阀开启，于是燃油储存在油管中，直到第2次供油时针阀才开启，使两次供油一次喷出。隔次喷射一般在供油量较小、喷油器弹簧压力较高时发生。反映在油压波形曲线上，则残余压力部分上下抖动，见图3-73。

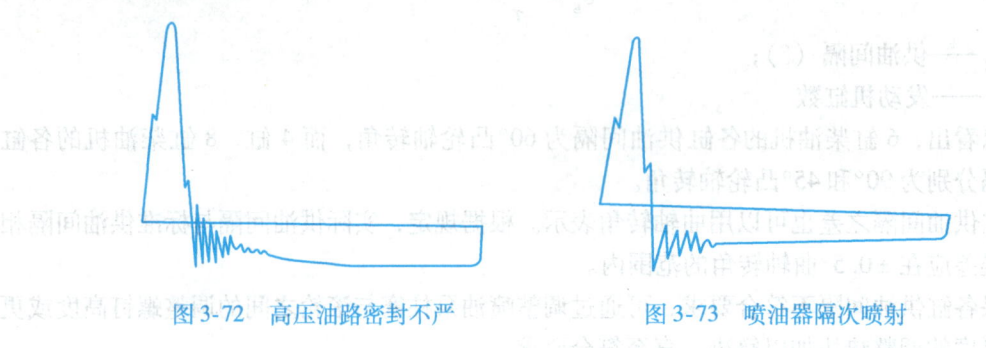

图3-72 高压油路密封不严

图3-73 喷油器隔次喷射

五、柴油机供油正时检测

供油正时指喷油泵正确的供油时刻，可用供油提前角表示。供油提前角则指喷油泵的柱塞开始供油时，该缸活塞距压缩行程上止点所对应的曲轴转角。供油提前角的大小对柴油机的工作性能有很大影响。柴油喷入气缸后过一段时间（称着火落后期）才能燃烧；喷油泵向喷油器供油时，高压油管的弹性变形、压力的升高和传递过程均使喷油器喷油的时刻滞后于喷油泵供油的时刻。因此，要使活塞在通过压缩行程上止点附近气缸内出现最高爆发压力，以获得最佳燃烧效率，喷油泵必须在上止点前开始供油。当供油提前角过大时，气缸内燃油的速燃期在上止点前发生，活塞到达上止点前，气缸内压力升高速率过大或出现压力峰值，将使发动机工作粗暴、功率下降、油耗增加、怠速不良、加速不灵及起动困难；当供油提前角过小时，气缸内燃油的速燃期在活塞越过上止点下行后逐渐发生，将使爆发压力峰值降低，也会使发动机功率下降、油耗增多、加速无力，同时会因补燃增多而使发动机过热。供油提前角的最佳值，应能在供油量和转速一定的情况下获得最大功率和最小油耗。柴油机的最佳供油提前角应能随转速和负荷变化而变化。转速升高或供油量增大时，供油提前角也应相应增大。喷油泵上装有供油提前角调节器，可在初始供油提前角的基础上，随转速变化而自动调节。

尽管凭经验可对柴油机的供油提前角进行粗略检查并校正，但供油提前角的精确检测必须借助于仪器。常用方法有缸压法检测和频闪法检测二种。

1. 供油提前角检测——缸压法

使用发动机综合性能分析仪，采用缸压法可快速检测发动机Ⅰ缸或某缸的供油提前角。其基本原理是：用缸压传感器确定某缸压缩压力最大点（即该缸活塞上止点），用油压传感器确定该缸的供油时刻。二者之间所对应的曲轴转角即是该缸供油提前角的数值，见图3-52。

检测时，拆下所测缸的喷油器，并在其座孔上安装缸压传感器；把油压传感器按要求串接在所测缸的喷油器和高压油管之间，使喷油器向外喷油；把发动机转速稳定在规定转速（800~1000r/min），根据仪器使用说明书的要求选择按键，即可在屏幕上显示出所测缸供油提前角的检测值。

2. 供油提前角检测——频闪法

在频闪原理基础上制成的柴油机供油正时仪,其组成、工作原理和使用方法与汽油机点火正时仪基本相同(参阅本章第三节)。

检测时,供油正时仪的油压传感器串接于Ⅰ缸高压油管与喷油器之间或外卡于高压油管。使油压脉冲信号转变为电信号,并触发正时灯闪光。闪光一次,则Ⅰ缸供油一次,二者具有相同频率。用正时灯对准Ⅰ缸压缩终了上止点标记,并与供油时刻同步闪光时,可看到运转飞轮或曲轴皮带轮上的供油提前角记号位于固定记号之前,说明Ⅰ缸供油时,活塞尚未到达上止点,供油时刻在活塞到达上止点前。为测得供油提前角的大小,可调整正时灯上的电位计,使频闪时刻延迟于供油时刻,逐渐使转动部件上的供油提前角标记接近固定标记,并使两标记对齐,见图3-74。闪光延迟的时间即为供油提前的时间,经仪器变换为供油提前角数值后,即可在指示装置上显示出来。

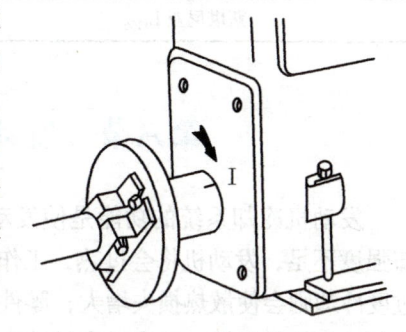

图3-74 喷油泵Ⅰ缸开始供油记号

Ⅰ缸供油提前角检测出来后,如果按工作顺序各缸供油间隔相等,则各缸的供油提前角均等于Ⅰ缸供油提前角。所以,必须检测各缸间的供油间隔,以确知各缸的供油提前角是否符合要求。各缸供油间隔的检测方法如前所述。

柴油机的供油提前角应符合原厂规定。可在供油正时仪监控下边检测边调整,以使供油提前角达到规定值。常见柴油机供油提前角的规定值见表3-10。

表3-10 常见车型的柴油机供油提前角

车型	项目	供油顺序	供油提前角
黄河	JN1150/100	1-5-3-6-2-4	28°~30°
	JN1150/106		24°±1°
	TD50A-D		17°
五十铃	TXD50	1-4-2-6-3-5	17°
	TD72LC		
	KL系列		
日野	KM400	1-4-2-6-3-5	18°
	650E	1-4-2-6-3-5	10°
菲亚特	683N₃	1-5-3-6-2-4	24°
	693N₁		20°
三菱扶桑	T653BL	1-5-3-6-2-4	15°(带送油阀),17°(不带送油阀)
	T653EL		
斯柯达	706	1-5-3-6-2-4	30°
	706R		

(续)

车型	项目	供油顺序	供油提前角
太脱拉	138A	1－6－3－5－4－7－2－8	26°~28°
	148S$_1$M		23°~25°
	依发 H$_6$	1－5－3－6－2－4	27°~29°
	沃尔沃 GB88	1－5－3－6－2－4	23°~24°
	斯堪尼亚 L$_{1105}$	1－5－3－6－2－4	25°

第六节　发动机冷却系统和润滑系统检测

发动机冷却系统的功能是使发动机在任何工况下都保持在适当的工作温度范围内。若冷却强度不足，发动机将会过热，工作过程恶化，零件强度降低，机油变质，零件磨损加剧；而过度冷却则会使散热损失增大，零件磨损加剧。发动机润滑系统的功能是在发动机工作时连续不断地把数量足够、温度适当的洁净机油输送到全部传动件的摩擦表面，并在摩擦表面间形成油膜，实现液体摩擦，从而减小摩擦阻力，降低功率消耗，减轻机件磨损。因而发动机冷却系统和润滑系统的技术状况对于发动机的动力性、燃油经济性和工作可靠性具有重要影响。

一、发动机冷却系统检测

发动机冷却系统检测主要包括冷却系统密封性检测、电动风扇及温控开关和节温器技术状况检测等。

1. 冷却系统密封性检测

目前，汽车发动机普遍采用压力循环水冷系统。当长期使用后，由于其密封性变差，会导致冷却液渗漏。冷却液渗漏分为外部渗漏和内部渗漏：外部渗漏是指冷却液在密封不严处直接渗漏到发动机外部，常见的渗漏部位有冷却系统各软管接头、散热器及其盖阀、水泵及其密封垫等；内部渗漏是指冷却液通过冷却水道的裂纹或密封不严处直接渗漏到发动机内部油底壳或燃烧室，常见的渗漏部位有缸体、缸盖裂纹处，气缸垫密封等。当发动机冷却液过少而导致过热时，应检查冷却系统的密封性。

(1) 直观检查

1) 外漏的直观检查。

① 发动机停机时，直观检查冷却系统各部件有无冷却液渗漏的痕迹，主要查找冷却系统各软管接头、散热器及其盖阀、水泵及其密封垫等。

② 发动机以中等转速运转时，观察有无冷却液滴漏现象。此时，由于冷却液有一定的压力，更容易泄漏。而且大多数冷却液呈黄色或绿色，所以发动机运转时，容易观察其是否外漏。

应特别注意散热器盖及其密封垫的检查，若其密封性差，则发动机工作时易使冷却液蒸发逸出或洒出。

2) 内漏的直观检查。

① 发动机停机，拔出机油尺观察。若发动机机油呈白色或有水泡，则说明冷却液内部

渗漏严重。

② 发动机运转时，若排气管的排气中有水雾，则说明冷却液有内部渗漏。

③ 发动机运转时，拆下散热器盖查看加液口，若有高温气体涌出或有大量气泡，则说明冷却液内部渗漏。

（2）压力试验　发动机不工作时，将发动机冷却系统压力试验仪装到散热器加液口上并保持密封，如图3-75所示。然后，用试验仪的手动泵向散热器内加压至 50～100kPa，并由试验仪压力表观察压力变化情况。若压力表指针保持不动，表明冷却系统密封良好，无冷却液渗漏；若压力表指针缓慢回落，表明冷却系统密封不良，冷却液有轻微渗漏；若压力表指针迅速回落，表明冷却液严重渗漏。

当压力下降时，若没有任何外部渗漏，可以将发动机运转至正常工作温度后，再加压至48kPa，并使发动机怠速运转。若此时压力上升，则表明冷却系统有内部渗漏。

压力试验时，还可用冷却系统压力试验仪对散热器盖的蒸气阀、空气阀开启压力进行检查，若散热器盖阀的开启压力不符合标准，则应更换散热器盖。

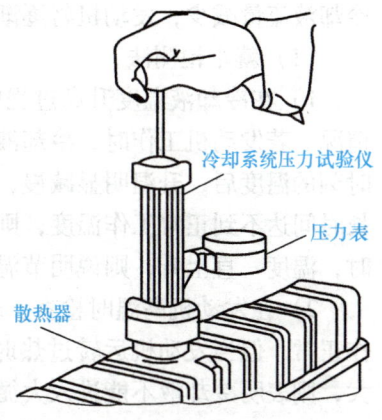

图3-75　冷却系统压力试验

2. 电动风扇及温控开关检测

采用电动风扇的发动机冷却系统中，其冷却风扇的驱动电动机是由温控开关根据冷却液的温度控制的，一般有两挡转速。冷却液温度高时，风扇转速快；冷却液温度低时，风扇转速慢，甚至停转。如桑塔纳轿车，冷却风扇电动机的通、断电及转速变化，由装在散热器一侧的温控（热敏）开关控制。当冷却液温度高于93℃时，温控开关的低温触点闭合，风扇电动机以 1600r/min 低速转动；当冷却液温度升高到105℃时，温控开关的高温触点闭合，风扇电动机便以 2400r/min 高速转动。

（1）电动风扇高温不转的检查

① 停机后用手转动风扇，若运转正常，说明无机械故障。

② 若冷却液温度很高（100℃），但风扇不工作，应检查熔断器。若熔断器完好，则应停机检查温控开关和电动机的功能。

③ 直接连接温控开关插接器内的12V电源线和电动机接线，可判断温控开关及电动机的故障。若连接后风扇开始运转，说明电动机功能正常；若高温时，连接温控开关插接器后风扇仍不转，则说明温控开关损坏。

（2）温控开关功能的检测　温控开关的主要检测内容为电动风扇低、高速时的导通及断开温度是否符合要求。其检测方法（以桑塔纳轿车为例）如下：

将电动风扇的温控（热敏）开关放入正在加热的水中，并用温度计测量水温变化，同时用万用表测量温控（热敏）开关导通及切断时的温度。第1挡，当水温达到93～98℃时应导通，而当水温达到88～93℃时应断开；第2挡，当水温达到105℃时导通，而当水温达到93～98℃时断开。否则，说明电动风扇的温控（热敏）开关有故障。

3. 节温器性能检测

节温器能随冷却液温度的高低，自动调节流经散热器的冷却液流量，从而使冷却液温度保持平衡。若节温器性能不佳或存在故障，则发动机冷却液温度可能过高或过低。节温器的常见故障有：主阀门不能开启或开启和全开的温度过高；主阀门关闭不严。前者导致冷却液不能有效地进行大循环，使发动机过热；后者将造成发动机升温缓慢，使发动机工作温度过低。此外，随着节温器性能的逐渐衰退，主阀门的开度将逐渐减小，进而造成进入大循环的冷却液流量减少，发动机将逐渐过热。节温器性能的检测方法如下所述。

（1）就车检测法

1）在冷却液温度升高过程中检查。冷车时，使发动机运转并观察冷却液温度表的指示情况。若发动机工作时，冷却液温度很快升高，而当升至80~90℃后，即达到主阀门开启时刻的温度后，升温明显减慢，则说明节温器性能正常；若发动机工作时，温度上升很慢，长时间达不到正常工作温度，则说明节温器主阀门卡滞不能关闭，无小循环；若发动机工作时，温度一直上升，则说明节温器主阀门不能开启，无大循环。

2）在发动机高温时检查。若冷却系统冷却液的量满足要求，同时冷却液泵及散热器工作正常，但当发动机运转过热时，缸盖冷却液出口处与散热器冷却液进口处的温度相差很大，则表明冷却液不能进入大循环，节温器失效。

（2）拆下检测法　拆下节温器，并浸入可调温的热水容器中，测量节温器主阀门开启温度、全开温度及全开升程，以检验节温器的性能。不同型号的节温器所应满足的要求也有所不同，若节温器的性能不符合要求，则必须更换。如富康轿车发动机蜡式节温器，当冷却液温度低于89℃时，主阀门关闭，侧阀门打开；当冷却液温度为89℃时，主阀门开启，随着冷却液温度的提高，主阀门渐开，侧阀门渐关；当冷却液温度升到101℃时，主阀门全开，侧阀门全关。节温器主阀门全开时最大升程为8mm。

二、发动机润滑系统检测

摩擦阻力是发动机起动和运转时的主要内部阻力。改善润滑状况可减小发动机的机械损失，提高发动机输出的有效功率；同时，润滑状况不良时，发动机做相对运动的配合副磨损加剧，正常配合间隙被破坏，还易于产生发动机"拉缸"或"烧瓦"等破坏性故障。因此，发动机润滑系统的技术状况对于保障发动机正常工作，延长使用寿命是非常重要的。

发动机润滑系主要由机油泵、机油滤清器、机油散热器和各种油阀构成。润滑系统检测的主要参数为：机油压力、机油消耗量和机油品质。这些参数既可表征润滑系的技术状况，又可反映曲柄连杆机构有关配合副的技术状况。

1. 机油压力检测

为了给摩擦表面不断供给润滑油以使摩擦副保持可靠润滑，润滑系的机油压力应高于某一最低压力。在低于最低允许压力时，由于润滑不良会使零件磨损加剧而早期损坏。在常用转速范围内，若发动机技术状况正常，汽油机的机油压力应为196~392kPa，柴油机应为294~588kPa。若中等转速下的机油压力低于147kPa，怠速时低于49kPa，则发动机应停止运转并检查润滑系统。

发动机润滑系机油压力的高低首先取决于润滑系统的技术状况，如机油泵性能、限压阀的调整、机油通道和机油滤清器的阻力等；同时，机油压力还与机油品质和机油的温度、黏度有关。机油黏度低、温度高，则机油压力变小；反之，则油压升高。此外，机油压力还与曲轴主轴承、连杆轴承和凸轮轴轴承的间隙有关，轴承磨损后间隙增大时，轴承间隙处机油泄漏量增大而使机油压力下降。因此，机油压力也常常作为诊断相关轴承间隙的重要参数。若机油泵技术状况正常，则机油压力降低主要是由曲轴主轴颈和连杆轴颈磨损过大而引起。试验表明，曲轴主轴承间隙每增加 0.01mm 时，其机油压力大约降低 0.01MPa。

润滑系的机油压力值可在汽车仪表板上的机油压力表上显示出来，但由于机油压力表和油压传感器不能保证必要的测量精度，因此在定期检测时应采用专用检验油压表。检测时，首先拆下发动机润滑油道上的油压传感器，装上油压表；然后起动发动机使其在规定转速下运转，此时油压表上的指示值即为润滑系的机油压力。表 3-11 为常见发动机润滑系统机油压力和测试转速。

表 3-11 常见发动机润滑系统的机油压力和测试转速

厂牌车型		机油压力		主油道限压阀	
		转速/(r/min)	压力/kPa	安装位置	开启压力/kPa
上海桑塔纳	63kW	2000	180~200	—	—
	66kW	2150			
北京	BJ1020	450~500	≥49	气缸体右前方主油道末端	294~392
	BJ2020	中速	196~392		
	BJ2020A				
	BJ1040				
	BJ1040A				
	BJ1040S				
跃进 NJ1041		急速	≥147	机油粗滤清器盖	340~390
		中速	200~400		
跃进 NJ1041A		急速	≥49	—	—
		1500	147~343		
东风 EQ1090		450~550	≥147		
		1200~1400	≥294		
东风 EQ1090E		热车急速	≥98		
		其余工况	98~392		
解放 CA1090		急速	≥98	气缸体左侧后部	392~441
		1400~3000	294~392		
黄河 JN1150/100		500~600	≥98	机油细滤器水平方向	392
		中速	294~392		
黄河 JN1150/106		500~600	≥98	机油细滤器垂直方向	392
		中速	294~392		

2. 机油消耗量检测

机油消耗量的影响因素很多，润滑系统渗漏、空气压缩机工作不正常、机油规格选用不当、气缸活塞组磨损等都会影响机油消耗量。因此，机油消耗量除可反映发动机润滑系统技术状况外，还可据此判断发动机气缸活塞组的磨损情况。因为，在所用机油牌号正确且其他

机构技术状况正常的情况下，气缸活塞组磨损过多、间隙增大、机油窜入燃烧室燃烧是机油消耗量增大的重要原因。

汽车正常使用时，发动机机油消耗量并不大。磨损小、工作正常的发动机，机油消耗量约为 0.1~0.5L/100km；发动机磨损严重时，可达 1L/100km 或更多。

测定机油消耗量时，只需把汽车行驶一定里程（1000~1500km）后机油的实际消耗量（L）换算为汽车每百公里的平均机油消耗量（L/100km）即可。常用的检测方法为油标尺测定法和质量测定法。

（1）油标尺测定法　测试前，汽车置于水平地面上，把发动机起动并预热到正常工作停机，将机油加至油底壳规定的液面高度，然后在油尺上清晰地划上刻线，以标记这一油面高度。当汽车投入实际运用，行驶若干里程后，停止运行，仍把汽车置于原地点，按原测试条件，向油底壳内加入已知量（质量或体积）的机油，使油面仍升至油尺上的原刻线位置。此时，所加机油的量即为汽车行驶相应里程所消耗机油的量，可将其折算为每 100km 的机油消耗量。

（2）质量测定法　预热发动机至正常温度，将汽车停在水平路面上。打开油底壳的放油螺塞，放出机油。至机油由流变成滴时，拧上油底壳的放油螺塞。然后，将已知质量的机油加入油底壳至规定的液面，使汽车投入实际运行。汽车行驶若干里程后，按同样的测试条体，放出油底壳内的在用机油，至机油由流变成滴时，拧上油底壳的放油螺塞，并称出其质量。加入与放出的机油质量之差即为汽车行驶已知里程的机油消耗量，可将其折算成每 100km 的机油消耗量。

3. 机油品质的变化

发动机工作过程中，润滑系统连续不断地把数量足够、温度适当的洁净机油输送到全部传动摩擦副的摩擦表面，并在摩擦表面间形成油膜，实现液体摩擦，从而减小摩擦阻力、降低功率消耗、减轻机件磨损，以达到提高发动机工作可靠性和耐久性的目的。

机油在润滑油道循环流动过程中，由于杂质污染、燃油稀释、高温氧化、添加剂消耗或性能丧失等原因，其品质会逐渐变坏。在外观上，还表现为颜色变黑、黏度上升或下降。

引起机油污染的杂质主要来自摩擦表面的磨损微粒、外界尘埃以及积炭等；发动机工作不正常、不完全燃烧或缺火可使未燃燃油流入油底壳使机油受到稀释；发动机工作过程中产生的高温，特别是当发动机气缸活塞组磨损严重、间隙增大，在燃烧行程有高温、高压气体窜入曲轴箱时，会加剧机油氧化，生成氧化产物和氧化聚合物而使机油变质。机油中的清净分散剂是机油的一种重要添加剂，具有从发动机摩擦表面分散、移走磨损微粒、积炭等的能力，使之悬浮在机油中而不沉淀在摩擦表面，以减轻摩擦表面的磨损。由于在机油使用过程中清净分散剂的消耗及性能降低，也会逐渐失去其清净分散作用。

机油品质变坏会使发动机润滑变差、磨损加剧，甚至引发严重机械故障。因而，应加强对发动机机油品质的定期检测与分析，实行按质换油，以保证发动机良好润滑。更为重要的是，通过对机油品质的检测，可分析并监控发动机技术状况的变化。

机油品质检测的具体方法见本章第八节。

第七节　发动机涡轮增压器检测

发动机增压就是将空气预先压缩后再进入气缸，以提高空气密度、增加进气量的一种技术。增压技术以前广泛地应用在柴油发动机上，随着增压技术的成熟，现在也开始应用到汽油发动机上。因为进气量增加，供油量也相应增加，并且燃油得到充分燃烧，从而可以增大发动机转矩和功率，同时提高了燃油经济性，并有效改善了发动机排放性能。增压有机械增压、涡轮增压和气波增压三种基本类型，实现空气增压的装置称为增压器。早期柴油发动机多采用机械增压，由于这种增压方式要消耗发动机输出功率而使发动机经济性变差，近来基本被淘汰，现在发动机广泛采用的是涡轮增压。因此，这里主要介绍涡轮增压器的工作原理及技术状况的检测方法。

一、涡轮增压器的结构与工作原理

涡轮增压也称废气涡轮增压，它利用发动机排气驱动的涡轮机拖动压气机，来提高进气压力，增加充气量。涡轮增压器与发动机没有机械的联系，具有经济性好、减少有害气体排放和降低噪声的优点。涡轮增压器由涡轮机和压气机构成，其工作原理是将发动机排出的废气引入涡轮机，利用废气所包含的能量推动涡轮机叶轮旋转，并带动与其同轴安装的压气机叶轮工作，新鲜空气在压气机内增压后进入气缸。涡轮增压的缺点是低速时转矩增加不多，而且在发动机工况发生变化时，瞬态响应差，致使汽车加速性，特别是低速加速性较差。

1. 涡轮增压系统

涡轮增压系统分为单涡轮增压系统和双涡轮增压系统。只有一个涡轮增压器的增压系统为单涡轮增压系统。涡轮增压系统除涡轮增压器之外，还包括进气旁通阀、排气旁通阀和排气旁通阀控制装置等。

2. 涡轮增压器的结构及工作原理

汽车用涡轮增压器的结构如图3-76所示，它由离心式压气机、径流式涡轮机和中间体三部分组成。增压器轴通过两个浮动轴承支承在中间体内。中间体内有润滑和冷却轴承的油道，还有防止润滑油泄漏的密封装置。

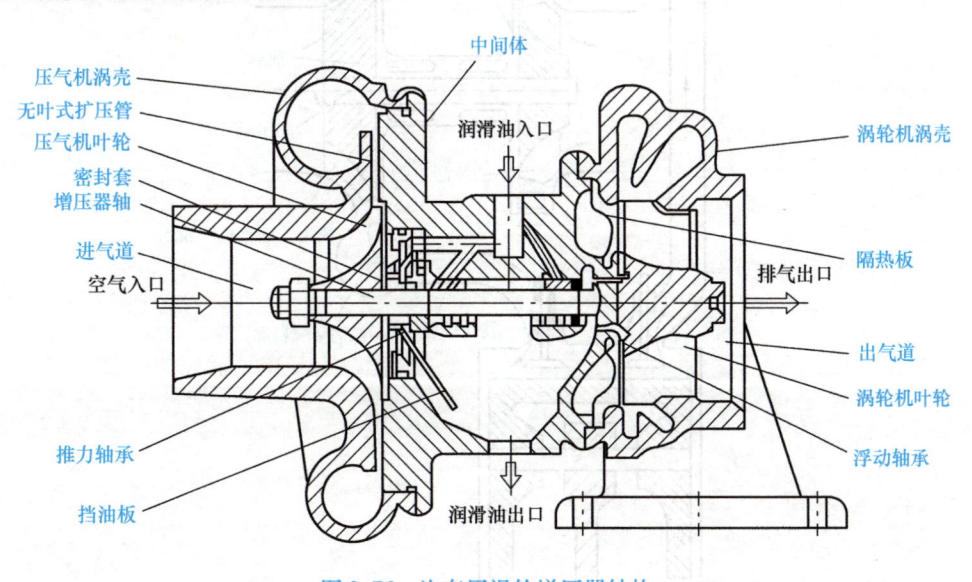

图3-76 汽车用涡轮增压器结构

（1）离心式压气机 离心式压气机由进气道、压气机叶轮、无叶式扩压管及压气机涡壳等组成。叶轮包括叶片和轮毂，并由增压器轴带动旋转。压气机的作用是通过叶轮的旋转提高进入空气的流速、压力和温度，然后通过涡壳将空气引向压气机出口。

（2）径流式涡轮机 涡轮机是将发动机排气的能量转变为机械能的装置。径流式涡轮机由涡壳、喷管、叶轮和出气道等组成。

（3）转子 涡轮机叶轮、压气机叶轮和密封套等零件安装在增压器轴上，构成涡轮增压转子。转子在工作过程中高速旋转，因此必须保持平衡。

（4）增压器轴承 现代汽车用涡轮增压器一般都采用浮动轴承。在增压器工作时，轴承在轴与轴承座之间转动。为了减少轴承的摩擦，在轴承的两端加工有布油槽，另外在轴承上还加工有进油孔，以保证止推面的润滑和冷却。

涡轮增压器主要由涡轮机和压气机（增压器）两大部分组成，涡轮机将柴油发动机排出的废气能量转变为机械能，压气机则利用涡轮机输出的机械能，把空气的压力提高，然后将其送至气缸内，以达到增压的目的。图3-77所示为涡轮增压器的工作原理示意图。排气管接到增压器的涡轮壳上。发动机排出的具有一定压力的高温废气经排气管进入涡轮壳里的喷嘴环。由于喷嘴环的横截面积是逐渐收缩的，因而废气的压力和温度下降，速度提高，动能增加。这股高速的废气流，按一定的方向冲击涡轮，使涡轮高速旋转。废气的压力、温度和速度越高，涡轮转速也越快，通过涡轮的废气最后排入大气。因为涡轮和离心式压气机叶轮安装在同一转子轴上，所以两者同速旋转。经过空气滤清器并吸入压气机壳内的空气，被高速旋转的压气机叶轮甩向叶轮的边缘，其速度和压力增加，并进入扩压器。扩压器的形状为进口小出口大，因此气流的流速下降，压力升高。再通过横截面由小到大的环形压气机

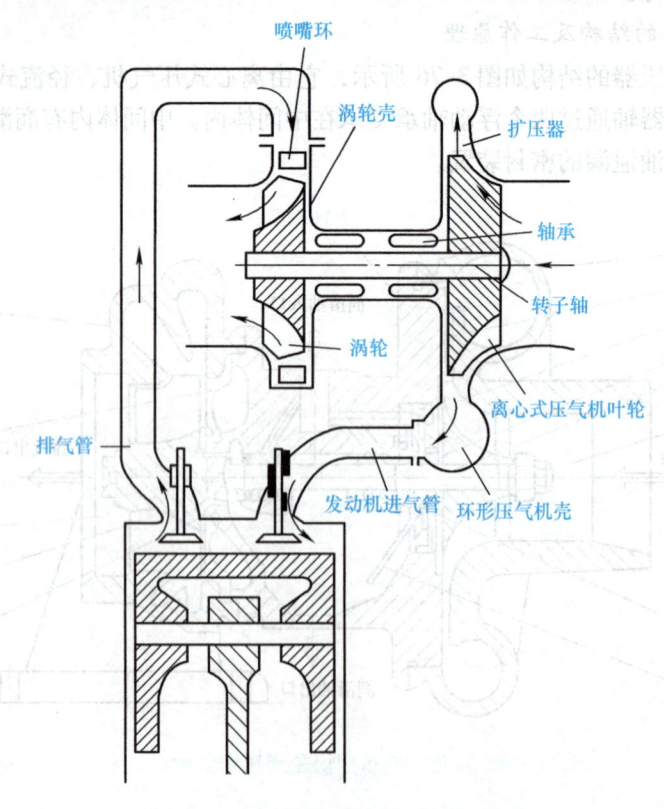

图3-77 涡轮增压器工作原理示意图

壳，空气流的压力继续提高。这些被压缩的空气经柴油发动机进气管 10 进入气缸，以提高发动机的充气量。

3. 增压压力的调节

在涡轮增压系统中都设有进气旁通阀和排气旁通阀，用以控制增压压力。当增压压力低于限定值时，旁通阀处于关闭状态；当增压压力超过限定值时，增压压力克服膜片弹簧力，旁通阀打开，将一部分气体直接排放到大气中，达到控制增压压力的目的。

4. 涡轮增压器的润滑及冷却

来自发动机润滑系统主油道的润滑油，经增压器中间体上的进口进入增压器，润滑和冷却增压器轴和轴承。在增压器上装有油封，用来防止润滑油窜入压气机或涡轮机涡壳内，如油封损坏，将会导致润滑油消耗量增加和排气冒蓝烟。在汽油发动机上，常常在增压器中间体的涡轮机两侧设置冷却水套，并通过软管与发动机冷却系统连通，来冷却涡轮增压器。

二、涡轮增压器的检测与故障排除方法

1. 基本检查

（1）听涡轮增压系统产生的响声　为了检查涡轮增压器，应起动发动机并听一听涡轮增压系统产生的响声，通过是否存在高频声音就能区分是压气机出口有空气泄漏还是发动机有空气泄漏，是发动机有废气泄漏还是涡轮增压器有废气泄漏。如果涡轮增压器有响声声强变化，可能的原因是空气滤清器堵塞，或者是压气机管道材料松软，或者是压气机叶轮和压气机壳有灰尘。

（2）检查空气滤清器　听声音之后，应检查空气滤清器，并从空气滤清器上拆下通往涡轮增压器的管道，检查是否有尘土或者是因为外来物造成的损坏。

（3）检查管路连接处　检查压气机出口连接处的管夹是否松动，并检查发动机进气系统有无螺栓松动和衬垫泄漏等现象。然后，脱开废气管的连接，检查有无堵塞或材料松散的现象。检查排气系统有无开裂、螺母松动和衬垫穿透现象。转动涡轮轴组件，看其是否自由转动，检查有无擦伤和叶轮因冲击而损坏的迹象。

（4）检查有无废气泄漏　检查涡轮壳和相关管接头有无废气泄漏，如果废气在到达涡轮之前就泄漏掉，涡轮增压器的增压效果就受到影响。检查进气系统有无泄漏，如果在压气机壳之前的进气系统出现泄漏，外面的尘土会进入涡轮增压器，并造成压气机叶轮和涡轮的叶片损坏。当进气系统在压气机壳与气缸之间存在泄漏时涡轮增压器增压压力就会降低。

（5）检查系统的高压侧　对系统的高压侧，可以用肥皂水检查有无泄漏。在加肥皂水后，观察有无气泡以便确定出泄漏的根源，检查旁通阀膜片室推杆是否松动和弯曲，检查从膜片室到进气歧管的软管有无开裂、扭结和阻塞气体流动的现象。还应检查连接到涡轮增压器上的冷却软管和润滑油管有无泄漏。

（6）检查排气　排气中有过多的蓝色烟雾表明涡轮增压器油封可能损坏。在涡轮增压器的涡轮端发现机油泄漏时，要检查排油管和发动机曲轴箱通气口是否堵塞而流动不畅。

2. 主要元器件的检测方法

（1）机械式空气再循环阀的检查　该阀装在涡轮增压器前面，在增压空气再循环的真空控制下，发动机超速切断、怠速及部分负荷时打开，使节气门前面存在的增压压力卸压，

涡轮增压器保持在较高的转速。一般在发动机功率不足或有负荷变化冲击时，检查机械式空气再循环阀，如果不是按上述所说的进行工作，说明该阀失效，应更换。

（2）增压器空气再循环阀（N249）的检测　拔下循环阀的插接器，用万用表电阻挡检查阀的内阻，其值应为 27~30Ω。

（3）增压压力限制阀（N75）电磁阀的检测　检查方法同上，其内阻为 23~35Ω。

（4）增压压力、温度传感器的检测　检查该传感器的信号电压，插上传感器插接器，用万用表电压挡测量增压压力传感器插接器信号端子和搭铁端子之间的电压，发动机怠速运转时信号电压应为 1.90V，急加速时信号电压应为 2.0~3.0V。

3. 常见故障的排除方法

涡轮增压器的常见故障及其原因和排除方法如表 3-12 所示。

表 3-12　涡轮增压器常见故障及其原因和排除方法

故障现象	原因	排除方法
发动机功率下降	旁通阀门关闭不严	一般是旁通阀处有积炭、过脏，或增压压力控制电磁阀或膜片控制电磁阀损坏造成，进行清炭处理并对其电路进行检测
	空气进口阻力损失过大	应检查和清洁空气滤清器及管道，减少阻力损失
	增压器叶轮、壳体和流道脏污	应拆下增压器进行清洁
	增压涡轮出口漏气	产生这一故障的原因大多是软管接头松动脱开、管子焊接处损坏、锁紧机构松动失效等，根据需要采取相应的措施加以排除
	发动机排气管连接处漏气	这种情况比较常见，主要是由于发动机的排气歧管、排气管垫片或排气管与涡轮壳之间的连接不紧、螺栓松动或垫片损坏，还可能是涡轮壳产生了裂纹引起的漏气
发动机进气压力上升	涡轮增压器及发动机供油系统、配气系统的故障	由涡轮增压器直接造成增压压力上升的原因一般是增压压力控制电磁阀或膜片控制电磁阀损坏，使旁通阀门不能适时打开，需要更换
涡轮增压器异常振动	涡轮增压器转子部件不平衡引起的振动	进行校正，严重者更换
	涡轮增压器工作时，异物进入涡轮的流道损坏了叶轮，使转子部件失去平衡	排除异物，进行校正，严重者更换
	增压器叶轮叶片疲劳断裂	更换
	增压器叶轮叶片被严重玷污后，转子部件的平衡被破坏而产生异常振动	取出涡轮叶轮，轻轻地除掉五氧化二钒，但要小心不能碰坏叶片，并用水清除硫化钠和其他污物
异常噪声	叶片损坏，导致平衡破坏，引起噪声；涡轮增压器转子部件和固定件发生碰撞产生噪声	进行适当的修复或更换

(续)

故障现象	原因	排除方法
涡轮增压器外部漏油	外部漏油大多是机油进油管和回油管连接不牢固造成的	螺纹连接的锥形接头密封不好,可修理接头或更换油管;如果垫片损坏,应更换新的垫片
涡轮增压器内部漏油	涡轮增压器密封环损坏引起漏油;发动机曲轴箱内的压力过高,使涡轮增压器回油不畅引起漏油;涡轮增压器回油管截面积小或过多弯曲,使回油不畅,引起漏油;发动机长时间空转,容易漏油	排除故障时可根据漏油部位,进行维修

第八节 机油品质检测与分析

机油品质的变化不仅影响发动机润滑系统的润滑效果和技术状况,而且与发动机有关系统、机构的性能和技术状况密切相关。因此,检查并分析发动机润滑系统机油品质的变化,在监控发动机润滑系统技术状况的同时,还可以直接或间接反映发动机曲柄连杆机构和配气机构中有关摩擦副的技术状况,从而可以监控发动机技术状况的变化。

机油品质检测与分析的常用方法有机油不透光度分析法、介电常数分析法、滤纸油斑试验法、光谱分析法、铁谱分析法等。

一、机油不透光度分析法

润滑油在使用过程中会逐渐变黑。机油污染程度越大,变黑的程度也越大。因此,可通过测量一定厚度机油膜的不透光度来检测机油的污染程度。

机油不透光度分析仪的结构原理见图3-78。稳压电源保证光源和电桥电路的电压稳定;油池由两块玻璃构成,具有确定的间隙,以放入机油油样形成确定厚度的机油膜;电桥的一臂上装有光敏电阻,当电源发出的光线透过油膜照射到光敏电阻上时,作为一个桥臂的光敏电阻值发生相应变化。

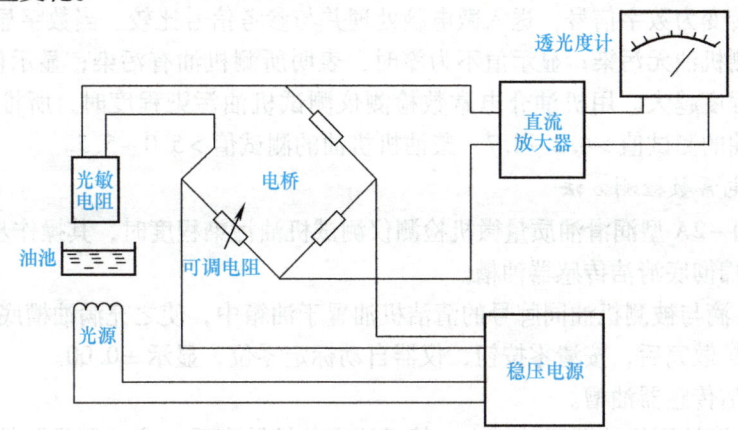

图3-78 机油不透光度分析仪结构原理

测定机油污染程度时,首先在油池内放入所测机油的标准油样(清洁机油),调整参比可调电阻使电桥平衡,此时透光度计指示为零;然后把发动机刚停车后曲轴箱油尺上的机油作为测试油样滴入油池。由于测试油样已受到污染,油池内测试油样油膜与标准油样油膜的透光度有差异,光源照到光敏电阻上的光线强度也有差异,从而引起光敏电阻阻值的变化,电桥失去平衡。测试油样污染程度越大,电桥不平衡程度越大,电桥输出的电流越强,透光度计指针偏转越大,从而就反映出了机油的污染程度。

二、介电常数分析法

1. 介电常数分析法的基本原理

电容值除与两极板间的面积和极板间的距离有关外,还与极板间充填的物质有关。对于一个已经确定了极板面积和距离的电容,极板间充填物质对于电容值的影响可用一个系数反映,称为介电常数。即

$$C = \varepsilon S / \delta$$

式中 C——电容(F);
S——极板间相互覆盖的面积(m^2);
δ——极板间距离(m);
ε——介电常数。

物质的介电常数(亦称电容率)是同一电容器中用某一物质作为电介质时的电容与其中为真空时电容的比值。清洁机油不含有杂质时有较为稳定的介电常数;在汽车使用过程中,由于机油的污染程度不同,机油中所含杂质成分和数量不同,其介电常数也会发生变化。因此,介电常数值可反映润滑油的污染程度。被测机油的介电常数与清洁机油介电常数的差别越大,表明机油的污染程度越大。

2. 介电常数检测仪工作原理

图3-79是国产RZJ-2A型润滑油质量微机检测仪外形图,其检测原理采用机油介电常数分析法。该检测仪的关键元件为安装在油槽底部的螺旋状电容。测试时,机油作为电容介质。当机油污染后,其介电常数发生变化引起该电容值的变化。以该电容作为传感器并使其作为检测仪测试电路的一部分,传感器电容的变化引起测试电路中电量的变化,电信号通过专用数字电路转变为数字信号,送入微电脑处理并与参考信号比较。当数字显示屏显示值为零时,表明所测机油无污染;显示值不为零时,表明所测机油有污染;显示值越偏离零值,表明机油污染程度越大。用机油介电常数检测仪测试机油污染程度时,所推荐的换油标准为:汽油机机油的测试值>4.2~4.7;柴油机机油的测试值>5.0~5.5。

3. 机油介电常数检测方法

用国产RZJ-2A型润滑油质量微机检测仪测试机油污染程度时,其操作步骤为:

① 用脱脂棉彻底清洁传感器油槽。
② 将3~5滴与被测机油同牌号的清洁机油置于油箱中,使之充满油槽底部。
③ 等机油扩散完后,按清零按钮,仪器自动标定零位,显示±0.00。
④ 再次清洁传感器油槽。
⑤ 用3~5滴被测机油置于油槽中,等机油充分扩散完后,按"测量"按钮即可显示出测量值。被测机油的油样,应该从发动机运转停止后5min内,工作温度正常(清洁机油油

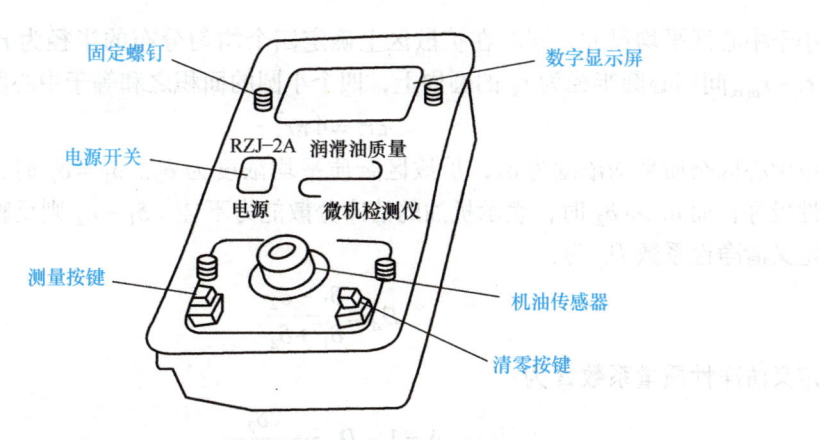

图 3-79　RZJ–2A 型润滑油质量检测仪

样也需加热到这一温度）的发动机油底壳内提取。

机油不透光度分析法与介电常数分析法的共同特点：仅能检测润滑油的污染程度，但不能反映机油清净性分散剂的消耗程度及性能，也难以判断引起机油污染的杂质种类。

三、滤纸油斑试验法

滤纸油斑试验法利用现代电测方法快速测定机油的污染程度和清净性添加剂的消耗程度及性能，但并不对机油中各种杂质的成分进行测定。

1. 滤纸油斑测试原理

实践证明，若把使用中的机油按规定要求滴在专用滤纸上，油滴逐渐向四周浸润扩散，最终形成中央有深色核心的颜色深浅不同的多圈环形油斑，见图 3-80。若机油所含杂质的浓度和粒度不同及清净分散能力不同，所形成油斑的每一环形区域的颜色深浅亦有不同。

如果机油中杂质粒度小，且清净分散剂性能良好，则杂质颗粒就会扩散到较远处，中心区与扩散区的杂质浓度及颜色深浅程度差别较小；若机油中杂质粒度大，且清净分散剂性能丧失，则机油中杂质就越来越集中于中心区，中心区与扩散区的杂质浓度和颜色深浅度的差别也就越大。因此，油斑上中心区杂质浓度反映机油的总污染程度，而中心区单位面积的杂质浓度与扩散区单位面积杂质浓度之差可反映机油中清净分散剂的清净分散能力。

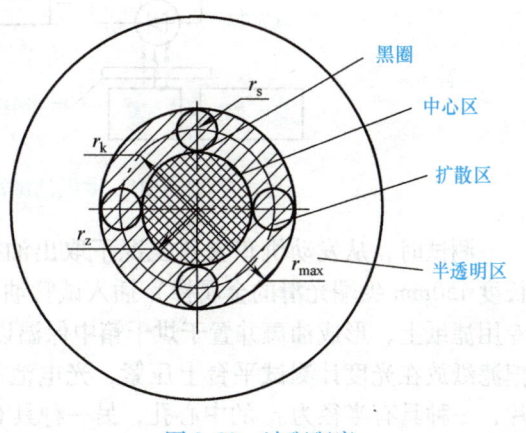

图 3-80　油斑斑痕

为了实际测定机油油斑中心区杂质浓度及扩散区杂质浓度，必须控制油斑尺寸并确定油斑的尺寸规律。对实际油斑尺寸的统计分析表明，油滴在滤纸上扩散终了时，扩散区的最大半径 r_{max} 取决于滴棒的尺寸（直径）。所以，应使用统一规格的滴棒，并使滴棒尺寸保证油斑的尺寸等于光度计的感光内半径。

为了比较中心区杂质浓度和扩散区杂质浓度，根据试验确定中心区中心圆半径 r_z，一般

应略小于中心区平均尺寸。同时在扩散区上确定四个均匀分布的半径为 r_s 的小圆，其圆心都在 $r_z \sim r_{max}$ 间同心圆半径为 r_k 的圆周上，四个小圆的面积之和等于中心圆的面积。即

$$\pi r_z^2 = 4\pi r_s^2$$

设中心区杂质平均浓度为 δ_1，扩散区杂质平均浓度为 δ_2。$\delta_1 = \delta_2$ 时，表明机油的清净分散性极好；而 $\delta_1 \gg \delta_2$ 时，表示机油的清净分散能力不佳；$\delta_1 + \delta_2$ 则反映总杂质浓度。

定义清净性系数 D_d 为：

$$D_d = \frac{\delta_1 - \delta_2}{\delta_1 + \delta_2}$$

定义清净性质量系数 Δ 为：

$$\Delta = 1 - D_d = \frac{2\delta_2}{\delta_1 + \delta_2}$$

当 $\delta_1 = \delta_2$ 时，$D_d = 0$、$\Delta = 1$，表示机油的清净分散性极好；而 $\delta_2 = 0$ 时，$D_d = 1$、$\Delta = 0$，表示机油的清净分散性极坏。因此，机油的清净分散性可用 0~1 间的数字表示。

2. 滤纸油斑测试方法

油斑中心区和扩散区的杂质浓度可用两区域的透光度评价。透光度大，则杂质浓度小；反之，则杂质浓度大。测试两区域透光度所采用的滤纸油斑检验光度计的原理框图见图 3-81。

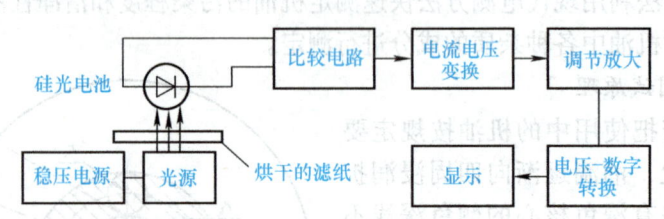

图 3-81 滤纸油斑检验光度计的原理框图

测试时，从发动机正常热工况下取出油样放入试管，用规定尺寸的滴棒（直径 2mm、长度 150mm 尖端光滑的金属棒）插入试管油面下一定深度，取出滴棒后，把第三滴油滴在专用滤纸上，形成油斑并置于烘干箱中保温以加速油滴扩散。待油滴扩散终了滤纸烘干后，把滤纸放在光度计测试平台上压紧，光电池制成的传感器正对油斑。传感器可装两种遮光片，一种具有半径为 r_z 的中心孔，另一种具有圆心在半径为 r_k 的圆周上、半径为 r_s 的均布小孔。使用中心孔半径为 r_z 的遮光片时，光源发出的光线通过中心区照在光电池上，光电池产生的电压经放大后在显示器上显示，从而测得中心区的透光度 O_1；采用四小孔遮光片时，光线通过扩散区上与中心区相同面积的区域照在光电池上，从而测得扩散区的透光度 O_2。若考虑滤纸的不均匀性，可分别测量试验前空白滤纸的透光度 O_{1p}、O_{2p}，然后采用下式计算出机油用透光度表达的清净性质量系数 Δ 和污染系数 O。

$$O_{1c} = O_1 + \Delta O_1 \; ; \Delta O_1 = (O_{1p} - 20)\frac{100 - O_1}{100 - 20}$$

$$O_{2c} = O_2 + \Delta O_2 \; ; \Delta O_2 = (O_{2p} - 20)\frac{100 - O_2}{100 - 20}$$

$$\Delta = \frac{2O_{2c}}{O_{1c} + O_{2c}}$$

$$O = \frac{(O_{1c} + O_{2c})}{200}$$

仪器标定时，光线完全通过，不透光度为 0；光线被完全阻挡时，不透光度为 100。这样，测出的 Δ 和 O 的值均在 0~1 之间。当中心区和扩散区的不透光度无差别时，Δ = 1，则测出的 Δ 值越大，表示机油的分散清净性越好；而污染系数 O 越小，表示机油的污染程度越小。

关于清净性质量系数 Δ 和污染系数 O 的诊断标准，则应通过试验确定。即利用大量达到换油污染程度的机油油样实际测定 Δ 和 O 的值，然后经统计分析合理确定其许用值。或者把滴定好的滤纸斑点图谱与标准滤纸斑点图谱对比分析，即可对在用机油品质作出判断。

3. 滤纸斑点分析

标准滤纸斑点图谱分 6 级。每级斑点图特征和分析、判断方法如下：

1 级：滤纸斑点图的核心区和扩散环，光亮无色或颜色很浅，无明显沉积环。

在用机油滤纸斑点图如属此类，说明是新机油或使用时间很短的机油，尚无污染，继续使用。

2 级：滤纸斑点图的沉积环与扩散环界限分明，扩散环很宽，油环明亮。

在用机油滤纸斑点图如属此类，说明机油使用时间不长，污染程度很轻，清净分散性良好，继续使用。

3 级：滤纸斑点图沉积环暗黑，扩散环较宽，油环明亮。

在用机油滤纸斑点图如属此类，说明机油使用时间较久，污染程度较重，但清净分散性尚好，继续使用。

4 级：滤纸斑点图沉积环深黑，扩散环开始缩小，油环浅黄。

在用机油滤纸斑点图如属此类，说明机油使用时间很长，污染严重，沉积物增多，清净分散性下降，尚可继续使用。

5 级：滤纸斑点图沉积环深黑，甚至呈油泥状，不易干，扩散环狭窄，油环扩大且呈黄色。

在用机油滤纸斑点图如属此类，说明机油的污染已很严重，清净分散性已很差，清净分散剂消耗将尽，不能继续使用，必须换用新油。

6 级：滤纸斑点图只剩极黑的沉积环与棕黄色油环，扩散环已完全消失。

在用机油滤纸斑点图如属此类，说明机油的污染已经十分严重，污染杂质完全凝聚在沉积环内，清净分散剂耗尽，清净分散性消失，早就超过了换油期。

滤纸斑点分析法比较简单、快速，适合现场作业，并能给人以直观印象。但是，它只能粗略分析机油品质，无法实现精确的定量分析。

四、机油中金属杂质分析——光谱分析法

发动机工作时，循环工作的机油把摩擦表面的磨损微粒带至油底壳并悬浮在机油中，其含量与机件磨损量直接相关。因此，检测机油中金属微粒的含量，不仅能表明机油被机械杂质污染的程度，还可用来确定机件磨损的程度；同时，机油中金属微粒含量的变化速度又可反映有关零件摩擦表面的磨损程度。

由于机油中金属微粒的含量很低且种类多，一般采用灵敏度高的光谱分析法测定机油中

的金属微粒含量。

1. 光谱分析原理

机油中金属元素微粒具有受电能或热能激发后发出特征光谱的性质。光谱分析法是根据金属元素发射出的相应特征光谱光线的强度，对机油中金属元素的种类和含量进行定量分析的方法。特征光谱是分析机油中金属微粒种类的基础，而特征光谱光线的强度是确定相应金属微粒在机油中含量的依据。

图3-82为机油光谱测定分析仪原理图。测试时，被测油样放于油样槽中，回转石墨圆盘浸入油样，并作为高压激发源的一个电极，其外圆表面距高压激发源杆式电极位的距离为1.5~2mm。当石墨电极回转时，机油不断地被带入两电极之间，在激发源高电压（15000V）作用下，两电极间隙被击穿，产生电弧，使处于电极间弧区的机油及其所含杂质一起焚烧，每种金属元素在焚烧中都发出具有一定特征光谱的光或辐射能。发射光谱由入口缝隙照射到凹面衍射光栅上，经光栅反射后把入射光线分解成具有不同特征光谱的单色光光线，对应于一种金属元素焚烧时发出的光谱。反射分解后的不同单色光线聚集于焦点曲线，经出口缝隙照在相应光电传感器上，传感器输出的电信号强度与具有相应特征光谱的光线强度有关，而不同特征光谱的光线强度取决于焚烧机油中相应金属元素的浓度。因此，传感器输出的电信号可反映机油中相应金属元素的浓度。光电传感器输出的电信号传输到信号积分仪、信号处理仪放大并处理后，可由打印机打印出油样中每种金属元素的浓度。

光谱分析法具有分析速度快、精度高、灵敏度高和操作简单等优点，但也具有仪器价格昂贵和所测金属微粒的粒度受限的缺点。通常只用于测定分析直径小于 $10\mu m$ 的金属微粒。

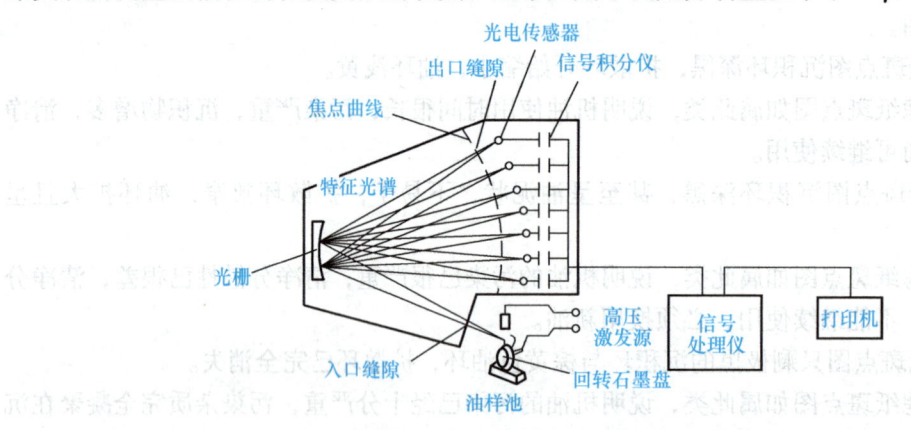

图3-82 光谱测定分析仪原理图

2. 光谱分析测试方法

光谱分析的测试步骤如下：

① 按使用说明书的要求对仪器预热、调零。

② 发动机运转至正常热工况后停车。

③ 用专用注射器从机油加注口吸取100~150g油样，放入量筒中，并贴上标签，写明油样黏度、汽车车号和行驶里程等。

④ 测试前，反复摇晃油样或用超声波处理，使所含杂质在机油中均匀分布。然后，取6~8g机油油样放入油样池。

⑤ 按使用说明书的要求操作仪器，打印出测试结果。

3. 光谱分析测试结果分析

光谱分析仅能确定所测油样中金属元素的种类和含量，并不能反映金属微粒产生的原因、部位及有关摩擦表面的磨损程度。因此，必须对测试结果进行进一步分析。

试验表明，发动机气缸与活塞环配合副的磨损产物，约占机油中全部金属微粒的85%。机油中含铁量过高时，说明气缸与活塞环磨损严重；其次，当曲轴、凸轮轴的各轴颈和挺杆与凸轮配合副磨损时，也使机油中铁含量增加。若缸套镀铬或活塞环镀铬，则当机油中铬含量增加时，也可表明气缸、活塞环的磨损情况，但铬含量远比铁含量要小。

活塞磨损使机油中铝含量增加。

发动机曲轴和凸轮轴使用的滑动轴承多为锡基、铅基、铜基、铝基巴氏合金材料制造的。当机油中锡、铅、铜、铝等元素增多时，若可知发动机的轴承材料配方，即可判断滑动轴承的磨损情况。

机油中硅含量增多时，表明发动机空气滤清器和曲轴箱强制通风滤清器工作能力不良。

机油中某金属元素含量突然增大时，说明发动机内有关摩擦副异常磨损，应视为紧急情况进行处理。待排除故障后，发动机才能继续使用，以免引起破坏性故障或使发动机寿命急剧缩短。

定期用机油中金属微粒的含量评价发动机磨损速度和磨损程度非常有效，但该法对磨损程度的评价，只能表明摩擦表面磨损量的总值，而无法确知磨损量在具体部位的分布情况和磨损部位尺寸、形状及强度等方面的变化情况。

机油内金属含量的极限值只能在具体使用条件下通过统计分析的方法确定。

五、机油中金属杂质分析——铁谱分析法

1. 铁谱分析原理

铁谱分析用于机油分析的基本原理是：用高强度磁场力把铁磁性金属微粒从机油中分离出来，按微粒尺寸大小顺次沉积在铁谱片（玻璃片）上，用铁谱显微镜或电子显微镜、光密度计、X射线能谱仪或X射线波谱仪等，对金属微粒进行观察、测定和分析，以获得金属微粒的大小、外形、成分和含量，进而分析出金属微粒产生的原因、部位和机件磨损程度。因此，铁谱分析法不仅可测得机油被金属微粒污染的程度，而且也是发动机不解体诊断的重要方法之一。

2. 铁谱分析仪器

铁谱分析使用的仪器有分析式铁谱仪、直读式铁谱仪和旋转式铁谱仪等。

（1）分析式铁谱仪　国产TPE-1型分析式铁谱仪的工作原理见图3-83，该仪器工作时，在泵的作用下，经过稀释的油样流过基片，在磁力作用下金属微粒沉积在基片上形成铁谱片，用双色光学显微镜或电子扫描显微镜观察铁谱片，确定金属微粒的成分和形态，并根据形态分析出摩擦面磨损类型。磨损类型有正常滑动磨损、切削磨损、滚动疲劳磨损、严重滑动磨损等。

（2）直读式铁谱仪　直读式铁谱仪（图3-84）工作时，带金属微粒的油样从进入口流经玻璃管，在玻璃管下方磁场力作用下，铁磁性金属微粒便沉积在玻璃管内（图3-85），机油从排出口排出。直读式铁谱仪的主要部件是光密度计。其两个光密度测头布置在玻璃管的

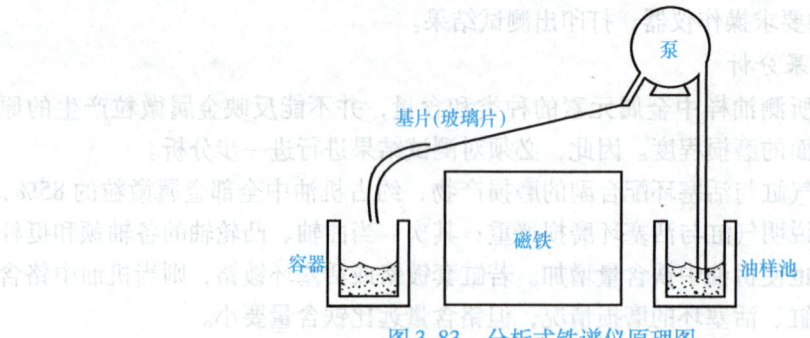

图 3-83 分析式铁谱仪原理图

大颗粒读数位置和小颗粒读数位置上。光源通过两个纤维光导通道照射玻璃管的大颗粒读数位置和小颗粒读数位置，由两个光密度测头测得光密度信号，经两个光电接收通道传输给光电检测器，然后由显示装置指示金属微粒的数量和大小。

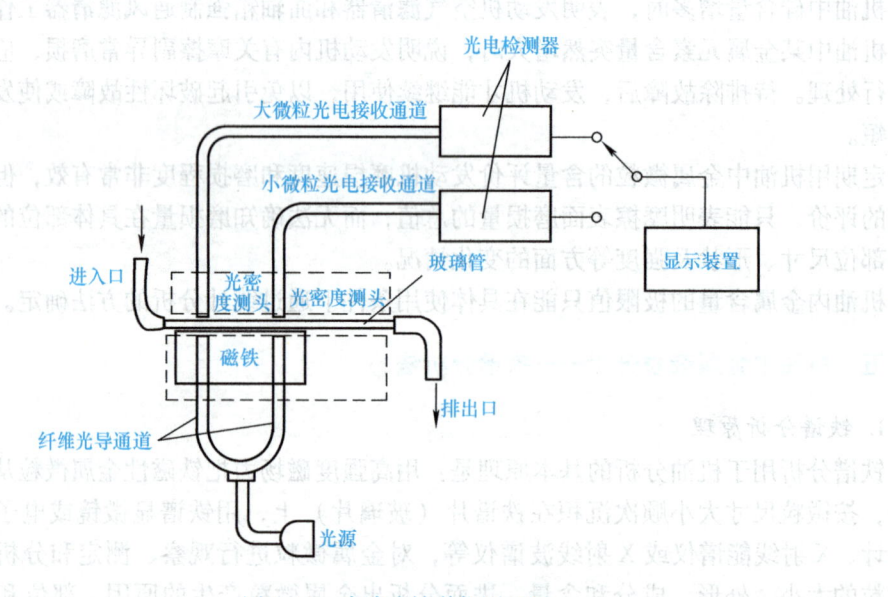

图 3-84 直读式铁谱仪原理图

国产直读式铁谱仪有 ZTP-1 型和 ZTP-2 型，后者为单板机控制。

分析式铁谱仪和直读式铁谱仪，对于污染严重的机油分析误差较大。原因是非金属污染物颗粒在倾斜不大的基片或玻璃管内因重力作用也有所沉积，各种颗粒混在一起造成了分析误差。旋转式铁谱仪可克服这一不足。

（3）旋转式铁谱仪　旋转式铁谱仪的工作原理见图 3-86a。仪器工作时，带有微粒的油样从输入管进入基片中心，基片、环形磁铁在驱动轴带动下旋转。在离心力作用下，机油和杂质甩出基

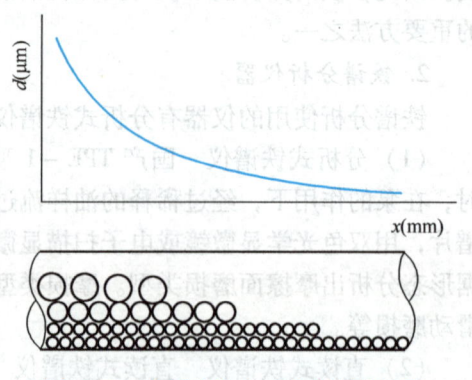

图 3-85 金属微粒在玻璃管内的沉积

片由排出管流出。在离心力和磁场力共同作用下，铁磁性金属微粒按颗粒大小在基片上沿磁力线方向排列成环形铁谱片，见图3-86b。由于排除了非金属污染物的影响，因而提高了分析精度。目前国内已研制开发了KTP-1型旋转式铁谱仪。

铁谱分析的主要缺点是分析误差较大、速度慢，难以适应现场分析的要求。

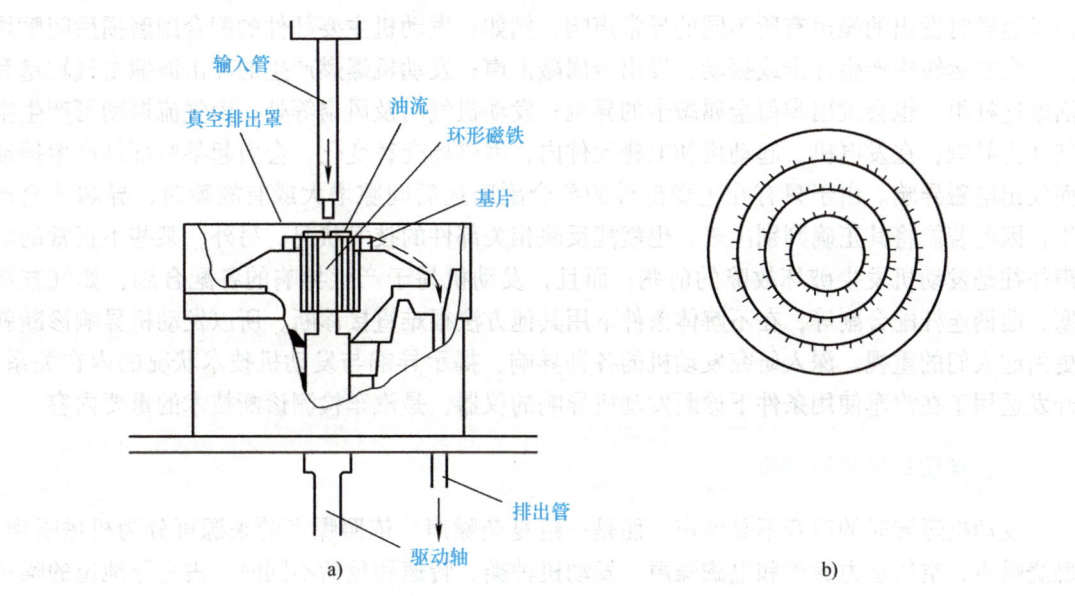

图3-86 旋转式铁谱仪原理图

六、机油中金属杂质分析——磁性探测分析法

发动机润滑油流经各摩擦部位，冲刷并带走各种金属微粒。如果在润滑系安装磁性探测器，就可利用磁力捕获机油中悬浮的铁磁性金属微粒，再进行观察和测量，就可得知金属微粒的形状、尺寸和含量。根据含量可分析出金属微粒对机油的污染程度，根据形状、尺寸和含量可分析出金属微粒的来源和成因，并进而分析出摩擦面的磨损速度和磨损程度。

磁性探测器一般由壳体和磁性探头组成。壳体可长久安装在润滑系中最容易获得金属微粒的部位，而固装在其内的探头的磁铁部分则必须暴露在循环着的机油中，磁性探测器的壳体应能保证磁性探头可方便地取出和装入，并保证当磁性探头取出时内部的单向阀自动关闭出油口，防止机油外漏。

上述机油分析方法对金属微粒粒度的灵敏度范围如表3-13所列。可以看出光谱分析法主要适用于对较小微粒的分析，而旋转式铁谱仪分析法使用范围广泛，对各种尺寸的金属微粒都有较高的检测效率。

表3-13 各种油样分析法对粒度的灵敏度范围

油样分析方法	对粒度的灵敏度范围/μm	油样分析方法	对粒度的灵敏度范围/μm
光谱分析	小于0.1~9.0	旋转式铁谱仪分析	0.1~1000以上
一般铁谱分析	0.1~70	磁性探测器分析	9.0~1000以上

第九节 发动机异响诊断

发动机运转过程中,不可避免地会产生噪声,但发动机技术状况不良时会产生与发动机正常运转时发出的噪声有所不同的异常声响。例如:发动机主要部件的配合副磨损后间隙增大,会在运转中产生冲击或振动,发出金属敲击声;发动机爆燃产生的冲击波撞击气缸壁和活塞连杆组,也会发出类似金属敲击的异响;发动机气门及风扇等处,因气流振动可产生空气动力异响;在发电机、起动机和电磁元件内,因磁场交替变化,会引起某些部件产生振动而发出电磁异响。由于只有在主要部件的配合副磨损后间隙增大或有故障时,异响才会产生,因此若能将其正确判别出来,也就能反映相关部件的技术状况。另外,某些不正常的响声往往是发动机发生破坏故障的前兆;而且,发动机易于产生异响的各配合副,如气缸活塞、曲柄连杆配合副等,在不解体条件下用其他方法很难直接诊断,所以发动机异响诊断就更引起人们的重视。深入研究发动机的各种异响,揭示异响与发动机技术状况的内在关系,开发适用于在汽车使用条件下诊断发动机异响的仪器,是汽车检测诊断技术的重要内容。

一、发动机异响的性质

发动机运转时的声音不是纯声,而是一组复杂噪声。依照噪声的来源可分为机械噪声、燃烧噪声、空气动力噪声和电磁噪声。发动机种类、转速和负荷不同时,占主导地位的噪声成分也不同。无负荷时,汽油机的主要噪声是机械噪声,而柴油机由于燃烧过程工作粗暴,主要噪声是燃烧噪声。各种噪声尽管来源不同,却都混杂在一起。发动机技术状况不正常时,所发出的异常声响与各种噪声叠加在一起,形成了连续声谱。

发动机工作过程是周期性循环的,因此发动机工作时发出的各种噪声和异响也是周期性重复出现的。

发动机工作时发出的各种噪声、异响在向外传播过程中,若遇到缸体、气缸盖、气门室罩、油底壳的阻挡,不可避免地会转化为这些部件外表面的振动。由于各种噪声混杂在一起,由此引起的表面振动也是交织在一起的。

二、发动机异响的特征

要分辨发动机工作时发出的声响是正常声响还是异常噪声,以及区分各类异响,确定发出异响的部位,需要对异响的特征进行研究。

1. 振动频率和振幅

振动物体发出的声音以波的形式向外传播,因此有波动频率和波动幅度两个要素,分别决定于声波振动的快慢和强度。这样,声波所导致的发动机外表面的振动也具有与声波的频率和振幅相对应的振动频率和振幅。

研究表明:发动机每种敲击响声即声源引起的振动并非单一振动,而是常常由一组频率不同的振动组成。但每种声响所引起的一组频率不同的振动之中也常含有一个或多个区别于其他声响的振动频率,称为信息频率或特征频率。信息频率取决于声源的物理特征。因此,对同类发动机而言,同一声源所导致的振动的信息频率是近似的。所以,可以根据信息频率判断发出异响的声源或异响部位。

当发动机相互运动配合副磨损后间隙增大时，配合副相互冲撞加剧，所产生声响的声强或声压增大，由之引起的发动机表面振动的振幅也增大。因此，振幅的大小可反映配合副的技术状况好坏。

2. 相位

发动机各缸按一定次序周期性工作，各缸燃烧后所产生的最高压力也以该次序产生。因此，尽管各缸同类部件发出异响的特征频率相同或类似，但出现的相位不同，各缸异响信号间也存在时间上的差异。同样，同一缸不同部位所产生的异响也存在相位上的差异，即出现于不同曲轴转角处。例如，气门响则是与进、排气时刻相对应。虽然许多部位发出的异响出现在做功行程，如活塞敲缸响、活塞销响、连杆轴承响、曲轴轴承响，但由于作用力传递过程的时间差异，不同部位的异响也存在相位上的差异，即异响发生时刻所对应的曲轴转角不同。

三、影响发动机异响诊断的因素

1. 转速

发动机异响与转速有极大关系，如活塞敲缸、曲轴轴承响在比怠速稍高的转速下较明显；某型发动机在转速为 1000r/min 时，气门响、活塞销响较明显；而连杆轴承响在转速突变的情况下更突出。异响诊断应在异响最明显的转速下进行，并尽量在低转速下进行，以减轻不必要的噪声和损耗。

2. 温度

热膨胀系数较大的配合副所发出的异响与温度的关系很大。如活塞敲缸声在发动机冷起动时较为明显，而发动机工作温度升高后，敲缸声减弱或消失。所以，诊断活塞敲缸声时，应在冷车下进行。热膨胀系数小的配合副所发出的异响则与温度关系不大。发动机温度也是燃烧异响的影响因素之一。汽油发动机过热时往往产生点火敲击声（爆燃或表面点火）；柴油发动机温度过低时，往往产生点火敲击声（工作粗暴）。

3. 负荷

许多异响与发动机的负荷有关，如曲轴轴承响、连杆轴承响、活塞敲缸响等均随负荷增大而增强。但有的异响与负荷间的关系不明显，如气门响、凸轮轴轴承响和正时齿轮响。诊断在用汽车发动机异响时，常在变速器挂空挡、发动机以规定转速运转的条件下进行。

4. 诊断部位

发动机发生异响的部位由发动机的结构确定，但异响的能量随离开声源的距离越远越弱，即声波的声强或声波在发动机外表面所引起的振动的振幅，随诊断点距声源的远近而变化。因此，为了准确测得异响信号或获得足够强的异响信号，异响诊断点应距声源越近越好。此外，测量点变化后所测得的振动信号的强弱变化，也有助于判断异响产生的部位。常见发动机异响的诊断点位置如图 3-87 所示。

5. 润滑条件

此外，由于润滑油膜具有吸声作用，因而异响部位的润滑条件对所发出异响的强弱有很大影响。不论何种机械异响，当润滑条件不良时，一般都表现得较为明显。

东风 EQ6100 型发动机主要异响诊断的特征频率、转速、温度及诊断位置见表 3-14。

a) 曲轴主轴承响　　　　b) 连杆轴承响

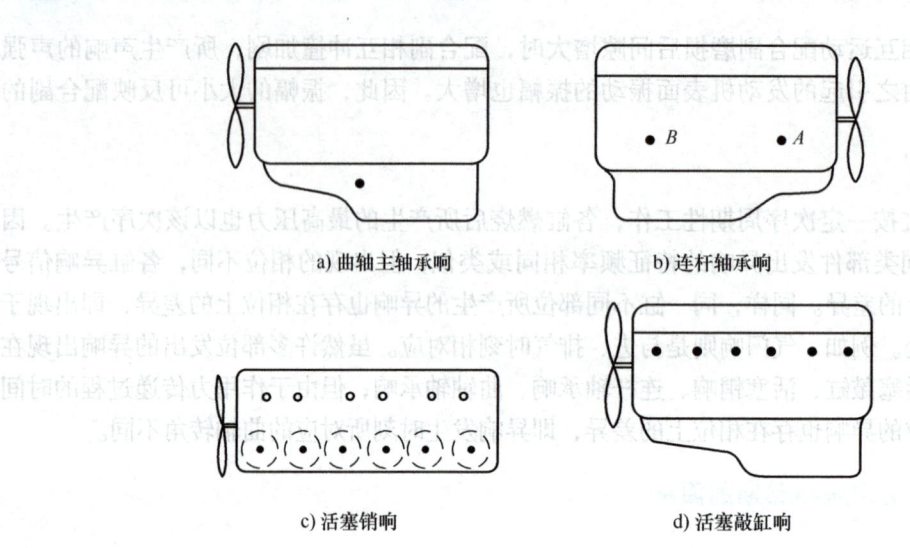

c) 活塞销响　　　　d) 活塞敲缸响

图 3-87　加速度传感器测点位置

表 3-14　东风 EQ6100 发动机异响诊断方法

异响种类	特征频率 /Hz	转速 /(r/min)	温度	诊断位置	辅助判断
曲轴轴承响	400	650	热车	缸体右侧下部，缸体主油道对应各轴瓦处（图 3-87a）	直接测量
连杆轴承响	400 或 800	800	热车 冷车	缸体右侧排气管中心根底处（图 3-87b）	断火对比或轻度急轰加速踏板
活塞销响	1200	1200	热车	缸体左侧偏离固定螺栓处（图 3-87c）	断火对比
活塞敲缸响	1200	900	冷车	缸体左侧火花塞孔下部相应缸体处（图 3-87d）	冷热车对比
气门响	2800	1200	热车	气门盖顶部对应位置	直接测量

四、发动机异响诊断仪的基本原理

发动机异响诊断仪的基本工作原理建立在以上关于异响特征研究的基础上，异响诊断常用仪器有两种类型：便携式异响诊断仪和带相位选择的示波器显示异响诊断仪。许多发动机综合性能分析仪具有发动机异响诊断的功能。

1. 便携式异响诊断仪

便携式异响诊断仪由传感器、前置放大器、双 T 型选频网络、功率放大器和显示仪表五部分组成，其方案框图见图 3-88。

异响诊断仪的传感器通常采用压电式加速度计，其结构见图 3-89。传感器中有两片压电材料（如石英晶体或锆钛酸铅压电陶瓷），压电材料片上置一铜制质量块，并用片簧对质量块预加负荷。整个组件装于金属壳内，壳体和中心引出端为二输出端。

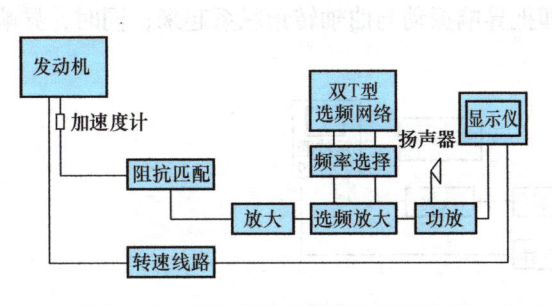

图 3-88　便携式异响诊断仪方案框图

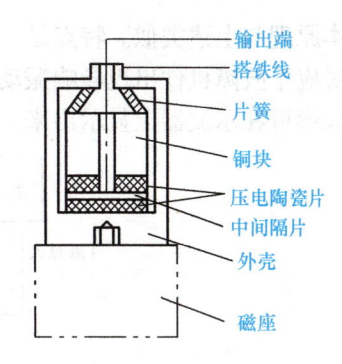

图 3-89　压电式加速度计结构示意图

当压电材料受到外力作用时，不仅其几何尺寸发生变化，而且内部极化，表面上有电荷出现，形成电场；当外力去掉时，其又恢复到原来状态，这种现象称为压电效应。当加速度计受到振动时，质量块随之振动，同时会有一个因振动而产生的惯性力作用于压电材料片上，其惯性力 F（N）的大小与振动加速度 a（m/s^2）和质量块的质量 m（kg）有关。即

$$F = ma$$

作用于压电材料片上的惯性力使其表面产生电荷，所积聚的电荷量与惯性力成正比。即

$$q = DF$$

式中　q——电荷量（C）；
　　　F——惯性力（N）；
　　　D——压电常数（C/N）。

因此，

$$q = Dma$$

传感器结构一定时，D 和 m 均为常数，因此电荷量 q 与振动加速度 a 成正比。显然，对于振动加速度来说，其大小、方向是周期性变化的，因此电荷量 q 也是周期性变化的。这样，带电表面与壳体间就会出现周期性变化的电压，其变化频率取决于振动频率；振幅越大，振动加速度越大，压电材料表面产生的电荷量越大，输出电压越高。因此，输出电压信号的变化频率可表示振动频率，而电压高低反映振动幅度。若振动由异响引起，则电压值就可反映异响的强弱。

压电加速度计常制成两种类型：一是具有磁座，可将其吸附在发动机壳体上；二是制成手握式，通过与加速度计相连的探棒接触检测部位并传递振动。

为了诊断异响，必须把异响振动所产生的电压信号从各种不同噪声振动所产生的信号中分离出来。为此，压电加速度计输出的信号经屏蔽导线连接到有高输入阻抗的前置放大器输入端，再经差动放大器放大后输入双T型选频网络。该网络实质上是一组具有不同中心频率的选频放大器，而且中心频率可用琴键开关变换，对应于经试验研究确定的发动机各主要异响的特征频率。选频放大器的功能是放大电压信号中与中心频率一致的部分，削弱或滤去与中心频率不一致的成分。经过选频放大，异响特征频率电压信号强度加强，再经功率放大输给扬声器或耳机，同时由电压表指示电压信号峰值，电压表又用作转速表。

2. 示波器显示异响诊断仪

图 3-90 是带相位选择的示波器显示异响诊断仪方案框图，其异响振动信号获取和处理

的基本原理与上述类似。特点是：可以在一定时刻通过相位选择允许信号通过诊断装置，该时刻对应于故障机件出现异响振动的时刻，即把异响振动与曲轴转角联系起来；同时，异响振动波形可在示波器上显示出来。

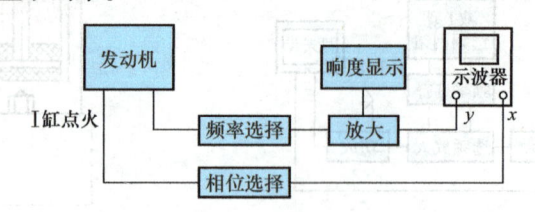

图 3-90　相位选择示波器异响诊断仪原理框图

由于某缸配合机件的敲击振动总在该缸点火后发生，在某一时刻结束。因此，对于汽油机而言，可用转速传感器从Ⅰ缸点火高压线上获得点火脉冲信号，用点火脉冲信号触发示波器的扫描装置。在开始点火的时刻，使经选频后的异响振动电压信号导通，且导通的相位和导通的时刻可以均匀调节。这样，相位选择装置使根据时间及相位上的差异分辨异响得以实现。通过选频的振动信号输送到示波器垂直偏转放大器的输入端，同时来自Ⅰ缸高压线的点火脉冲信号触发相位选择器，以控制示波器的扫描装置，从而在示波器屏幕上显示出经过相、频选择的振动波形，可用于直接观察振动波形的振幅、相位和延续时间。

国产 QFC-1 型、QFC-4 型、QFC-5 型、WFJ-1 型和 EA2000 型等发动机综合性能分析仪，均带有示波器，具有显示发动机异响振动波形的功能。

五、发动机异响诊断方法

1. 便携式异响诊断仪使用方法

利用便携式异响诊断仪诊断发动机异响的步骤和方法如下：

① 从发动机走热过程开始，即把压电加速度计放在发动机缸盖上部气缸中心线位置（或用探棒顶在该位置），在怠速下用直放电路（不接通选频网络）诊断有无金属敲击异常声响。

② 左右移动加速度计，观察仪表指示值有无明显增大的异常部位。

③ 在异常部位上，依次按下特征频率选择开关，观察在何种异响的特征频率下，仪表指示值显著增大。若诊断部位与中心频率对应的异响部位相对应，则可初步判断该异响由该特征频率所对应的部件引起。如果仪表读数较大，但诊断部位与中心频率所对应的异响部位不符，可上下移动加速度计，直至二者相符。

④ 在异响最为明显的转速、温度测试条件下，及在最有利的诊断位置上，仪表读数超过正常统计数据的位置即为异响振动声源。

2. 异响振动波形诊断方法

利用带相位选择的示波器或具有异响诊断功能的发动机综合性能分析仪，可通过异响振动波形对发动机异响进行诊断。在诊断异响振动波形前，应首先阅读所使用仪器的使用说明书，按说明书的要求进行操作。当使用发动机综合性能分析仪诊断异响振动波形时，其基本诊断步骤和方法如下。

① 按仪器使用说明书的要求进行操作，安装转速传感器，并使仪器进入异响诊断状态。

② 根据所诊断异响的零部件，选择操作码，其实质就是选取故障部件振动的中心频率。

③ 将振动传感器触在所诊断零部件异响最明显的振动部位，见图 3-87。如活塞敲缸响应触在气缸上部的两侧，主轴承响应触在油底壳中上部位置，连杆轴承响应触在发动机侧面靠近连杆轴承处，活塞销响应触在缸盖正对活塞处，气门响应触在进、排气门附近等。

④ 使发动机在响声最为明显的转速下运转，微抖加速踏板，观察示波器，若有明显的瞬间波形或波形幅度明显增大，说明存在相应的异响故障。诊断时可视需要配合以听诊、单缸断火、双缸同时断火等方法，以便准确诊断异响故障。

⑤ 若发动机确实有异响，但在所选择的操作码下诊断时，示波器显示的异响波形不明显，说明异响不是由所选操作码相对应的零部件产生。此时应重新选择操作码，并相应改变振动传感器的诊断部位，重新诊断异响波形。

⑥ 依次选择各有关零部件异响诊断操作码，按上述步骤诊断曲轴主轴承响、连杆轴承响、活塞销响和活塞敲缸响等异响故障。

六、发动机异响振动波形分析

因各种异响对应着不同的振动频率，同时振动中的振幅大小、变化过程存在差异，因此显示在示波器上的振动波形对应的凸轮轴转角和形状就会有所不同。

一般而言，在点火提前角正常的情况下，活塞销响的异响故障波形出现在整个波形的前部（或中部），活塞敲缸异响故障波形出现在整个波形的中部（或前部），连杆轴承响出现在中后部，曲轴主轴承响出现在波形最后部。因各种异响对应着不同振动频率，同时振动中的振幅大小变化过程存在差异，因此显示在示波器上的振动波形所对应的凸轮轴转角和形状有所不同。图 3-91 为活塞销响、活塞敲缸响、连杆轴承响和曲轴主轴承响的故障波形。

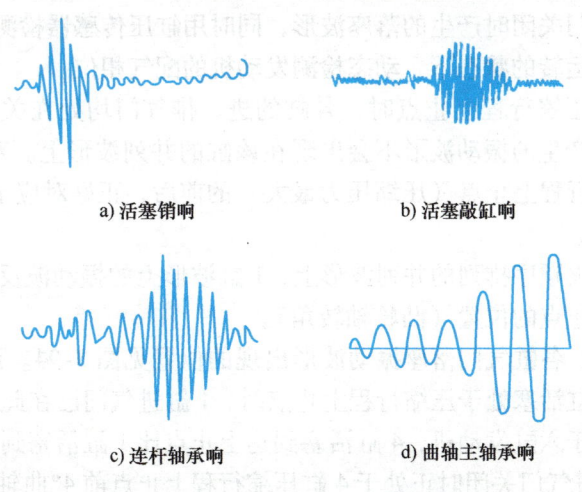

a) 活塞销响　　　　b) 活塞敲缸响

c) 连杆轴承响　　　　d) 曲轴主轴承响

图 3-91　常见发动机异响故障波形

发动机异响是较复杂的物理现象，尽管已经开发出了较为先进的诊断仪器，但要准确地进行异响诊断，还需要在实践中不断观察、总结和比较各种异响振动波形，以积累丰富的异响诊断经验。

以上仅介绍了用异响示波器对发动机 4 种常见异响的诊断，实际上在对发动机各机构及底盘传动系各总成有关异响的频率、相位及波形进行深入研究的基础上，发动机的其他异

响,如气门响、凸轮轴轴承响、正时齿轮响、发电机响和点火敲击响(柴油机着火敲击响)等,以及底盘传动系各总成的异响,如主传动齿轮异响、变速器齿轮异响等,均可以通过异响示波器进行诊断。

七、配气相位的动态检测

发动机进、排气门关闭时,气门与气门座碰撞,不可避免地发出机械声响,引起相应的机械振动。因此,异响检测的基本原理,亦可应用于发动机配气相位的动态检测。

1. 配气相位

发动机进、排气门开启和关闭的时刻,相对于活塞上、下止点时的曲轴转角称为配气相位。为使新鲜空气进气充足,废气排除干净,进、排气门都要相对于活塞到达上止点或下止点早开、迟闭,以充分利用气流的惯性,尽可能延长进、排气时间。图3-92为东风EQ1090E型汽车发动机的配气相位图。其进气门在排气行程尚未结束,活塞到达上止点前20°打开;在压缩行程开始后56°曲轴转角关闭;排气门在做功行程下止点前38.5°打开,在排气行程上止点后20.5°关闭。

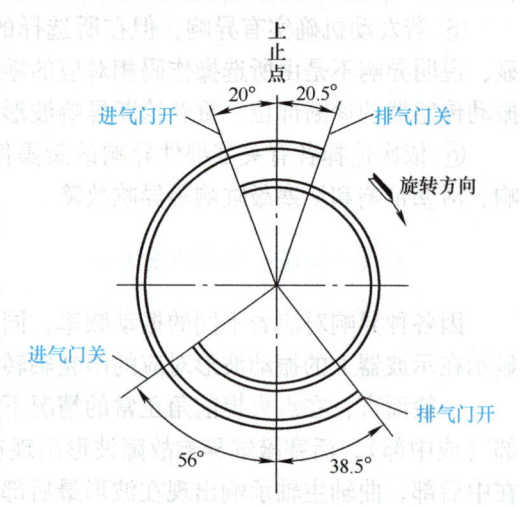

2. 配气相位动态检测的基本原理

图3-92 东风EQ1090E发动机配气相位图

进排气门关闭时,与气门座碰撞也会发出声响,使机体产生相应振动。若采用压电加速度计检测出进、排气门关闭时产生的落座波形,同时用缸压传感器检测出活塞到达上止点的时刻,即可在发动机运转的状态下,动态检测发动机的配气相位。

发动机各缸处于压缩行程上止点时,各缸的进、排气门均处在关闭状态,因此相应缸进、排气门关闭时所产生的振动波形不会出现在该缸的并列波形上。对于六缸发动机而言,当1缸活塞到达压缩行程上止点(压缩压力最大)的前后,正好对应于5缸进气门和6缸排气门关闭,见图3-93。

因此,在按照点火顺序排列的并列波形上,1缸波形上的振动波反映5缸进气门和6缸排气门关闭相对于上止点的位置(凸轮轴转角)。

在六缸并列波上,各缸气门落座振动波形出现的位置见图3-94。以东风EQ1090E型汽车发动机为例,当1缸活塞处于压缩行程上止点时,1缸进气门已在此前124°(180°-56°)曲轴转角处关闭。对于六缸发动机,4缸活塞到达上止点比1缸活塞到达上止点提前120°曲轴转角。因此,1缸进气门关闭时正处于4缸压缩行程上止点前4°曲轴转角,表现在并列波形上,则1缸进气门落座振动波形处于4缸波形上止点前2°凸轮轴转角。同理,1缸排气门已于1缸活塞到达上止点前239.5°时关闭,此时处于6缸活塞到达上止点后20.5°曲轴转角。所以,1缸排气门落座振动波形出现于6缸波形上止点后10.25°凸轮轴转角。确定了1缸进、排气门落座振动波形出现的位置后,按发动机各缸工作顺序,不难确定其余气缸进、排气门落座振动波形出现的位置。

进、排气门落座振动波形的位置表示了进、排气门关闭时,相对于上止点的凸轮轴转角。把该值与标准值比较，可判断进、排气门关闭时刻是否正确。但利用此方法还不能检测进、排气门的开启时刻，因此不能全面评价发动机的配气相位。

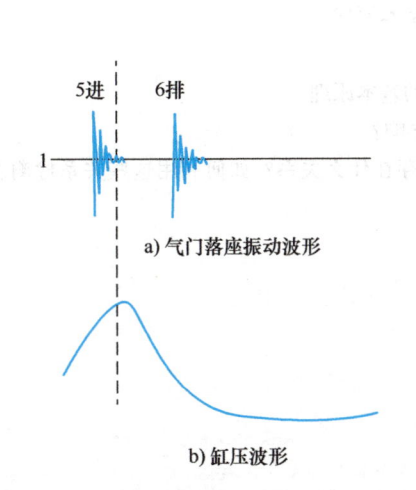

图3-93 1缸缸压波形和气门落座波形

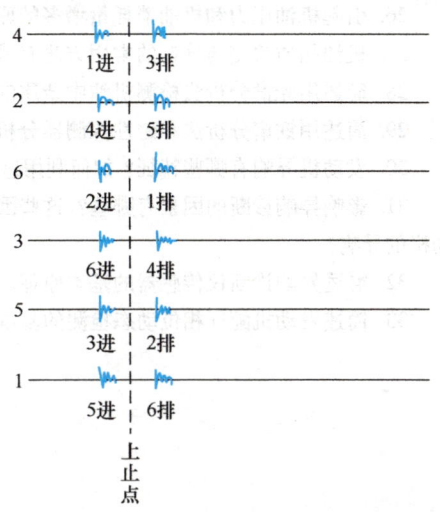

图3-94 各缸气门落座振动波形及位置

复 习 题

1. 简述发动机综合性能分析仪的功能和特点。
2. 评价气缸密封性的主要参数有哪些？
3. 如何利用气缸压力表检测气缸压缩压力？如何分析检测结果？
4. 利用起动电流或起动电压降检测气缸压缩压力的基本原理是什么？
5. 简述利用气缸漏气率检测气缸密封性的基本原理。
6. 简述利用进气管真空度检测气缸密封性的基本原理。
7. 曲轴箱窜气量如何检测，曲轴箱窜气量大的主要原因是什么？
8. 发动机点火系统的功能是什么？常用点火系统的类型有哪些？各有什么特点？
9. 简述利用点火电压波形检测点火系统故障的基本原理。
10. 绘出点火系统的初级电压和次级电压波形，简要说明形成原因。
11. 点火波形上主要有哪些故障反映区？各区主要说明什么问题？
12. 用频闪法检测点火提前角的基本原理是什么？
13. 如何用缸压法检测点火提前角？
14. 简述电控汽油喷射系统的基本工作原理。
15. 简述汽油机的排气成分与混合气空燃比的关系。
16. 如何检测喷油信号和燃油压力？
17. 如何检测汽油泵的泵油压力、密封性和泵油量？
18. 简述柴油机的燃油喷射过程。
19. 如何检测喷油压力波形？用压力波形检测喷油系统故障的基本原理是什么？
20. 绘出单缸标准波形和若干典型故障波形。
21. 如何用缸压法和频闪法检测供油正时？频闪法检测供油正时与检测点火提前角有何不同？
22. 发动机冷却系统密封性如何检测？
23. 常用既有消耗量检测方法有哪些？

24. 简述涡轮增压器的基本组成和工作原理。
25. 引起涡轮增压器异常振动的原因主要有哪些，如何解决？
26. 引起机油压力和机油消耗量增多的原因是什么？引起机油污染的原因是什么？
27. 机油品质检测与分析的常用方法有哪几种？分别简述其基本原理。
28. 简述用光谱分析法检测机油中杂质的基本原理。
29. 简述用铁谱分析法和磁性探测器分析法检测机油中杂质的基本原理。
30. 发动机异响有哪些特征？如何利用这些特征检测发动机异响？
31. 影响异响诊断的因素有哪些？这些因素与发动机异响间存在什么关系？如何利用这些关系检测发动机的异响？
32. 简述异响诊断仪传感器的基本原理。
33. 简述发动机配气相位动态检测的基本原理。

第四章 Chapter 4
汽车底盘技术状况的检测

汽车底盘由车架、车身、转向系统、传动系统、制动系统、行驶系统等组成,汽车底盘各系统、总成的技术状况决定着汽车行驶的操纵稳定性、安全性、传动效率和行驶阻力,还会影响汽车的动力性和燃油经济性。因此,底盘是汽车检测的重点之一。

汽车底盘的技术状况既可以通过道路试验检测,又可以采用室内台架试验检测。本章主要介绍台架试验方法。

第一节 汽车转向系统检测

转向系统是汽车底盘的重要组成部分,其技术状况的变化对汽车的操纵稳定性和高速行驶的安全性有直接影响,同时对转向车轮的行驶阻力有很大影响。转向系统技术状况检测项目主要包括转向盘自由行程和转向力检测、转向轮定位检测、车轮侧滑量检测和汽车四轮定位检测。

一、转向盘自由行程和转向力检测

转向盘性能好坏直接影响汽车的行车安全,其技术状况常用转向盘自由行程、转向角和转向力作为诊断参数进行检测诊断。

1. 转向盘自由行程及其检测

(1) 转向盘自由行程 转向盘自由行程指汽车转向轮位于直线行驶状态时,转向盘可自由转动的转角。当转向盘自由行程过大时,说明从转向盘至转向轮运动传递链中的若干配合副因磨损过度而出现松旷现象。因此,转向盘自由行程为一综合诊断参数。

根据 GB 7258—2017《机动车运行安全技术条件》的规定,机动车转向盘的最大自由转动量不允许大于表4-1所列的限值。

表4-1 机动车转向盘的最大自由转动量

车辆类型	设计车速大于或等于100km/h 的机动车	三轮汽车	其他机动车
转向盘最大自由转角/(°)	15	35	25

(2) 转向盘自由行程的检测 简易转向盘自由行程检测仪由刻度盘和指针两部分组成。刻度盘通过磁座吸附在仪表板或转向柱管上,指针固定于转向盘外缘,亦可相反。检测转向盘自由行程时,汽车处于直线行驶位置,把转向盘转至空行程极端位置后,调整指针使之指向刻度盘0°,而后把转向盘转至另一侧极限位置,其自由行程即为指针所指刻度。

转向盘自由行程也可用转向参数测量仪（图 4-1）或转向测力仪检测。

2. 转向盘转向力及其检测

（1）转向盘转向力　操纵稳定性优良的汽车，应有适度的转向轻便性。转向沉重，则易使驾驶人疲劳或转向不正确、不及时而影响行车安全；转向太轻，则驾驶人路感太弱，方向漂移而不利于安全行车。

转向轻便性可用转向角和转向力作为诊断参数。可在动态或静态情况下，用转向参数测量仪或转向力测试仪等仪器，测得转向力和对应转角的大小。

检测转向轻便性时，一般可采用路试检测法和原地检测法两种方法测试转动转向盘的操纵力。根据 GB 7258—2017《机动车运行安全技术条件》的规定，机动车在平坦、硬实、干燥和清洁的水泥或沥青道路上行驶，以 10km/h 的速度 5s 之内沿螺旋线从直线行驶过渡到外圆直径为 25m 的车辆通道圆行驶，施加于转向盘外缘的最大切向力应小于或等于 245N。根据 GB 38900—2020《机动车安全技术检验项目和方法》，原地检测转向轻便性时，汽车转向轮置于轮盘上，转动转向盘使转向轮达到原厂规定的最大转角，在全过程中用转向力测试仪测得的转动转向盘的操纵力不得大于 120N。

（2）转向力检测仪器和工作原理　图 4-1 所示为国产 ZC-2 型转向参数测量仪，该仪器由操纵盘、主机箱、连接叉和定位杆四部分组成，具有测试转向盘自由行程、转向角和转向力的功能。操纵盘实际上是一个附加转向盘，用螺栓固定于三爪底板上，底盘与连接叉间装有力矩传感器，以测出转向时的操纵力矩；连接叉通过装在其上的长度可伸缩的活动卡爪与被测转向盘联接；主机箱固定在底盘中央，内装力矩传感器、接口板、微机板、转角编码

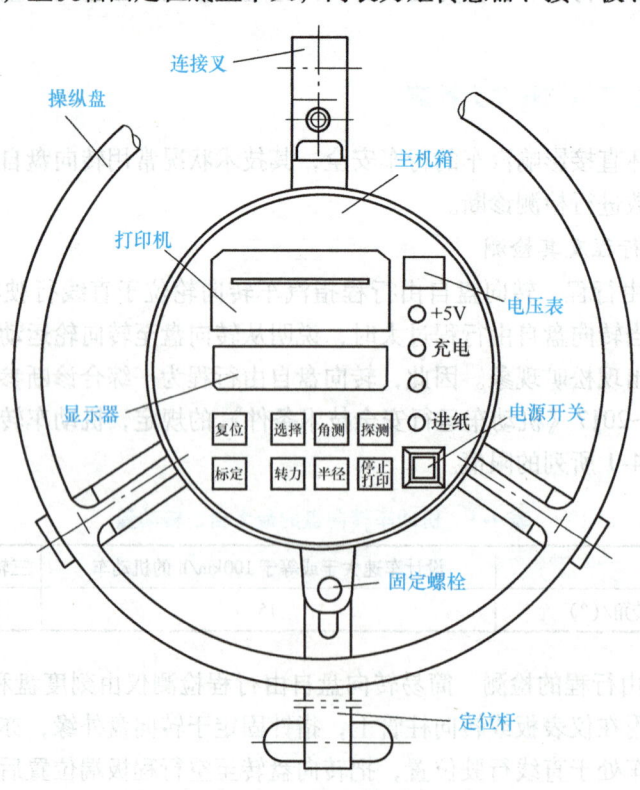

图 4-1　转向参数测量仪

器、打印机和电池等;从底板下伸出的定位杆,通过磁座附在驾驶室内仪表板上,其内端与装在主机箱下部的光电装置连接。使用时,把转向参数测量仪对准被测转向盘中心,调整好三只伸缩爪的长度,使之与转向盘牢固连接后,转动操纵盘的转向力通过底板、力矩传感器、连接叉传递到被测转向盘上,使转向轮偏转实现汽车转向。此时,力矩传感器把转向力矩转变成电信号,定位杆内端所连接的光电装置将转向角的变化转化为电信号。传感信号输送至主机箱后,由装在其内的微机自动完成数据采集、转角编码、运算、分析、存储、显示并打印出所测结果。

转向盘转向力的大小受多种综合因素的影响。如果行驶系统技术状况良好,车轮定位、轮胎气压正常,而转向盘转向力过大,则说明转向系统存在故障。其故障可能是:转向系各部件装配过紧、配合间隙过小、调整不当、润滑不良、传动杆件变形等。

二、转向轮定位检测

为保证汽车的操纵稳定性和转向轻便性,转向轮定位必须满足设计要求。在汽车使用过程中,由于转向机构、车轴、车架的变形和磨损,转向轮定位会逐渐失准,汽车的操纵性能变差,易于产生行车事故;同时,转向轮定位失准还会使车轮滚动阻力增大,汽车动力性下降,运行油耗增多;另外,由此引起的轮胎异常磨损也降低了汽车的使用经济性。因此,要对使用中的汽车适时地进行转向轮定位的检测,并根据检测结果进行调整,以保证其使用性能。GB 7258—2017《机动车运行安全技术条件》规定:汽车的车轮定位应与该车型的技术要求一致。

1. 转向轮定位及其作用

转向轮定位是转向轮静态安装后形成的一组几何角度与尺寸数值。汽车设计时,转向车轮上设计有主销后倾角、主销内倾角、车轮外倾角和前束四个几何结构参数,统称为转向轮定位。

(1) 主销后倾角 γ 转向节主销轴线或假想的主销轴线(某些独立悬架的汽车无实际主销)在纵向平面内向后倾斜,与垂直线所形成的夹角称为主销后倾角。主销后倾角的作用在于当转向轮受外力影响偏离直线行驶方向时,形成稳定力矩而自动回正。

汽车直线行驶时,若转向轮偶遇外力作用而偏转,如向右偏转,汽车的行驶方向也将向右偏转,见图4-2。由于汽车本身离心力的作用,在车轮与路面接触点处产生一个与离心力方向相反的侧向反力 Y。当主销后倾时,反力 Y 对车轮形成的绕主销转动的力矩正好与外力使车轮偏转的力矩方向相反,从而使车轮克服外力影响而回到原直线行驶位置。显然,若主销后倾角过大,将使回正力矩太大而转向沉重。图4-2为主销后倾角及其回正作用示意图。

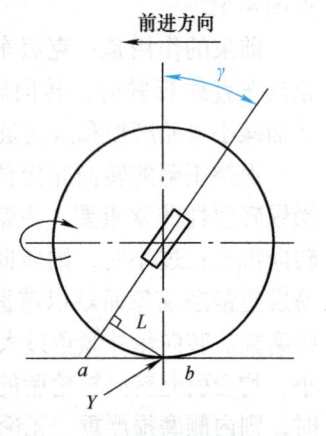

图 4-2 主销后倾角示意图

(2) 主销内倾角 β 转向节主销轴线或假想的主销轴线在横向平面内向内倾斜,与垂直线所形成的夹角称为主销内倾角。主销内倾角亦有使车轮自动回正的作用,同时可使转向轻便。若主销有一定内倾,则车轮在外力作用下偏离直线行驶方向时,转向轮连同转向轴和汽车前部将会被轻微抬起(图中画成转向180°,若无地面约束,车轮下边缘将陷入地面以下），前轴重量对于较低位置所具有的重力势能产生使转向轮回到原直线行驶位置的效应，见图4-3。此外，主销内倾还使主销轴线延长线与路面的交点到车轮中心平面的距离（称主销偏移距）减小，从而可减小转向时施加于转向盘上的力矩，使转向轻便，同时也减小了从转向轮传递到转向盘上的冲击力。

（3）车轮外倾角 α 转向轮安装时并非垂直于路面，而是向外倾斜一个角度，车轮中心平面与垂直线的夹角称为外倾角，见图4-4。

a) 主销内倾角　　b) 主销内倾角的作用

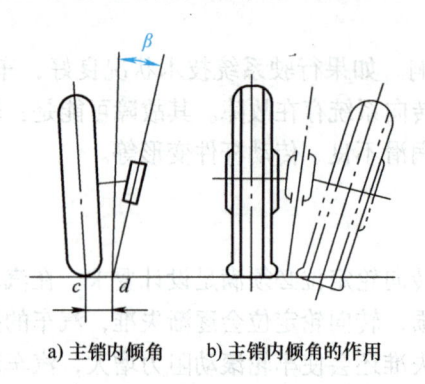

图4-3　主销内倾角及作用示意图　　　图4-4　车轮外倾角示意图

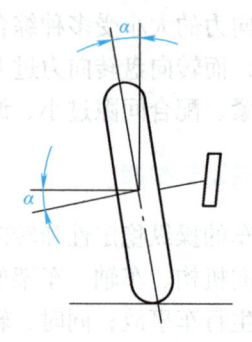

转向轮外倾可使主销偏移距进一步减小，因而具有使转向轻便的作用；同时可使转向轮适应路面拱形，防止轮胎表面内外磨损不匀；此外，还能防止车桥承受载荷变形时出现车轮内倾，减小轴端小轴承及轮毂紧固螺母的负荷，以延长其使用寿命。

（4）前束　转向轴上两转向轮并非平行安装的，其两轮前边缘距离 B 小于后边缘距离 A，$A-B$ 的值即为前束，见图4-5。

前束的作用是：克服车轮外倾所带来的不利影响，防止汽车直线行驶时，转向轮在地面上出现边滚边滑现象，从而减小轮胎磨损和滚动阻力。

保持正确的转向轮定位，对于保证汽车行驶稳定性和操纵轻便性非常重要。主销后倾角或内倾角过大时，汽车转向沉重；过小时，则转向轮不能自动回正，汽车直行时易发生偏摆现象而难以掌握，同时会造成轮胎胎面的不规

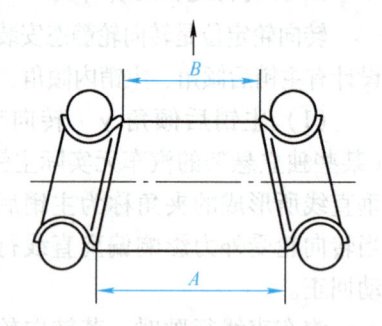

图4-5　转向轮前束

则磨损。转向轮外倾角过大或过小，将造成轮胎外胎肩或内胎肩磨损加剧。前束过大或过小，均会引起转向轮轮胎的不正常磨损，并难以驾驶。前束过大时，外侧磨损严重；过小时，则内侧磨损严重。无论前束过大或过小，均会使方向飘浮不定。部分车型的前轮定位值见表4-2。

表4-2　部分车型的前轮定位值

车型	车轮外倾角	主销内倾角	主销后倾角	前束/mm
东风 EQ1090E	1°	6°	2°30′	1～5
解放 CA1091	1°	8°	1°30′	2～6
跃进 NJ1061	1°	8°	2°30′	1.5～3

(续)

车型	车轮外倾角	主销内倾角	主销后倾角	前束/mm
黄河 JN162	1°	5°	2°	0~4
上海桑塔纳	-30′±20′	14.2°	30′	-3~-1
奥迪 100	-30′±30′	14.2°	1.16°	0.5~1
夏利 TJ7100	0°20′±1°	12°±30′	2°55′±1°	1
一汽富康	0°	10°40′	1°30′	0~2
一汽捷达	-30′±20′	14°	1°30′±30′	1°~±10′
CA6440	0.5°	9°	1°	0~2
比亚迪唐 PHEV	-40′±45′	10°40′±45′	2°35′±45′	-2~2
吉利帝豪 EV	0°±45′	12°7′±45′	2°33′±45′	0°±13′
雷克萨斯 NX300H HEV	-0.2°	11.5°	6.25°	2

2. 转向轮定位仪的构成

转向轮定位的检测常采用静态检测法。即在汽车停驶情况下，用测量仪器对汽车转向轮定位的几何参数进行测量，其检测的基本依据是转向轮旋转平面对各定位角间的直接或间接的关系。目前，常用的转向轮定位仪有便携式光束水准车轮定位仪、便携式水准车轮定位仪等。

光束水准车轮定位仪一般由一套水准仪、两套聚光器、两套支架、两套转盘、两套杆尺、两套标杆和一个制动踏板抵压器组成，适用于大、中、小型汽车；水准车轮定位仪一般由水准仪和转盘组成，仅适用于小型汽车。水准仪有插销式和永久磁铁式两种，前者用于光束水准车轮定位仪，而后者用于水准车轮定位仪。图 4-6 和图 4-7 分别为插销式和永久磁铁式水准仪。

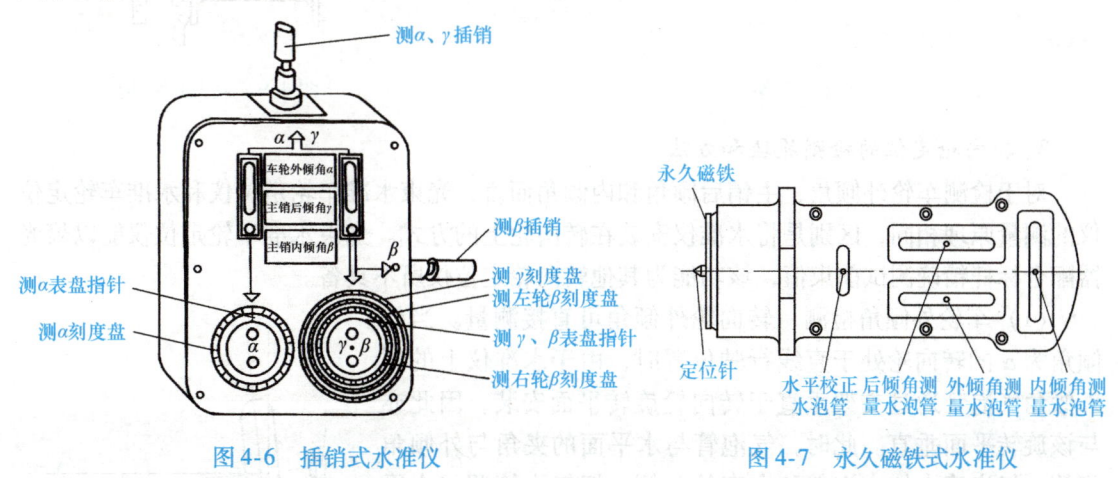

图 4-6 插销式水准仪

图 4-7 永久磁铁式水准仪

支架为水准仪与轮辋间的连接装置，其结构如图 4-8 所示。支架总成配有内张式和外收式两种固定脚，可按轮辋的形式不同而选用。安装时，先将固定支架的两个固定脚卡在轮辋适当部位，再移动活动支架使其固定脚也卡在轮辋上，而后用活动支架的偏心卡紧机构将三个固定脚卡紧在轮辋上，使三个固定脚的定位端面贴紧在轮辋边缘上。松开调整支座弹性固定板的固定螺栓，使调整支座沿导轨滑动，并通过特制心棒调整支座孔中心与车轮轴线重合

后，拧紧固定螺栓。测量时，插销式水准仪的插销插入调整支座中心孔。永久磁铁式水准仪带有永久磁铁和定位针，可以对准转向节枢轴的中心孔，直接吸附在轮辋端面，因而省去了支架。

转盘又称转角仪（图4-9），一般由固定盘、活动盘、扇形刻度尺、游标指示针、锁止销和位于两盘之间的滚珠构成。当汽车转向轮在转盘上转向时，可使之灵活偏转，并指示出转角大小。水准仪配合转盘可测量车轮外倾角、主销内倾角和后倾角。转盘还可用于测量转向轮最大转角和左、右转向车轮转角的关系。

聚光器上的定位销插入支架总成的支座孔中，可把聚光器固定于支架上，在标杆配合下可检测转向车轮的前束值。在转向轮定位的检测过程中，有时需踩下制动踏板，使车轮处于制动状态。踏板抵压器可将制动踏板压下而顶靠在驾驶座椅或其他支承物上，以节省人力。

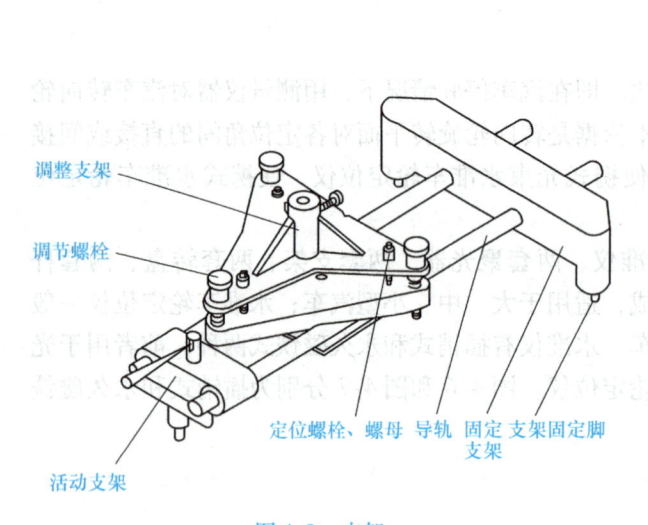

图4-8　支架

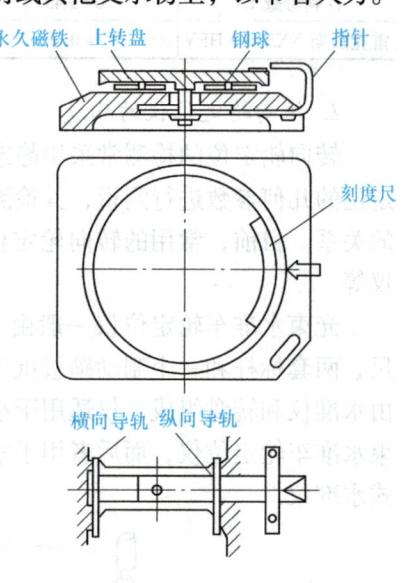

图4-9　转盘的结构

3. 转向轮定位的检测原理和方法

对于检测车轮外倾角、主销后倾角和内倾角而言，光束水准车轮定位仪和水准车轮定位仪的测量原理相同，区别是将水准仪安装在转向轮上的方式。光束水准车轮定位仪能以聚光器配合标杆精确测试前束值，该功能为其他转向轮定位仪所不具备。

（1）车轮外倾角检测　转向轮外倾角可直接测量。当外倾角为α的转向轮处于直线行驶位置时，由于水准仪上的测外倾角气泡管通过支架垂直于转向轮旋转平面安装，因此亦与该旋转平面垂直。此时，气泡管与水平面的夹角与外倾角相等，气泡管中的水泡偏移向车轮一侧。把气泡管调回水平位置，气泡位移量或角度调节量即反映了外倾角α的大小。其检测原理如图4-10所示。

图4-10　外倾角检测原理

测量时，将水准仪上的测α、γ插销插入支架座孔，并使水准仪在垂直于该插销的方向上近似水平，然后拧紧锁紧螺钉把水准仪固定于支架上，如图4-11所示。此时水准仪气泡将偏离中间位置。调节"α"调节盘，直到水准仪气泡处于中间位置，其"α"调节盘上红线所示角度值即为该转向轮的外倾角。

（2）主销后倾角检测

1）主销后倾角检测原理。主销后倾角γ不能直接测量，而是利用转向轮绕主销转动一定角度时的几何关系间接测量。检测时，其水准仪的安装位置如图4-11所示，通常先把转向轮向外转20°，回正后再向内转20°，由于主销后倾角的影响，转向节枢轴轴线与水平面的夹角发生变化，该变化值即可间接反映主销后倾角的大小。

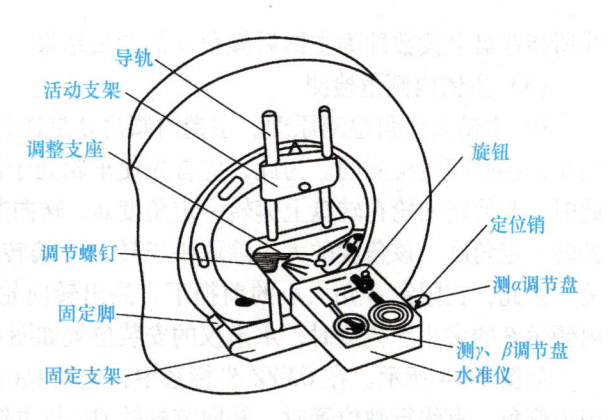

图4-11 检测车轮外倾角和主销后倾角

如图4-12所示，在三维坐标系$OXYZ$中，OA为主销中心线，位于YOZ平面内，OA与OZ构成的夹角γ为主销后倾角；OC为转向节枢轴，转向轮处于直线行驶状态时，OC与OX轴重合。假定车轮外倾角α和主销内倾角β均为零，则OC与OA垂直。此时，若转向轮偏离直线行驶位置，转过某一角度ϕ时，OC移至OC'，OC扫过的平面COC'与水平面的夹角等于主销后倾角γ。由于水准仪垂直于转向轮旋转平面安装，其上的水泡管始终与转向节枢轴轴线重合或平行。当OC移至OC'时，水泡管由MN移至$M'N'$，OC与水平面间形成的夹角为ω，水泡管中的气泡偏离水平时的位置而向M'移动，位移量取决于ω角的大小。ω角取决于前轮转向角ϕ和主销后倾角γ，当ϕ取定值时（通常取20°），ω与γ一一对应，而水泡管中气泡位移量与角ω一一对应。因而，通过对气泡位移量的标定即可反映γ角的大小。

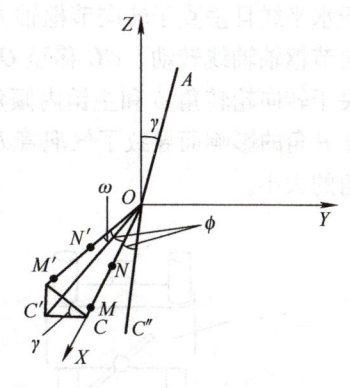

图4-12 主销后倾角测量原理

实际转向轮具有主销内倾角β和车轮外倾角α。为消除β对主销后倾角γ测试结果的影响，测量时先将转向轮向外旋转ϕ角，把水泡管调至水平位置，然后向相反方向回转2ϕ的角度。因为当转向节枢轴OC从直线行驶时的位置分别向外和向内转动相同角度时，主销内倾角β对主销后倾角γ测量结果的影响相等，方向相反，因而互相抵消。同时，转动2ϕ角度时，气泡位移量也增大一倍，因而可使仪器的测试灵敏度和精度提高。车轮外倾角对主销后倾角测试结果的影响不大，因而可忽略不计。

2）主销后倾角检测方法。主销后倾角γ的测量步骤如下：

① 把汽车转向轮置于转盘上，使车轮处于直线行驶方向，并使转向轮主销轴线的延长线通过转盘中心，拉紧驻车制动，取下转盘销。

② 把测"α、γ"插销插入支架座孔，使车轮外转20°，松开锁紧螺钉，使水准仪在垂直于"α、γ"插销的方向上处于水平状态后拧紧。

③ 转动"α、β"调节盘，使其指示红线与蓝、红、黄刻度盘零线重合。

④ 调整气泡管调节旋钮，使其中的气泡处于中间位置。

⑤ 使转向轮向内旋转40°，调节"α、β"调节盘，使水准气泡回到中间位置，指示红

线所指蓝盘上读数即为主销后倾角 γ 的测量结果。

(3) 主销内倾角检测

1) 主销内倾角检测原理。主销内倾角 β 是通过测量转向轮绕主销转动过程中转动平面的角位移而间接检测的。为此,应首先使车轮处于制动状态而不能绕转向节枢轴自由转动。此时,若使转向轮在转盘上偏转一定角度 ϕ,转向节和转向轮旋转平面会绕转向节枢轴轴线偏转一定角度。该角度的大小除取决于转向轮偏转角度 ϕ 外,还与主销内倾角 β 的大小有关。因此,在限定 ϕ 角大小的前提下,测出转向轮旋转平面偏转角的大小,即可反映主销内倾角 β 的大小。检测时,水准仪的安装位置如图4-13所示。

如图4-14所示。在 $OXYZ$ 坐标系中,主销 OA 在 YOZ 平面内,OA 与 OZ 的夹角 β 为主销内倾角。直线行驶位置时,转向节枢轴 OC 与主销 OA 的夹角为 $90°\pm\beta$。转向轮在制动状态向右(或向左)偏转 ϕ 角时,OC 移至 OC'(或 OC'')。由于主销内倾角 β 的影响,C 点的轨迹 CC'(或 CC'')为圆弧,COC'(或 COC'')为圆锥面。因此,若在 OC 前端放置一平行于水平线且垂直于转向节枢轴 OC 的气泡管 EF,则在转向轮偏转过程中,气泡管 EF 将绕转向节枢轴轴线转动。OC 移至 OC' 后,EF 移至 $E'F'$,EF 与 $E'F'$ 间形成的夹角为 θ,角 θ 取决于转向轮转角 ϕ 和主销内倾角 β。若使 ϕ 角为一定值,则 θ 角和 β 角成一一对应关系。由于 θ 角的影响而导致了气泡管 EF 中气泡的位移,因此通过对气泡位移量的标定即可反映 β 角的大小。

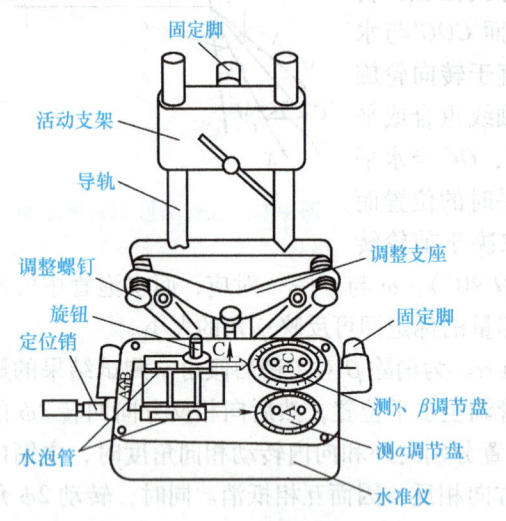

图 4-13 检测主销内倾角

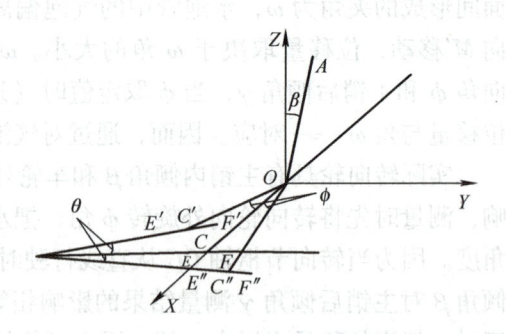

图 4-14 主销内倾角测量原理

检测主销内倾角 β 时,一般先把转向轮左转 ϕ 角(通常为20°),使转向节枢轴 OC 转至 OC'',调节气泡管与水平平面平行;再把转向轮右转 2ϕ 角,转向节枢轴转至 OC',气泡管 EF 则转过了 2θ 角,气泡位移量增大一倍。这不但可使检测灵敏度和读数精度提高,而且可消除主销后倾角 γ 对主销内倾角 β 的检测值的影响。

2) 主销内倾角的检测方法。主销内倾角 β 的测量步骤如下:

① 把转向轮置于转盘上,取下转盘销。

② 用制动踏板抵压器压下制动踏板。

③ 把水准仪的 β 销插入支架座孔中并紧固。

④ 使转向轮向外旋转 20°，松开锁紧螺钉并使水准仪在垂直于 β 插销的方向上处于水平状态，拧紧锁紧螺钉；然后，调节"α、β"调节盘使指示红线与蓝、红、黄刻度盘上的零线重合。

⑤ 使转向轮向内旋转 40° 后，调节"γ、β"调节盘使气泡回到中间位置。"γ、β"盘上指示红线在红刻度盘（测右转向轮）或黄刻度盘（测左转向轮）上所指示的数值，即为主销内倾角 β 的测量值。

(4) 前束的检测　聚光器配合标杆可检测转向轮前束的大小。使用时，聚光器定位销轴插入支架座孔中，如图 4-15 所示。前束的检测步骤如下：

① 把汽车转向轮置于转盘上，取下转盘锁止销，拉紧驻车制动手柄。

② 在转向轮上安装支架，把聚光器固定于支架上。

③ 确定直线行驶位置。将聚光器光束水平投向放置于后轮轴线、与后轴垂直且相对于汽车纵轴线对称放置的三脚架标尺上。调节焦距，在标尺上显现出带缺口的圆形图像（图 4-16），若缺口两侧所指数值相等，则汽车处于直线行驶状态，否则应转动转向盘调整，见图 4-17。

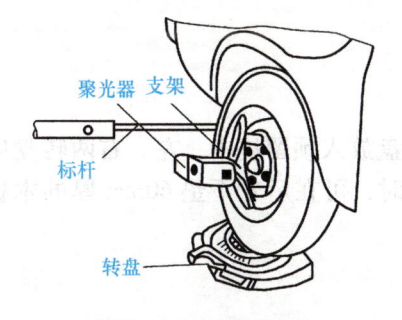

图 4-15　前束检测 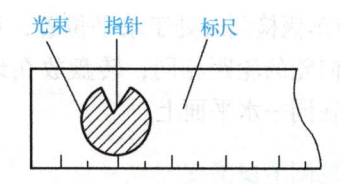　　　　　图 4-16　光束在标尺上的投影

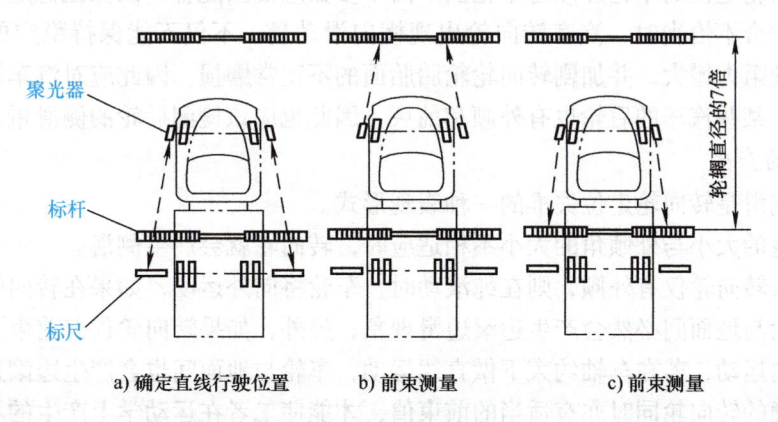

图 4-17　前束测量
a) 确定直线行驶位置　　b) 前束测量　　c) 前束测量

④ 平衡顶起转向桥，使两转向轮离开转盘而能自由转动。

⑤ 将两套标杆平行于转向轮轴线放置于两侧，每一标杆距转向轮轴中心的距离为转向轮上规定前束测量点处半径的 7 倍。

汽车转向轮前束测量点的高度，一般等于转向轮轴线的离地高度；而前束测量点在转向轮上的径向位置依车型而定，各汽车制造厂的规定不完全一致。有的测量点在胎面中心处，有的测量点在胎侧突出处,而有的测量点在轮辋边缘处。各车型的前束规定值亦是指汽车转向轮在规定测量点处测量时所应达到的值。因此,检测前束时应查阅汽车使用说明书,确定其前束检测的规定位置。

⑥ 将一侧聚光器光束投向前标杆,并移动标杆使之指向一个整数。转动转向轮使光束投向后标杆,亦使之指向同一个整数。然后,使另一侧聚光器光束分别投向前、后标杆,并记录所指数字,后标杆数字与前标杆数字之差即为该车转向轮的前束值。

前后标杆以 7mm 间隔为一个尺寸刻度,每个刻度代表 1mm。两标杆间距为转向轮前束测点处直径 d 的 7 倍,且与转向轮中心的距离相等,所以前束值被放大 7 倍显示在标杆上,从而提高了测试精度。

4. 转向轮定位检测注意事项

(1) 对被检车辆的要求

① 被测车辆载荷和轮胎气压符合规定。

② 转向轮轮胎为新胎或磨损均匀的半新胎。

③ 转向轮轮毂轴承、转向节与主销不应松旷,否则应先修理调整后再检测。

④ 制动器制动可靠。

(2) 对检测场地的要求

① 表面平整。

② 为使车辆检测时处于水平位置,可将转盘放入预留坑中,左、右两转盘应调整到与被测汽车转向轮的轮距相同;转盘放在地面上时,可在后轮下垫 60mm 厚的木板,以保证前、后车轮在同一水平面上。

三、车轮侧滑量检测

汽车转向轮定位的车轮外倾与车轮前束两个参数应恰当配合,以保证稳定的直线行驶状态。当二者配合不恰当时,汽车转向轮出现横向滑动量,不仅不能保持稳定的直线行驶状态,而且行驶阻力增大,并加剧转向轮轮胎胎面的不正常磨损,因此应对汽车转向轮的侧滑量进行检测。某些汽车的后轮也有外倾和前束,因此也应该检测后轮的侧滑量。

1. 侧滑的产生

转向轮侧滑是转向轮定位失准的一种表现形式。

当前束值的大小与外倾角的大小不相适应时,转向轮就会产生侧滑。

显然,若转向轮仅有外倾,则在纯滚动时,车轮将向外运动,如果在转向轴约束下做直线运动,车轮与地面间必然会产生边滚边滑现象;另外,如果转向轮仅有前束,则车轮纯滚动时,将向内运动,若在车轴约束下做直线运动,车轮与地面间也会产生边滚边滑现象。只有使具有外倾的转向轮同时亦有适当的前束值,才能使二者在运动学上产生的不良效应相互平衡,使汽车直线行驶时,转向轮做纯滚动而不产生边滚边滑现象,从而提高了汽车的操纵稳定性,并大大减小了轮胎磨损和行驶阻力。

侧滑量反映转向轮外倾与前束相互配合的综合结果。二者匹配情况理想时,侧滑量为零,汽车行驶时转向轮处于纯滚动状态。因此,轮胎磨损轻,行驶阻力小,转向轻便,操纵稳定性好。所以,通过检测和调整,使侧滑量在标准规定范围内是非常必要的。应明确说明的是:转向轮外倾和前束均合格时,侧滑量合格;反之,当侧滑量合格时,却不一定能保证外倾和前束都合格。

2. 侧滑量检测原理

目前，国内广泛采用滑板式侧滑试验台检测汽车转向轮的侧滑量，其基本原理是：若转向轮外倾和前束配合不当，则汽车直线行驶时，转向轮将处于边滚边滑状态，轮胎与地面间由于滑动摩擦的存在而产生相互作用力。若使汽车驶过可以横向自由滑动的滑板，则该作用力将使滑板产生侧向滑动，侧滑量大小则反映了汽车转向轮外倾和前束的匹配情况，但并不能表示外倾和前束的具体数值。常用滑板式侧滑试验台有双板式和单板式两种类型。

（1）双滑板检测原理　车轮的侧滑量可利用双滑板装置进行测量。该装置的双滑动板互不连接，均通过滚动装置支撑并可在横向自由滑动，但在沿汽车行驶的纵向受约束不能移动。

若转向轮仅有前束而没有外倾角，则汽车直线行驶时，两转向轮具有向内收缩靠拢的趋势。假定将两个只有前束而没有外倾的转向轮用一根可自由伸缩的轴连接起来，则车轮向前直线滚动一段距离后，由于前束的作用，两只车轮将向里收拢，互相靠近。而实际上，汽车前轴是不可能缩短的，转向轮由于前轴的约束而保持直线行驶。此时，若使两转向轮驶过底部装有滚轮可自由滑动的滑板，意味着地面可以横向伸缩，则由于车轮轮胎与滑板之间的摩擦系数很大，足以避免车轮在滑板上横向滑移，因而两侧滑板则会在车轮与滑板间的相互作用力作用下反方向移动，即左、右滑板分别向外滑移，见图4-18b。

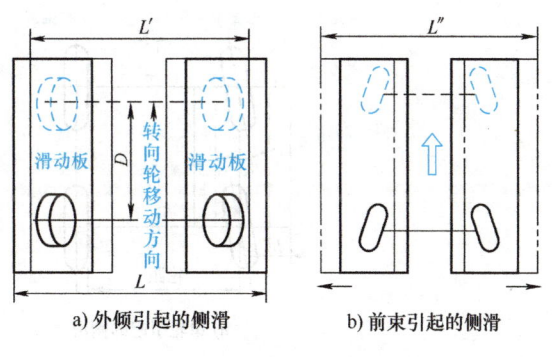

图4-18　双滑板侧滑检测原理

通常，滑板向外滑动的数值记为正，而向内滑动的数值记为负。因此，前束可引起正侧滑。由前束引起的单个车轮的平均侧滑量 S_1 为

$$S_1 = \frac{L' - L}{2}$$

式中　L——滑板静态时两板外侧间距（mm）；
$\qquad L'$——滑板侧滑后两板外侧间距（mm）。

与上述情况相反，若转向轮只有外倾而没有前束，当通过滑板时，侧滑板将向内侧滑移，即转向轮外倾可引起负前束，见图4-18a。由外倾引起的单个车轮的平均侧滑量 S_2 亦可由上式求出。

实际上，目前一般汽车转向轮同时存在着外倾与前束，因此在两转向轮通过可以左右滑动的滑板时，其侧滑量 S 是前束和外倾两者的综合结果，即 $S = S_1 - S_2$。只有在外倾与前束配合得当时，二者产生的侧向力相互抵消，才能保持车轮无侧滑，此时滑动板也无侧滑，即 $S=0$。若两者配合不当，则侧向力失去平衡，车轮将沿较大侧向力的方向侧滑，从而产生侧滑量，此时 $S \neq 0$。当 $S > 0$ 时，两转向轮向外侧滑；当 $S < 0$ 时，两转向轮向内侧滑。

（2）单滑板检测原理　单滑板侧滑试验台仅用一块滑板，如图4-19所示。其单滑板通过滚动装置支撑并在横向可以自由滑动，但在沿汽车行驶的纵向受约束而不能移动。

使汽车左转向轮从单滑板上通过，右转向轮在地面上行驶。若右转向轮正直行驶无侧滑，而左转向轮具有侧滑角α产生侧滑时，通过车轮与滑动板间的附着作用就会带动滑动板向左移动距离b，如图4-19a所示；而若右转向轮具有侧滑角β，同样右转向轮相对左转向轮也会侧滑，从而引起滑动板向左移动的距离为c，如图4-19b所示。在左、右转向轮同时产生侧滑量b和c时，则滑动板的移动距离为两转向轮侧滑量之和，即$S = b + c$。

因此，采用单滑板式侧滑试验台检测汽车的侧滑量时，虽然一侧车轮从滑动板上通过，但测量的结果并非单轮的侧滑量，而是左、右转向轮侧滑量的综合反映。根据这一侧滑量可以计算出每一边车轮的侧滑量，即单转向轮的侧滑量为

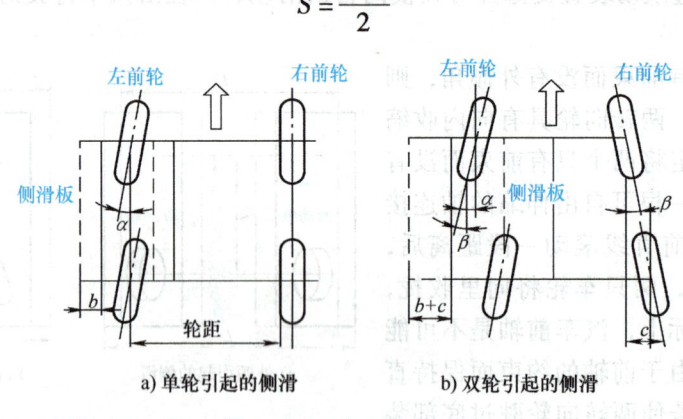

$$S = \frac{b+c}{2}$$

图4-19 单滑板侧滑量检测原理

3. 侧滑试验台的构造

目前，国内采用的大多数侧滑试验台是双板联动式侧滑试验台。检测时，汽车两转向轮分别驶过左、右滑板，用测量滑板左、右位移量的方法检测汽车的侧滑量。

双板联动式侧滑试验台由试验台主体（或称检测装置）、指示装置和报警装置构成。

（1）试验台主体　试验台主体由框架、左右侧滑板、杠杆机构、回位装置、滚轮装置、导向装置、锁止装置和位移传感器等构成。图4-20为侧滑试验台主体示意图。

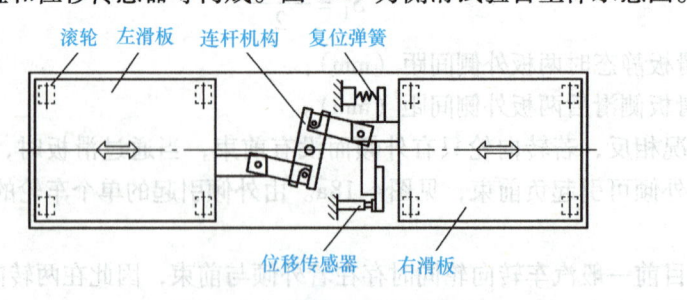

图4-20 侧滑试验台主体

侧滑试验台侧滑板的长度一般有500mm、800mm和1000mm三种。为增大轮胎与滑板间的附着系数，侧滑板常用花纹钢板制造。侧滑板下部用滚轮支撑，滚轮可在滑道中左右自由滑动，因此侧滑板受力后可左右摆动；侧滑板下部还装有导向装置，用以限制侧滑板的纵向位移，但允许侧滑板的左右位移。为使汽车的侧滑量被检测后，侧滑板能够回到初始位

置，侧滑板或杠杆机构上装有回位弹簧。锁止装置用于在不工作时限制侧滑板的左右位移，以防止意外损坏。由于杠杆机构的运动学关系，双滑板侧滑试验台的左右滑板只能做同时向内或同时向外的等量位移。位移传感器装于其中一块滑板上，常见的传感器类型有电位计式、差动变压器式和自整角电动机式三种形式，用于将位移量转变为电信号传输给指示装置。

（2）侧滑量测量装置　侧滑量测量装置是一个位移传感器，安装在图 4-20 所示的位置上，用于将车轮侧滑造成的侧滑板位移量变成电信号送给侧滑量显示装置。常用的位移传感器有电位计式、差动变压器式两种形式。

电位计式位移传感器的工作原理如图 4-21 所示。在电位计两端加上一定的电压，当电位计的滑动触点随侧滑板移动时，可将侧滑板的移动量变为电位计触点的位移，导致电位计阻值的变化，触点的输出电压与位移量成正比，并传递给侧滑量显示装置。

差动变压器式位移传感器由一次线圈、二次线圈和衔铁等组成，可将被测信号的变化转换成线圈互感系数变化，其结构如同一个变压器，如图 4-22 所示。在一次线圈接入交流激励电压 U_1，衔铁处于中间位置时，二次线圈输出电压 U_2 为零。当侧滑板带动位移传感器的拨杆位移时，引起衔铁的位移，导致线圈互感系数的变化，进而引起输出电压 U_2 的变化。该电压变化反映车轮侧滑量。差动变压器式位移传感器具有结构简单、灵敏度高、测量范围大及使用寿命长等特点。

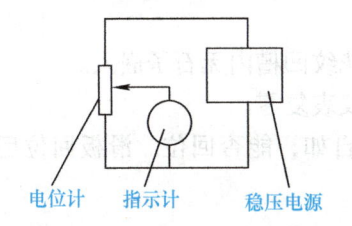

图 4-21　电位计式位移传感器原理

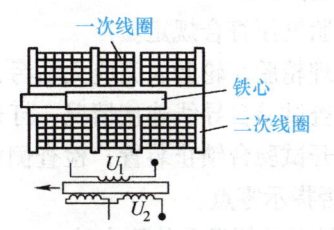

图 4-22　差动变压器式位移传感器原理

（3）侧滑量指示装置　汽车侧滑试验台的指示装置有机械式和电气式两类。目前大多数采用电气式，采用指针指示、数码管显示或液晶显示，并有峰值保持功能，有些侧滑试验台还可打印检测结果。从传感器传来的反映侧滑板位移量的电信号，经放大处理后传送给指示装置。指示装置标定时，按汽车直线行驶 1km 每侧滑 1m 为一格刻度。若侧滑板长度为 1000mm，则侧滑板侧向位移 1mm 时，显示 1 个刻度；侧滑板长度为 500mm 时，侧滑板每侧向位移 0.5mm，则对应于 1 个刻度。在指示装置上，转向轮正、负侧滑分别对应有 7 个以上刻度。检测人员从指示装置上就可获知转向轮侧滑量的定量数值和侧滑方向。图 4-23 为电气式指示装置。

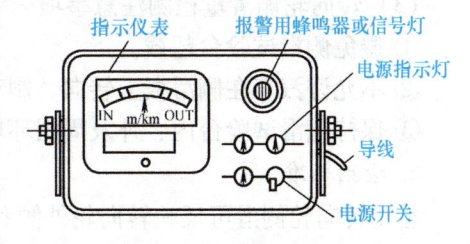

图 4-23　电气式指示装置

（4）报警装置　检测转向轮侧滑量时，为快速表示出检测结果是否合格，当侧滑量超过规定值时（多于 5 格刻度），报警装置能根据侧滑板限位开关发出的信号，用蜂鸣器或信号灯报警，因而无须再读取仪表数值，以节省检测时间。

4. 影响转向轮侧滑量检测结果的因素

影响转向轮侧滑量检测结果的主要因素如下：

① 转向轮外倾与前束匹配不当。一般情况下，侧滑量超标时，调整前束就能使侧滑量合格。但在某些特殊情况下（如因汽车前部碰撞使转向轮定位角发生较大变化时），调整前束使转向轮侧滑量合格，汽车行驶时驾驶人反而觉得难以操纵。此时，应检测转向轮定位的其他三个参数是否满足要求。侧滑量不合格时，不能一味只用改变前束的方法调整。

② 汽车轮毂轴承间隙过大，左右松紧度不一致，转向节主销和衬套磨损过度，横、直拉杆球头松旷，左右悬架性能差异，前、后轴不平行等，都会影响侧滑量。因此，检测侧滑量之前，应首先消除上述因素，而当车辆的侧滑量不合格时，也应在这些方面查找原因。

③ 轮胎气压不符合规定；左、右轮胎气压不等，花纹不一致；轮胎磨损过大及严重偏磨；轮胎上有水、油或花纹中嵌有小石子，都会影响轮胎与滑板间的作用力，影响侧滑量。

④ 汽车通过侧滑板的速度。车速过快时，由于冲击作用，侧滑量检测结果会显著增大，一般试验车速以 3~5km/h 为宜。

⑤ 转向轮通过侧滑板的方向是否与侧滑板垂直。当不垂直时，侧滑量检测结果显著增大。

此外，车身、车架、前后轴变形也会影响汽车转向轮侧滑量的检测结果。因此，汽车转向轮侧滑量实际上是一个综合性评价指标。对于引起汽车转向轮侧滑量过大的原因应进行综合分析。

5. 侧滑试验台的使用方法和注意事项

（1）准备工作

① 轮胎气压符合规定。

② 清理轮胎，轮胎表面应无油污、泥土、水，花纹凹槽内无石子嵌入。

③ 检查试验台导线连接情况，打开电源开关，仪表复零。

④ 打开试验台锁止装置，检查侧滑板是否滑动自如，能否回位。滑板回位后，检查指示装置是否指示零点。

（2）转向轮侧滑量检测方法

① 汽车以 3~5km/h 的速度垂直平稳驶过侧滑板，汽车通过侧滑板时不得转向和制动。

② 转向轮完全通过侧滑板后，读取仪表显示值或打印侧滑量读数。

③ 检测结束后，锁止侧滑板并切断电源。

（3）转向轮侧滑量检测注意事项

① 避免侧滑试验台超载。

② 不允许汽车在侧滑板上转向、制动或停放。

③ 保持侧滑试验台内、外及周围环境的清洁。

6. 检测标准

检测转向轮侧滑可反映转向轮外倾和前束的匹配情况。GB 7258—2017《机动车运行安全技术条件》规定：对前轴采用非独立悬架的汽车，其转向轮的横向侧滑量，用侧滑台检验时侧滑量值应小于或等于 5m/km。常用轿车的前轮侧滑量一般应小于或等于 3m/km。规定侧滑量方向为外正内负。

车轮侧滑量是反映车轮前束与车轮外倾综合作用的参数，因此当侧滑量超标时，应根据其侧滑性质重点查找车轮前束与车轮外倾的匹配情况。侧滑量超标时，若指针指向 IN 边（或读数为＋），则表明前束太大或外倾角太小甚至车轮内倾；若指针指向 OUT 边（或读数为－），则表明前轮外倾角太大或前束过小甚至负前束。总之，车轮侧滑量超标，则说明车轮外倾与前束匹配不当，应加以调整。

通常车轮的外倾角不可调整,因此调整时只能调前束。绝大多数情况下的侧滑不合格都可以通过前束调整得到解决,但侧滑调合格后并不一定说明其车轮定位符合设计要求。因此,为确保行车安全,应当通过静态车轮定位检测与调整来解决车辆的侧滑不合格问题。

四、汽车四轮定位检测

1. 汽车四轮定位及作用

为适应汽车高速行驶状态下的稳定性和舒适性要求,现代汽车广泛采用四轮独立悬架。为使汽车具有良好的转向特性,除转向轮定位外,目前大部分轿车(如夏利TJ7100、捷达、富康、桑塔纳2000等)还具有后轮外倾角和前束等参数,称为四轮定位。

四轮定位的前、后轮定位参数依赖于悬架机构有关部件的相互位置在一个统一基准(线或面)上的合理匹配,这样才能保证转向系统、行驶系统的稳定效应,使汽车具有良好的行驶平顺性和操纵稳定性。只有当前、后轮定位参数均按标准值调整得当时,才能保证汽车转向精确、运行平稳、行驶安全、降低油耗,并能减轻轮胎磨损。

在汽车行驶中,出现下列情况时,需进行四轮定位的检测和调整:
① 直线行驶困难。
② 前轮摇摆不定,行驶方向漂移。
③ 轮胎出现不正常磨损。
④ 汽车更换悬架系统、转向系统有关部件或前部经碰撞事故维修后。

2. 汽车四轮定位检测指标

四轮定位的检测项目包括:车轮前束值/角及前张角、车轮外倾角、主销后倾角、主销内倾角、后轮前束值/角及前张角、后轮外倾角、轮距、轴距、转向20°时的前张角、推力角和左右轴距差等,见图4-24。其中,转向轮定位参数的检测工作在转向轮定位仪上也可

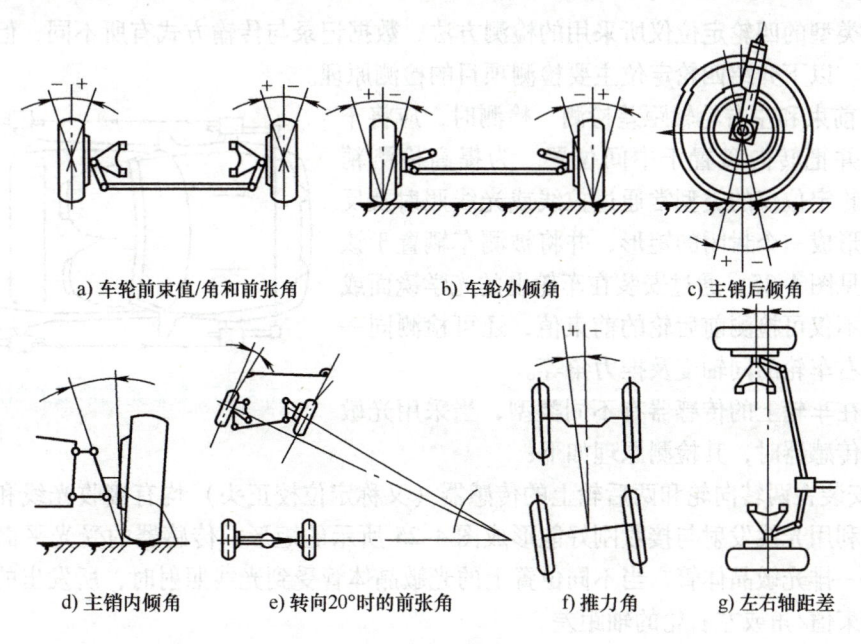

a) 车轮前束值/角和前张角　　b) 车轮外倾角　　c) 主销后倾角

d) 主销内倾角　　e) 转向20°时的前张角　　f) 推力角　　g) 左右轴距差

图4-24　四轮定位的检测项目

完成。因此，用于检测四轮定位的四轮定位仪不仅可检测转向轮的定位参数，还可检测后轮定位参数。

不同车型汽车的四轮定位值不同。汽车的四轮定位合格与否，需要把检测结果与标准值进行比较才能确定，表 4-3 为桑塔纳 2000GSi 轿车的四轮定位标准值。现代微机四轮定位仪，不仅采用了先进的测量系统和科学的检测方法，而且储存了大量常见车型的四轮定位标准数据。在检测过程中，可随时把实测数据与标准数据进行比较，并通过屏幕用图形和数字显示出需要调整的部位、调整方法以及在调整过程中数值的变化，把复杂的四轮定位检测调整简化成"看图操作"。

表 4-3　桑塔纳 2000GSi 轿车车轮定位参数

参数			标准值
前轮	前束	左	−10′±5′
		右	−10′±5′
	外倾角	左	−30′±20′
		右	−30′±20′
	后倾角	左	−1°30′±30′
		右	−1°30′±30′
后轮	前束	左	−12′±7′
		右	−12′±7′
	外倾角	左	−1°40′±20′
		右	−1°40′±20′

3. 汽车四轮定位检测原理

不同类型的四轮定位仪所采用的检测方法、数据记录与传输方式有所不同，但基本检测原理一致。以下介绍四轮定位主要检测项目的检测原理。

（1）前束和左右轮轴距差检测　检测时，应将车体摆正，并把转向盘置于中间位置。为提高检测精度，依四轮定位仪的类型常通过拉线或光线照射及反射方式形成一个封闭的矩形，并将被测车辆置于该矩形中，见图 4-25。通过安装在车轮上的光学镜面或传感器，不仅可检测前后轮的前束值，还可检测同一车轴上左右车轮的同轴度及推力角等。

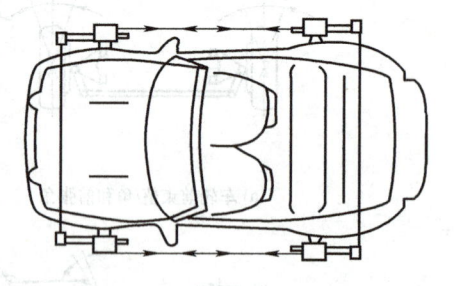

图 4-25　8 束光线形成的封闭矩形

安装在车轮上的传感器有不同类型，当采用光敏晶体管式传感器时，其检测原理如下：

1）安装在两转向轮和两后轮上的传感器（又称定位校正头）均有接收光线和发射光线的功能，利用光线发射与接收刚好能形成图 4-25 所示的矩形。传感器的受光平面上等距离地排列有一排光敏晶体管，当不同位置上的光敏晶体管受到光线照射时，所发出的电信号即可代表前束值/角或左右轮的轴距差。

2）前束为零时，同一轴左右车轮上的传感器发射（或反射）出的光束应重合。当检测出上述两条光束互相平行但不重合时,说明车轮发生了错位,左右车轮不同轴,依据光敏晶体管发出的信息可测量出左右轮的轴距差。

3) 当左右车轮有前束时,左轮传感器上接收到的光束位置相对于原来的零点有一偏差值,该偏差值表示右侧车轮的前束值/角;同理,在右轮传感器上接收到的光束位置相对于原来零点的偏差值,则表示左侧车轮的前束值/角。转向轮和后轮前束的检测原理相同,所不同的是转向轮前束的检测利用装在左右转向轮上的两个传感器,而后轮前束的检测则是利用装在左右后轮上的传感器。车轮前束值/角的检测原理见图4-26。

(2) 推力角检测 由于车辆长期使用或发生交通事故后,其后轴发生变形,致使后轴中心对称线(即推力线)发生偏斜,后轴中心线与汽车纵向对称线的夹角即称为推力角。推力角并非设计参数,而是一种故障状态参数。推力角过大,会导致轮胎的异常磨损,汽车易偏离其直线行驶方向,严重时将发生后轴侧滑、甩尾等危险状况。

推力角的检测见图4-27。当推力角为0°时,前后轴同侧车轮上的传感器发射或接收的光束应重合,当两条光束出现夹角而不重合时,即说明推力角不为0°。因此,可以用安装在汽车前轮上的传感器接收到的后轮传感器所发射的光束,根据光束相对于零点位置的偏差值检测汽车推力角的大小。

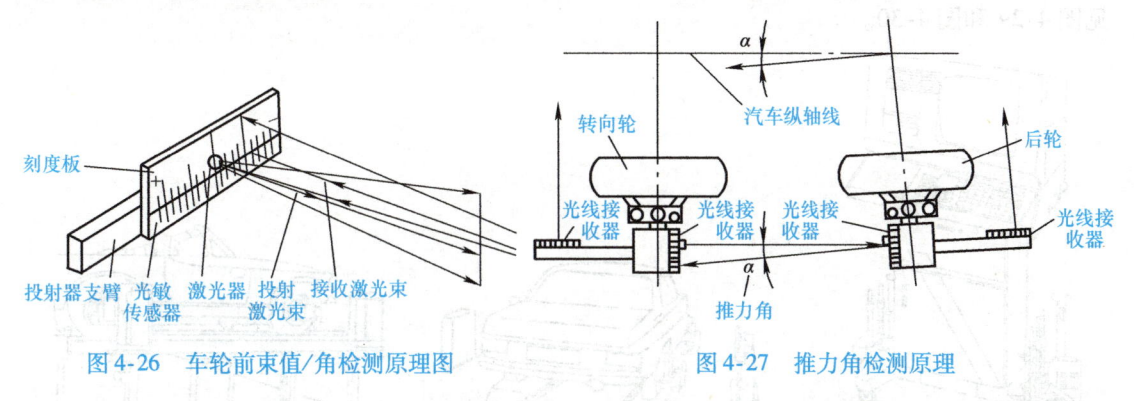

图4-26 车轮前束值/角检测原理图

图4-27 推力角检测原理

(3) 车轮外倾检测 车轮外倾可在车轮处于直线行驶位置时直接测得。在四轮定位仪的传感器(定位校正头)内装有角度测量仪(如电子倾斜仪),把传感器装在车轮上,可直接测出车轮外倾。

(4) 主销后倾角和主销内倾角检测 主销后倾角和主销内倾角不能直接测出,只能采用建立在几何关系上的间接测量。

若主销后倾角不为0°时,则在车轮向外转20°和车轮向内转20°两个位置时,车轮平面会发生倾角变化。该倾角变化可由传感器内的角度测量仪测出。

同理,若主销内倾角不为0°,则在车轮向外转20°和车轮向内转20°两个位置时,垂直于车轮旋转平面的平面内将发生倾角变化,该倾角变化也可由传感器内的角度测量仪测出。

(5) 转向20°时前张角检测 汽车使用时,由于转向轮长期在凹凸不平的路面上行驶,并经常使用紧急制动等,使转向轮经常受到碰撞和冲击而引起汽车转向梯形变形,会造成汽车在转向行驶过程中转向轮的异常磨损并使操纵性变差,影响汽车行驶安全。为了检测汽车转向梯形臂和各连杆是否发生变形,在四轮定位检测中设置了转向20°时前张角的检测项目。

检测前张角时，使被检车辆转向轮停在转盘中心，转动转向盘使右转向轮向左转 20°后，读取左转向轮下转盘上的刻度值 ϕ_1，$20°-\phi_1$ 即为向右转向 20°时的前张角；使左转向轮沿直线行驶方向向左转 20°后，读取右转向轮下转盘上的刻度值 ϕ_2，$20°-\phi_2$ 即为向左转向 20°时的前张角。

汽车在出厂时，使用说明书上一般均给出前张角的合格范围。将测量值与规定值进行比较，即可检测出汽车转向轮的转向梯形臂和各连杆是否发生了变形。若其超出规定值或左右转向前张角不一致，则需要校正、调整或更换转向梯形臂和各连杆。

4. 四轮定位仪的构成及安装位置

目前常用的四轮定位仪有拉线式、光学式和图像式等多种，虽然其基本检测原理相同，但使用方法有很大差异。因此，在使用前应认真阅读四轮定位仪的使用说明书。下面以光学式微机四轮定位仪为例介绍其检测步骤和注意事项。

光学式微机四轮定位仪由主机、前后车轮检测传感器、传感器支架、转盘、制动锁、转向盘锁及导线等零部件构成，图 4-28 为光学式微机四轮定位仪主机外形图。

为便于检测和调整，被检汽车需放在地沟上或举升平台上（以下以汽车放在举升平台上为例），地沟或举升平台应处于水平状态，四轮定位仪则安装在地沟两旁或举升平台上，见图 4-29 和图 4-30。

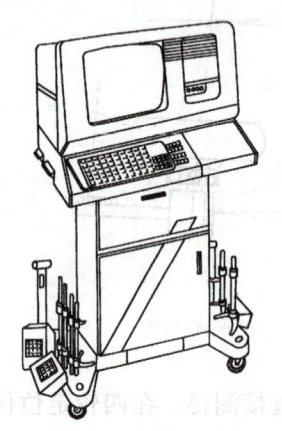

图 4-28　四轮定位仪外形图　　图 4-29　定位仪安装在地沟旁　　图 4-30　定位仪安装在举升平台上

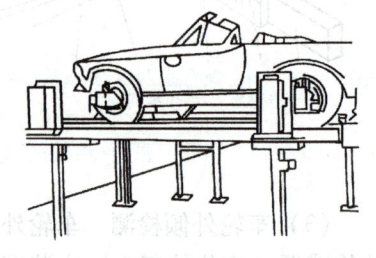

5. 四轮定位的检测方法

（1）对被检车辆的基本要求　检测汽车的四轮定位时，被检汽车应满足以下要求：
① 前后轮胎气压及胎面磨损基本一致。
② 前后悬架系统的零部件完好、不松旷。
③ 转向系统调整适当，不松旷。
④ 前后减振器性能良好，不漏油。
⑤ 汽车前后高度与标准值的差不大于 5mm。
⑥ 制动系正常。

（2）四轮定位检测前准备
① 把汽车开上举升平台，托起四个车轮，把汽车举升 0.5m（第一次举升）。
② 托起车身适当部位，把汽车举升至车轮能够自由转动（第二次举升）。

③ 拆下各车轮，检查轮胎磨损情况。
④ 检查轮胎气压，不符合标准时应充气或放气。
⑤ 做车轮的动平衡后，把车轮装好。
⑥ 检查车身高度。检查车身四个角的高度和减振器的技术状况，如车身不平应先调平；同时检查转向系统和悬架是否松旷，如松旷则应先紧固或更换零件。

（3）四轮定位检测步骤

① 把传感器支架安装在轮辋上，再把传感器（定位校正头）安装到支架上，其1、2、3、4号传感器分别装在右前轮、右后轮、左前轮、左后轮上，如图4-31所示，并按使用说明书的规定调整，使传感器处于水平状态，面板上的水准仪气泡居于中间位置。

② 开机进入测试程序，输入被检汽车的车型和生产年份。

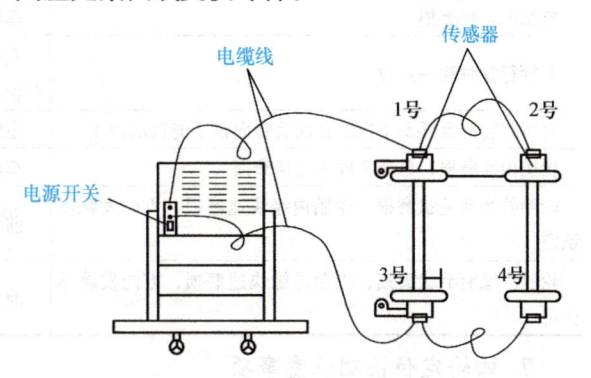

图4-31 传感器连接图

③ 轮辋变形补偿。转向盘位于直行位置，使每个车轮旋转一周，即可把轮辋变形误差输入微机。

④ 降下第二次举升量，使车轮落到平台上，把汽车前部和后部向下压动四五次，使其做压力弹跳。

⑤ 用制动锁压下制动踏板，使汽车处于制动状态。

⑥ 把转向盘左转至微机发出"OK"声，输入左转角度；然后把转向盘右转至微机发出"OK"声，输入右转角度。

⑦ 把转向盘回正，微机屏幕上显示出后轮的前束及外倾角数值。

⑧ 调正转向盘，并用转向盘锁锁住转向盘使之不能转动。

⑨ 把安装在四个车轮上的定位校正头的水平仪调到水平线上，此时微机屏幕上显示出转向轮的主销后倾角、主销内倾角及车轮外倾角和前束的数值。

⑩ 调整主销后倾角、车轮外倾角及前束，调整方法可按微机屏幕提示进行。若调整后仍不能解决问题，则应更换有关部件。

⑪ 进行第二次压力弹跳，将转向轮左右转动，把车身反复压下后，观察微机屏幕上的数值有无变化，若数值变化应再次调整。

⑫ 若第二次检查未发现问题，则应将调整时松开的部位紧固。

⑬ 拆下定位校正头和支架，进行路试，检查四轮定位检测调整效果。

6. 四轮定位故障及原因

四轮定位不良引起的故障及原因分析见表4-4。

表4-4 四轮定位故障及原因分析

故障现象	原因分析
转向沉重	主销后倾角过大
转向盘发抖	车轮不平衡

（续）

故障现象	原因分析
转向盘不正	后轮前束不良，造成推进线转向系统不正
轮胎块状磨损	车轮静态不平衡，后轮前束不正确
轮胎块状、羽毛状磨损	前束或外倾角不正确
轮胎凹凸状磨损	车轮动态不平衡，后轮前束不正确
车辆行驶时往一边拉	左右车轮后倾角或外倾角不相等，车身高度左右不等。左右轮胎尺寸或气压不等，转向系统的故障或一边制动片卡住
直行时转向盘摇摆不定，转向后转向盘不能自动回正	主销后倾角太大
轮胎内缘磨损，悬架零件不正常磨损	车轮外倾角太小
轮胎外缘羽毛状磨损，轮胎内缘快速磨损，方向发飘不稳定	前束太大
轮胎内缘羽毛状磨损，轮胎外缘快速磨损，方向发飘不稳定	前束过小

7. 四轮定位检测注意事项

四轮定位仪是精密检测设备，操作人员在使用前须经专门培训，并认真研读所使用四轮定位仪的使用说明书。一般来说，四轮定位仪在使用过程中的注意事项如下：

① 使用前，检查四轮定位仪所配附件是否与使用说明书上列出的清单相符，设备安装时要遵循使用说明书所提出的各项要求。

② 对于光学式四轮定位仪中的投影仪（或投光器）应细心维护，并经常进行调整；传感器是微机四轮定位仪的重要元件，使用前要进行校正，以保证测试精度。

③ 传感器应正确地安装在传感器支架上，在不使用时应妥善保管，避免受到损坏；电测类传感器应在接线完毕后再接通电源，以避免带电接线引起电磁振荡而损坏。

④ 移动四轮定位仪时，应避免使其受到振动。否则，可能使传感器及微机受到损坏。

⑤ 四轮定位仪应每半年标定一次。标定时应使用购买时所带专用标定器具，并按规定程序进行标定。

⑥ 在检测四轮定位前，须进行车轮传感器偏摆补偿，否则，会引起大的测量误差。

第二节　汽车传动系统检测

传动系统是汽车底盘的主要组成部分，一般由离合器、变速器、传动轴、主传动轴、差速器和半轴等构成，越野车、工程车和特殊用途车等还包括分动器，其作用是把发动机输出的动力传给驱动轮。

汽车传动系统的技术状况变化直接影响发动机所发出动力的传递。传动系统技术状况不良将导致传动系统功率损失增大，即消耗于离合器、变速器、万向传动机构、主减速器、差速器和半轴等处的功率增大，从而使汽车的动力性、燃油经济性下降，滑行性能变差；同时，起步能力变坏和超车能力不足易造成安全行车隐患；离合器、变速器等主要部件性能不良，对汽车的操纵方便性也有极大影响。

传动系统技术状况检测有经验检测法和仪器检测法两类。经验检测法是从有关规定和所测车型的有关技术数据出发，通过观察和实际操作，按一定步骤凭经验检测传动系统技术状况，如离合器踏板自由行程、变速器漏油、异响、跳挡、乱挡等。某些检测项目也可采用仪器检测，以下主要介绍利用仪器对传动系统技术状况进行检测的方法。

一、传动系统损失功率和传动效率检测

汽车使用过程中，由于传动系统各机构中有关配合副的磨损逐渐增大，配合情况逐渐恶化，润滑情况逐渐变坏，因而摩擦损失不断增大，从而在动力由发动机传动至驱动轮的过程中，传动系统损失功率增大，传动效率降低。因此，传动系统技术状况可以用传动系统损失功率和传动效率评价。

1. 传动系统损失功率检测

汽车传动系统的损失功率可在具有反拖装置的底盘测功机上进行反拖试验而测得。

利用测功机反拖可测得传动系统所消耗的功率。在装有反拖装置或在以电力测功器作为加载装置的底盘测功机上，在测出汽车驱动轮输出功率后，可随即踩下离合器踏板，使汽车发动机输出轴与汽车传动系统断开，然后以反拖装置或电力测功器作为动力，反拖底盘测功机滚筒、汽车驱动轮和传动系统运转，底盘测功机滚筒作用于汽车驱动轮的力克服汽车驱动轮的滚动阻力和汽车传动系统的阻力，反拖运转所消耗的功率等于汽车驱动轮的滚动阻力功率和传动阻力功率之和。因此，利用测功机反拖可以测出汽车在底盘测功机滚筒上运转过程中滚动阻力功率和传动阻力功率之和，其测试原理与底盘测功相同（参见第二章第二节）。显然，若拆下驱动轮半轴后进行反拖试验，则可测得滚动阻力功率。由此可根据在相同转速下测得的汽车驱动轮输出功率，进而求出发动机的输出功率和汽车传动系统的机械效率。

2. 传动系统的机械效率

传动系统的机械效率等于汽车驱动轮输出功率与发动机输出的有效功率（发动机功率检测方法见第二章第一节）之比。显然，发动机有效功率等于驱动轮输出功率和汽车传动系统损失功率之和，因此可按下式确定传动系统的传动效率。

$$\eta = \frac{P_K}{P_e} = \frac{P_K}{P_K + P_c}$$

式中　P_K——驱动轮输出功率（kW）；

　　　P_e——发动机有效功率（kW）；

　　　P_c——传动系统损失功率（kW）。

正常情况下，汽车传动系统中的机械效率正常值如表4-5所示。需说明的是，在底盘测功机上试验时，车轮在滚筒上的滚动损失功率可达所传递功率的15%~20%。所测驱动轮功率仅占发动机输出功率的60%~70%（一般小轿车70%，装用双级主减速器或单级主减速器的载货汽车和客车分别为60%或65%），当传动效率η过低时，说明消耗于离合器、变速器、分动器、主减速器、差速器的功率增加，汽车传动系统技术状况不良。

表4-5　汽车传动系统机械传动效率

汽车类型		传动效率
小轿车		0.90~0.92
载货汽车 公共汽车	单级主传动	0.90
	双级主传动	0.84
4×4越野汽车		0.85

二、汽车滑行距离检测

汽车滑行距离指汽车加速至某一预定车速后挂空挡,利用汽车具有的动能来行驶的距离。滑行距离长短可反映汽车传动系统传动阻力和功率损失的大小。汽车传动系统传动效率越高,汽车的滑行距离越长,则表明传动系统总的技术状况越好。因此,滑行距离可间接评价传动系统技术状况。

1. 滑行距离的检测原理

滑行距离既可以通过道路试验检测,也可以在室内利用具有储能飞轮的汽车底盘测功机进行台架试验。

汽车以某一车速在底盘测功机的滚筒上作滑行试验时,汽车驱动轮带动滚筒装置、飞轮机构以相应转速旋转。若此时滚筒装置和飞轮机构具有的动能与汽车道路试验时在相应车速下具有的动能相等,即满足第二章第二节的要求,则摘挡滑行后,储存在滚筒装置、飞轮机构的动能释放出来,驱动汽车驱动轮和传动系统旋转,滚筒继续转过的圆周长与汽车路试时的滑行距离相对应。

2. 影响滑行距离检测结果的因素

汽车的滑行距离与进入空挡滑行状态时的检测车速、汽车总质量、驱动轴数、轮胎气压以及其他检测条件有关。

① 空挡滑行后的检测车速越高,则汽车的惯性越大,滑行距离越长,为正确反映汽车的滑行性能,应准确控制检测车速。

② 汽车总质量越大,则汽车的惯性越大,滑行距离越长,为正确反映汽车的滑行性能,应严格控制汽车的检测质量,并按汽车整备质量大小进行分级评定。

③ 汽车驱动轴数越多,则汽车滑行的行驶阻力越大,滑行距离越短,因此检测评定时应注意被测车辆的驱动轴数目。

④ 轮胎气压越低,则汽车滑行的行驶阻力越大,滑行距离越短,为正确反映汽车的滑行性能,应严格控制汽车的轮胎气压,使其符合标准。

⑤ 其他检测条件,例如,若各车轮的轮毂轴承预紧度调整过紧或不正常,会导致滑行距离缩短,因此滑行试验前应检查各车轮的转动状况是否正常;采用具有储能飞轮的底盘测功机检测时,若其飞轮转动惯量与被测车辆不相适应,则滑行距离测试值就不能正确反映传动系统的技术状况,因此对于不同车型,应采用不同的飞轮或飞轮组合,以准确模拟汽车以相应车速进行道路试验时的行驶动能。

三、离合器滑转的检测

1. 离合器滑转现象

离合器滑转指离合器接合传力时,离合器从动盘摩擦片在压盘与飞轮之间滑动的现象。汽车在使用过程中,经常需要踩下和松开离合器踏板,使离合器分离与接合。因此离合器的技术状况会随汽车行驶里程的增加而逐步变坏,严重时会造成离合器打滑、分离不彻底、发响和抖动等异常现象,使离合器不能正常工作。

离合器滑转(俗称打滑)使发动机动力不能有效地传递至驱动轮,汽车动力性下降,摩擦片磨损严重,同时也影响汽车的正常行驶:汽车起步困难;加速时,车速不能随发动机转速的提高而迅速上升；负载上坡传递大转矩时，打滑更为明显，严重时会烧坏摩擦片。

2. 离合器滑转的检测方法

采用离合器滑转测试仪可对离合器打滑进行检测，该仪器由闪光灯、高压电源、电容、电阻等构成，以汽车蓄电池作为电源，以发动机的点火脉冲作为闪光灯触发信号，见图4-32。

离合器滑转测试仪的基本工作原理是频闪原理，即如果在精确的确定时刻，相对转动零件的转角，照射一束短暂（约1/5000s）的且频率与旋转零件转动频率相同的光脉冲，由于人们视力的生理惯性，似乎觉得零件不动。

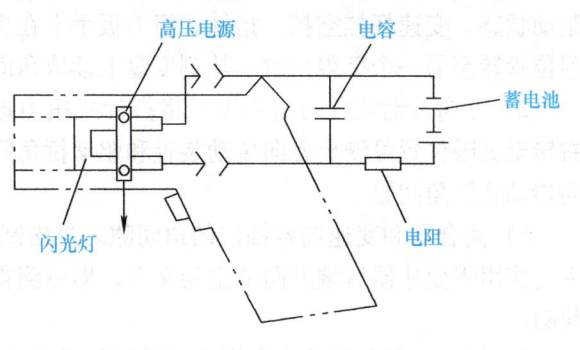

图4-32 离合器滑转测试仪

检测离合器滑转时，可把驱动轮置于底盘测功机或车速表试验台滚筒上，或支起驱动桥；汽车变速器挂直接挡，起动发动机并使之稳定运转。此时，若离合器不打滑，发动机转速与传动轴转速相同。为增大离合器滑转的可能性，在检测过程中，可用行车制动器或驻车制动器增大传动系统负荷和离合器所传递的转矩。离合器滑转测试仪以汽车蓄电池作为电源，由发动机火花塞或Ⅰ缸点火高压线，通过电磁感应给测试仪的高压电极输入信号脉冲，以控制闪光灯的闪光时刻。因此，闪光灯的闪光频率与发动机转速成正比。若把闪光灯发出的光脉冲投射到传动轴某一点，当传动轴与发动机转速相同时，光脉冲每次都照射该点，位置不变，使人感到传动轴并不旋转；离合器打滑时，传动轴转速比发动机转速慢，光脉冲每次照射点均位于上次照射点的前部，位置发生变化，使人感觉着传动轴慢慢向相反方向转动，显然其转动的快慢即可反映离合器打滑的严重程度。

由于基本测试原理相同，发动机点火正时灯也可用于离合器打滑的检测。为加深对离合器滑转测试仪基本工作原理的理解，可参阅本书第三章第三节。

四、传动系统角间隙的检测

1. 传动系统角间隙产生的原因

在汽车使用过程中，传动系统因传递动力，且配合表面或相啮合零件间有相对滑移而产生磨损，从而使间隙增大，如变速器、主传动装置、差速器中的齿轮啮合间隙，传动轴、半轴的花键连接间隙，十字轴颈与滚针轴承间的间隙及滚针轴承与万向节间的间隙等。这些间隙都可使相关零件间产生相对角位移或角间隙，其角间隙之和构成传动系统的总角间隙。

传动系统角间隙检测所用仪器有指针式角间隙检测仪和数字式角间隙检测仪两种。

2. 指针式角间隙检测仪基本原理

指针式角间隙检测仪由指针、指针式扭力扳手和刻度盘构成，见图4-33。使用时，指针固定在主减速器主动轴上，而刻度盘固定在主减速器壳体上，见图4-33a；指针式扭力扳手钳口可卡在传动轴万向节上，扳手上带有刻度盘和指针，以便指示出测力扳手所施加的力矩。测量角间隙时，指针式扭力扳手应从一个极限位置转至另一个极限位置，施加力矩应不小于30N·m，角间隙的数值即为指针在刻度盘上的指示值。

传动系统角间隙的检测可分段进行：

1) 驱动桥角间隙。包括主减速器、差速器和半轴花键处的角间隙。测试时，车轮处于制动状态，变速杆挂空挡，指针式扭力扳手卡在主减速器主动轴的万向节上，使其从一个极限位置转至另一个极限位置，从刻度盘上读取角间隙值。

2) 万向传动装置的角间隙。将指针式扭力扳手卡在变速器后端万向节主动叉处，左、右转至极限位置可测出万向传动装置和驱动桥角间隙的和，再减去驱动桥角间隙后即可得万向传动装置角间隙。

3) 离合器和变速器各挡位的角间隙。放松制动，离合器处于接合状态，指针式扭力扳手仍作用于变速器后端万向节主动叉上，即可测得不同挡位下从离合器至变速器输出轴的角间隙。

4) 以上三段角间隙之和即为传动系统总的角间隙。

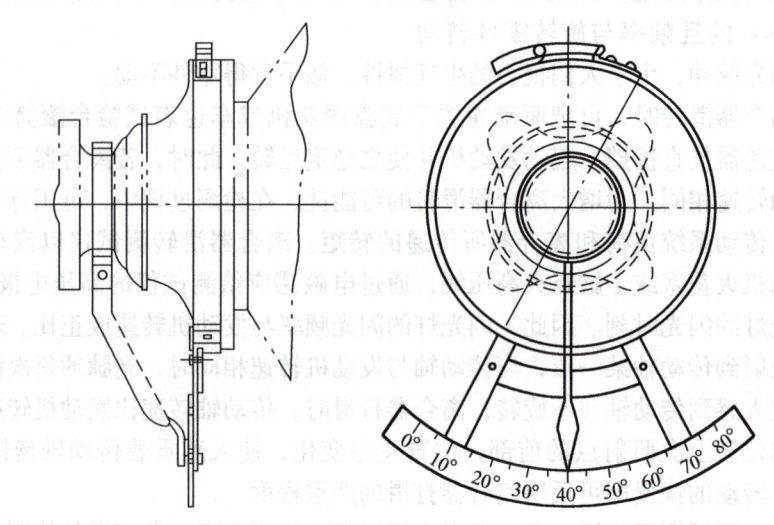

a) 指针与刻度盘的安装

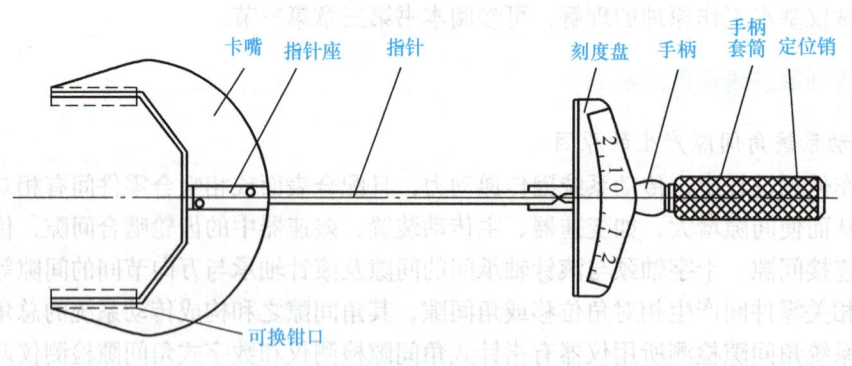

b) 指针式扭力扳手

图 4-33 指针式角间隙检测仪

3. 数字式角间隙检测仪基本原理

数字式角间隙检测仪由用导线相连的倾角传感器和测量仪构成。

倾角传感器的作用是将传感器感受到的倾角变化转变为线圈电感量的变化，从而改变检测仪电路的振荡频率。因此，传感器实际上是一个倾角—频率转换器。传感器外壳是一个上部带有 V 形缺口，并配有带卡扣尼龙带的长方形壳体，可固定在传动轴上，因此可随传动轴摆动；传感器内部结构是一个中心插有弧形磁棒的线圈，见图 4-34。弧形磁棒由摆杆和芯轴支承在外壳中夹板的两盘轴承上。在重力作用下，摆杆始终偏离垂线某一固定角度。弧形线圈则固定在外壳中的夹板上，当外壳随传动轴摆动时，线圈也随之摆动，因而线圈与磁棒的相互位置发生变化，从而改变了线圈电感值，电感的变化量则反映了传动轴的摆动量。

当线圈作为检测仪振荡电路中的一个元件时，传动轴的摆动引起线圈电感量的变化，因此改变了电路的振荡频率。可见该仪器的核心部分是一个倾角—频率转换器。

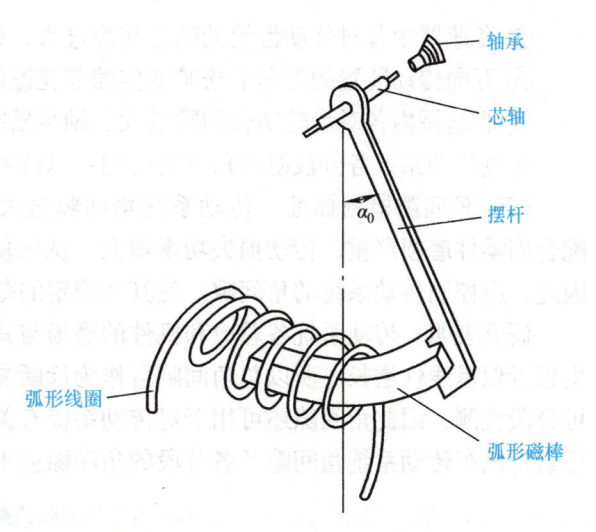

图 4-34 倾角传感器结构示意图

数字式角间隙检测仪实际上是一台专用的数字式频率计，采用与传感器特性相应的门时可初始置数，通过标定可直接显示出倾角大小。测量仪采用数字集成电路，由传感器输出的振荡信号经计数门进入主计数器，在初始置数的基础上累计脉冲数。计数结束后，在锁存器接收脉冲作用下，将主计数器的结果送入寄存器，并由荧光数码管将结果显示出来。使用时，把角间隙对应的两个极端位置的倾角相减，其差值即为角间隙值。

利用数字式角间隙检测仪检测传动系统角间隙时，也必须逐段检测。

（1）万向传动装置角间隙检测　驻车制动器处于制动状态，传动轴转至驱动桥角间隙中间位置（驱动桥角间隙一般远大于其他部位的角间隙），把传感器固定于传动轴，左、右旋转传动轴至极端位置，检测仪便显示出在该两个位置时传感器的倾斜角度，两个角度之差即为万向传动装置的角间隙。

（2）离合器和变速器各挡位的角间隙　接合离合器，变速杆挂入预选挡位，放松驻车制动器，传动轴位于驱动桥角间隙中间位置，左、右转动传动轴至极限位置，检测仪显示出的该两位置时传感器倾斜角之差减去已测得的万向传动装置角间隙，即为从离合器至变速器输出轴的角间隙。

（3）驱动桥角间隙　放松驻车制动，变速杆挂入空挡，行车制动处于制动状态时，左、右旋转传动轴至极限位置，检测仪上所显示两角度之差则为驱动桥角间隙与传动轴至驱动桥间万向节角间隙之和。

4. 检测结果分析

（1）角间隙产生原因　传动系统角间隙实际上是传动系统各传动副间隙的总体反映，主要包括变速器、主减速器、差速器中的齿轮啮合间隙；变速器输入轴、传动轴、半轴的花键连接间隙；万向节中十字轴颈与滚针轴承的间隙，以及滚针轴承与万向节间的间隙。在动力传递过程中，各传动副由于相对滑移而导致磨损，因而这些间隙逐渐增大。因此，传动系统角间隙过大，可能由下列一个或多个原因引起。

① 离合器从动盘与变速器第一轴配合松旷。

② 变速器中各对传动齿轮的啮合间隙过大，或滑动齿轮与花键轴配合松旷。
③ 万向传动装置的万向节松旷或伸缩节花键配合松旷。
④ 驱动桥内各对齿轮啮合间隙过大、轴承松旷，或半轴齿轮与半轴花键配合松旷。

通过传动系统各分段游动角度的检测可以找到游动角度过大的具体原因。

(2) 角间隙检测标准　传动系统角间隙过大时，汽车传动系统的工作条件将会恶化，配合副零件磨损严重，传动损失功率增大，从而使传动系统传动效率降低，传动噪声增大。因此，应控制传动系统的角间隙，使其在规定的范围内。

研究表明，传动系统各总成和机件的磨损与其间隙存在密切关系，总角间隙随汽车行驶里程近似呈线性增长。所以总角间隙可作为诊断参数评价传动系统的技术状况。由于角间隙可分段检测，因此角间隙还可用于对传动系统有关总成或机件的技术状况进行检测。通常中型载货汽车传动系统角间隙及各分段的角间隙应不大于表 4-6 所列数据。

表 4-6　角间隙诊断参考数据

传动轴部位	角间隙/(°)
离合器与变速器	5～15
万向传动装置	5～6
驱动桥	55～65
传动系统	65～86

第三节　汽车制动性能检测

汽车制动性能直接影响汽车行驶、停车的安全性，是保证汽车安全行车的重要因素之一，因此也是汽车检测诊断的重点。汽车具有良好的制动性能，在紧急情况下可以化险为夷；在正常行驶时，由于制动系的安全保障作用，可以提高汽车的平均行驶速度，从而提高汽车的运输生产效率。因此，汽车制动性能对于汽车行驶安全性和运输生产效率都有重要影响。

一、汽车制动过程

图 4-35 为驾驶人在紧急制动过程中，制动踏板力 F_p、汽车制动减速度 j 与时间 t 的关系曲线。

遇到紧急情况时，驾驶人首先要经过 t_1' 的判断过程才意识到应进行紧急制动，并开始移动右脚，经 t_1'' 才踩住制动踏板。这段时间 $t_1 = t_1' + t_1''$ 称为驾驶人的反应时间，一般为 0.3～1.0s。t_1 的长短取决于驾驶人判断和反应的快慢，与制动系统的性能无关。此后，随着驾驶人踩制动踏板动作的强度增大，踏板力增加并在 e 点达到最大值。由于需要克服制动系统中的残余压力、制动蹄（钳）回位弹簧的拉力和制动蹄与制动毂（盘）间的间隙，经 t_2' 后到达 d 点，才产生地面制动力使汽车开始产生减速度；t_2'' 是制动力增长所需要的时间；$t_2 = t_2' + t_2''$ 称为制动器的作用时间或滞后时间，其长短取决于驾驶人踩制动踏板的速度，还受制动器结构形式与维修质量的影响。由 f 到 g 为持续制动时间 t_3，地面减速度和由此产生的减速度稳定，基本不变。到 g 点时，驾驶人松开制动踏板，但制动力消除仍需一定时间，t_4 称为制动释放时间。制动释放时间太长，影响随后的起步行驶。

由此可见，制动的全过程包括驾驶人反应、制动器起作用、持续制动和制动释放四个阶段，其中后三个阶段与汽车的制动性能有关。

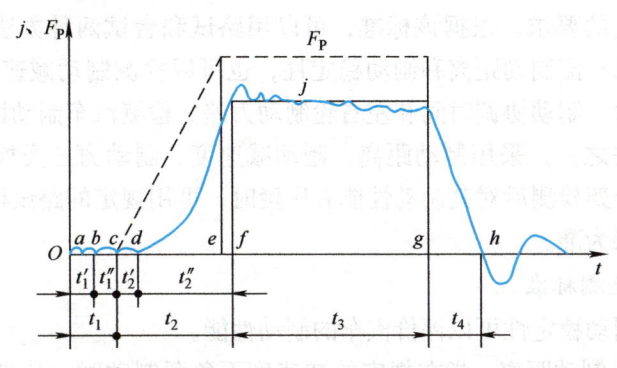

图 4-35 汽车制动过程

在汽车紧急制动过程中，其制动距离 s 可用下式估算

$$s_2 = \frac{1}{3.6}\left(t_2' + \frac{t_2''}{2}\right)v_0$$

$$s_3 = \frac{v_0^2}{2 \times 3.6^2 j}$$

$$s = s_2 + s_3 = \frac{v_0}{3.6}\left(t_2' + \frac{t_2''}{2} + \frac{v_0}{2 \times 3.6 j}\right) \tag{4-1}$$

式中　v_0——制动初速度（km/h）；
　　　j——制动减速度（m/s²）。

制动减速度 j 与各个车轮制动力之和 $\sum F_z$ 的关系为

$$\sum F_z = \frac{G}{g}j$$

式中　G——汽车总重（N）；
　　　g——重力加速度（m/s²）。

代入式（4-1），则

$$s = \frac{v_0}{3.6}\left(t_2' + \frac{t_2''}{2} + \frac{v_0 G}{2 \times 3.6 g \sum F_z}\right) \tag{4-2}$$

汽车在持续制动时间内抱死拖滑时，所能达到的最大制动减速度为

$$j = \phi g$$

代入式（4-1），则

$$s = \frac{v_0}{3.6}\left(t_2' + \frac{t_2''}{2} + \frac{v_0}{2 \times 3.6 \phi g}\right) \tag{4-3}$$

式中　ϕ——路面附着系数。

二、汽车制动性能检测参数和标准

GB 7258—2017《机动车运行安全技术条件》规定了汽车制动系统所应满足的基本要求和行车制动系统、应急制动系统、气压制动系统、液压制动系统、储气筒、制动管路和制动报警装置等所应满足的要求。根据该标准，可以用路试和台试两种方法检测汽车的制动性能：路试时，既可以检测制动距离和制动稳定性，也可以检测制动减速度、制动协调时间；台试主要检测制动力、制动协调时间和左右轮制动力差。检测汽车制动性能时，可选择路试或台试两种检测方法之一，采用制动距离、制动减速度、制动力三类检测指标之一进行检测。但当机动车经台架检测后对其制动性能有质疑时，可用规定的路试检测进行复试，并以满载路试的检测结果为准。

1. 制动距离法检测标准

用制动距离和制动稳定性可以评价汽车的制动性能。

（1）制动距离　制动距离 s 指在规定的初速度下急踩制动时，从脚接触制动踏板（或手接触制动手柄）时起，至机动车停住时止机动车驶过的距离，包括在制动器起作用时间内驶过的距离 s_2，以及在汽车以最大减速度持续制动时间内所驶过的距离 s_3。用制动距离作为参数评价汽车制动性能时，必须满足的要求见表4-7。

（2）制动稳定性　制动稳定性要求是指制动过程中机动车的任何部位（不计入车宽的部分除外）不允许超出规定宽度的试验通道的边缘线，所应满足的要求（试验通道宽度）见表4-7。

表4-7　制动距离和制动稳定性要求

机动车类型	制动初速度/(km/h)	空载检验制动距离要求/m	满载检验制动距离要求/m	试验通道宽度/m
三轮汽车	20	≤5.0		2.5
乘用车	50	≤19.0	≤20.0	2.5
总质量不大于3500kg的低速货车	30	≤8.0	≤9.0	2.5
其他总质量不大于3500kg的汽车	50	≤21.0	≤22.0	2.5
铰接客车、铰接式无轨电车、汽车列车（乘用列车除外）	30	≤9.5	≤10.5	3.0
其他汽车	30	≤9.0	≤10.0	3.0

制动距离 s 是评价汽车制动性能最直观的参数，其试验过程与汽车实际运行中的制动情况最为接近。制动距离检测法主要适用于汽车制动性能的道路试验，试验应在平坦、硬实、清洁、干燥且轮胎与路面间的附着系数不低于0.7的水泥或沥青路面上进行，主要检测仪器是能够测出车辆的行驶距离、时间、速度和制动初速度、制动距离、制动时间的五轮仪、非接触式多功能速度检测仪等。但通过路试检测汽车的制动距离时，需要较大的试车场地，而且对轮胎的磨损较大；同时由于制动距离是一个整车制动性能参数，因而不能反映出各个车轮的制动性能及制动力的分配情况。

使用能够准确模拟汽车行驶动能并以滚筒作为活动路面的惯性式制动试验台（图4-40），

也可在室内台架实验条件下测得汽车的制动距离，其制动距离测试值应与路试检测汽车的制动性能一样，满足表4-7的规定。

2. 制动减速度法检测标准

制动减速度反映了制动时汽车速度降低的快慢。在规定的汽车制动初速度 v_0 下，制动距离决定于制动减速度 j 和制动器作用时间 t_2。因此，可以通过测试制动减速度 j、制动协调时间 t_z 和制动稳定性评价汽车的制动性能。

（1）制动减速度 用制动减速度评价汽车的制动性能，是以汽车充分发出的平均减速度 FMDD 作为参数的，即

$$\text{FMDD} = \frac{v_b^2 - v_e^2}{25.92(s_e - s_b)}$$

式中 v_b——$0.8v_0$，试验车速（km/h）；

v_e——$0.1v_0$，试验车速（km/h）；

s_b——试验车速从 v_0 到 v_b 之间车辆驶过的距离（m）；

s_e——试验车速从 v_0 到 v_e 之间车辆驶过的距离（m）。

FMDD 是机动车在制动过程中制动减速度的一个较稳定的平均值，能较真实地反映机动车制动系统的实际情况。当制动过程比较平稳，制动减速度比较稳定时，也可以认为充分发出的平均减速度是采样时段的平均减速度，即

$$\text{FMDD} \approx \frac{v_b - v_e}{3.6 t_{bm}}$$

式中 t_{bm}——车速由 v_b 降至 v_e 所用的时间（s）。

汽车在道路试验中，在规定初速度下急踩制动踏板时，充分发出的平均减速度 FMDD 和制动稳定性应满足的要求见表4-8。可采用速度分析仪、制动减速度仪测出有关参数后，再计算出充分发出的平均减速度。

表4-8 制动减速度和制动稳定性要求

机动车类型	制动初速度/(km/h)	空载检验充分发出的平均减速度/(m/s²)	满载检验充分发出的平均减速度/(m/s²)	试验通道宽度/m
三轮汽车	20	≥3.8		2.5
乘用车	50	≥6.2	≥5.9	2.5
总质量不大于3500kg的低速货车	30	≥5.6	≥5.2	2.5
其他总质量不大于3500kg的汽车	50	≥5.8	≥5.4	2.5
铰接客车、铰接式无轨电车、汽车列车	30	≥5.0	≥4.5	3.0
其他汽车	30	≥5.4	≥5.0	3.0

（2）制动协调时间 制动协调时间定义为：在急踩制动踏板时，从脚接触制动踏板（或手触动制动手柄）时起至机动车减速度（或制动力）达到标准中规定的机动车充分发出的平均减速度（或制动力）的75%时所需的时间。显然，制动协调时间 t_z 是制动器作用时间 t_2 的主要部分。

汽车的制动协调时间的检测值应满足：液压制动的汽车应不大于0.35s；气压制动的汽车应不大于0.60s；汽车列车和铰接客车、铰接式无轨电车应不大于0.8s。

（3）制动稳定性　制动过程中，机动车的任何部位（不计入车宽的部分除外）不允许超出表 4-8 中规定宽度的试验通道的边缘线。

制动减速度法也主要适用于汽车制动性能的道路试验，主要检测仪器是五轮仪、非接触式多功能速度检测仪和减速度仪等。用制动减速度法检测汽车的制动性能，所用仪器结构简单，使用方便，但试验的重复性较差，且受路面附着系数的影响很大；制动减速度是一个整车性能参数，不能反映各车轮的制动性能状况；除道路条件外，还受气候条件等的限制，且消耗燃料、磨损轮胎，对全车各部分的机件都有不良影响。

使用能够准确模拟汽车行驶动能并以滚筒作为活动路面的惯性式制动试验台（图 4-40），也可在室内台架实验条件下测得汽车的制动减速度，其测试值也应与路试检测汽车的制动性能一样，满足表 4-8 的规定。

3. 制动力法检测标准

由式（4-2）可知，汽车制动距离取决于制动力的大小和制动器起作用时间的长短，因此可以采用制动力和制动协调时间评价汽车的制动性能；同时，为使汽车具有良好的制动稳定性，左、右车轮的制动力必须满足平衡要求。因为，左右车轮特别是左右转向轮制动力不相等，往往是导致汽车制动跑偏和侧滑的重要原因。汽车的驻车制动装置也必须满足相应要求。利用制动力作为诊断参数时，可以通过台架试验分别对汽车的行车制动性能和驻车制动性能进行检测。

通过台试以制动力法检测汽车制动性能时，必须满足的要求如下。

（1）制动力　汽车、汽车列车在制动试验台上测出的制动力应符合表 4-9 的要求。对空载检验制动力有质疑时，可用表 4-9 规定的满载检验制动力要求进行检测。

表 4-9　台试检测制动力要求

机动车类型	制动力总和与整车质量的百分比（%）		轴制动力与轴荷的百分比（%）	
	空载	满载	前轴	后轴
三轮汽车	—	—	—	≥60
乘用车、总质量不大于 3500kg 的汽车	≥60	≥50	≥60	≥20
铰接汽车、铰接式无轨电车、汽车列车	≥55	≥45	—	—
其他汽车	≥60	≥50	≥60	≥50

（2）制动力平衡　在制动力增长全过程中同时测得的左右轮制动力差的最大值，与全过程中测得的该轴左右轮最大制动力中大者（当后轴及其他轴，制动力小于该轴轴荷的 60% 时为与该轴轴荷）之比，对新注册车和在用车应分别符合表 4-10 的规定。

表 4-10　台试检验制动力平衡要求

前轴		后轴（及其他轴）	
		轴制动力大于或等于该轴轴荷 60% 时	轴制动力小于该轴轴荷 60% 时
新注册车	≤20%	≤24%	≤8%
在用车	≤24%	≤30%	≤10%

（3）制动协调时间　汽车的制动协调时间的要求与用制动减速度作为检测指标时的要

求相同。

（4）车轮阻滞率　进行制动力检验时，汽车、汽车列车各车轮的阻滞力应小于或等于轮荷的10%。

（5）驻车制动性能　机动车空载且乘坐一名驾驶人，使用驻车制动装置制动时，驻车制动力的总和应大于或等于该车在测试状态下整车质量的20%，但总质量为整备质量1.2倍以下的机动车应大于或等于15%。

利用台架试验检测汽车制动性能时，由于可测出车轮制动力大小，因此可据此分别分析各车轮的制动能力和制动器的技术状况。同时，台架试验速度快，占地面积小。因此，在汽车检测站广泛采用制动试验台以制动力为参数来检测汽车的制动性能。

以下主要介绍汽车制动性能室内台架试验常用制动试验台的结构和工作原理。制动试验台有多种类型，按测试原理不同，可分为反力式和惯性式两类；按试验台支承车轮的方式不同可分为滚筒式和平板式两类；按检测参数不同，可分为测制动力式、测制动距离式和综合式三种；按试验台的测量、指示装置传递信号方式的不同，可分为机械式、液力式和电气式三类；按试验台同时能测车轴数的不同，可分为单轴式、双轴式和多轴式三类。目前，国内汽车检测站所用制动检测设备多为单轴反力式滚筒制动试验台。

三、单轴反力式滚筒制动试验台结构及工作原理

1. 单轴反力式滚筒制动试验台的结构

反力式滚筒制动试验台是一种低速静态测力式制动试验台，以各车轮的制动力作为检测参数，由滚筒装置、驱动装置、举升装置、测量装置、控制与指示装置等组成，其结构简图见图4-36。

为同时测试左、右车轮的制动力，滚筒装置、驱动装置和测量装置左、右对称，独立设置，而控制装置和显示装置则是共用的。

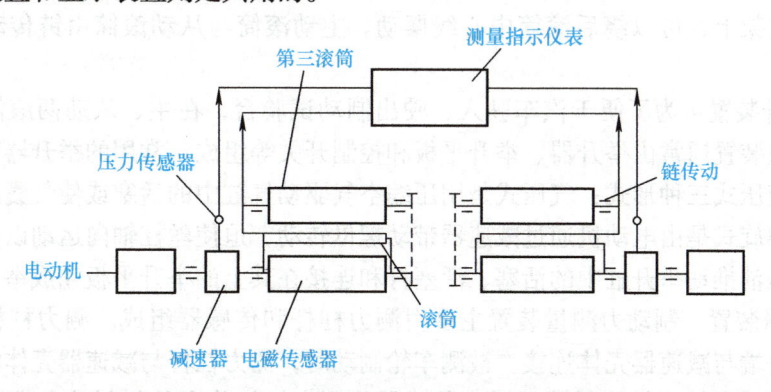

图4-36　单轴反力式滚筒制动试验台简图

（1）滚筒装置　滚筒装置由左、右独立设置的两对滚筒构成，可以单独测试同一轴左、右车轮的制动力。一般四个滚筒的直径相同，滚筒两端由滚筒轴承支承并安装在机架上。前、后滚筒间常采用链传动。当驱动装置驱动后滚筒，并通过链条带动前滚筒旋转时，滚筒装置作为活动路面，支撑被测车辆，传递动力，使车轮旋转，并在制动试验时传递制动力。

各种型号制动试验台的滚筒直径不一，一般在105~300mm之间；滚筒线速度在0.1~

5km/h 之间。滚筒直径大时，轮胎在滚筒上滚动时变形小，滚动阻力小，但所需电动机功率大、体积大；滚动直径小时，则体积小，电动机功率小，但车轮滚动阻力大。为提高滚筒与轮胎间的附着系数，需对滚筒表面进行专门处理。常见滚筒类型有：

① 开有纵向浅槽的金属滚筒。在滚筒外圆表面沿轴向开有若干间隔均匀、有一定深度的沟槽。这种滚筒表面附着系数最高可达 0.65。在试验车轮制动抱死时，容易剥伤轮胎。当表面磨损且有油、水时，附着系数将急剧下降。

② 表面粘有砂粒的金属滚筒。这种滚筒表面无论干或湿时，其附着系数可达 0.8。

③ 表面具有嵌砂喷焊层的金属滚筒。喷焊层材料选用 NiCrBSi 合金粉末。这种滚筒新的时候表面附着系数可达 0.9 以上，其耐磨性也较好。

④ 高硅合金铸铁滚筒。这种滚筒表面带槽、耐磨，附着系数可达 0.7~0.8，价格便宜。

⑤ 表面带有特殊水泥覆盖层的滚筒。这种滚筒比金属滚筒表面耐磨，表面附着系数可达 0.7~0.8。但表面易被油污和橡胶粉粒附着，使附着系数降低。

有的滚筒制动试验台在主、从动滚筒之间设置一直径较小、既可自转又可上下摆动的第三滚筒，平时由弹簧使其保持在最高位置。而在设置有第三滚筒的制动试验台上，大都取消了举升装置。在第三滚筒上装有转速传感器。在检测时被检车辆的车轮置于主、从动滚筒上的同时压下第三滚筒，并与其保持可靠接触。控制装置通过转速传感器即可获知被测车轮的转动情况。当被检车轮制动，转速下降至接近抱死时，控制装置根据转速传感器送出的相应电信号使驱动电动机停止转动，以防止滚筒剥伤轮胎，并保护驱动电动机。第三滚筒除了上述作用外，有的试验台上还将其作为安全保护装置用，只有当两个车轮制动测试单元的第三滚筒同时被压下时，制动试验台驱动电动机的电路才能接通。

（2）驱动装置　驱动装置由电动机和减速器（扭力箱）构成。电动机输出的转矩和转速经减速器减速增矩后，驱动滚筒装置的后滚筒旋转。减速器有蜗轮蜗杆—圆柱齿轮两级减速、少齿差行星齿轮减速、传动带—圆柱齿轮两级减速等多种形式。减速器外壳由两个轴承浮动安装在支架上，可以绕后滚筒中心线摆动。主动滚筒与从动滚筒由链传动连接而同步旋转。

（3）举升装置　为了便于汽车驶入、驶出制动试验台，在主、从动两滚筒之间设置有举升装置。该装置通常由举升器、举升平板和控制开关等组成。常用的举升器有气压式、电动螺旋式和液压式三种形式：气压式是用压缩空气驱动气缸中的活塞或使气囊膨胀完成举升作用；电动螺旋式是由电动机通过减速器带动螺母转动，迫使丝杠轴向运动以实现举升；液压式是由液压油推动举升缸中的活塞、活塞杆和连接在其上的举升平板完成举升动作。

（4）测量装置　制动力测量装置主要由测力杠杆和传感器组成。测力杠杆一端与传感器连接，另一端与减速器壳体连接。被测车轮制动时，测力杠杆与减速器壳体将一起绕主动滚筒（或绕减速器输出轴）轴线摆动。传感器将测力杠杆传来的与制动力成比例的力（或位移）转变成电信号输送到控制与指示装置。传感器有电阻应变片式、自整角电动机式、电位计式和差动变压器式等多种类型。日本产制动试验台多采用自整角电动机式测量装置，而欧洲产以及近期国产制动试验台多用电阻应变片式传感器。

图 4-37 为测力装置和驱动装置示意图。

（5）控制与指示装置　为提高自动化与智能化程度，现代制动试验台大都采用电子控制装置。指示装置大多采用数字显示式。控制与指示装置主要由计算机、放大器、A/D 转换器、数字显示器和打印机等组成。其控制框图见图4-38。

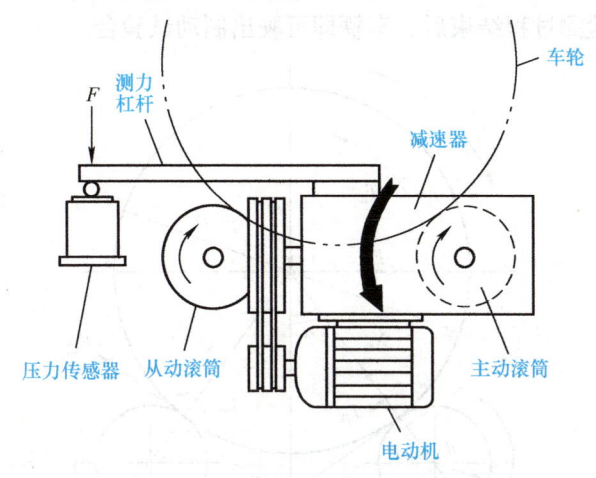

图4-37 测力装置和驱动装置示意图

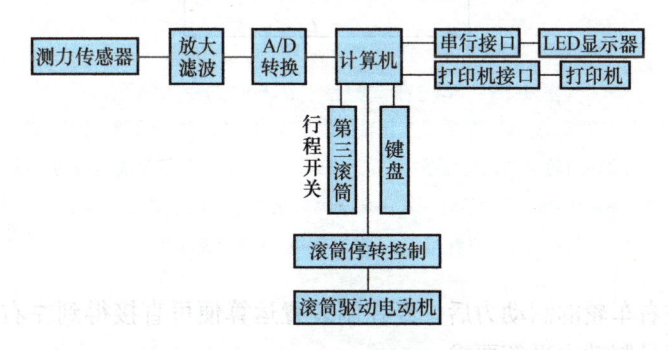

图4-38 计算机控制框图

2. 单轴反力式滚筒制动试验台工作原理

进行汽车制动性能检测时,被测汽车驶上制动试验台,车轮置于主、从动滚筒之间,放下举升器(或压下第三滚筒,装在第三滚筒支架下的行程开关被接通)。通过延时电路起动电动机,经减速器、传动链和主、从动滚筒带动车轮低速旋转,待车轮转速稳定后,驾驶人踩下制动踏板。车轮在车轮制动器的摩擦力矩 T_μ 的作用下开始减速旋转。此时电动机驱动的滚筒对车轮轮胎周缘的切线方向作用制动力 F_{x1}、F_{x2}(图4-39),以克服制动器摩擦力矩,维持车轮继续旋转。与此同时,车轮轮胎对滚筒表面切线方向附加一个与制动力反向等值的反作用力 F'_{x1}、F'_{x2},在 F'_{x1}、F'_{x2} 形成的反作用力矩作用下,减速器壳体与测力杠杆一起朝滚筒转动相反方向摆动,测力杠杆一端的力或位移经传感器转换成与制动力大小成比例的电信号。从测力传感器送来的电信号经放大滤波后,送往 A/D 转换器转换成相应数字量,经计算机采集、存储和处理后,检测结果由数码管显示或由打印机打印出来。一般可以把左、右轮最大制动力、制动力和、制动力差、阻滞力和制动力—时间曲线等一并打印出来。在制动过程中,当左、右车轮制动力大于某一值时,计算机即开始采集数据,采集过程所经历时间是一定的(如3s)。经历了规定的采集时间后,计算机发出指令使电动机停转,以防止轮胎剥伤。在有第三滚筒的制动试验台上,在制动过程中,第三滚筒的转速信号由传感器转变成电信号后输入计算机,计算车轮与滚筒之间的滑移率。当滑移率达到一定值(如

20%）时计算机发出指令使电动机停转。如车轮不驶离试验台，延时电路将电动机关闭3～10s后又自动起动。检测过程结束后，车辆即可驶出制动试验台。

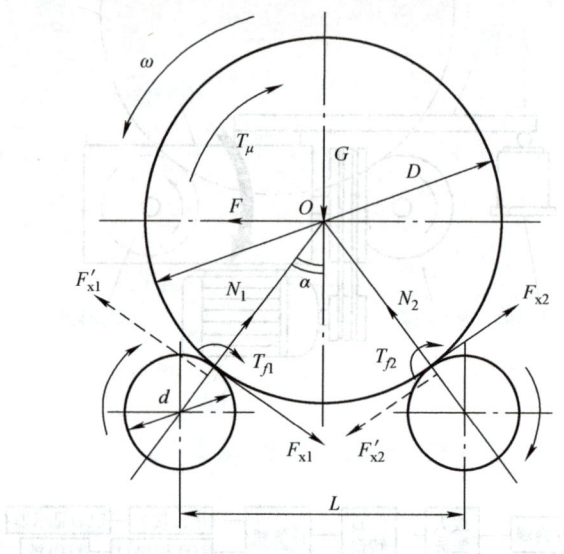

图 4-39　车轮在试验台上试验时的受力简图

G—车轮所受的载荷　F—车桥对车轮轴的水平推力　N_1、N_2—滚筒对车轮的支反力
F_{x1}、F_{x2}—滚筒对轮胎的切向摩擦力，$F=N\phi$　F'_{x1}、F'_{x2}—车轮对滚筒的切向反作用力
ϕ—滚筒与车轮表面的摩擦系数　T_μ—制动器摩擦力矩　T_{f1}、T_{f2}—车轮的滚动阻力矩
α—安置角　d—滚筒直径　L—滚筒间距

在测出汽车左右车轮的制动力后，经控制装置运算便可直接得到左右车轮的制动力差，以评价汽车是否满足制动力平衡要求。

显然，在反力式滚筒制动试验台上检测汽车驻车制动性能的基本原理与之类似，其不同点仅在于此时汽车的制动力是由驻车制动装置产生的。

车轮阻滞力的检测是在汽车的行车和驻车制动装置均处于完全释放状态，变速杆置于空挡位置时进行的。此时，电动机通过减速器、传动链及滚筒来带动车轮维持稳定旋转所需的力，即为车轮的阻滞力。该力的测试原理亦与上述相同。

制动协调时间是从驾驶人踩下制动踏板的瞬间作为起始计时点。为此，在制动测试过程中，必须由驾驶人通过套装在汽车制动踏板上的脚踏开关向试验台控制装置发出一个"开关"信号，开始计时，直至制动力达到标准中规定制动力的75%时的瞬间为止。这段时间历程即为制动协调时间，通常可以通过试验台的计算机执行相应程序来实现。

3. 反力式滚筒制动试验台的测试能力分析

图 4-39 所示为被测汽车的车轮在反力式制动试验台的滚筒上进行制动试验时的受力情况。

根据力学平衡原理可列出下列关系式：

$$N_1(\sin\alpha+\phi\cos\alpha)-N_2(\sin\alpha-\phi\cos\alpha)=F$$
$$N_1(\cos\alpha-\phi\sin\alpha)+N_2(\cos\alpha+\phi\sin\alpha)=G$$

联立上式解得

$$N_1 = \frac{F(\cos\alpha + \phi\sin\alpha) - G(\phi\cos\alpha - \sin\alpha)}{(\phi^2 + 1)\sin2\alpha}$$

$$N_2 = \frac{G(\phi\cos\alpha + \sin\alpha) - F(\cos\alpha - \phi\sin\alpha)}{(\phi^2 + 1)\sin2\alpha}$$

车轮制动时，试验台所能测出的最大制动力受轮胎与滚筒间附着力的限制。附着力 F_ϕ 的大小为

$$F_\phi = \phi(N_1 + N_2) = \phi\frac{G + F\phi}{(\phi^2 + 1)\cos\alpha}$$

由上式可见，试验台所能测出的最大制动力受安置角 α、附着系数 ϕ 和水平推力 F（与非测试车轮的制动性能有关）等三个因素影响，当安置角 α、附着系数 ϕ 和水平推力 F 增加时，试验台所能提供的附着力相应增大。而安置角 α 与被测车轮的直径 D、试验台的结构参数、滚筒中心距 L、滚筒直径 d 有关。当 D、d 减小，L 增大时，会使安置角 α 增大。

$$\alpha = \arcsin\left(\frac{L}{D + d}\right)$$

为了防止测试制动力时整车向后滑移，希望受检测车轮不脱离前滚筒，即 $N_1 \geq 0$，且 $F=0$，则可推得 $\sin\alpha - \phi\cos\alpha \geq 0$，即 $\tan\alpha \geq \phi$。若滚筒附着系数按 0.7 计，则相应的安置角 α 约为 35°。

从以上分析可见，适当增大安置角对检测有利，但并不是越大越好。因为当安置角 α 增大时，车轮轮胎相对变形增大，迟滞损失增加，滚筒带动车轮旋转的附加转矩增大，仪器示值大，影响测量精度，同时增加车轮驶离滚筒时的困难。

4. 反力式滚筒制动试验台的使用特点

由于反力式滚筒制动试验台测试条件稳定，检测结果重复性较好，能定量检测汽车各个车轮的制动力和其他参数，且试验台结构简单、使用方便，检测过程迅速、经济、安全，不受外界条件限制，因此得到了广泛应用。

但反力式滚筒制动试验台也有以下局限性。由于制动测试时滚筒的转动速度较低，它与实际制动状况相差甚远，这将影响所测制动力的上升速度，使制动协调时间延长。若它与采样时间不能很好匹配时，甚至可能影响所测制动力值大小。

目前，采用一般反力式滚筒制动试验台检测具有防抱死制动系统（ABS）汽车的制动性能时，所得结果还不能正确反映防抱死制动系统的功能，主要原因是这些试验台的测试车速较低，一般不超过 5km/h，而现代防抱死制动系统均在车速 10~20km/h 以上才起作用，所以在上述试验台上检测车轮制动力时，车辆的防抱死制动系统不起作用，只能相当于对普通的液压制动系统的检测过程，同时不能反映汽车其他系统（如转向机构、悬架）的结构、性能对制动性能的影响。

另外，汽车在静态下进行制动性能检测时，没有考虑制动时因惯性作用而产生的轴荷转移现象，与实际情况差异较大；同时，制动试验台的滚筒直径太小，与轮胎的接触面积较道路试验时小得多；又由于试验台前后滚筒的间距不能调整，因此当装用不同直径车轮的汽车检测制动力时，较大和较小的车轮在滚筒上的附着情况有很大不同。这都会使检测结果受到影响。

四、惯性式制动试验台结构及工作原理

惯性式制动试验台用旋转飞轮的转动惯量模拟车辆在道路上行驶时的动能,使车辆在试验台上再现道路行驶时的状况。惯性式制动试验台的滚筒可由电动机或车辆的驱动轮驱动,能进行高速试验,因而其测试工况更接近实际。

惯性式制动试验台的滚筒相当于一个移动的路面,试验台上各对滚筒分别带有飞轮,其惯性质量与受检汽车的惯性质量相当,因此滚筒传动系统具有相当于汽车在道路上行驶的惯性。制动时,轮胎对滚筒表面产生阻力,虽然这时驱动滚筒传动系统的动力(如电动机或汽车发动机的动力)已被切断,但由于滚筒传动系统具有一定的惯性,因而滚筒表面仍将相对于车轮移过一定距离。由此可见,在惯性式制动试验台上可以模拟道路制动试验工况。这种试验台的主要检测参数是各轮的制动距离,同时还可测得制动时间或减速度。

惯性式滚筒制动试验台按同时检测的轴数不同可分为单轴式和双轴式。双轴惯性式滚筒制动试验台的结构见图4-40。

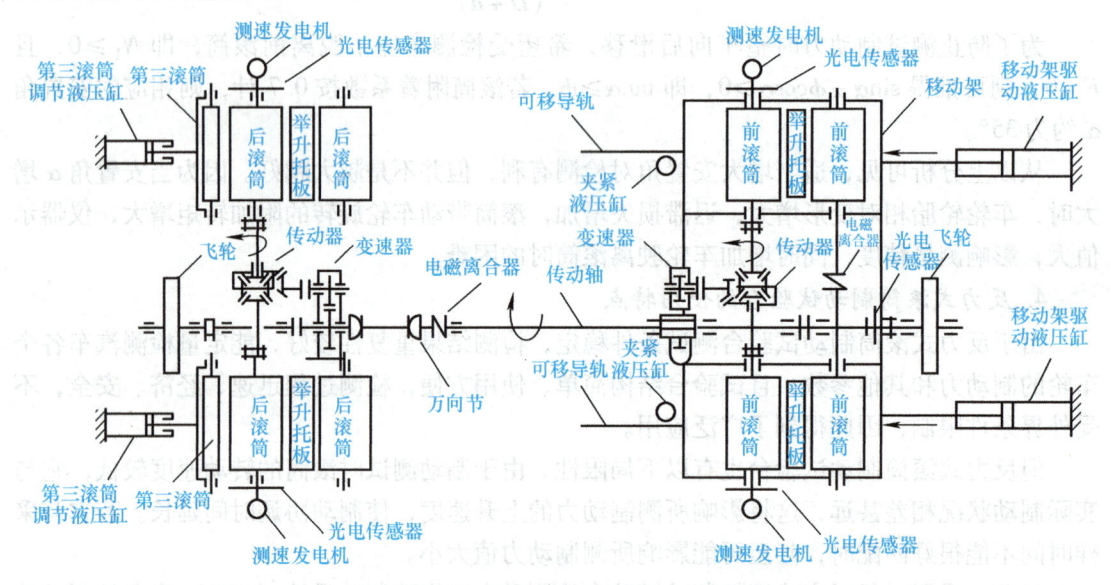

图4-40 双轴惯性式滚筒制动试验台

试验时,被测汽车驶上试验台后,前、后滚筒组之间的距离可用液压缸调节,调节后用液压缸锁紧。由汽车发动机的动力经驱动轮驱动后滚筒组旋转。左右主动滚筒用半轴与传动器相连,并经变速器、万向节、电磁离合器、传动轴、变速器、传动器带动前滚筒及汽车前轮一起旋转。此时根据被测车辆行驶时的惯性等效质量配置的飞轮也一起旋转。当达到试验转速时,断开连接各滚筒的电磁离合器,同时做紧急制动。车轮制动后,滚筒飞轮依靠惯性继续转动,滚筒能转动的圈数与滚筒圆周长之积相当于车轮的制动距离。在规定试验车速下,滚筒继续转动圈数取决于车轮制动器和整个制动系的技术状况。滚筒转动圈数由装在滚筒端部的光电传感器转变为电脉冲送入计数器记录,在滚筒的端部还装有测速发电机测定试验车速。利用装在惯性式制动试验台滚筒一端的测速传感器(光电式或测速电动机式)测出制动过程中的速度变化,由制动时间和速度变化可换算得到制动减速度。为防止汽车制动时向后窜出,在后滚筒组后装有第三滚筒。

利用惯性式制动试验台动态检验汽车的制动性能时，其试验条件接近汽车的实际行驶条件，具有能在任何车速下进行汽车制动性能检测的优点。但这种试验台旋转部分的转动惯量较大，因而其结构较复杂，占地面积大，且检验的车型范围受到一定限制，所以应用范围不如反力式制动试验台广泛。

五、平板式制动试验台结构及工作原理

平板式制动试验台是一种低速动态式制动试验台，可以检测各个车轮的制动力。

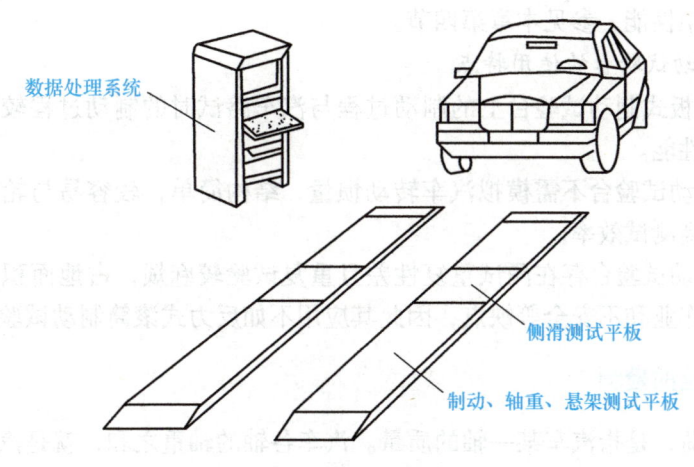

1. 平板式制动试验台结构

平板式制动试验台由测试平板、测量显示系统、辅助装置、踏板压力传感器构成。平板式制动试验台一般除了可以检测汽车的制动性能外，还能检测悬架性能、轴重、侧滑量，因此又称之为平板式底盘检测设备。

（1）测试平板　平板式制动试验台共有6块测试平板，左右对称布置且相互独立，其中两端4块用于制动、悬架、轴重测试，中间两块用于侧滑量检测，如图4-41所示。测试平板由面板、底板、钢球和力传感器等组成，见图4-42。底板作为底座固定在混凝土地面上，面板通过压力传感器和钢球支承在底板上，其纵向则通过拉力传感器与底板相连。压力传感器用于测量作用于面板上的垂直力；拉力传感器则用于测量沿汽车行驶方向，轮胎作用于面板上的水平力。

图4-41　平板式制动试验台

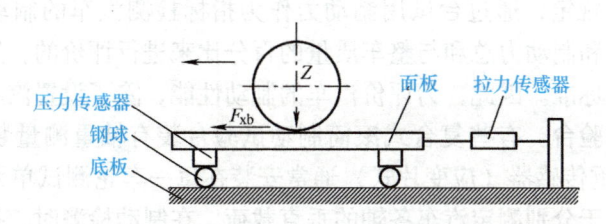

图4-42　测试平板的结构示意图

（2）控制和显示装置　控制与显示装置是一个以计算机为核心的数据采集、分析、处理和显示的系统。计算机对传感器的各种输出信号进行高速采样，并将其转换为数字信号，并对这些数字信号进行处理、计算，判定汽车制动性能是否合格，同时还能给被测汽车驾驶

人提供操作指示。

测试平板所受到的水平力和垂直力的大小变化，分别对应于拉力传感器和压力传感器所输出的电信号的变化。拉力传感器和压力传感器输出的电信号由计算机采集、处理后，换算成制动力和轮荷的大小并分别在显示装置上显示出来。踏板压力传感器用于测出制动时作用在制动踏板上的力，如果装用无线式踏板压力传感器，平板式制动试验台不仅可测出最大制动力，还可输出制动力随时间变化的曲线、制动协调时间等信息。根据垂直力的数值及其在制动过程中的波动情况，还可检测汽车轴重和悬架、减振器的性能。

（3）辅助装置　辅助装置包括前、后引板和中间过渡板，其作用是方便汽车平稳地驶上、驶下制动试验台。

2. 平板式制动试验台工作原理

利用平板式制动试验台检测汽车制动性能时，汽车以 5～10km/h 的速度匀速驶上测试平板，置变速杆于空挡并紧急制动。在汽车惯性力作用下，车轮则对测试平板作用一个与车轮制动力大小相等、方向与汽车行驶方向相同的作用力 F_{xb}。该作用力通过纵向拉杆传给纵向拉力传感器，传感器则将该作用力转换成相应大小的电信号输入放大器；与此同时，压力传感器将各车轮载荷的大小转换成电信号输入放大器。然后，通过控制装置处理并由显示装置显示检测结果。

根据制动过程中汽车前、后车轮作用在测试平板上的垂直力的变化情况，则可以判断汽车各个车轮的悬架性能，参见本章第四节。

3. 平板式制动试验台的使用特点

① 汽车在平板式制动试验台上的制动过程与汽车路试时的制动过程较为接近，能反映车辆的实际制动性能。

② 平板式制动试验台不需模拟汽车转动惯量，结构简单，较容易与轮重仪、侧滑仪组合在一起，以提高测试效率。

③ 平板式制动试验台存在测试重复性差且重复试验较麻烦、占地面积大、需要助跑车道、不利于流水作业和不安全等缺点，因此其应用不如反力式滚筒制动试验台广泛。

六、汽车轴重的检测

轴重也叫轴荷，是指汽车某一轴的质量。汽车各轴的轴重之和，就是汽车的总重。

在汽车性能检测中，轴重的检测并不是一个单独的检测项目。GB 7258—2017《机动车运行安全技术条件》规定，通过台试用制动力作为指标检测汽车的制动性能时，是以轴制动力占轴荷的百分比和制动力总和与整车质量的百分比来进行评价的，这对总质量不同的汽车来说是比较客观的标准。因此，为评价汽车的制动性能，除了设置汽车制动试验台外，还必须配备汽车轴重试验台。有些复合式滚筒制动试验台装有轴重测量装置（此时，可不配置轴重试验台），称重传感器（应变片式）通常安装在每一车轮测试单元框架下的 4 个支承脚处。轴重试验台用于分别测定汽车各轴的垂直载荷，在制动检测时，提供计算汽车各轴及整车的制动效能时所需的轴重数据。

轴重仪可以分为机械式和电子式两类。电子式轴重仪配有智能化仪表，因其功能强、精度高而得到广泛应用。

轴重仪主要由框架和承重台面及电子仪表组成。承重台面四角分别固定四只压力应变传感器，如图4-43所示。当传感器受到压力时，电阻应变片的阻值发生变化，从而能够输出与所受压力成正比的电压信号。

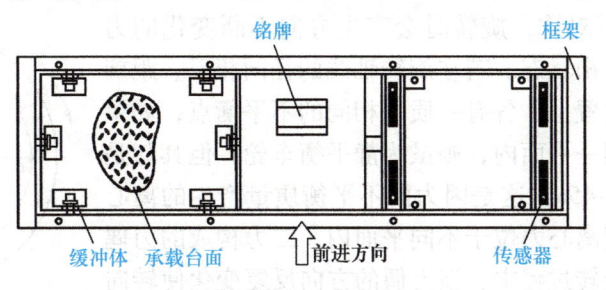

图4-43 轴重仪结构简图

第四节 汽车行驶系统检测

汽车行驶系统主要由车轮和悬架系统构成，其车轮不平衡、车轮定位参数不正确、主销与衬套磨损、悬架系统松旷等都会引起汽车行驶系统技术状况变坏，不仅影响汽车的操纵稳定性、乘坐舒适性、行驶阻力，而且直接影响汽车的行驶安全性。因此，汽车行驶系统的检测与诊断是汽车技术状况监控的重要内容。

一、车轮平衡检测

随着公路质量的提高和汽车技术的进步，汽车的行驶速度越来越快。在高速行驶条件下，车轮不平衡所引起的车轮跳动和摆振，对于汽车的行驶平顺性、乘坐舒适性和安全行车的影响更为严重。此外，轮胎及有关机件的磨损和冲击加剧，因而也缩短了汽车使用寿命。研究发现，车轮位置不正或不平衡严重时，其磨损量是正常使用情况下磨损量的10倍。因此，车轮平衡检测已越来越引起人们的重视。

1. 基本知识

（1）静不平衡 静不平衡的车轮重心与车轮旋转中心不重合，若使其转动，则只能停止于一个固定方位。

由于静不平衡质量的存在，车轮在旋转时产生离心力。假定不平衡质量 m（kg）集中于距车轮旋转中心距离为 r（m）的圆周上某点，则车轮转动时所产生的离心力 F（N）的大小为

$$F = m\omega^2 r$$

式中 ω——车轮旋转角速度（rad/s），$\omega = 2\pi n/60$；

n——车轮转速（r/min）。

从式中可见，转速 n 越高，不平衡质量 m 越大，且距旋转中心的距离 r 越远，由静不平衡所产生的离心力 F 也越大。离心力 F 可分解为垂直分力 F_Y 和水平分力 F_X。每旋转一周，垂直分力 F_Y 在过旋转中心垂直线的 a、b 两点达到最大值且方向相反，从而引起车轮的跳动；水平分力 F_X 在过旋转中心水平线的 c、d 两点达到最大值且方向相反，形成绕转向轮主销来回摆动的力矩，造成转向轮摆振，见图4-44。当左右转向轮的不平衡质量相互处于180°位置时，转向轮摆振最为剧烈。若要实现静平衡，则需在不平衡质量 m 作用半径的相

反位置上，配置相同质量 m_1'，以使两者所产生的离心力因大小相同、方向相反而相互抵消。

（2）动不平衡　静平衡的车轮，因车轮的质量分布相对于车轮纵向中心平面不对称，旋转时会产生方向不断变化的力偶，车轮处于动不平衡状态。若在旋转轴线的径向相反、距旋转中心距离相同的位置上，各有一质量相同的不平衡点，如果两不平衡质量不在同一平面内，则虽为静平衡车轮，但其却是动不平衡的，见图4-45a，这是因为两不平衡质量产生的离心力的合力虽为零，但离心力位于不同平面内，二力构成的力偶却不为零。在车轮旋转过程中，该力偶的方向反复变化使转向轮绕主销摆振。若要使车轮达到动平衡，则需在 m_1、m_2 同一作用半径的相反方向配置相同质量 m_1'、m_2'，见图4-45b。

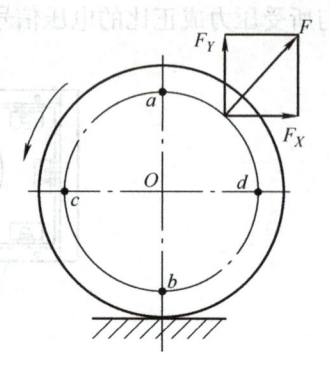

图4-44　车轮静不平衡示意图

动平衡的车轮肯定是静平衡的，但静平衡的车轮却不能保证是动平衡的，因此对车轮主要应进行动平衡检测。根据 GB 7258—2017《机动车运行安全技术条件》，车轮总成的横向摆动量和径向圆跳动量，总质量小于或等于3500kg 的汽车应小于或等于 5mm；摩托车应小于或等于 3mm；其他机动车应小于或等于 8mm。最大设计车速大于 100km/h 的机动车，车轮的动平衡要求应与该车型的技术要求一致。

（3）车轮不平衡的原因

① 轮毂、制动鼓（盘）加工时轴心定位不准、加工误差大、非加工面铸造误差大、热处理变形、使用中变形或磨损不均。

② 轮胎螺母质量不等、轮辋质量分布不均或径向圆跳动、轴向圆跳动太大。

③ 轮胎质量分布不均、尺寸或形状误差太大、使用中变形或磨损不均、使用翻新胎或垫、补胎。

④ 并装双胎的充气嘴未相隔180°安装，单胎的充气嘴未与不平衡点标记（经过平衡试验的新轮胎，往往在胎侧标有红、黄、白或浅蓝色的□、△、○或◇符号，用来表示不平衡点位置）相隔180°安装。

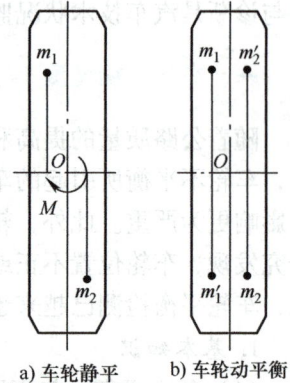

a) 车轮静平衡但动不平衡　　b) 车轮动平衡

图4-45　车轮平衡示意图

⑤ 轮毂、制动鼓（盘）、轮胎螺栓、轮辋、内胎、衬带、轮胎等拆卸后重新组装成车轮时，累计的不平衡质量或形状和位置偏差太大，破坏了原来的平衡。

⑥ 车轮定位不当不仅影响汽车的操纵性和行驶稳定性，而且会造成轮胎偏磨，因而引起车轮不平衡。

⑦ 车轮碰撞造成的变形引起的车轮质心位移。

⑧ 高速行驶过程中，制动抱死而引起的轮胎纵向和横向滑移所引起的轮胎局部不均匀磨损。

2. 车轮平衡机的类型和结构

（1）车轮平衡机的类型　车轮平衡机有多种分类方式：

1）按功能分类。车轮静平衡机和车轮动平衡机。

2）按测量方式分类。离车式车轮平衡机和就车式车轮平衡机。前者需从车上拆下被测车轮，装到平衡机转轴上进行测量，后者则可在不拆卸车轮的状况下进行检测。

3）按平衡机转轴的支承方式分类。软式车轮平衡机和硬式车轮平衡机。前者的转轴由弹性元件支承，当装在转轴上的车轮不平衡时，转轴和车轮在转动过程中发生振动，通过对振动的强弱和相位的测量来检测车轮的不平衡量；后者的转轴则由刚性元件支承，通过测量车轮不平衡点在车轮旋转时产生的离心力来检测车轮的不平衡量。

凡可测定车轮左、右两侧的不平衡量及相位的车轮平衡机，称为两面测定式车轮平衡机。

（2）离车式车轮平衡机　在离车式车轮平衡机中，目前应用最多的是硬式两面测定车轮动平衡机，见图4-46。该平衡机主要由驱动机构、转轴与支承、机箱、制动装置和防护罩构成。其中，驱动机构由电动机、传动装置构成，驱动转轴旋转使安装在其上的车轮达到所要求的平衡转速；车轮在转轴上的安装位置见图4-47，转轴由两盘滚动轴承支承。两盘轴承内分别组装有检测动反力的传感器，传感器产生的电信号输送至控制装置，转轴外端通过锥体和快速拆装螺母固定被测车轮；显示与控制装置多采用微机式，能将传感器传来的电信号通过微机运算、分析、判断后，显示出不平衡量及相位；车轮防护罩用于防止车轮旋转时车轮上的平衡块或花纹中的夹杂物飞出；制动装置可使车轮停转。

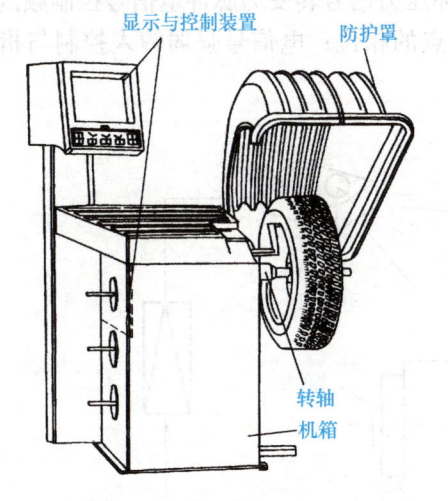

图4-46　离车式车轮动平衡机 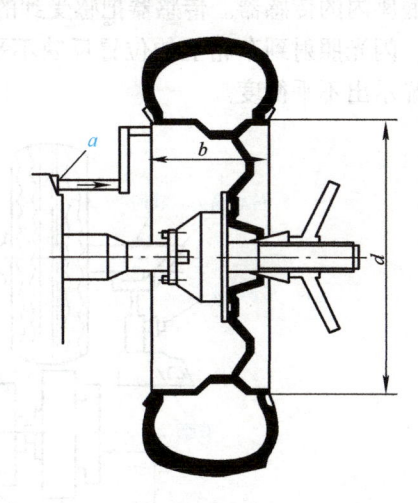　　　图4-47　车轮在转轴上的安装

（3）就车式车轮平衡机　图4-48为就车式车轮平衡机外形及工作图，图4-49为其结构原理示意图。就车式车轮平衡机由驱动装置、测量装置、指示与控制装置、制动装置等构成，并装在手推小车上。其中，驱动装置由电动机和由其驱动的转轮构成，电动机驱动转轮旋转时，可将转轮贴紧车轮的胎面，带动其旋转；测量装置由传感磁头、可调支杆和底座构成。测试时，传感磁头可吸附在独立悬架下臂或非独立悬架的转向节处，通过可调支杆可将不平衡车轮旋转时产生的振动传给底座，装在底座中的传感元件将振动转化成电信号。指示与控制装置由频闪灯和不平衡度表或数字显示屏构成，在接收到传感元件发出的电信号后，不平衡度表根据其强弱指示出不平衡量大小，频闪灯用于测出车轮不平衡点的位置。

3. 车轮不平衡检测原理

（1）静不平衡检测　静不平衡可在离车式或就车式车轮平衡机上检测。

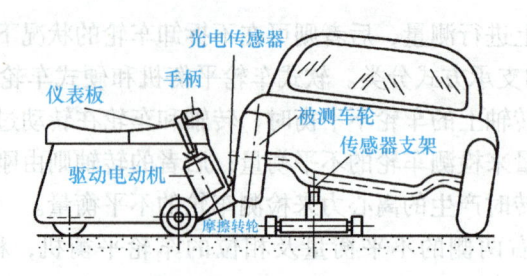

图 4-48 就车式车轮平衡机外形及工作图

被测车轮装在离车式车轮平衡机的转轴上时,若车轮存在静不平衡,则在自由转动状态下,车轮将停止于不平衡点处于最低的位置;在相反方向进行配重平衡,当车轮可在转动结束时停止于任一位置时,车轮则处于静平衡状态。利用这一基本原理即可测得静不平衡的质量和相位。

利用就车式车轮平衡机检测车轮静不平衡的原理见图 4-49。检测过程中,车轮被支离地面,其重力通过传感器、可调支杆传递到底座。如果被测车轮存在静不平衡,则高速旋转时产生的离心力所引起的上、下振动,通过转向节或悬架作用于检测装置的传感磁头、可调支杆和底座内的传感器。传感器把感受到的脉冲压力信号转变为脉冲电信号控制频闪灯的闪光时刻,闪光照射到车轮上的位置反映不平衡点的相位;电信号强弱输入控制与指示装置后,则显示出不平衡度。

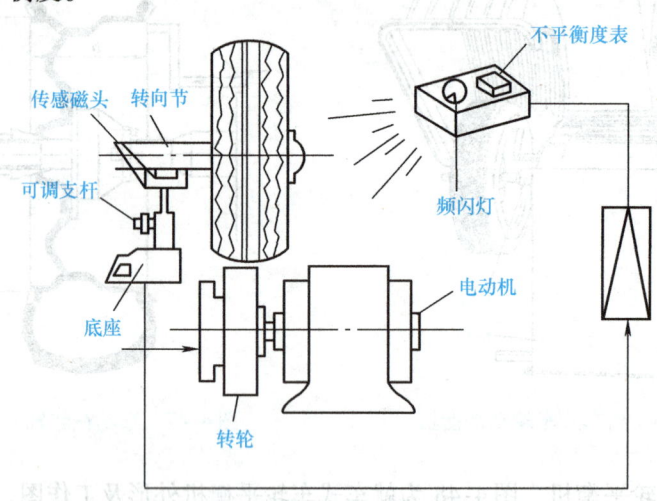

图 4-49 就车式车轮平衡机结构原理示意图

(2) 动不平衡检测

1) 离车式车轮平衡机检测动不平衡的基本原理。动不平衡的车轮安装在离车式硬支承平衡机的转轴上高速旋转时,所产生的离心力在支承装置上产生动反力,测出支承装置所受的动反力即可测得不平衡量。其检测原理如图 4-50 所示。图中:m_1、m_2 为车轮不平衡点质量,车轮旋转时所产生的离心力为 F_1、F_2,结构尺寸 a、b、c、d 如图所示。硬支承平衡机的测试、校正原理是:根据支承处的动反力 N_L、N_R 确定两校正面上离心力 F_1 和 F_2 的大小,根据 F_1、F_2 确定两校正面所需的平衡块质量和安装方位。其测量点在轴承处,而校正面选在轮辋两边缘。根据平衡条件,有

$$N_R - N_L - F_1 - F_2 = 0$$
$$F_1(a+c) + F_2(a+b+c) - N_R c = 0$$

可解得

$$F_1 = N_L \frac{a+b+c}{b} - N_R \frac{a+b}{b}$$

$$F_2 = N_L \frac{a+c}{b} - N_R \frac{a}{b}$$

由此可见，离心力 F_1、F_2 仅取决于动反力 N_L、N_R 及结构尺寸 a、b、c。对于某车轮平衡机和所测车轮而言，结构尺寸可视为常数，可事先输入控制装置。动反力 N_L、N_R 可用位移、速度或加速度传感器测出，据此确定 F_1、F_2，并确定平衡块质量和安装方位。

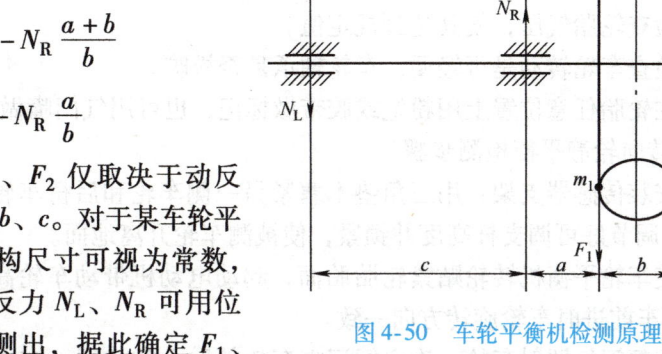

图 4-50 车轮平衡机检测原理
a—轮辋边缘至右支撑的距离　b—轮辋宽度
c—左、右支撑间距离　d—轮辋直径

2）就车式车轮平衡机检测动不平衡的基本原理。在就车式车轮平衡机上检测车轮动不平衡时，可将传感磁头固定在制动底板上。当动不平衡的车轮高速旋转时，不平衡质量所产生的离心力使车轮左、右摆振，在制动底板上产生横向振动。横向振动通过传感磁头、可调支杆传给底座内的传感器并把振动转化成电信号，电信号控制频闪灯闪光，以指示车轮不平衡点位置，并由指示装置显示出车轮的不平衡量。

4. 车轮不平衡检测方法

（1）离车式车轮平衡机的检测方法

1）准备工作。

① 拆除轮辋上的旧平衡块。

② 清除胎面泥土和嵌在花纹中的泥土、石子等。

③ 轮胎气压达到规定值。

④ 检查车轮平衡仪，并预热 5min 左右。

⑤ 提起车轮定位尺，以便使被测车轮定位。

⑥ 根据轮辋中心孔大小选择锥体，并把车轮装在转轴上，用快速螺母紧固。

2）检测步骤。

① 测量轮辋宽度 b、轮辋直径 d 和轮辋边缘至机箱距离 a，并输入到控制与指示装置。

② 按下车轮定位尺并放下车轮防护罩。

③ 按起动按钮，转轴带动车轮旋转，开始测试。

④ 显示出测量结果后，按停止按钮或踩制动踏板使车轮停转，并从指示装置上读取车轮内、外侧不平衡量和不平衡位置。

⑤ 根据检测结果，分别在轮辋内、外两侧安装平衡块。

⑥ 检查平衡结果，直至车轮不平衡量 <5g，指示装置显示 "00" 或 "OK" 时，车轮处于平衡状态。

⑦ 测试结束，切断电源，从转轴上取下车轮总成。

（2）就车式车轮平衡机的检测方法

1）准备工作。
① 用千斤顶支起车桥。
② 取掉车轮轮辋上的旧平衡块，清除胎面泥土和花纹中夹嵌的泥土、碎石。
③ 检查轮胎气压，使其达到规定值。
④ 检查车轮转动是否轻便，车轮轴承是否松旷。
⑤ 在轮胎任意位置上用粉笔或胶带做标记，也可用气门嘴做标记。
2）转向轮静平衡检测步骤。
① 安装传感器支架：用三角垫木塞紧另一侧车轮和后桥车轮，将转向桥落座于传感器支架上，调节好可调支杆高度并锁紧，使被测车轮升离地面。
② 使车轮平衡机转轮贴紧轮胎胎面，起动电动机带动车轮高速旋转，注意车轮旋转方向应与汽车前进时车轮旋转方向一致。
③ 用频闪灯照射车轮，确定标记在车轮轮胎上的位置，在指示装置显示出不平衡量数值后，利用平衡机上的制动装置使其停止转动。
④ 轻转车轮，使标记位于频闪灯下的观察位置，轮辋最上部即为平衡块的安装位置。
⑤ 根据指示装置所显示的不平衡量，在轮辋上加装平衡块。
⑥ 重复上述步骤复查测试，直至满足平衡要求。
3）转向轮动平衡检测步骤。
① 转向轮外转45°，将传感磁头吸附在制动底板边缘平整之处。
② 测量方法与转向轮静平衡的测量方法相同，但车轮平衡时，应在观察位置轮辋两侧各安装一块平衡块，并使其相隔180°，平衡后也需复查直至满足平衡要求。
4）驱动轮平衡与转向轮平衡的主要区别。
① 用千斤顶支起后桥后，不必用三角垫木塞紧被测车轮另一侧的车轮。
② 用发动机通过传动系统带动驱动轮以50～70km/h的速度稳定运转，而不再用平衡机转轮带动车轮旋转。
③ 传感磁头支撑在后桥尽可能靠近后轮的地方。
④ 测试结束后，用车轮制动器而不是用平衡机上的制动装置使车轮停止旋转。
驱动轮平衡的主要测试步骤与转向轮静、动平衡测试步骤相同。

二、悬架装置检测

悬架装置主要由弹性元件、导向装置和减振器三部分构成，是汽车行驶系统的重要组成部分，其功能是传递动力、缓和并迅速衰减车身与车桥之间因路面不平引起的冲击和振动。

汽车悬架装置最易发生故障的部件是减振器。减振器工作不正常时，汽车行驶中跳跃严重，轮胎的接地能力下降，转向盘发飘，弯道行驶时车身晃动加剧，制动时易发生跑偏或侧滑，轮胎磨损异常，乘坐舒适性降低，有关机件磨损速度加快。

悬架装置的技术状况和工作性能的检测与诊断，对于保证汽车行驶平顺性、操纵稳定性、舒适性和行驶安全性具有重要意义。

1. 汽车悬架装置性能的检测方法

汽车悬架装置性能的检测方法，有经验法、按压车体法和试验台检测法三种类型。前两种方法主要是靠检查人员的经验，因此存在主观因素大、可靠性差、只能定性分析不能定量分析等缺点。

利用悬架装置检测台可以快速检测、诊断悬架装置工作性能。根据激振方式不同，悬架装置检测台可分为跌落式、谐振式（图4-51）和平板式（图4-41）三种类型。由于谐振式悬架装置检测台性能稳定、数据可靠，因此应用广泛。

（1）跌落式悬架装置检测台基本原理　测试过程中，先通过举升装置将汽车升起一定高度，然后突然松开支撑机构或撤去垫块，车辆落下产生自由振动。用测量装置测量车体振幅或者用压力传感器测量车轮对台面的冲击压力，对振幅或压力分析处理后，评价汽车悬架装置的工作性能。

（2）谐振式悬架装置检测台基本原理　通过检测台的电动机、偏心轮、储能飞轮和弹簧组成的激振器，迫使检测台台面及被检汽车的悬架装置产生振动。通过检测激振后振动衰减过程中力或位移的振动曲线，求出频率和衰减特性，便可判断悬架装置减振器的工作性能。根据测试对象不同分为测力式和测位移式两类。测力式悬架装置检测台测试振动衰减过程中的力，测位移式悬架装置检测台则测试振动衰减过程中的位移量。

以下主要介绍谐振式悬架装置检测台的结构和工作原理。

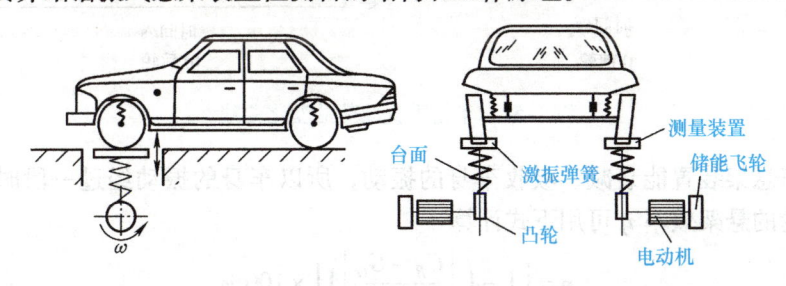

图4-51　谐振式悬架装置检测台

（3）平板式悬架装置检测台基本原理　被测汽车以一定速度开上测试平板（图4-41），驾驶人踩下制动踏板，使车辆在制动、悬架、轴重测试平板上制动至停车。由于制动时车身产生振动，致使前后车轮动态负荷相对静态负荷发生变化。每块平板下都设有垂直力传感器，因而能测得车轮的动、静态载荷，然后计算出车轮的悬架效率。

2．汽车悬架性能的评价指标

（1）吸收率　用谐振式悬架装置检测台检测汽车悬架特性时，其评价指标为吸收率（车轮接地性指数）。

根据JT/T 448—2021《汽车悬架装置检测台》，吸收率指被测汽车最小的动态车轮垂直接地力与静态车轮垂直接地力之比，以百分数表示。其中的术语解释如下。

动态车轮垂直接地力，是指汽车悬架装置检测台台面与被测汽车悬架装置的车轮激励振动时，被测汽车车轮作用在台面上的载荷。

静态车轮垂直接地力，是指汽车悬架装置检测台台面与被测汽车悬架装置处于静止状态时，被测汽车车轮作用在台面上的载荷。

吸收率或称车轮接地性指数是被测汽车最小的车轮动态垂直接地力与车轮静态垂直接地力之比，以百分数表示。代表了车轮与路面间的最小相对动载，表明了悬架装置在汽车行驶中确保车轮与路面相接触的最小能力。

汽车行驶中，所有车轮的吸收率是不一样的，每侧车轮的吸收率应单独计算。这是由于各个车轮悬架装置的工作性能、车轮承受载荷、轮胎气压和路面对车轮的冲击力不同等原因造成的。如果在检测台上,能够使各轮承受的载荷、轮胎气压和台面冲击力一致,则吸收率主要决定于悬架装置的工作性能。因此,完全可以用吸收率评价悬架装置的工作特性。

(2)悬架效率 用平板式悬架装置检测台检测汽车悬架特性时,其评价指标为悬架效率。

图4-52为汽车以 5~10km/h 的初速在测试平板上制动时,其前后车轮垂直载荷随时间的变化曲线。制动时前部车身先加速向下,前轮垂直载荷先从静态载荷附近(O点)上升到最大值(A点),再从最大值下降到最小值(B点),见图4-52a;后部车身的振动所引起后轮垂直载荷的变化的相位与前轮相反,即前部车身向下运动时后部车身向上抬起,见图4-52b。

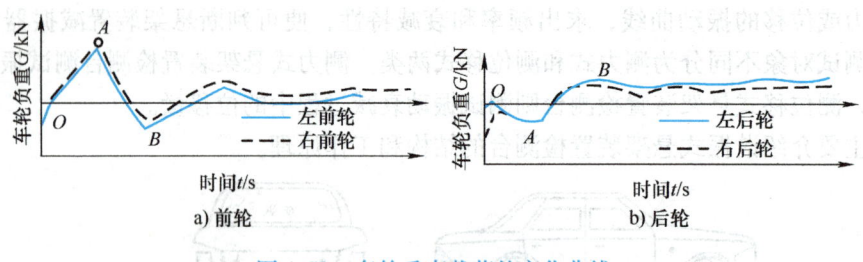

图 4-52 车轮垂直载荷的变化曲线

由于汽车悬架装置能衰减、吸收车身的振动,所以车身的振动经过一段时间后就会消失。每侧车轮的悬架效率 η 可用下式计算

$$\eta = \left[1 - \left(\left|\frac{G_B - G_O}{G_A - G_O}\right|\right)\right] \times 100\%$$

式中 η——悬架效率;
G_O——各车轮处静态负荷值;
G_A——A点的纵坐标绝对值;
G_B——B点的纵坐标绝对值。

3. 悬架装置检测台的结构

谐振式悬架装置检测台一般由机械和微机控制两部分组成。

(1)机械部分 谐振式悬架装置检测台的机械部分由左右两套相同的振动系统构成(图4-51)。其单轮振动系统如图4-53所示。每套振动系统由上摆臂、中摆臂、下摆臂、支承台面、激振弹簧、驱动电动机、储能飞轮和传感器等构成。传感器一端固定在箱体上,另一端固定在台面上。上摆臂、中摆臂和下摆臂通过三个摆臂轴和六个轴承安装在箱体上。上摆臂和中摆臂与支承台面连接,并构成平行四边形的四连杆机构,以保证上下运动时能平行移动,使台面受载时始终保持水平。中摆臂和下摆臂端部之间装有弹簧。驱动电动机的一端装有储能飞轮,另一端装有凸缘,凸缘上有偏心轴。连接杆一端通过轴承和偏心轮连接,另一端与下摆臂端部连接。

检测时,将汽车驶上支承平台,启动测试程序,驱动电动机带动偏心机构使整个汽车—台面系统振动。激振数秒钟达到角频率为 ω_0 的稳定强迫振动后,断开驱动电动机电源。然后,由储能飞轮以起始频率为 ω_0 的角频率进行扫频激振,同时启动采样测试装置。由于

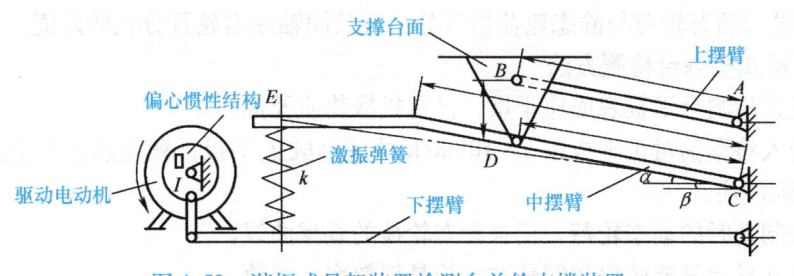

图 4-53 谐振式悬架装置检测台单轮支撑装置

车轮的固有频率处于 ω_0 与 0 之间，因此储能飞轮的扫频激振总能使汽车—台面系统产生共振。采样测试装置记录数据和振动波形，然后进行分析、处理和评价。

（2）控制部分　谐振式悬架装置检测台的控制部分主要由计算机、传感器、A/D 转换器、电磁继电器及控制软件等组成，如图 4-54 所示。控制软件是悬架装置检测台微机控制部分与机械部分联系的桥梁。软件不仅实现对悬架装置检测台测试过程的控制，同时也对悬架装置检测台所采集的数据进行分析和处理，并显示和打印检测结果。

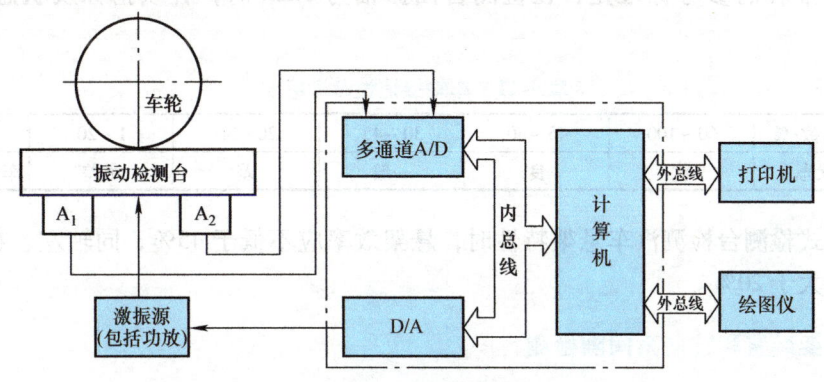

图 4-54　汽车悬架性能检测控制系统

图 4-41 所示平板式底盘检测设备由测试平板、数据处理系统和踏板力计等组成，可以检测汽车制动性能、轴重、悬架装置工作特性和车轮侧滑量。该检测台的两列测试平板一共分为 6 块，其中前后两端的 4 块用于制动、悬架、轴重测试，中间的两块一块为侧滑测试用，另一块为空板，不起任何测试作用。

4. 汽车悬架性能检测方法

根据 GB 18565—2016《道路运输车辆综合性能要求和检验方法》，对于最大设计车速大于或等于 100km/h、轴载质量小于或等于 1500kg 的载客汽车，应按下列方法进行悬架性能检测。

（1）谐振式悬架装置检测台检测方法
① 汽车轮胎规格、气压应符合规定值，车辆空载，不乘人（含驾驶人）。
② 将汽车每轴车轮驶上悬架装置检测台，使轮胎位于台面的中央位置。
③ 启动悬架装置检测台，使激振器迫使汽车悬架装置产生振动，并达到起始激振频率（高于共振频率）。
④ 达到起始激振频率后，将激振电源关断，使激动频率逐渐降低，并将通过共振频率。
⑤ 记录衰减振动曲线，纵坐标为动态轮荷，横坐标为时间。测量共振频率时的动态轮

荷。计算并显示动态轮荷与静态轮荷的百分比及其同轴左右轮百分比的差值。

（2）平板式检测台检测方法

① 平板式检测台平板表面应干燥，没有松散物质及油污。

② 驾驶人将车辆对正平板以 5~10km/h 的速度驶上平板，置变速器于空挡，急踩制动踏板，使车辆停住。

③ 测量制动时的动态轮荷，记录动态轮荷的衰减曲线。

④ 计算并显示悬架效率和同轴左右轮悬架效率之差值。

5. 汽车悬架性能检测标准

GB 18565—2016《道路运输车辆综合性能要求和检验方法》中规定：对于最大设计车速≥100km/h、轴载质量≤1500kg 的载客汽车，用悬架检测台按规定的方法检测悬架特性时，受检车辆的车轮在受外界激励振动下测得的吸收率（车轮接地性指数），应不小于 40%，同轴左右轮吸收率之差不得大于 15%。

在欧美一些国家，汽车悬架检测台已被广泛应用于在用汽车悬架性能的检测。欧洲减振器制造协会推荐的参考标准是：在检测台面振幅为 6mm 时，各项指标及状态如表 4-11 所列。

表 4-11 车轮接地性参考标准

车轮接地性指数/%	60~100	45~60	30~45	20~30	1~20	0
车轮接地状态	优	良	一般	差	很差	车轮与地面脱离

用平板式检测台检测汽车悬架特性时，悬架效率应不低于 45%，同轴左、右轮悬架效率之差不得大于 20%。

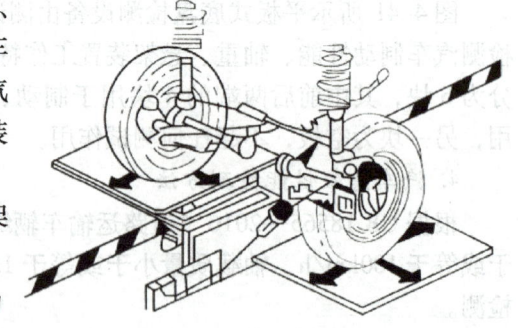

三、悬架装置和转向系间隙检测

在汽车使用过程中，汽车悬架装置和转向系各部间隙逐渐增大，致使汽车行驶中跳动及横摆加剧、转向盘自由行程加大、转向轮摆头、轮胎磨损异常和各种冲击增强，严重影响了汽车操纵稳定性、行车安全性和使用寿命。因此，汽车悬架装置和转向系的间隙大小可以表征悬架装置和转向系的技术状况。

悬架装置和转向系间隙的检测，须采用悬架装置和转向系间隙检测仪进行，如图 4-55 所示。

1. 悬架装置和转向系间隙检测仪的基本结构

悬架装置和转向系间隙检测仪，一般由电控箱、左测试板、右测试板、泵站和手电筒式开关等组成，如图 4-56 所示。

图 4-55 悬架装置和转向系间隙检测

（1）电控箱　电控箱主要由控制电路和保护电路组成，用于控制油泵电动机和电磁阀继电器的动作，保护电路以防止油泵电动机过载和电路漏电。

（2）手电筒式开关　手电筒式开关由测试台移动方向控制按键和照明两部分组成。其移动方向控制按键用于控制电控箱中各继电器的动作，照明部分则用于对检查部位的观察。

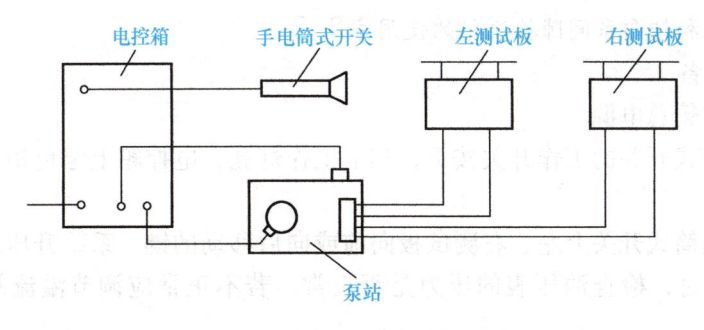

图 4-56 悬架装置和转向系间隙检测仪构成示意图

（3）泵站　泵站由油泵、电动机、电磁阀、油压表、滤油器和溢流阀等组成。电动机带动油泵工作；电磁阀由继电器调节以控制高压油液的流向，使之流入相应液压缸；而液压缸则产生推动测试台左、右测试板的动力。

（4）测试台　测试台包括左测试台和右测试台。按测试台测试板移动方向不同，测试可分为前后双向移动式，前后左右四向移动式，前后左右再加前左后右（对角线）、前右后左（对角线）八向移动式三种类型。前后双向移动式测试台主要由测试板、液压缸、导向结构和壳体等组成，如图 4-57 所示。

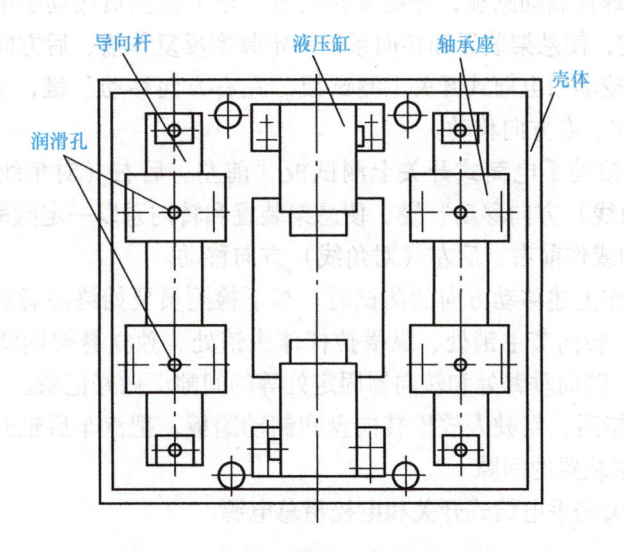

图 4-57　前后双向移动式测试台结构

2. 悬架装置和转向系间隙检测仪的工作原理

采用手电筒式开关上的左、右测试台移动方向控制开关，可以通过控制电路来控制油泵电动机和电磁阀继电器动作。电动机运转带动油泵产生高压油液，电磁阀则在继电器作用下控制高压油液流向对应的液压缸，并使另一液压缸处于卸荷状态。在液压缸动力作用下，测试台测试板及其上的悬架装置和转向系，按导向杆给定的方向移动。而后，电磁阀转换高压液流方向，两液压缸的工作状态转换，于是测试台测试板及其上的悬架装置和转向系，按导向杆给定的相反方向移动，实现了前、后双向对悬架装置和转向系间隙的检测。

3. 悬架装置和转向系间隙检测仪的使用方法

（1）仪器准备

① 接通电控箱总电源。

② 将手电筒式开关的工作开关按下，其上工作灯亮，电控箱上绿色指示灯亮，电动机带动油泵工作。

③ 按下手电筒式开关上左、右测试板向前或向后移动的键，系统升压。当测试板移动到一侧极限位置时，检查油压表的压力是否正常。若不正常应调节溢流阀，使油压达到要求。

④ 检查测试板表面是否沾有泥、砂、油污等。若有，应清除之。

（2）车辆准备

① 车辆应运行至正常工作温度。

② 轮胎气压应符合汽车制造厂之规定。

③ 轮胎上的砂、石、泥、土应清除干净。

（3）检测方法

① 汽车前轴开上悬架装置和转向系间隙检测仪的测试板，两前轮在两块测试板上居中停放。

② 汽车驾驶人踩住制动踏板，并握紧转向盘。车下检测员按动手电筒式开关上测试板"前后方向移动"键，使悬架装置和转向系以一定频率反复作前、后方向移动。

③ 车下检测员按动手电筒式开关上测试板"左右方向移动"键，使悬架装置和转向系以一定频率反复作左、右方向移动。

④ 车下检测员按动手电筒式开关上测试板"前左、后右（对角线）方向移动"键或"前右、后左（对角线）方向移动"键，使悬架装置和转向系以一定频率反复作前左、后右（对角线）方向移动或作前右、后左（对角线）方向移动。

⑤ 汽车前轴在作上述移动方向的测试时，车下检测员要始终注意观察并用手触试汽车车轮与制动底板处、转向节主销处、纵横拉杆球头销处、独立悬架摆臂处、相关悬架U形螺栓处和钢板销处、转向垂臂处和转向器固定处等的间隙，做好记录。

⑥ 前轴检查完毕后，驾驶人放松转向盘和制动踏板，把汽车后轴开上测试板，用同样的方法检测后轴悬架装置的间隙。

⑦ 检测完毕，关闭手电筒式开关和电控箱总电源。

复 习 题

1. 什么是转向盘自由行程，如何检测？
2. 什么是转向轮定位？转向轮定位由哪几个参数构成？
3. 转向轮侧滑反映了什么问题？转向轮侧滑对汽车的使用有什么影响？
4. 简述滑板式侧滑试验台检测汽车转向轮侧滑量的基本原理。
5. 检测主销后倾角和主销内倾角时，为什么要向左和向右转动车轮？
6. 简述检测前束的基本原理。
7. 什么是推力角？什么是转向20°时的前张角？如何进行检测？
8. 影响汽车滑行距离检测结果的因素有哪些？

9. 什么是离合器滑转？离合器滑转对汽车的使用有什么影响？
10. 简述用仪器检测离合器滑转的基本原理。
11. 什么是传动系统角间隙？简述数字式角间隙检测仪的工作原理。
12. 汽车的制动过程由哪些阶段构成？汽车制动性能的评价指标有哪些？
13. 说明充分发出的平均减速度、制动协调时间、左右轮制动力差的含义。
14. 反力式滚筒制动试验台由哪些装置构成？各装置有什么作用？
15. 简述单轴反力式滚筒制动试验台的工作原理。
16. 简述惯性式制动试验台和平板式制动试验台的工作原理。简述其优缺点。
17. 什么是车轮的静不平衡？什么是车轮的动不平衡？
18. 车轮不平衡的主要原因有哪些？
19. 简述离车检测车轮静不平衡和动不平衡的基本原理。
20. 简述就车检测车轮静不平衡和动不平衡的基本原理。
21. 简述汽车悬架装置性能的检测方法及其评价指标。

第五章 Chapter 5
汽车环保性能检测

汽车的广泛普及在给人们的生活和出行带来极大便利的同时，也对人类的生活环境造成了严重影响。汽车使用过程中产生的损害人体健康和人类生活环境的污染现象称为汽车公害，包括噪声、排放、车内污染和电磁辐射四个方面，以及制动蹄片、离合器摩擦片、轮胎的磨损物和汽车运行扬起的砂尘等。

本章主要介绍汽车的噪声公害、排放公害、车内污染公害和电磁辐射公害的检测方法。加强汽车环保性能的检测，监控汽车的噪声和有害气体排放水平、车内环境质量以及电磁辐射强度，对于引导生产企业采取有效措施控制和降低汽车使用公害，共同营造安全、健康和舒适的乘车环境具有重要意义。

第一节 汽车噪声和喇叭声级检测

汽车行驶时发出的各种声响，使汽车成为一个噪声源。从减轻噪声对人听觉器官的刺激，防止噪声对人的危害出发，噪声的响度越低越好。从保证行车安全的目的出发，汽车喇叭必须有适度的响度。

尽管人们对噪声和喇叭声响有不同的主观要求，但声音的本质和检测原理及所使用的仪器均相同，所不同的是检测标准和检测方法。

一、汽车噪声的来源

汽车是一个综合噪声源，汽车行驶中所产生的综合声辐射称为汽车噪声，一般为 60～90dB（A）的中等强度的噪声。但汽车噪声影响范围大，干扰时间长，因而对人的危害不容忽视。噪声会使人的听力减弱、视觉功能下降、神经衰弱、血压变化和胃肠道出现消化功能障碍，甚至影响人的睡眠、谈话、学习、工作和情绪等。

汽车噪声主要包括发动机噪声、传动系噪声、制动噪声、轮胎噪声、车身噪声和喇叭噪声等。

1. 发动机噪声

发动机噪声主要包括燃烧噪声、机械噪声、进排气噪声和风扇噪声等。燃烧噪声是可燃混合气燃烧时产生的气体压力作用于活塞、连杆、曲轴、缸体及气缸盖等引起发动机壳体表面振动而辐射出来的噪声；机械噪声是发动机零部件做往复运动和旋转运动产生的周期性作用力，使零部件产生弹性变形导致发动机壳体表面振动所引起的噪声；进、排气噪声是由于发动机在进、排气过程中的气体压力波动和气体流动所引起的振动而产生的噪声；风噪声是冷却系统风扇或风冷发动机风机产生的空气动力噪声。

2. 传动系噪声

传动系噪声包括变速器噪声、传动轴噪声及驱动桥噪声。变速器噪声主要是因齿轮振动引起的噪声，以及轴承运转声、润滑油搅拌声、发动机振动传至变速器壳体而辐射的噪声等；传动轴噪声主要表现为汽车行驶过程中传动轴发出的周期性响声，主要由于传动轴变形、轴承松动及装配不良等原因造成；当驱动桥齿轮齿隙调整不当、齿轮装配不当、轴承调整不当时，会产生较大声响。

3. 制动噪声

制动噪声是汽车制动过程中由制动器摩擦副之间的摩擦而产生的一种刺耳的高频噪声。其噪声强弱取决于制动蹄摩擦片长度方向上的压力分布规律，还受制动系统及零部件刚度的影响。制动噪声通常发生在制动蹄摩擦片端部和根部与制动鼓接触的位置，在制动器由热态转为冷态时较为明显。鼓式制动器比盘式制动器产生的制动噪声稍大。

4. 轮胎噪声

轮胎噪声是由于弹性车轮在道路上行驶时，封闭于轮胎花纹内或路面凹坑内的空气受到周期性地挤压和释放而产生的。影响轮胎噪声的因素主要有轮胎花纹、车速及负荷、轮胎气压、轮胎磨损程度和路面状况等。

5. 车身噪声和喇叭噪声

汽车高速行驶时，车身干扰空气，在车身表面形成空气涡流分离现象，车身前、后和上、下产生压差，同时车身表面与空气间产生摩擦，因而导致车身噪声的产生。车身噪声的强弱与汽车车身的形状和表面状况有关，且车速越高，其车身噪声越强。

喇叭噪声在按动汽车喇叭时产生，其声压级大约为90~115dB（A）。

二、汽车噪声检测指标

噪声是一种声波，具有声波的特点和性质，可用高低、强弱、响度和音色等指标表示。

1. 声压与声压级

声音的强弱取决于声波的压力，单位为Pa。由于声音的强弱是人们对声音的感觉，而人对声音的感觉特性是与声音能量的对数成比例的。因而把听阈声压（$2×10^{-5}$Pa）作为基准声压，以实际声压与基准声压比值的对数——分贝（dB）作为表示声音强弱的单位，称为声压级。

$$L = 20\lg \frac{p}{p_0}$$

式中　L——声压级（dB）；

　　　p——实际声压（Pa）；

　　　p_0——基准声压（Pa），$p_0 = 2×10^{-5}$Pa。

2. 响度与响度级

声调的高低取决于声音的频率。频率越高，声调越高；频率越低，声调越低。人耳可听到的声音频率范围大约为20~20000Hz。通常，感到声调高的频率范围为2000~4000Hz；而感到声调低的频率范围为200Hz以下。

声音的响度为人们听到声音的主观感觉。即使是同样声压级的声音，低音听起来响度

小，高音听起来响度大。表示响度级时，用"方"作单位。"方"是1000Hz纯音的声压级数值。对于1000Hz以外的声音，是把和它一样响的1000Hz纯音的声压级数值作为其响度级数值。为了确定声压级与响度级间的关系，通过大量人的听觉试验，把不同频率、相同响度级的点在横坐标为频率、纵坐标为声压级的坐标系中连成曲线，得到等响曲线，如图5-1所示。可以看出，人的听觉对频率为1000Hz声音的响度级（方）和声压级（dB）相同。

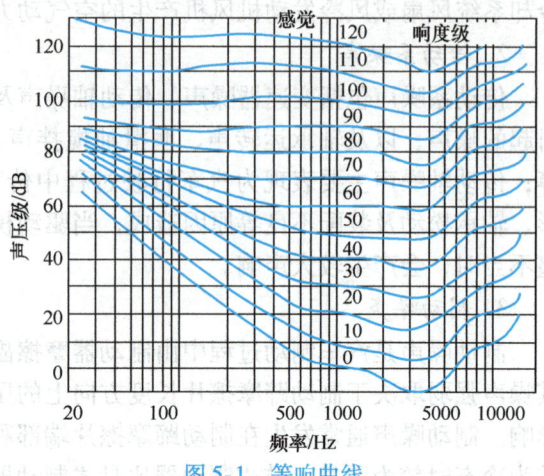

图 5-1 等响曲线

3. A声级

不同频率的声音，即使响度相同，声压也不同。由于汽车噪声不是纯声，而声级计的传声器对声音强弱的计量参数只有声压。因此，为了使检测仪器具有与人的听觉一致的频率反应，在仪器内设计有听觉修正网络，即A、B、C三种计权网络。因此，利用声级计检测噪声时，在显示声压级单位的同时，也给出了把其修正为响度所用的计权网络，如dB（A）表示使用A计权网络测量的声压级分贝值，称为A计权声级，简称A声级（L_A）。

由于噪声的A声级与人们的主观感觉比较接近，同时A声级的测量较为方便，因此A声级已成为国际标准化组织和绝大多数国家评价噪声的度量指标。

三、汽车噪声检测标准

汽车噪声的检测项目包括车内噪声、车外噪声和喇叭噪声。

1. 车内噪声检测标准

（1）客车车内噪声检测标准　根据GB/T 25982—2010《客车车内噪声限值及测量方法》，新生产客车按车内噪声检测工况行驶时，车内噪声应不超过表5-1的限值。

表 5-1　客车车内噪声限值

车型种类		车内噪声声压级限值/dB（A）
城市客车	前置发动机 驾驶区	86
	前置发动机 乘客区	86
	后置（中置）发动机 驾驶区	78
	后置（中置）发动机 乘客区	84
其他	前置发动机 驾驶区	82
	前置发动机 乘客区	82
	后置（中置）发动机 驾驶区	72
	后置（中置）发动机 乘客区	76

（2）驾驶人耳旁噪声检测标准　根据GB 7258—2017《机动车运行安全技术条件》，汽车（纯电动汽车、燃料电池汽车和低速汽车除外）驾驶人耳旁噪声声级应小于等于

90dB（A）。该标准适用于在我国道路上行驶的所有机动车，但不适用于有轨电车及并非为在道路上行驶和使用而设计和制造、主要用于封闭道路和场所作业施工的轮式专用机械车。

2. 汽车加速行驶车外噪声检测标准

根据 GB 1495—2020《汽车加速行驶车外噪声限值及测量方法》，新生产汽车加速行驶时，车外最大允许噪声级应符合表 5-2 的规定。

表 5-2　汽车加速行驶车外噪声限值

汽车分类	噪声限值/dB（A）	
	第一阶段 2002 年 10 月 1 日 ~ 2004 年 12 月 30 日期间生产的汽车	第二阶段 2005 年 1 月 1 日以后生产的汽车
M_1	77	74
M_2（GVM≤3.5t）或 N_1（GVM≤3.5t）： 　GVM≤2t 　2t＜GVM≤3.5t	 78 79	 76 77
M_2（3.5t＜GVM≤5t）或 M_3（GVM＞5t）： 　P＜150kW 　P≥150kW	 82 85	 80 83
N_2（3.5t＜GVM≤12t）或 N_3（GVM＞12t）： 　P＜75kW 　75kW≤P＜150kW 　P≥150kW	 83 86 88	 81 83 84

注：
① GVM 为最大总质量，P 为发动机额定功率。
② M 类（客车）：至少有 4 个车轮的载客机动车辆；或者有三个车轮，且厂定最大总质量不超过 1t 的载客机动车辆。
M_1 类：除驾驶人外，乘客座位数不超过 8 个的客车。
M_2 类：除驾驶人外，乘客座位数超过 8 个，厂定最大总质量不超过 5t 的客车。
M_3 类：除驾驶人外，乘客座位数超过 8 个，厂定最大总质量超过 5t 的客车。
③ N 类：至少有 4 个车轮的载货机动车辆；或者有三个车轮，且厂定最大总质量不超过 1t 的载货机动车辆。
N_1 类：厂定最大总质量不超过 3.5t 的载货汽车。
N_2 类：厂定最大总质量超过 3.5t，但不超过 12t 的载货汽车。
N_3 类：厂定最大总质量超过 12t 的载货汽车。

3. 喇叭声级检测标准

根据 GB 7258—2017《机动车运行安全技术条件》，汽车喇叭性能应满足：

① 机动车（手扶拖拉机运输机组除外）应设置具有连续发声功能的喇叭。
② 喇叭声级在距车前 2m、离地高 1.2m 处测量时，发动机最大净功率为 7kW 以下的摩托车为 80~112dB（A），其他机动车为 90~115dB（A）。
③ 乘用车、专用校车喇叭在车钥匙取下及车门锁止时在车内应仍能正常使用。
④ 教练车还应设置辅助喇叭开关，其工作应可靠。

四、车内噪声和驾驶人耳旁噪声检测

1. 客车车内噪声检测

客车车内噪声可按 GB/T 25982—2010《客车车内噪声限值及测量方法》的规定进行检测,测量时应满足如下要求。

(1) 测量条件　试验路段应为清洁、干燥平坦无冻结的硬路面,且不应有接缝、凸凹不平或类似的表面结构;试验区间路线应平直,且测量时应避免通过隧道、桥梁、道岔、车站及会车。测量场地中客车与建筑物、墙壁或客车外的类似大型物体之间的距离应大于 20m。沿着测量路线在传声器高度(约 1.2m)的风速应不超过 5m/s,其他气象条件不应影响测量结果。此外,背景噪声至少应比被测汽车的噪声低 15dB(A)。

(2) 测量位置　客车车内的驾驶区和乘客区均应设置测量点,驾驶区布置一个测量点,一般选在驾驶人耳旁。乘客区每节车厢一般布置三个测量点,其中城市客车每节车厢分别取中心线上的前、中、后 3 个点来测量;其他客车每节车厢分别取前排、中间排和最后排左侧的第一个座位位置作为测量点;对于双层客车,还应在上层乘客区的后排中间座位增加一个测量点。

传声器应指向客车行驶方向,垂直坐标是无人座椅的表面与靠背表面的交线以上 (0.70 ± 0.05) m 处,水平坐标应在座椅的中心面(或对称面)上向右距离为 (0.20 ± 0.02) m 处,具体位置见图 5-2。

(3) 检测方法　被测汽车应空载,即除驾驶人、测量人员和测试装备外,不应有其他载荷;车辆技术状况应符合该车型的技术条件,装用规定轮胎并将轮胎气压充至厂家规定的空载状态气压,发动机应在正常的工作温度范围内,冷却风扇应正常运转;车辆门窗应关闭,车内其他辅助设备若是噪声源,测量时是否开启,应按正常使用情况而定;可调节的座椅应调节到厂家规定的设计位置。

装用手动变速器的城市客车分别在二挡 15km/h 和三挡 35km/h 时进行全油门加速测试,直到发动机转速达到额定转速的 90% 为止;装用自动变速器的城市客车进行 10km/h 到 50km/h 的全油门加速测试。其他客车则以 90km/h 的车速进行匀速测试,其中机械式变速器车辆的挡位应处于最高挡,自动变速器车辆应使变速杆处于厂家为正常驾驶而推荐的位置。

测试时使用声级计(A 计权,快挡)记录城市客车在加速过程中出现的声级最大值,其他客车则记录匀速过程中至少 5s 的等效声压值。同样的测量至少进行两次,并且应保证每个测点的两次测量值之差应不大于 2dB(A)。取两次测量值的算术平均作为该测点的测量结果,其中乘客区的最终测量结果取该区内各测点的最大值。

2. 驾驶人耳旁噪声检测

根据 GB 7258—2017《机动车运行安全技术条件》,测量驾驶人耳旁噪声时,汽车应空载,处于静止状态且置变速器于空挡,发动机应处于额定转速状态,门窗紧闭;环境噪声应低于被测噪声值至少 10dB(A);声级计置于 A 计权、快挡;测量点位置应符合 GB/T 18697—2002《声学 汽车车内噪声测量方法》的规定,如图 5-2 所示。

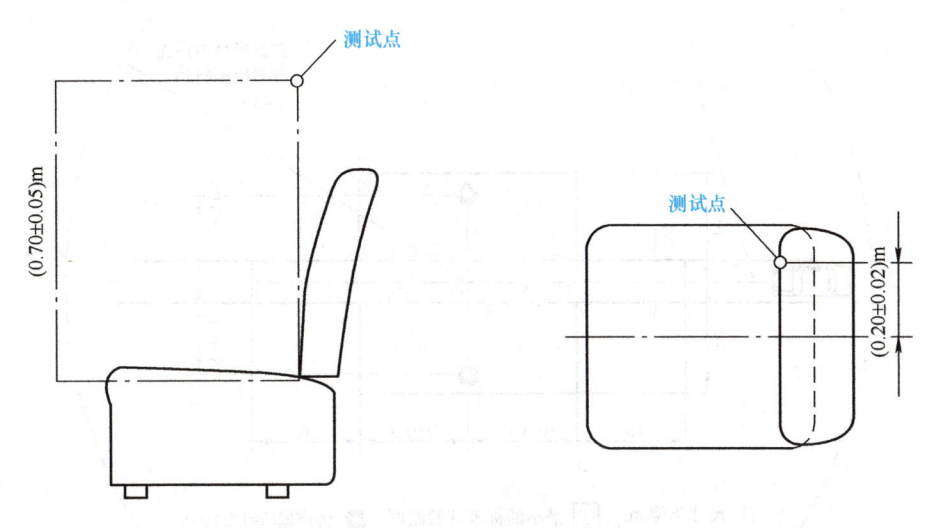

图 5-2 车内噪声测量点位置

五、汽车加速行驶车外噪声检测

汽车加速行驶车外噪声的检测应按 GB 1495—2020《汽车加速行驶车外噪声限值及测量方法》的规定进行。

1. 基本检测条件

测量应在良好天气中进行，并且测量时传声器高度的风速应不超过 5m/s。为避免环境风噪声的干扰，可以采用合适的风罩，但应考虑到它对传声器灵敏度的影响。此外，背景噪声至少应比被测汽车的噪声低 10dB（A）。

2. 检测场地要求

场地的布置如图 5-3 所示，其中 O 点为场地中心，AA' 线为加速始端线，BB' 线为加速终端线，加速段长度为 $2 \times (10 \pm 0.05)$m。测试时传声器应布置在离地面高 (1.2 ± 0.02)m，距行驶中心线 (7.5 ± 0.05)m 处；其参考轴线必须与地面平行并垂直指向行驶中心线。

测量场地应基本上水平、坚实、平整，并且试验路面不应产生过大的轮胎噪声，场地应达到的声场条件如下：

① 以测量场地中心 O 点为基点、半径为 50m 的范围内没有大的声反射物，如围栏、岩石、桥梁或建筑物等；

② 试验路面和其余场地表面干燥，没有积雪、高草、松土或炉渣之类的吸声材料；

③ 传声器附近没有任何影响声场的障碍物，并且声源与传声器之间没有任何人站留；进行测量的观察者也应站在不致影响仪器测量值的位置。

3. 车辆状态

被测汽车应空载，装用规定轮胎并将轮胎气压充至厂定的空载状态气压；车辆技术状况应符合该车型的技术条件（特别是该车的加速性能）；有两个或更多驱动轴的车，测量时应采用常用的驱动方式；如果装有带自动驱动机构的风扇，测量期间应保持其自动工作状态。

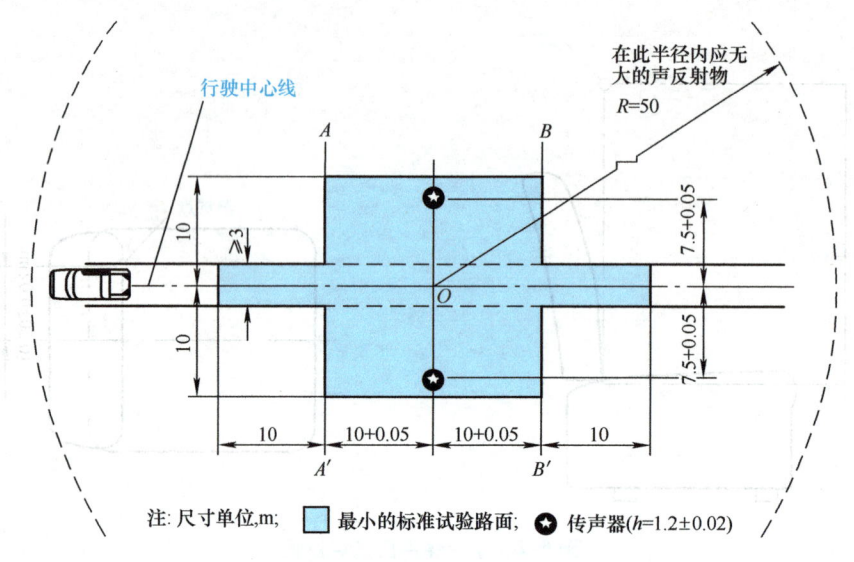

图 5-3 车外噪声检测场地和传声器位置

4. 检测方法

(1) 汽车挡位选择

① 装用手动变速器 M_1 和 N_1 类汽车不多于 4 个前进挡时,应用第 2 挡进行测量;装用多于 4 个前进挡的变速器时,应分别用第 2 挡和第 3 挡进行测量。如果应用第 2 挡测量时,汽车尾端通过 BB' 线时发动机转速超过了 n_0(发动机额定转速),则应逐次按 5% n_0 降低 n_A(接近 AA' 线时发动机的稳定转速),直到通过 BB' 线时的发动机转速不再超过 n_0。如果 n_A 降到了怠速,而通过 BB' 线时的转速仍超过 n_0,则只用第 3 挡测量。但是,对于前进挡多于 4 个并装用额定功率大于 140kW 的发动机,且额定功率与最大总质量之比大于 75kW/t 的 M_1 类汽车,假如该车用第 3 挡其尾端通过 BB' 线时的速度大于 61km/h,则只用第 3 挡测量。

② 装用手动变速器的非 M_1 和 N_1 类汽车,手动变速器前进挡总数为 X(包括由副变速器或多级速比驱动桥得到的速比)的汽车,应该用等于或大于 X/n 的各挡分别进行测量。对于发动机额定功率不大于 225kW 的汽车,取 $n=2$;对于额定功率大于 225kW 的汽车,取 $n=3$。如 X/n 不是整数,则应选择较高整数对应的挡位。从第 X/n 挡开始逐渐升挡测量,直到该车在某一挡位下尾端通过 BB' 线时发动机转速第一次低于额定转速时为止。

③ 装用自动变速器且自动变速器装有手动选挡器的汽车,则应使选挡器处于制造厂为正常行驶而推荐的位置来进行测量。

(2) 接近速度确定

1) 对于装有手动变速器或带有手动选挡器的自动变速器的汽车,其接近 AA' 线时的稳定速度取下列速度中的较小值:

① 50km/h。

② 对于 M_1 类和发动机功率不大于 225kW 的其他各类汽车,对应于 $3/4 n_0$ 的速度。

③ 对于 M_1 类以外的且发动机功率大于 225kW 的各类汽车,对应于 $1/2 n_0$ 的速度。

2) 对于装有无手动选挡器的自动变速器的汽车,应分别以 30km/h、40km/h、50km/h(如果该车道路上最高速度的 3/4 低于 50km/h,则以其最高速度 3/4 的速度)的稳定速度接

近 AA' 线。

(3) 加速过程　汽车以上述规定的挡位和稳定速度接近 AA' 线，速度变化应控制在 ± 1km/h 之内，若控制发动机转速，则转速变化应控制在 $\pm 2\%$ 或 ± 50r/min 之内（取两者中较大值）。当汽车前端到达 AA' 线时，必须尽可能地迅速将加速踏板踩到底（即节气门或油门全开）加速行驶，并保持不变，直到汽车尾端通过 BB' 线时再尽快地松开踏板（即节气门或油门关闭）。

(4) 加速行驶车外噪声级测量　检测车外噪声时，声级计用 A 计权网络、快挡进行测量。在汽车每一侧至少应测量四次汽车加速驶过测量区时的最大声级，每一次测得的读数值应减去 1dB（A）作为测量结果。若在汽车同侧连续四次测量结果相差不大于 2dB（A），则认为测量结果有效。将每一挡位条件下每一侧的四次测量结果进行算术平均，然后取两侧平均值中较大者作为中间结果。

(5) 最大噪声级的确定

① 对于只用一个挡位测量的汽车，直接取中间结果作为最大噪声级。

② 对于采用二个挡位测量的汽车，取两挡中间结果的算术平均值作为最大噪声级。

六、汽车喇叭声级检测

为了使汽车喇叭起到警示功能，喇叭声不能过低；但为了减小喇叭噪声对城市环境的影响，喇叭声级又不能过高。因此应适当控制汽车喇叭声级。

检测汽车喇叭声级时，应将声级计置于汽车前 2m、离地高 1.2m 处，其传声器朝向汽车，轴线与汽车纵轴线平行，如图 5-4 所示。声级计置于 A 计权、快挡，在这种情况下测得的喇叭声级应在 90～115dB（A）的范围内。

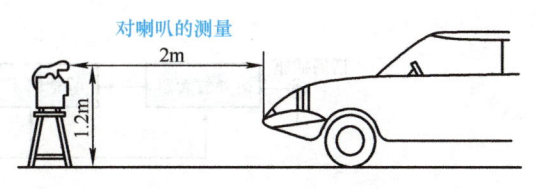

图 5-4　喇叭声级的检测

七、噪声检测设备

1. 声级计

(1) 声级计的工作原理　声级计是一种能够把汽车发出的噪声和喇叭声音的响度，按人耳听觉近似值测定出来的仪器，见图 5-5。声级计一般由声级计传声器、放大器、听觉修正计权网络、指示仪表和校准装置构成，电路框图见图 5-6。声级计传声器通常称为话筒，其作用是把声压信号转变为电信号，是声级计的传感器。常见声级计传声器有晶体式、驻极体式、动圈式和电容式多种。电容式声级计传声器是声学测量中比较理想的传声器，具有动态范围大、频率响应平直、灵敏度高和在一般测量环境中稳定性好等优点，因而得到广泛应用。电容式声级计传声器主要由金属膜片和金属电极构成，见图 5-7。金属膜片与金属电极构成平板电容的两个极板，膜片受到声压作用后变形，使两极板距离发生变化，电容值发生变化，从而产生交变电压，交变电压波形与声压级波形成比例，从而也就把声压信号转变为电信号。由于电容式声级计传声器输出阻抗很高，因此需要通过前置放大器进行阻抗变换。

从声级计传声器输出的电信号，经前置放大器放大后，输入听觉修正计权网络。该网络是把电信号修正为与听感近似值的网络。通过计权网络测得的声压级，已不再是客观物理量

图 5-5 声级计

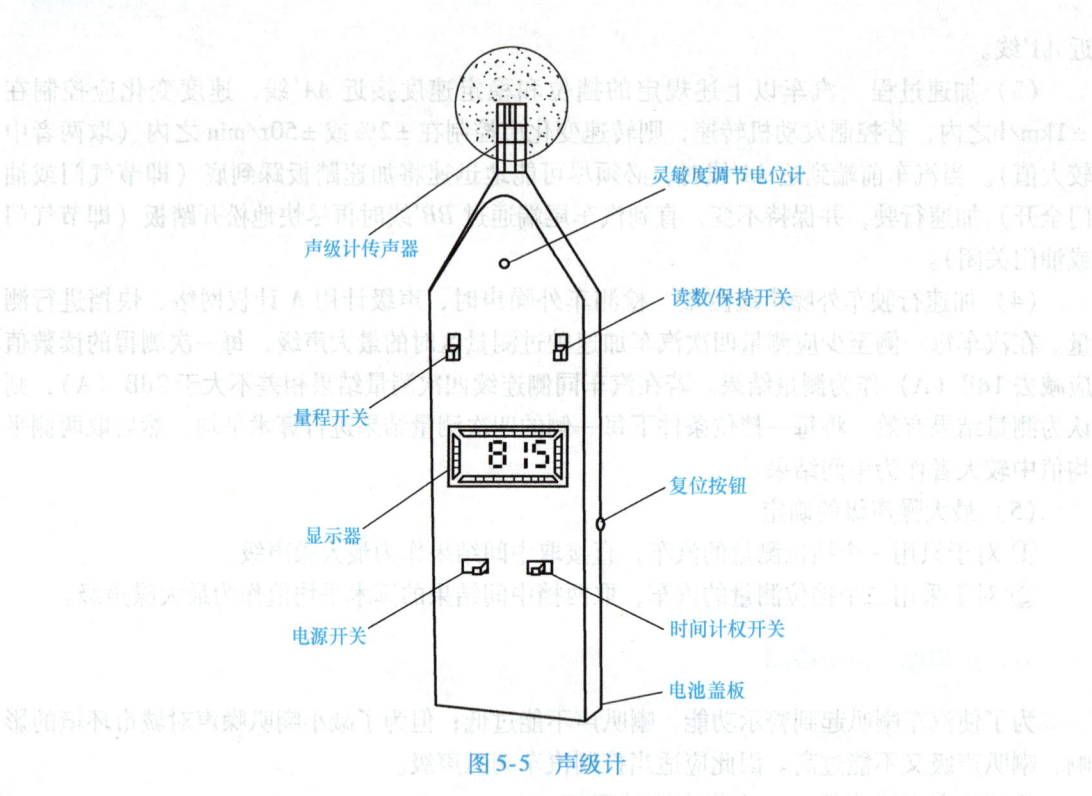

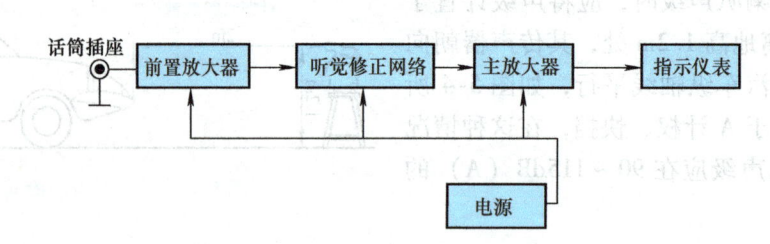

图 5-6 声级计的电路框图

的声压级,而是经过听感修正的声压级,称为计权声级。计权网络有 A、B、C 三种,A 计权网络由于其特性曲线接近于人耳的听感特性,因此是目前世界上噪声测量中应用最广泛的一种。

经听觉修正计权网络修正后的电信号,送至指示仪表,使指针偏转或以数字显示,从表头上可直接读出所测噪声的声级,单位为 dB(A)。声级计表头阻尼一般有"快"和"慢"两挡,"快"挡平均时间为 0.27s,接近于人耳听觉器官的生理平均时间;"慢"挡的平均时间为 1.05s。当对稳态噪声进行测量或需要记录声级变化过程时,可用"快"挡;当被测噪声波动较大时,采用"慢"挡。

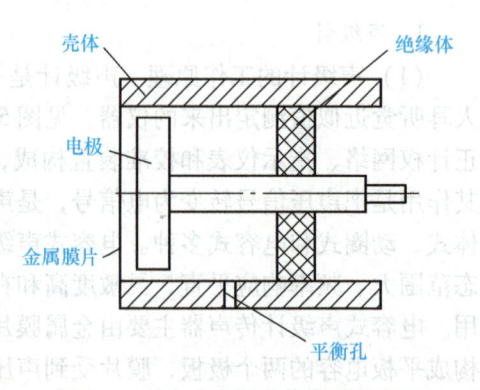

图 5-7 电容式声级计传感器示意图

(2) 声级计的使用方法　检测汽车噪声时,其测试条件、测点位置和测试方法应严格按照车内、车外噪声和喇叭声级相关检测标准的规定进行。在检测过程中,应按使用说明书的要求正确使用声级计,一般应注意以下几点:

① 回零和校准。回零即是在未接通电源前,检查仪表指针是否在零点,若不在零点,则应用零点调整螺钉调至零点;校准指每次测量前或使用一段时间后,应按使用说明书要求对仪器的电路和声级计传声器进行校准,若不正常则应调节微调电位器将其调至正常。

② 预热。仪器使用前要预热 5~10min。

③ 选择量程开关。声级计的测量范围一般有 35~80dB(A)、60~105dB(A) 和 85~130dB(A) 三挡。测量前,应根据被测声音强弱将量程开关置于适当位置。如无法估计其大小,应先将量程开关置于最高挡。测量喇叭声级时,应使用 85~130dB(A) 挡。

④ 选择时间计权开关。根据所测音响的波动情况,选择时间计权开关的位置。测喇叭声级和车外加速噪声时,应将时间计权开关拨到"F"(快)挡。

⑤ 选择读/保持开关。一般测量时,将此开关置于"5s"。测喇叭声级时,为测出喇叭发出的最大声响,可用"保持"挡。此时按一下复位按钮,仪器即工作在最大值保持状态,显示值为仪器复位以来所测声级的最大值。每按一次复位按钮即结束前次的保持,并开始新的保持周期。

⑥ 复位。在测量中,改变任何开关位置都必须按一下复位按钮,以消除开关换挡时可能引起的干扰。

2. 频率分析仪

汽车噪声是由大量的不同频率的声音复合而成的,为了分析产生噪声的原因,需对噪声进行频谱分析。

所谓频谱分析就是应用数学原理(傅里叶变换),将原来由时间域表征的动态参数转换为由频率域表征。实现这一转换的最基本装置是滤波器,利用滤波器将待分析的噪声信号所包含的不同频率的分量分离出来,由记录器记录测量结果。通常,根据测量结果,以频率为横坐标,以声压级为纵坐标做出的噪声曲线称为噪声的频谱图。它在频域上描述了声音强弱的变化规律。图 5-8 所示为频谱仪测得的几种轿车加速行驶的噪声频谱曲线图,从图上可以看出,汽车加速行驶噪声是宽频带噪声,低、中频段噪声级较高,其原因是各声源(尤其是进排气系统)的中、低频噪声都有较高的声级。

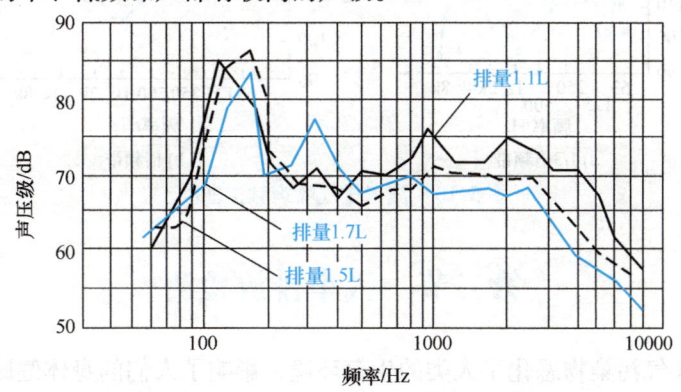

图 5-8　轿车加速行驶的噪声频谱曲线

用于测定噪声频谱的仪器称为频率分析仪或频谱仪。频率分析仪主要由滤波器、测量放大器和指示装置组成。检测时,噪声信号经过一组滤波器,使被测信号中所含有的不同频率分量逐一分离出来,并由测量放大器将其幅值放大,然后由指示装置直接显示测量结果或绘制频谱图。

在频率分析仪中应用的滤波器为带通滤波器,其特性曲线见图5-9。图中f_c称为带通滤波器的中心频率,f_1和f_2分别称为带通滤波器的频率下限和上限。定义$B=f_2-f_1$为带通滤波器的带宽,将频带f_2-f_1称为通频带,f_1以下或f_2以上的频带称为衰减带。滤波器让通频带范围的声音通过,而将衰减带范围的声音进行衰减。为了能在一个相当宽的频率域中进行频率分析,需要许多中心频率不同的带通滤波器。带通滤波器在频率域上的位置用中心频率f_c表示,中心频率f_c为两截止频率的几何平均值,即

$$f_c = (f_1 \cdot f_2)^{\frac{1}{2}}$$

频带的上限频率f_2与下限频率f_1之间有如下关系:

$$f_2/f_1 = 2^n$$

式中 n——倍频带数或倍频程数。

在汽车噪声测量中,常用$n=1$时的倍频带和$n=1/3$时的1/3倍频带。n值越小,频带分得越细。1/3倍频带是把1个倍频带再分为3份,使频带宽度更窄。

频率分析仪使用的滤波器带宽决定了该频率分析仪的频率分辨率。带宽越窄,将噪声信号频率成分分解得越细,分辨率就越高。图5-10为某汽油车在相同条件下,分别使用倍频带滤波器和1/3倍频带滤波器测得的排气噪声频谱图。由图可知,当使用倍频带时,只能看出大概的趋势,而用1/3倍频带时,可以分辨出细致的频率波峰,可见使用1/3倍频带滤波器更适宜。利用频率分析仪,可以了解噪声的频率成分和各频率噪声的强弱,可为汽车噪声故障的诊断提供依据,并做到有针对性地控制和消除噪声。

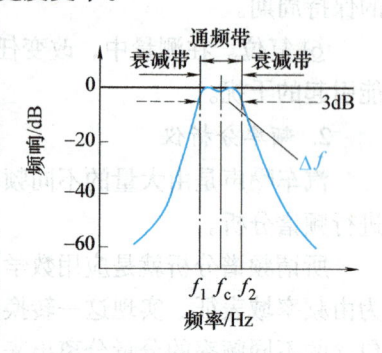

图5-9 带通滤波特性曲线

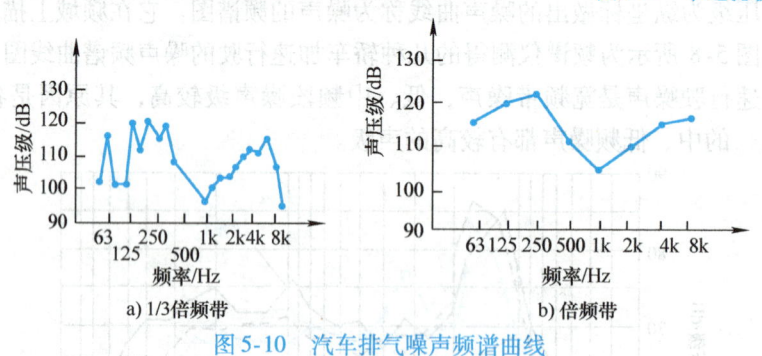

a) 1/3倍频带

b) 倍频带

图5-10 汽车排气噪声频谱曲线

第二节 汽车排放检测

汽车排放的大气污染物恶化了人类的生存环境,影响了人们的身体健康,已发展成为严重的社会问题。因此,检测并控制汽车排气污染物,对于保护人类生存环境具有重要意义。

同时，汽车所排出的污染物成分和浓度与发动机的技术状况密切相关，通过对排气污染物进行检测也可用于评价发动机的技术状况，特别是燃油供给系统和点火系统的技术状况。

一、汽车排气污染物

1. 汽车排气污染物的种类及产生机理

汽车所排放的污染物主要有 CO（一氧化碳）、HC（碳氢化合物）、NO_x（氮氧化物）、微粒（由碳烟、铅氧化物等重金属氧化物和烟灰等组成）和硫化物等。污染物的排放途径为汽车发动机排气管、曲轴箱和燃油供给系统，分别称为排气污染物、曲轴箱污染物和燃油蒸发污染物。

（1）CO CO 是燃料不完全燃烧的产物，当发动机混合气过浓或燃烧质量不佳时，易生成 CO 从发动机排气管排出。特别是发动机怠速时，混合气供给偏浓，发动机工作循环中的气体压力和温度不高，燃烧速度减慢，且不完全燃烧所生成的 CO 浓度增高；发动机在加速过程中供给较浓混合气，或因点火过分推迟补燃增多时，均会使 CO 的排放量增加。

（2）HC HC 主要是未燃或未完全燃烧的燃油、润滑油及其裂解产物。汽车排放污染物中，HC 的 20%～25% 来自曲轴箱窜气；20% 来自供油系统中燃油的蒸发；其余则由发动机排气管排出。发动机冷起动或怠速工况下混合气较浓，且燃烧温度过低或燃油雾化不良时，发动机排出废气中的 HC 含量增加。

（3）NO_x NO_x 是空气中的 N_2 与 O_2 在高温高压条件下反应而生成的。汽车发动机所排出废气中的 NO_x 主要由 NO（一氧化氮）和 NO_2（二氧化氮）构成。汽油机排出的氮氧化物中，NO 占 99%；而柴油机排出的氮氧化物中，NO_2 的比例稍大。发动机的负荷和压缩比越高，发动机的燃烧温度越高，燃烧终了气缸内的压力越高，生成的 NO_x 也越多。

（4）微粒 汽油机排出的浮游微粒主要有铅化物、硫酸盐、低分子物质。当汽油机使用含铅汽油时，燃烧废气中将会有铅化合物以微粒状从排气管排出；柴油机排出的微粒比汽油机多 30～60 倍，主要为含碳物质（碳烟）和高分子量有机物（润滑油的氧化和裂解产物）。碳烟是柴油发动机燃烧不完全的产物，主要由直径为 0.1～1.0μm 的多孔性碳粒构成。当汽车起动、加速、上坡时，由于混合气过浓，碳烟排放量增加；或者柴油喷雾质量不高、雾化不良时，也会增大碳烟的排放浓度。

（5）硫化物 发动机排出的硫化物主要为 SO_2（二氧化硫），由所用燃油中含有的硫与空气中的氧反应而生成。

2. 汽车排气污染物的影响因素

汽车发动机所排出的有害气体的浓度受到多种因素的影响。

（1）空燃比 燃料完全燃烧时所需要的空燃比或是燃烧效率最高时的理论空燃比为 14.8:1。空燃比与排气有害成分浓度的关系如图 5-11 所示。可以看出：供给浓混合气时，NO_x 减少而 CO、HC 增多；供给略稀的混合气时，CO、HC 减少而 NO_x 增多；供给稀混合气时，NO_x、CO 减少而 HC 增多。

（2）负荷 发动机满负荷工作时，由于混合气浓，燃烧不完全，生成的 CO 量增多；中等负荷时，混合气略稀，燃烧效率最高，CO、HC 减少，但 NO_x 增多；在怠速和小负荷时，燃烧温度较低但所用混合气较浓，因而 NO_x 排气量减少，CO 和 HC 排放量显著增多。

(3) 转速　发动机的转速提高时，加强了燃烧室内混合气的紊流，改善了混合和燃烧，排气中的 HC、CO 含量减少。混合气空燃比一定时，CO 随转速提高而下降；在高速时，燃烧时间短，HC 排放量略有增加；提高怠速可使 CO、HC 排放浓度下降，这是由于进气节流减小，充气量增加，残余气体稀释程度有所减少，使燃烧得到改善。对于 NO_x 生成量，在某一混合气浓度下，当转速达到最大转速的 65%～75% 时，废气中的 NO_x 达到最大值。

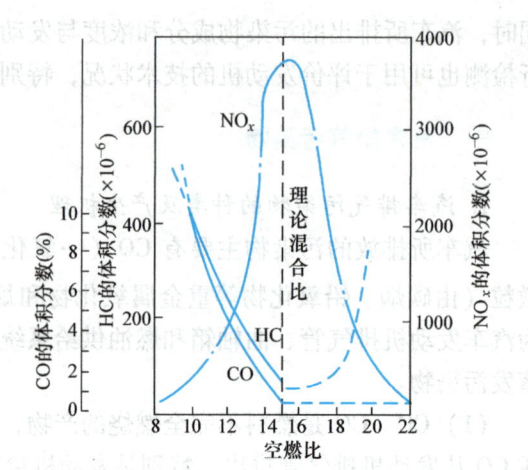

图 5-11　CO、HC、NO_x 的排气浓度与空燃比的关系

(4) 不稳定工况　汽油机在减速和转速不高的工况下，不完全燃烧的物质（HC）较多；在加速和高转速时 NO_x 浓度明显增大。这是因为此时气缸内燃气的温度提高，且混合气较浓。

(5) 发动机热工况　燃烧室温度取决于发动机的冷却方式和冷却液温度，对排气污染有重要影响。低温使用条件下，发动机从起动到暖车的过程中，冷却液温度较低，燃油雾化不良，燃烧不充分，缸壁激冷作用强，HC 和 CO 排放浓度最高。供油系过热，发动机会产生气阻现象，易发生混合气过稀而熄火，废气中的 HC 浓度增加。

(6) 汽车技术状况的影响　汽车技术状况变化引起排气污染增大的原因主要有供油系统的故障、汽油机点火系的故障和气缸内有积炭等。

柴油机供油系的循环供油量、供油压力和喷油提前角是影响排气污染的重要因素。喷油提前角减小，循环最高温度值降低，排气中的 NO_x 浓度下降，HC 增加，而 CO 浓度基本不变。

汽油机的点火提前角增大时，做功循环的压力和温度提高，NO_x 浓度明显增大；反之 NO_x 浓度减少。当点火迟时，由于气缸及排气系统温度高，废气中的 HC 减少；若点火过迟，因燃烧速度慢，HC 的浓度又有提高。

火花塞积炭、气门积炭或烧蚀会使发动机的燃烧过程不正常，排气中的 HC 浓度明显增大。

二、汽车排气污染物检测标准

实施严格的汽车排放标准是控制汽车排放对大气污染的强制性措施，也是推动排放控制和检测技术发展的动力。我国在吸收发达国家成功经验的基础上，制定并实施了多项汽车排放标准，这些标准可分为新车标准和在用车标准。本部分仅介绍适用于在用车排气污染物的检测标准，包括 GB 18285—2018《汽油车污染物排放限值及测量方法（双怠速法及简易工况法）》和 GB 3847—2021《柴油车污染物排放限值及测量方法（自由加速法及加载减速法）》。

在用车排气污染物检测标准设置了限值 a 和限值 b，全国统一执行限值 a。对于汽车保有量达到 500 万辆以上，或机动车排放污染物为当地首要空气污染源，或按照法律法规设置了低排放控制区的城市,在充分征求社会各方面意见基础上,经省级人民政府批准,并经国务院生态环境主管部门备案后,可提前选用限值b。

1. 汽油车排气污染物检测标准

根据 GB 18285—2018《汽油车污染物排放限值及测量方法(双怠速法及简易工况法)》,汽油车排气污染物检测方法有双怠速法、稳态工况法、瞬态工况法及简易瞬态工况法,其中后三种方法统称为工况法。在全国范围内进行的汽车环保定期检验应采用工况法,对无法使用工况法的车辆可采用双怠速法。此外,该标准既适用于汽油车,同时也适用于其他装用点燃式发动机的汽车。

(1) 双怠速法排放限值 双怠速法检验的排气污染物包括 CO 和 HC,检测结果应小于表5-3 中规定的排放限值。排放检验的同时应进行过量空气系数(λ)的测定,其中发动机在高怠速转速工况时,λ 应在 (1.00±0.05) 之间,或者在制造厂规定的范围内。此外,对在用车进行排放监督抽测时可采用双怠速法,并按照规定限值的1.1倍进行判定。

表5-3 双怠速法排气污染物排放限值

类别	怠速		高怠速	
	CO(%)	HC/($\times 10^{-6}$)	CO(%)	HC/($\times 10^{-6}$)
限值a	0.6	80	0.3	50
限值b	0.4	40	0.3	30

注:对以天然气为燃料的点燃式发动机汽车,HC 为推荐性要求。

(2) 稳态工况法排放限值 稳态工况法检验的排气污染物包括 CO、HC 和 NO,检测结果应小于表5-4 中规定的排放限值。此外,还应同时进行过量空气系数(λ)数值的测定。

表5-4 稳态工况法排气污染物排放限值

类别	ASM5025			ASM2540		
	CO(%)	HC/($\times 10^{-6}$)	NO/($\times 10^{-6}$)	CO(%)	HC/($\times 10^{-6}$)	NO/($\times 10^{-6}$)
限值a	0.50	90	700	0.40	80	650
限值b	0.35	47	420	0.30	44	390

注:对于装用以天然气为燃料点燃式发动机的汽车,HC 为推荐性要求。

(3) 瞬态工况法排放限值 瞬态工况法检验的排气污染物包括 CO、HC 和 NO_x,检测结果应小于表5-5 中规定的排放限值。此外,还应同时进行过量空气系数(λ)数值的测定。

表5-5 瞬态工况法排气污染物排放限值

类别	CO/(g/km)	HC + NO_x/(g/km)
限值a	3.5	1.5
限值b	2.8	1.2

(4) 简易瞬态工况法排放限值 简易瞬态工况法检验的排气污染物与瞬态工况法相同,但是排放限值不同;检测结果应小于表5-6 中规定的排放限值。此外,还应同时进行过量空气系数(λ)数值的测定。

表 5-6　简易瞬态工况法排气污染物排放限值

类别	CO/(g/km)	HC/(g/km)	NO_x/(g/km)
限值 a	8.0	1.6	1.3
限值 b	5.0	1.0	0.7

注：对于装用以天然气为燃料点燃式发动机的汽车，HC 为推荐性要求。

2. 柴油车排气污染物检测标准

根据 GB 3847—2021《柴油车污染物排放限值及测量方法（自由加速法及加载减速法）》，柴油车排气污染物检测方法有自由加速法和加载减速法。在全国范围内进行的汽车环保定期检验应采用加载减速法，对无法按加载减速法进行测试的车辆可采用自由加速法。此外，该标准既适用于柴油车，同时也适用于其他装用压燃式发动机的汽车。

柴油车排气污染物的检测项目主要是排气烟度（光吸收系数或不透光度），加载减速法中还增加了对排气中氮氧化物（NO_x）的测量。两种方法的污染物排放限值见表 5-7。对在用车进行排放监督抽测时可采用自由加速法，并按照规定限值的 1.1 倍进行判定。

表 5-7　自由加速法和加载减速法排气污染物排放限值

类别	自由加速法	加载减速法	
	光吸收系数/(1/m)，或不透光度(%)	光吸收系数/(1/m)，或不透光度(%)	氮氧化物/($\times 10^{-6}$)
限值 a	1.2（40）	1.2（40）	1500
限值 b	0.7（26）	0.7（26）	900

注：1. 海拔超过 1500m 的地区，加载减速法按照海拔每增加 1000m，烟度值增加 0.25m^{-1} 幅度调整，但总调整不得超过 0.75m^{-1}。

2. 2020 年 7 月 1 日前，NO_x 限值 b 的过渡值为 1200×10^{-6}。

三、汽油车排气污染物检测——双怠速法

对于汽油车以及其他装用点燃式发动机的汽车，如果是单一燃料汽车，仅按燃用单一燃料进行排放检测；两用燃料车，要求使用两种燃料分别进行排放检测。有手动选择行驶模式功能的混合动力电动汽车应切换到最大燃料消耗模式进行测试；如无最大燃料消耗模式，则应切换到混合动力模式进行测试。上述规定同样适用于采用工况法的排气污染物检测。

（1）检测设备　双怠速法排放气体测量仪器至少能测量汽车排气中的 CO、CO_2、HC（用正己烷当量表示）和 O_2 四种成分的体积分数，并能根据上述参数的测量结果计算过量空气系数（λ）值。CO、CO_2、HC 的测量应采用不分光红外法（NDIR），O_2 可采用电化学电池法或其他等效方法。

所用测量仪器应具有发动机转速和机油温度测量功能，或具有转速和机油温度信号输入端口；其性能和测量精度应满足 GB 18285—2018《汽油车污染物排放限值及测量方法（双怠速法及简易工况法）》中附录 A 的规定。

（2）检测工况　双怠速工况是怠速工况和高怠速工况的合称。双怠速工况排气污染物检测指在怠速和高怠速两个工况下，对汽车的排气污染物所进行的检测。

怠速工况指离合器接合、变速器挂空挡、加速踏板处于松开位置时的发动机运转工况；而高怠速工况指在怠速工况条件下，通过加大节气门开度，使发动机转速稳定控制在 50% 额定转速或制造厂技术文件中规定的高怠速转速时的工况。

根据 GB 18285—2018《汽油车污染物排放限值及测量方法（双怠速法及简易工况法》：轻型汽车的高怠速转速为（2500 ± 200）r/min，重型汽车的高怠速转速为（1800 ± 200）r/min；如有特殊规定，则按照制造厂技术文件中规定的高怠速转速。

（3）检测方法

① 保证被检测车辆处于制造厂规定的正常状态，发动机进气系统应装有空气滤清器，排气系统应装有排气消声器，并不得泄漏。

② 在发动机上安装转速计、点火正时仪、冷却液和润滑油测温计等测量仪器。测量时，发动机冷却液和润滑油温度应不低于80℃。

③ 发动机从怠速状态加速至70%额定转速，运转30s后降至高怠速状态。将取样探头插入排气管中，深度不少于400mm，并固定在排气管上。维持15s后，由具有平均取值功能的仪器读取30s内的平均值，或者人工读取30s内的最高值和最低值，其平均值即为高怠速污染物测量结果。对于使用闭环控制电子燃油喷射系统和三元催化转化器技术的汽车，还应同时读取过量空气系数（λ）的数值。

④ 发动机从高怠速降至怠速状态15s后，由具有平均取值功能的仪器读取30s内的平均值，或者人工读取30s内的最高值和最低值，其平均值即为怠速污染物测量结果。

⑤ 若为多排气管时，取各排气管测量结果的算术平均值作为测量结果。

⑥ 若车辆排气管长度小于测量深度时，应使用排气加长管。

若汽车排气污染物检测结果有一项超过排放限值的规定，则认为汽车的排放性能不合格；对于使用闭环控制电子燃油喷射系统和三元催化转化器技术的车辆，检测的过量空气系数（λ）如果超出相应要求，则认为排放性能不合格。

四、汽油车排气污染物检测——工况法

工况法是将汽车若干常用工况和排气污染较重的工况结合在一起检测排气污染物的方法。与双怠速法相比，工况法检测结果能较全面评价车辆的排放性能；但工况法比怠速法要复杂得多。采用工况法检测汽车排放性能时要使用底盘测功机，并应具有齐备的模拟汽车行驶动能的飞轮系统，还要有经过大量调查研究与数据处理制订出的，模拟城市（城区和郊区）道路上汽车运行工况的试验程序，并配备复杂而昂贵的大型综合气体分析仪和保证发动机按试验程序运转所需的自动控制系统。

1. 稳态工况法

稳态工况法也称为加速模拟工况法（ASM），GB 18285—2018《汽油车污染物排放限值及测量方法（双怠速法及简易工况法）》附录B规定了稳态工况的测量方法。

（1）检测设备　利用稳态工况法检测汽车排气污染物时，所需要的主要仪器设备有：汽车底盘测功机、排气取样系统、气体分析仪、发动机转速计、OBD 诊断仪、气象站、计算机控制系统和辅助装置等，如图5-12所示。

① 底盘测功机用来承载测试车辆。由于需模拟一定的车速，必须施加对应于该车速的负荷，所以底盘测功机要配置功率吸收装置；此外，还应按规定配备惯性飞轮（或电模拟惯量），以模拟加速工况。用于轻型车测试的底盘测功机至少应能测试最大轴重为2750kg的车辆，而用于重型车测试的底盘测功机至少应能测试最大轴重为8000kg的车辆。

② 气体分析仪测量车辆排气管中排出的 CO、HC、CO_2、NO、O_2 的浓度，并将检测结

图 5-12 稳态工况法测试系统

果传给控制系统。其中：CO、HC 和 CO_2 采用不分光红外法（NDIR）检测，NO 采用红外法（IR）、紫外法（UV）或化学发光法（CLD），O_2 采用电化学法或其他方法。

③ 计算机控制系统由主控柜、工业控制计算机、打印机、电气控制系统、计算机软件系统组成，用于 ASM 测量过程的控制、数据测量处理与评价。

④ 其他辅助设备。显示屏为引车员提供操作指示画面，以便引车员按检测规程对车辆的速度进行控制；车辆散热风扇用于在检测过程中对车辆散热，以免车辆因发动机过热而造成损害；挡车器和地锚作为测试系统的安全装置。挡车器是用来固定未检轴的位置，以免车辆前后窜动；地锚用于安装安全带，安全带固定在被测车辆上，避免车辆高速测量时窜出底盘测功机。

(2) 检测工况　稳态工况（ASM）是指汽车预热到规定的热状态后，加速至规定车速，根据汽车规定车速时的加速负荷，通过测功机对汽车加载使汽车保持等速运转工况，测定汽车发动机排出的各种排气成分的浓度值。其模拟检测工况为两种稳态工况，如图 5-13 所示。

① ASM 5025 工况：底盘测功机以汽车车速为 25.0km/h、加速度 1.475m/s² 时的输出功率的 50%，作为设定功率对汽车加载，汽车加速至 25.0km/h，工况计时器开始计时（$t=0s$）。汽车以 25.0km/h（±2km/h）的速度持续运转 5s，然后系统开始取样，在该速度下持续运行 10s（$t=25s$）即为 ASM 5025 快速检查工况。ASM 5025 快速检查工况结束后，继续运行至 $t=90s$，即可完成 ASM 5025 工况。

② ASM 2540 工况：底盘测功机以汽车车速为 40.0km/h、加速度为 1.475m/s² 时的输出功率的 25%，作为设定功率对汽车加载。ASM 5025 工况检测结束后，立即加速至 40.0km/h，工况计时器开始计时（$t=0s$）；汽车以 40.0km/h（±2km/h）的速度持续运转 5s，然后系统开始取样，在该速度下持续运行 10s（$t=25s$）即为 ASM 2540 快速检查工况。ASM 2540 快速检查工况结束后，继续运行至 $t=90s$，即可完成 ASM 2540 工况。

(3) 检测方法　检测时，汽车驱动轮置于测功机滚筒上，将分析仪取样探头插入排气管中，深度为 400mm，并固定于排气管上，对独立工作的多排气管应同时取样。

将车速控制稳定到规定工况速度（25km/h 及 40km/h 两个工况），由电气控制系统控制调节功率吸收装置，使得加载到滚筒表面的总吸收功率为测试工况下的给定加载值，使车辆在规定载荷下稳定运行。五气体分析仪测量车辆所排出废气中成份的含量，通过分析仪自

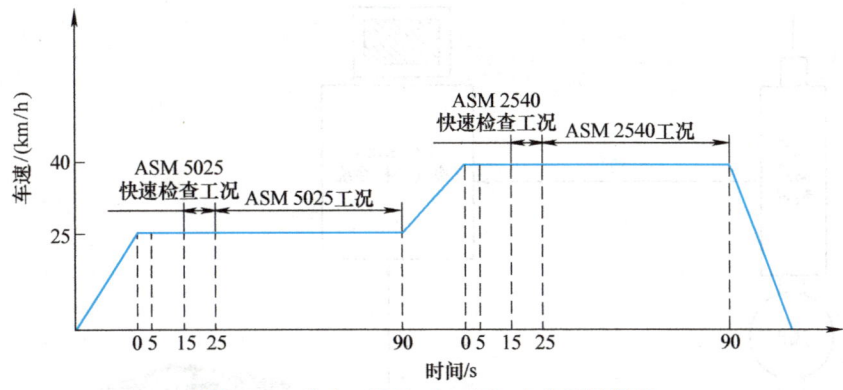

图5-13 稳态工况法（ASM）实验运转循环

带的环境测试单元测取温度、湿度、气压参数，计算出稀释系数，然后计算出校正后的CO、HC、NO排气浓度值。

测试过程中，控制系统发出操作指令，由显示仪显示，引导检验员操作。发动机冷却风机对发动机吹风散热。安全装置则用于保障测试时的车辆运行安全。

汽车在测功机上实验车速的允许误差为±2km/h；加载转矩应随车速的变化做相应的调整以保证加载功率不随车速改变，转矩允许误差为该工况设定转矩的±5%。

2. 简易瞬态工况法

简易瞬态工况法是基于轻型车（最大总质量≤3500kg）污染物质量排气的测试。检测时，汽车在底盘测功机上行驶以模拟真实运行工况，在加载情况下测定汽车发动机排出的各种废气成分的瞬态浓度值，可以较真实反映汽车实际运行时的排放性能。该方法能检测排气污染物每公里的排气量，并以g/km表示，有利于归纳排放因子，估算和统计城市机动车污染物的排气总量。

简易瞬态工况法与瞬态工况法类似，二者的检测工况和检测方法基本相同，只是在排气取样系统和污染物检测设备上有所差别。瞬态工况法对设备精度要求更高，例如：污染物取样系统采用定容采样系统（CVS），HC检测采用更为精确的氢火焰离子化法（FID）而非不分光红外法（NDIR）。本书仅介绍简易瞬态工况法的内容。

（1）检测设备　简易瞬态工况污染物排放测试设备至少包括能模拟加速惯量和等速负荷的底盘测功机、排气分析仪和气体流量分析仪组成的取样分析系统及发动机转速计、OBD诊断仪、冷却装置、气象站和自动控制系统，如图5-14所示。

① 底盘测功机应配备功率吸收装置和惯性飞轮组（或电模拟惯量），以模拟道路行驶阻力和汽车加速惯量。

② 排气分析仪须采用自动测量HC、CO、CO_2、NO、O_2五种气体浓度的分析仪器，其功能和作用与稳态工况法测试相同。

③ 气体流量分析仪的作用是最终检测出排气污染物的质量。其结构由微处理器、锆氧气传感器、鼓风机、通气室、流量传感器、温度和压力传感器组成。

（2）检测原理　利用简易瞬态工况法检测点燃式发动机汽车的排放性能时，底盘测功机模拟汽车的加速惯量和道路行驶阻力，使汽车产生接近实际行驶时的排气量。

在检测过程中，氧化锆式氧传感器用来测试稀释气体的氧气浓度，也可以测量测试开始

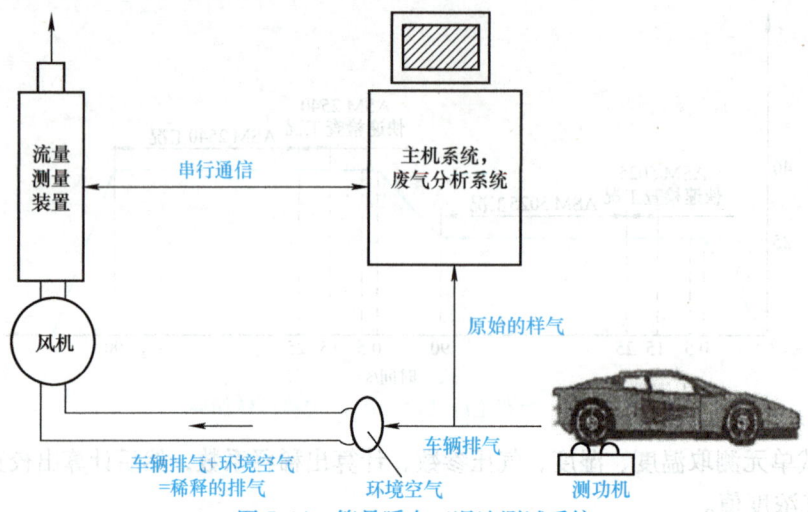

图 5-14 简易瞬态工况法测试系统

时环境空气的氧气浓度。通过与五气排气分析仪氧气浓度比较，还可以用来计算稀释比率。流量传感器测得的流量值是稀释气体的实际流量，该流量值经过温度和压力补偿校正后，就可以得到稀释气体的标准流量。

简易瞬态工况法的采样系统有两个分支：一个是气体分析仪采样管抽取小量原始排气气体送至气体分析仪，分析原排气污染物浓度；另一个是气体流量分析仪的抽气机吸入排气管剩余排气气体，与环境空气混合稀释后，送至气体流量分析仪，通过分析得到排气流量。

在数据采集过程中，系统将实时测量的排气气体浓度和稀释流量值送给计算机，并由计算机计算出单位时间的污染物质量排放值（g/s）。

（3）检测工况　在汽车底盘测功机上进行的测试运转循环如图 5-15 所示，整个循环共

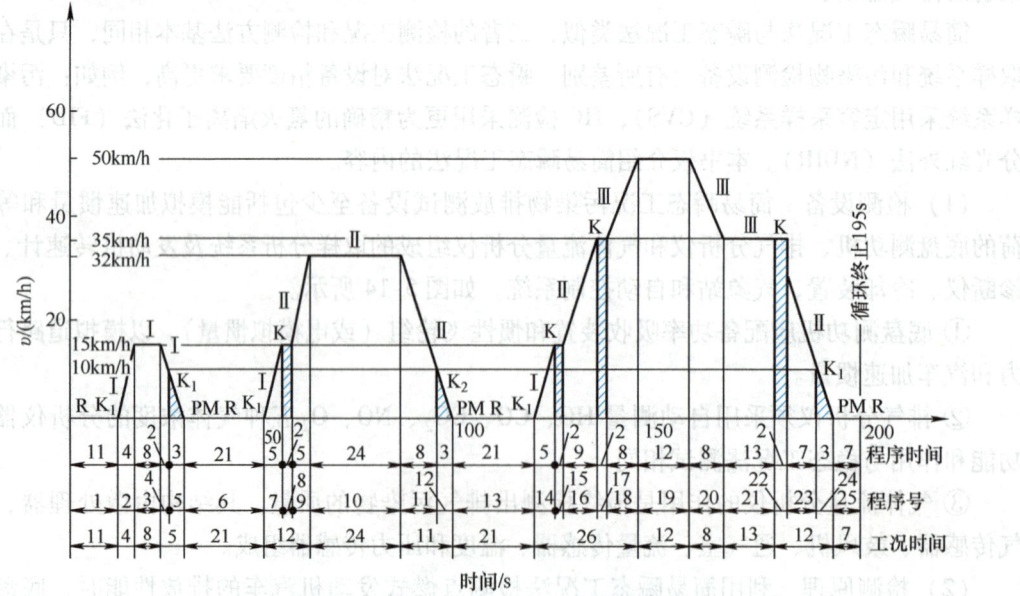

图 5-15　乘用车十五工况循环试验规范

K—离合器分离　K_1、K_2—离合器分离，变速器结合 1 挡或 2 挡

Ⅰ、Ⅱ、Ⅲ—变速器 1 挡、2 挡、3 挡　PM—空挡　R—怠速（图中阴影表示换挡）

需 195s。进行排气污染物检测前，系统应根据车辆参数自动设定测功机载荷，或根据基准质量设定试验工况吸收功率值，可采用表 5-8 的推荐值。

表 5-8　在 50km/h 等速时吸收驱动轮上的功率

基准质量 RM/kg	测功机吸收功率 P/kW	
	A 类	B 类
$RM \leq 750$	1.3	1.3
$750 < RM \leq 850$	1.4	1.4
$850 < RM \leq 1020$	1.5	1.5
$1020 < RM \leq 1250$	1.7	1.7
$1250 < RM \leq 1470$	1.8	1.8
$1470 < RM \leq 1700$	2.0	2.0
$1700 < RM \leq 1930$	2.1	2.1
$1930 < RM \leq 2150$	2.3	2.3
$2150 < RM \leq 2380$	2.4	2.4
$2380 < RM \leq 2610$	2.6	2.6
$2610 < RM$	2.7	2.7

注：1. A 类适用于轿车；
　　2. B 类适用于非轿车车辆和全轮驱动车辆；
　　3. 对于基准质量大于 1700kg 的非轿车车辆和全轮驱动车辆，功率值应乘以 1.3。

（4）检测方法

① 根据需要在发动机上安装转速表和润滑油测温计等测试仪器。

② 使汽车驱动轮驶入底盘测功机滚筒机构，将分析仪取样探头插入排气管中，深度为 400mm 以上，并固定于排气管上。

③ 按照试验运转循环开始进行试验。排气污染物测量值应由系统主机自动进行计算和修正；系统主机最后应给出各污染物排气计算结果；测试过程及结果数据应在系统数据库进行记录存储。

五、柴油车排气污染物检测——自由加速法

对于有手动选择行驶模式功能的混合动力电动汽车应切换到最大燃料消耗模式进行测试；如无最大燃料消耗模式，则应切换到混合动力模式进行测试。上述规定同样适用于采用加载减速法的排气污染物检测。

（1）检测设备　采用自由加速法检测柴油车排放烟度值时，使用的烟度检测仪器为分流式不透光烟度计，其技术性能应满足 GB 3847—2018《柴油车污染物排放限值及测量方法（自由加速法及加载减速法）》中附录 C 的规定。

（2）检测工况　自由加速工况是指在发动机怠速状态下，迅速但不猛烈地踏下加速踏板，使喷油泵供给最大油量。在发动机达到调速器允许的最大转速前，保持此位置。一旦达到最大转速，立即松开加速踏板，使发动机恢复至怠速。应于 20s 内完成循环组成所规定的循环,其试验规范见图 5-16。

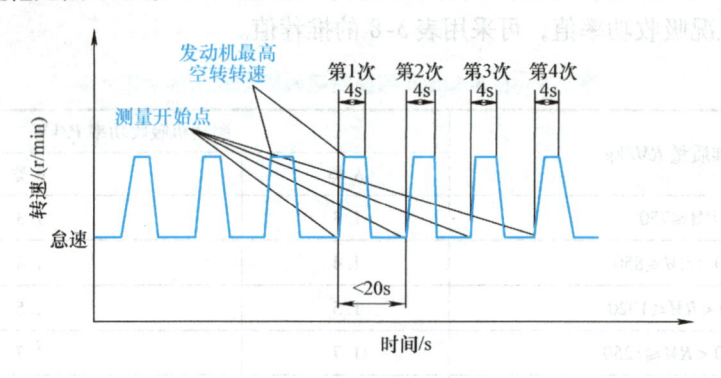

图 5-16　自由加速试验循环

(3) 检测方法　在进行自由加速法检测前,发动机应充分预热;并接通烟度检测仪器的电源至少预热 15min。

① 将不透光烟度计的取样探头固定在排气管内,插入深度不低于 400mm,并使取样探头的中心线平行于排气管中心线。

② 在正式进行排放测量前,应采用三次自由加速过程或其他等效方法吹拂排气系统,以清扫排气系统中的残留污染物。

③ 在进行自由加速排放测量时,必须在 1s 的时间内,将加速踏板连续完全踩到底,使供油系统在最短时间内达到最大供油量。对每个自由加速测量,在松开油门踏板之前,发动机必须达到断油转速;对使用自动变速器的车辆,应达到发动机额定转速(如果无法达到,应不小于额定转速的 2/3);对重型车用发动机,将油门踏板放开后至少等待 10s。

④ 用不透光烟度计按规定循环连续测量至少三次自由加速工况下的烟度值,检测结果取后三次测量结果的算术平均值。

六、柴油车排气污染物检测——加载减速法

加载减速法是待检车辆在底盘测功机上,按照规定的加载减速检测程序,检测最大轮边功率、相对应的发动机转速和转鼓表面线速度(VelMaxHP),并检测 VelMaxHP 点和 80% VelMaxHP 点的排气烟度以及 80% VelMaxHP 点的 NO_x 排放。其中,轮边功率指汽车在底盘测功机上运转时驱动轮输出功率的实际测量值;最大轮边功率指按规定方法测量得到的轮边功率最大值。

(1) 检测设备　利用加载减速法检测汽车排气污染物时,所需要的检测设备主要包括底盘测功机、不透光烟度计、氮氧化物分析仪和发动机转速传感器等,由中央控制系统集中控制。

① 底盘测功机主要由转鼓、功率吸收单元(PAU)、惯量模拟装置等组成,用于提供汽车行驶的活动路面并通过功率吸收装置进行加载控制车速。

② 不透光烟度计应采用分流式原理,用于测试排放气体的光吸收系数 K (m^{-1})。其采样系统应能够承受试验过程中可能遇到的最高排气温度和排气压力,并具有冷却装置。

③ 氮氧化物分析仪可以使用化学发光(CLD)、紫外(UV)或红外(IR)原理的仪器。

以上检测设备的技术性能应满足 GB 3847—2018《柴油车污染物排放限值及测量方法（自由加速法及加载减速法）》中附录 B 的规定。

（2）检测原理　加载减速试验全程在自动控制程序下进行。被检车辆驱动轮位于底盘测功机滚筒机构上驱动滚筒运转，并选择最接近 70km/h 车速的挡位，使发动机油门开度最大时，车速上升到最大值（70km/h 左右）；由底盘测功机的控制系统调节功率吸收装置，逐渐加载扫描测量得到最大轮边输出功率及对应轮边转速（VelMaxHP）。然后，继续控制油门开度为最大值，通过控制系统调节功率吸收装置，使车速分别稳定在 VelMaxHP、80% VelMaxHP，采用不透光烟度计测出该两点的排气光吸收系数 K（m^{-1}），同时采用 NO_x 分析仪测出 80% VelMaxHP 的 NO_x 浓度（$\times 10^{-6}$）。

（3）检测方法　按照 GB 3847—2018《柴油车污染物排放限值及测量方法（自由加速法及加载减速法）》的规定对车辆进行预检，以确定车辆可以进行加载减速法检测。被检车辆需空载，检测前需中断车上所有主动型制动功能和扭矩控制功能（自动缓速器除外），如中断制动防抱死系统（ABS）、电子稳定程序（ESP）等。关闭车上所有以发动机为动力的附加设备，如空调系统，并切断其动力传递机构。确认检测系统是否能满足待检车辆的功率要求。

① 不透光烟度计完成零点/量距点校正后，插入采样探头，采样探头插入发动机排气管的深度不得低于 400mm。

② 使用前进挡驱动被检车辆，选择合适的挡位，将油门踏板置于全开位置，车速尽可能接近 70km/h，但不能超过 100km/h。如果两个挡位的接近程度相同，检测时选用低速挡。对自动变速车辆使用 D 挡进行试验，不得使用超速挡进行试验。

③ 油门踏板保持全开，在发动机转速稳定后，检测员按下相应的检测开始键，控制程序将此时的发动机转速设定为最大发动机转速（MaxRPM），并根据录入的发动机额定转速，计算最大功率下的转鼓线速度（VelMaxHP）：VelMaxHP = 当前转鼓线速度 × 发动机额定转速/MaxRPM。

④ 检测系统自动计算所需最小轮边功率：所需最小轮边功率 = 发动机额定功率 ×（100% − 功率损失百分比）；如无特殊要求，功率损失百分比的默认值为 50%。

⑤ 检测控制系统自动控制底盘测功机的功率吸收单元（PAU）开始加载减速过程。首先从记录的 MaxRPM 转速开始进行功率扫描，以获得实际峰值功率下的发动机转速。对每个速度变化段都允许有 1s 的稳定时间，并记录相关的数据。

⑥ 进行功率扫描时，在功率随发动机转速变化的实时曲线上确定最大轮边功率，并将扫描得到的最大轮边功率时的转鼓线速度记为真实的 VelMaxHP。

⑦ 获得真实 VelMaxHP 之后，继续进行功率扫描，直到转鼓线速度比实际的 VelMaxHP 低 20% 为止，这样有利于检测员进一步诊断车辆的其他缺陷。

⑧ 结束功率扫描并确定了真实 VelMaxHP 后，控制系统立即改变 PAU 负载，并控制转鼓速度回到真实的 VelMaxHP 值或 80% 的 VelMaxHP 值，系统按照同样的次序完成真实的 VelMaxHP 和 80% 的 VelMaxHP 两个速度段的检测，转鼓速度变化率最大不得超过 2.0km/h/s。

⑨ 将上述两个检测速度段测量得到的光吸收系数 K 以及 80% VelMaxHP 点测量得到的 NO_x 浓度、发动机转速、转鼓线速度和轮边功率的数据作为检测结果。每个检测点在读数之

前转鼓速度应至少稳定 3s，光吸收系数 K 和 NO_x 浓度、发动机转速和轮边功率数据则需要在转鼓速度稳定后读取 9s 内的平均值。

⑩ 加载检测过程结束后，控制系统应及时提醒检测驾驶人松开油门踏板并切换至空挡，但不允许使用车辆制动装置。在关闭发动机之前，将车辆置于怠速状态至少 1min，控制系统自动记录怠速转速数据。

七、汽车排气污染物检测设备

汽车排气污染物检测仪器主要有不分光红外线气体分析仪（NDIR）、氢火焰离子分析仪（FID）、化学发光分析仪（CLD）、综合排放分析仪和不透光烟度计等。

1. 不分光红外线气体分析仪

不分光红外线气体分析仪（NDIR）适宜检测汽车排放气体中的 CO、HC 和 CO_2 等气体。

（1）基本检测原理　不分光红外线气体分析建立在惰性气体不吸收红外线能量，而异原子组成的气体，如汽车排气中的 CO、HC、CO_2 等均能吸收一定波长的红外线能量的基础上。其吸收能量的红外线波长称为特征波长，吸收强度用吸收系数反映。当红外线通过气体时，由于气体对红外线波段中特征波长红外线能量的吸收，红外线的能量将减少，其减少量 ΔE 与气体浓度 C、气体层厚度 l 和吸收强度 K 有关：

$$\Delta E = E_0 - E = E_0 \cdot (1 - C^{-K \cdot l})$$

式中　E_0——入射红外线能量；

E——出射红外线能量。

汽车排气中不同气体的特征波长和吸收系数见表 5-9。

表 5-9　不同气体的特征波长和吸收系数

指标＼气体种类	CO	CO_2	CH_4	C_6H_{14}	NO
特征波长/μm	4.7	4.3	7.7	3.5	5.3
吸收系数 K	8.5	110	60	90	7.5

（2）不分光红外线气体分析仪的结构和工作原理　不分光红外线气体分析仪由红外线光源（辐射器）、气样室、旋转光栅（遮光片）和传感器组成，其结构原理见图 5-17。

两个红外线光源发出两束红外线，当红外线通过旋转着的，具有两个翼片的遮光片时，两束红外线被同时遮断，随后又同时导通，从而形成红外线脉冲。红外线脉冲经滤清器、气样室进入测量室。气样室由两个腔构成，其一为对比室，内充不吸收红外线能量的氮气；其二为试样室，其中连续流过被测汽车所排放的废气，某种废气成分（如 CO 或 HC）的浓度越高，吸收通过试样室的相应特征波长的红外线能量越多，这样两束红外线所具有能量便产生了差异。检测室由容积相等的两室构成，中间由金属膜片隔开，两室充有相同浓度的被测气体，如测废气中 CO 含量时，两室均充有 CO；而测 HC 含量时，充入 C_6H_{14} 气体。由于通过对比室到达检测室的红外线能量未被吸收，因此对比室下方检测室中的被测气体吸收了较多能量；而通过试样室到达检测室的红外光线已被所测气体吸收了一部分能量，因此试样室下方检测室中的被测气体只能吸收较少能量。这样，检测室两腔中的气体便产生了温差并使两腔压力出现差异，压力差使作为电容一个极的金属膜片产生弯曲振动，其振动频率取决于旋转遮光片的转速，振幅则取决于所测气体的浓度。膜片的弯曲振动使电容的电容值交替变化，电容值的交替变化产生了交变电压。交变电压经放大整流后，转换为直流信号输送给指示装置。指示装置根据气体分析装置传来的电信号，在 CO 指示表上以容积百分数（%）为单位指示出废气中 CO 的浓度；或在 HC 指示表上以正己烷当量容积百万分之一（$\times 10^{-6}$）为单位指示出废气中 HC 的浓度。

2. 氢火焰离子分析仪

氢火焰离子分析法（FID）是目前测定发动机排气中 HC 的最有效方法。它具有很高的灵敏度，其检测极限最小可达 10^{-9} 数量级，而且线性和频响特性好，对环境温度及大气压力也不敏感。

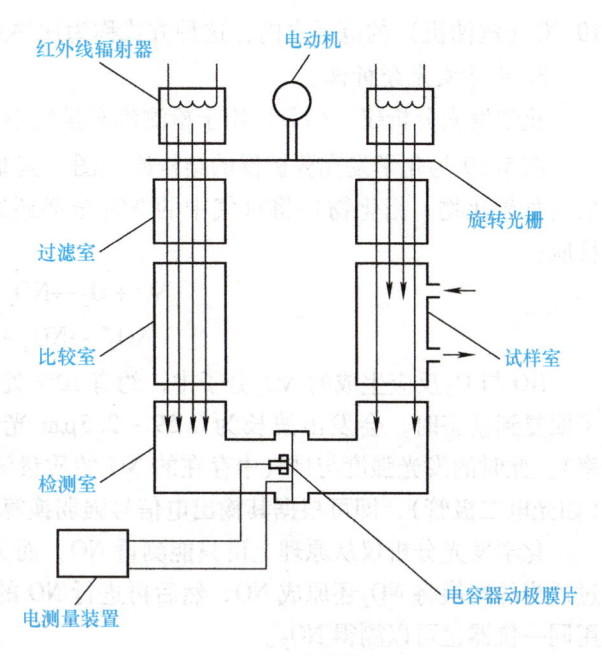

图 5-17　NDIR 结构原理图

FID 的工作原理是基于大多数有机碳氢化合物在氢火焰中产生大量电离的现象来测定 HC 浓度。由于电离度与引入火焰中的碳氢化合物分子中碳原子数成正比，故此法对不同类型的烃没有选择性，因而只能测定 HC 的总量。

氢火焰离子分析仪通常由燃烧器、离子收集器及测量电路组成，其结构和工作原理见图 5-18。被测气体与含有体积分数 40% 的 H_2（其余为 He）的燃料气体混合后进入燃烧器，并与引入的空气一起形成可燃混合气。此时用点火丝点燃，HC 便在氢火焰的高温（2000℃ 左右）中，裂解产生元素态碳，然后形成碳离子 C^+，在 100～300V 外加电压作用下形成离子流，这个离子流（电流）的强度与 HC 中 C 原子数成正比，可见只要测出这个离子电流的大小，就可得到 HC 的浓度。微弱的离子电流经放大后送入指示或记录仪表。整个系统应加电磁屏蔽，以避免外界电磁干扰的影响。

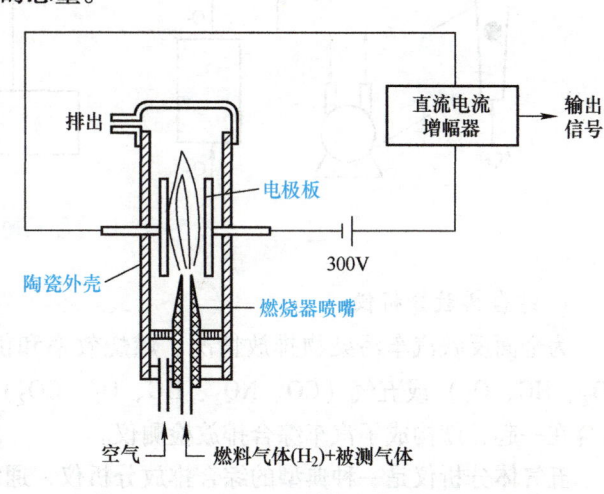

图 5-18　FID 结构工作原理图

FID 法可直接用于轻型汽车排气污染物中 HC 的排气测定。为避免高沸点的 HC 分子在采样过程中发生凝结，同时防止水蒸气冷凝后堵塞毛细管，应对包括检测器在内的整个附加设备进行保温处理。在台架试验中，测量车用柴油机或汽油机排气污染物中的 HC 时，应采取加热方式，使除取样探头外的其余部分温度保持在（190±10）℃（柴油车）或（130±

10)℃（汽油机）的范围之内，这种方式称为加热式氢火焰离子分析法（HFID）。

3. 化学发光分析仪

化学发光分析仪（CLD）用于检测汽车排气中的 NO_x（$NO+NO_2$）等气体。

图 5-19 为化学发光分析仪的结构原理图，其基本检测原理是：首先通过适当的化学物质（如碳化物、钼化物）将排气中的 NO_2 全部还原成 NO；NO 与 O_3 接触时发生如下化学反应：

$$NO+O_3 \rightarrow NO_2+O_2$$
$$NO_2^* \rightarrow NO_2+h\gamma$$

NO 与 O_3 反应生成的 NO_2 分子中，约有 10% 处于被激励状态。当被激励状态的 NO_2^* 分子回复到基态时，会发出波长为 0.59~2.5μm 光量 $h\gamma$（h 为普朗克常数，γ 为光子的频率）。此时的发光强度与排气中存在的 NO 的质量流量成正比。使用适当波长的光电检测器（如光电二极管），即可根据其输出电信号强弱换算出 NO 的含量。

化学发光分析仪从原理上讲只能测量 NO，而无法测量 NO_2。但实际应用中，可以先通过适当的转换将 NO_2 还原成 NO，然后再进行 NO 的测量，即可用间接方法测出 NO_2。因此，用同一仪器也可以测得 NO_2。

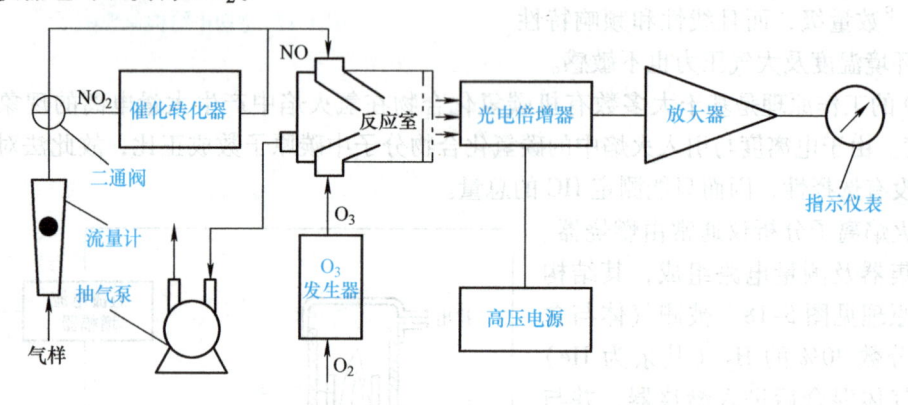

图 5-19 CLD 结构原理图

4. 综合排放分析仪

为全面反映汽车污染物排放情况、燃烧效率和供给系统工作情况，需进行四气（CO、NO_2、HC、O_2）或五气（CO、NO_2、HC、O_2、CO_2）分析。将各种废气成分分析技术有机组合在一起，就构成了汽车综合排放检测仪。

五气体分析仪是一种典型的综合排放分析仪，通常采用两类气体分析技术方法测定五种气体成分和过量空气系数（λ）。其中 CO、CO_2、HC 采用不分光红外线气体分析的基本原理进行测定，而 NO_x 和 O_2 的浓度可采用电化学的原理测定；用测得的 O_2 和污染物排放浓度即可以计算出过量空气系数 λ。

5. 不透光烟度计

不透光烟度计是一种利用透光衰减率测定排气烟度的仪器，可检测汽车排放气体的不透光度（N）或光吸收系数（K），用于柴油车以及其他装用压燃式发动机汽车的排气烟度测量。不透光烟度计分为全流式和分流式两种，其中全流式烟度计引入全部排气来检测，而分流式烟度计只引入一部分排气进行检测。依据 GB 3847—2021《柴油车污染物排放限值及测量方法（自由加速法及加载减速法）》，烟度检测采用分流式方法。

（1）基本检测原理　不透光烟度计主要由光源、光通道和光接收器等组成，其检测原理如图 5-20 所示。光源发光，当光线通过一定有效长度的、充满被测烟气的通道时，光强被衰减，其衰减率（不透光度）与烟度成正比。因此，通过光接收器测量得到光强信号，即可得到不透光度，从而测得排气烟度。

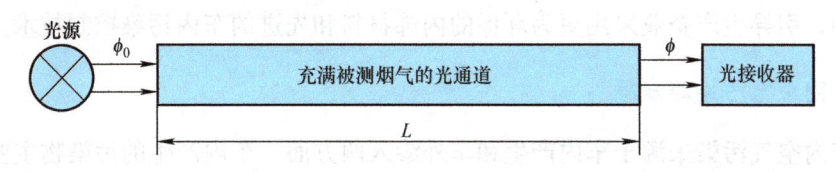

图 5-20　不透光烟度计基本检测原理

排气烟度的计量单位是光吸收系数（K）或不透光度（N）。光吸收系数是表示光源被排烟吸收的系数，与炭烟的质量浓度成正比。光吸收系数 K 与光的衰减量之间的关系为

$$\phi = \phi_0 \cdot e^{-KL}$$

式中　ϕ_0——入射光通量（lm）；
　　　ϕ——出射光通量（lm）；
　　　L——被测气体的光通道的有效长度（m）；
　　　K——光吸收系数（m^{-1}）。

不透光度 N 指阻止光从光源通过充满烟气的测试管到达光接收器的传输百分比。当排气无烟而光线完全通过时为 0，光线完全被阻挡时不透光度为 100%。其关系式为

$$N = 100\left(1 - \frac{\phi}{\phi_0}\right)$$

被测气体的光通道的有效长度 L 与光吸收系数 K 间的关系为

$$K = -\frac{1}{L}\ln\left(1 - \frac{1}{100}\right)$$

式中　N——不透光度（%）；
　　　K——相应的光吸收系数（m^{-1}）。

（2）分流式不透光烟度计的结构和工作原理　分流式不透光烟度计具有一个测试管（烟道）S 和一个校正管（空气道）A，见图 5-21。将光源和光电管转向校正管（图中虚线位置），并用电风扇向校正管吹入干净空气，可用作零点校正。烟度测试时，将需要测定的一部分排放废气导向测试管；当由测试管一端的光源发出的光线透过测试管中的烟层照到另一端的光电管上时，由光电管测出光线强度的衰减量。烟度显示仪表从 0 到 100% 均匀分度，单位为不透光度；当光线全通过时为 0，全遮挡时为 100%。

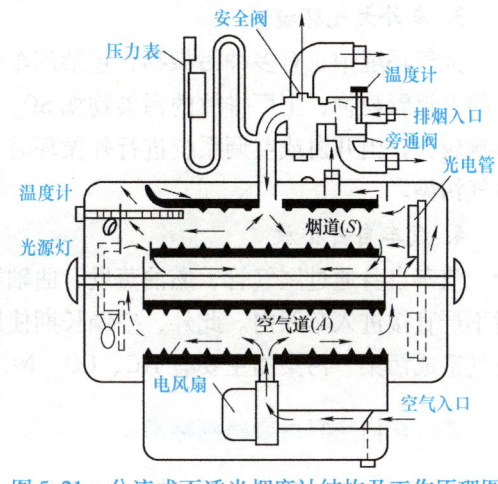

图 5-21　分流式不透光烟度计结构及工作原理图

第三节 汽车车内污染检测

为了满足消费者对舒适性的要求，汽车企业不断提高内饰设计，大量非金属材料和黏合剂的应用，会在车内释放出有毒有害物质，危害驾乘人员的身体健康。此外，随着汽车的普及和驾车需求的增长，人们在车内度过的时间越来越长。因此，有必要对汽车车内的空气污染进行检测，引导生产企业采用更为环保的内饰材料和先进的车内污染控制技术。

一、车内空气污染的来源

汽车车内空气污染来源于车内产生和车外渗入两方面，车内产生的污染物主要来源于车内装置和装饰材料中所含有害物质的释放、人体及其活动所产生的污染物；车外渗入的污染物主要来源于大气环境中的污染物和汽车自身尾气排放中的污染物。

1. 汽车内饰及零部件

随着车内装饰和汽车轻量化等要求的提高，现代汽车上各种非金属材料的用量正在不断增加。汽车使用的塑料和橡胶部件、织物、油漆涂料、保温材料、黏合剂等材料中含有的有机溶剂、添加剂等挥发性成分释放到车内环境，造成车内空气污染。污染物主要有苯、甲苯、甲醛、碳氢化合物、卤代烃、多环芳烃等。车内材料如黏合剂等释放的物质还是车内难闻异味的主要来源。

此外，车载燃油、润滑油、制冷剂的泄漏和蒸发等也是汽车车内空气污染的主要来源。

2. 驾乘人员污染排放

这类污染物主要来自于人体呼吸、新陈代谢及其活动排放的物质。人体代谢与呼吸活动及汗液的分泌可以产生上百种污染物，人的呼出气中除主要物质 CO_2 外，还可能含有 CO、氨、氯仿等数十种有害气态物质。

此外，吸烟产生的烟雾也是车内空气污染的重要来源之一。香烟烟雾中的成分十分复杂，目前已鉴定出烟雾中有数千种化学物质。这些物质在空气中以气态和气溶胶的状态存在，很多是致癌、致畸或致突变的物质。

3. 车外大气环境

大气环境中也有多种污染物，包括汽车行驶排放的 CO、HC、悬浮颗粒物，道路扬尘产生的悬浮颗粒物，工厂排放的污染物如 SO_2、NO_x 等。汽车车内的空气质量受车外本底环境影响较大，当开窗或空调系统进行外循环时，会将车外空气送入车内同时带入有害物质造成空气污染。

4. 汽车自身排放

汽车自身通过尾气管、燃油蒸发、曲轴箱等途径排放的污染物从通风系统吸入或由于密封不严直接进入车厢内。此外，空调长期使用后风道内积累的大量灰尘、细菌等也会对车内空气造成污染。污染物主要有 HC、CO、NO_x、苯、烯烃、芳香烃和微生物等。

二、车内空气污染检测标准

鉴于车内空气质量的重要性，国家相继出台了一系列标准对车内空气污染进行管控。目前,我国分别对乘用车和长途客车的车内空气质量提出了检测方法和限值要求。

1. 乘用车内空气质量检测标准

根据 GB/T 27630—2011《乘用车内空气质量评价指南》,乘用车内空气中 8 种主要挥发性有机污染物的浓度应不超过表 5-10 的限值。该标准主要适用于销售的新生产汽车,在用车辆也可参照执行。

表 5-10 乘用车内空气中有机物浓度限值

序号	项目	浓度要求/(mg/m³)
1	苯	≤0.11
2	甲苯	≤1.10
3	二甲苯	≤1.50
4	乙苯	≤1.50
5	苯乙烯	≤0.26
6	甲醛	≤0.10
7	乙醛	≤0.05
8	丙烯醛	≤0.05

2. 长途客车内空气质量检测标准

根据 GB/T 17729—2020《长途客车内空气质量要求》,长途客车内空气中主要成分 O_2、CO_2、CO、苯系物、醛类物质和总挥发性有机化合物的浓度应不超过表 5-11 的限值。该标准适用于各类营运长途客车,其他客车可参照执行。

表 5-11 长途客车内空气主要成分浓度限值

序号	项目	浓度限值	限值条件
1	氧(%)	≥20	1h 均值
2	二氧化碳(%)	≤0.20	日均值
3	一氧化碳/(mg/m³)	≤10	1h 均值
4	甲醛/(mg/m³)	≤0.12	1h 均值
5	甲苯/(mg/m³)	≤0.24	1h 均值
6	二甲苯/(mg/m³)	≤0.24	1h 均值
7	总挥发性有机化合物/(mg/m³)	≤0.60	1h 均值

三、乘用车内空气污染检测

乘用车内空气污染物按照 HJ/T 400—2007《车内挥发性有机物和醛酮类物质采样测定方法》的规定进行检测。

1. 采样环境条件

乘用车内空气污染检测在采样环境舱中进行,采样环境舱一般由主体舱室和空调系统等组成,其技术性能应符合 HJ/T 400—2007《车内挥发性有机物和醛酮类物质采样测定方法》中附录 A 的规定。测试时环境舱需满足以下条件:

① 环境温度：(25 ± 1)℃；
② 相对湿度：$50\%\pm10\%$；
③ 环境气流速度：$\leq0.3m/s$；
④ 环境污染物背景浓度值：甲苯$\leq0.02mg/m^3$，甲醛$\leq0.02mg/m^3$。

2. 采样位置

采样点的高度应与驾乘人员呼吸带高度相一致。采样点的数量按受检车辆乘员舱内有效容积大小和受检车辆具体情况而定，应能正确反映车内空气污染状况。

1) M_1类车辆布置测量点1个，位于前排座椅头枕连线的中点（可滑动的前排座椅应滑到滑轨的最后位置点）；

2) M_2类车辆布置测量点不少于2个，沿车厢中轴线均匀布置；

3) M_3类车辆布置测量点不少于3个（当车辆为双层或铰接客车时，测量点为6个），沿车厢中轴线均匀布置；

4) N类车辆布置测量点1个，位于前排驾驶舱内座椅头枕连线的中点。

3. 车辆状态

受检车辆处于静止状态，车辆的门、窗、乘员舱进风口风门、发动机和所有其他设备（如空调）均处于关闭状态。

4. 样品采集

(1) 受检车辆准备阶段 将受检车辆放入采样环境舱中，除去内部构件表面覆盖物（如出厂时为保护座椅、地毯等而使用的塑料薄膜）；将受检车辆可以开启的门、窗完全打开，静止放置时间不少于6h。

(2) 受检车辆封闭阶段 完成准备阶段后，进入封闭阶段；全关闭受检车辆所有门、窗，确保整车的密封性；将受检车辆保持封闭状态16h后开始进行样品采集。

(3) 样品采集阶段 样品采集系统一般由恒流气体采样器、采样导管和填充柱采样管等组成，图5-22为具体的样品采集示意图。恒流气体采样器的流量在50~1000ml/min范围内可调，流量稳定。采样导管应使用经处理的不锈钢管、聚四氟乙烯管或硅橡胶管，进气口固定在受检车辆乘员舱内规定的采样点位置，以适当的方式从乘员舱内引出且不破坏整车的完整与密封性；出气口与乘员舱外的填充柱采样管连接，填充柱采样管末端与恒流气体采样器连接。填充柱采样管使用固相吸附剂，采集挥发性有机组分时的采样流量为100~200ml/min；采集醛酮组分时的采样流量为100~500ml/min；采样时间为30min，并且采集气体总体积应不大于车内总容积的5%。

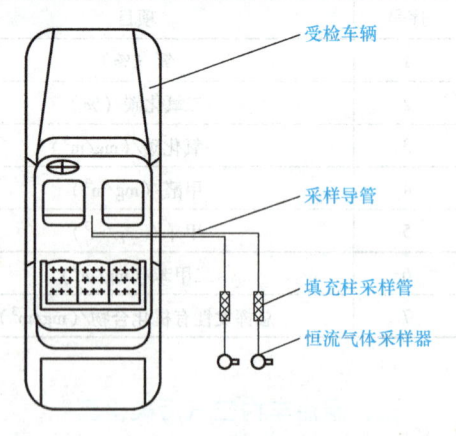

图5-22 样品采集示意图

5. 样品检测

样品采集完毕，采样管应使用密封帽将管口封闭，并用锡纸或铝箔将采样管包严，低温（<4℃）保存与运输。

样品中挥发性有机组分的测定采用热脱附/毛细管气相色谱/质谱联用法，按照 HJ/T 400—2007《车内挥发性有机物和醛酮类物质采样测定方法》中附录 B 的规定进行分析。该方法的基本检测流程为：首先，使用填充有固相吸附剂的采样管采集车内空气样品，将样品中的挥发性有机组份捕集在采样管中；之后，用干燥的惰性气体吹扫采样管后经二级脱附进入毛细管气相色谱/质谱联用仪，进行空气组分的定性定量分析。

样品中醛酮组分的测定采用固相吸附/高效液相色谱法，按照 HJ/T 400—2007《车内挥发性有机物和醛酮类物质采样测定方法》中附录 C 的规定进行分析。该方法的基本检测流程为：首先，使用涂渍 2,4-二硝基苯肼（DNPH）硅胶的采样管采集车内空气样品，醛酮组分在强酸催化剂作用下与 DNPH 反应生成稳定有颜色的腙类衍生物，将样品中的醛酮组分保留在采样管中；之后，采样管放于固相萃取装置上并加入乙腈反向洗脱采样管，将洗脱液收集于样品瓶后采用高效液相色谱仪分析醛酮组分浓度。

四、长途客车内空气污染检测

长途客车内空气质量按照 GB/T 28370—2020《长途客车内空气质量检测方法》的规定进行检测。

1. 采样环境条件

受检车辆测试场所空气中的污染物浓度应低于表 5-11 规定的标准限值。受检车辆的门、窗等处于关闭状态，视车内温度情况可开启空调使车内环境符合下列条件：

① 环境温度：(25 ± 3)℃；
② 环境气流速度：≤0.3m/s。

2. 采样位置

采样点的高度与驾乘人员坐姿呼吸带高度相一致，距地板平面高度 (1200 ± 100) mm。车内采样点的数量按受检车辆乘员舱内有效容积大小而定，应能正确反映车内空气的质量状况。其中，车长 9m 以下车辆的测量点为两个，9m 以上车辆的测量点为三个，沿车厢中轴线均匀布置；双层客车布置测量点为四个（每层两个），沿车厢中轴线均匀布置。

3. 车辆状态

测试可在以下两种车辆状态下进行选择：

① 受检车辆处于空载静止的状态；
② 受检车辆承载额定乘员并行驶 2.5~3h 期间的状态。

4. 样品采集

（1）受检车辆准备阶段　对于空载静止状态受检车辆，车辆的窗、门完全打开（新生产车辆应去除内部构件表面覆盖物，如为保护座椅、地毯等而使用的塑料薄膜），静止放置时间不大于 1h，使受检车辆充分与外部空气流通，然后关闭门、窗，保持整车的密闭不小于 4h（可开启空调的内循环功能）后开始采样。对于动态受检车辆，车辆承载额定乘员在密闭、乘员未下车状态下行驶 2.5h 后开始采样。

（2）样品采集阶段　车内空气采样装置和采样方法应符合 GB/T 18883—2022《室内空气质量标准》中附录 A 的规定，并根据污染物在车内空气中的存在状态选用合适的采样方法和仪器。采样时优先采用筛选法，采样前关闭门窗并在 30min 内完成采样；当筛选法采样达不到标准要求时,可以选择累积法,按照日平均或1h平均的要求进行采样。

5. 样品检测

样品采集完毕,采样管应使用密封帽将管口封闭,并用锡纸或铝箔包严,常温保存与运输。车内空气中各组分含量的检测方法见表5-12。

表5-12 车内空气中各组分检测方法

序号	项目	检测方法	执行标准
1	氧	电化学式测氧法	GB/T 19904—2005《医用氧舱用电化学式测氧仪》
2	二氧化碳	不分光红外线气体测定法	GB/T 18204.2—2014《公共场所卫生检验方法第2部分:化学污染物》
3	一氧化碳	不分光红外线气体测定法	GB/T 18204.2—2014《公共场所卫生检验方法第2部分:化学污染物》
4	甲醛	气相色谱法或分光光度法	GB/T 18204.2—2014《公共场所卫生检验方法第2部分:化学污染物》或GB/T 16129—1995《居住区大气中甲醛卫生检验标准方法 分光光度法》
5	甲苯	气相色谱法	HJ 583—2010《环境空气 苯系物的测定 固体吸附/热脱附-气相色谱法》
6	二甲苯	气相色谱法	HJ 583—2010《环境空气 苯系物的测定 固体吸附/热脱付-气相色谱法》
7	总挥发性有机化合物	气相色谱法	GB/T 18883—2022《室内空气质量标准》

五、车内空气污染检测设备

1. 气相色谱仪

色谱法是利用混合物不同组分在固定相和流动相中分配系数(或吸附系数、渗透系数等)的差异,使不同组分在做相对运动的两相中进行反复分配,实现多种组分在色谱柱(也称分离柱)中相互分离的一种分析方法。色谱柱中相对静止的相称为固定相,而另一个相对运动的相称为流动相;气相色谱中的流动相是气体,故称为气相色谱法(GC)。

气相色谱仪的工作原理如图5-23所示,色谱柱内的填充物常用吸附性固体(如硅胶、活性炭及高分子多孔聚合物等)。经过调整压力和流量的载气携带由进样口进入的试样一起进入色谱柱,试样中各组分在流动相(载气+试样)和固定相(分离柱的填充物)间通过溶解-挥发、吸附-脱附或其他亲和性能的差异而得以分离。经过一定时间后,在色谱柱出口端的检测器中即可先后接收到各个组分,从而得到检测器输出信号随时间变化的色谱图。

图5-24为含有$C_{14} \sim C_{24}$烷烃气体的色谱图测定实例。在使用气体色谱仪得到不同组分的色谱图后,根据试验前采用标准样气测得的各种成分流至色谱柱出口(检测器)的时间,即可判定出每个色谱峰所代表的成分。$C_{14} \sim C_{24}$烷烃的色谱曲线先后出现,互不重叠,随着碳原子数增加,色谱曲线的峰值变小,保留时间增长。气相色谱仪一般都附带自动积分装置,可以精确计算色谱曲线与基线围成的面积(简称色谱面积)。根据组分i含量与其色谱

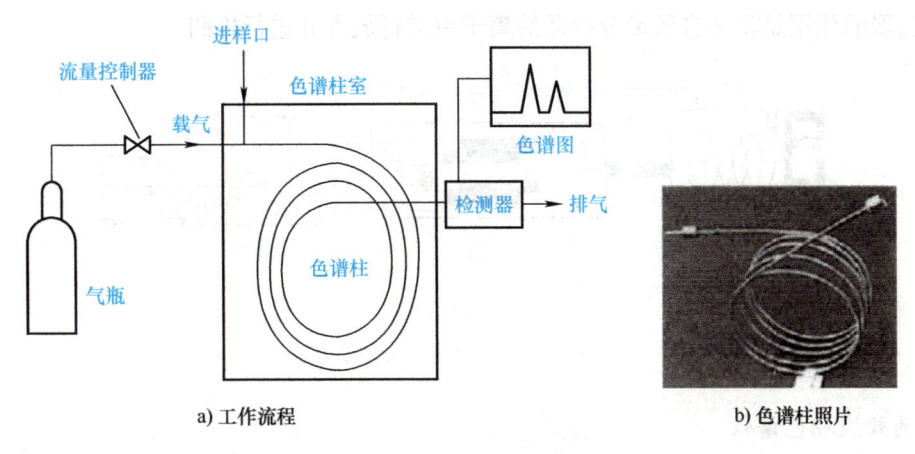

图 5-23 气相色谱仪工作原理

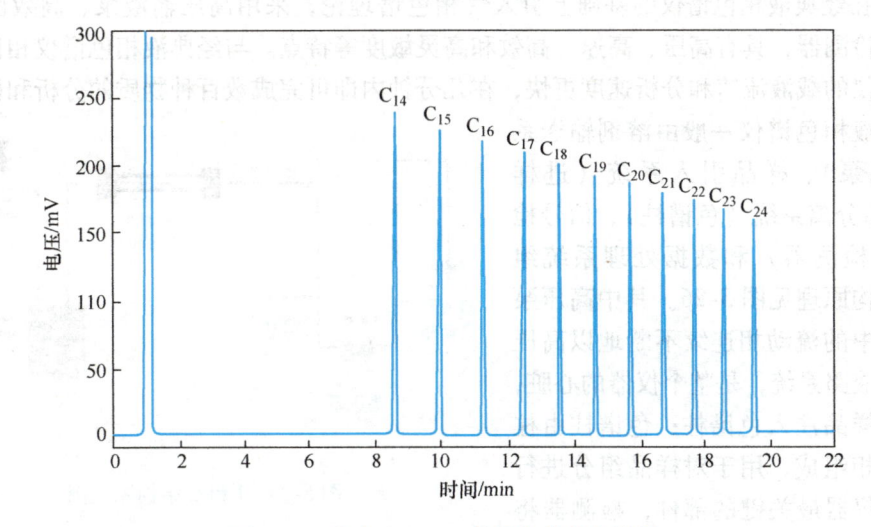

a) 工作流程　　　b) 色谱柱照片

图 5-24 含有 $C_{14} \sim C_{24}$ 烷烃气体的色谱图

面积成正比的关系即可由测得的组分 i 的色谱面积得到该组分的含量。

2. 气相色谱/质谱联用仪

气相色谱/质谱联用仪（GC-MS）是结合气相色谱（GC）对混合物的高效分离能力和质谱（MS）对纯化合物的准确鉴定能力所开发的分析仪器，可在短时间内对多组分混合物进行定性定量分析。

图 5-25 为气相色谱/质谱联用仪的基本结构组成，其中气相色谱仪用于分离样品中的各个组分，起样品制备的作用；接口将色谱柱流出物转变成真空态分离组分，使待测物毫无损失的从气相色谱仪传输到质谱仪中，起着气相色谱和质谱之间适配器的作用；质谱仪对接口引入的各个组分进行分析，是气相色谱的检测器；仪器控制和数据处理系统交互地控制色谱仪、接口和质谱仪，进行数据采集和处理，是仪器的中央控制单元。

质谱仪由离子源、质量分析器和检测器组成，其中离子源的作用是将样品分子电离成带电的离子，并使这些离子在光学系统作用下汇聚成离子束后进入质量分析器；质量分析器将离子源产生的离子按质荷比（m/z）的不同进行分离，得到按质荷比大小顺序排列的质谱图；检测器的作用是将来自质量分析器的离子束进行放大并进行检测。

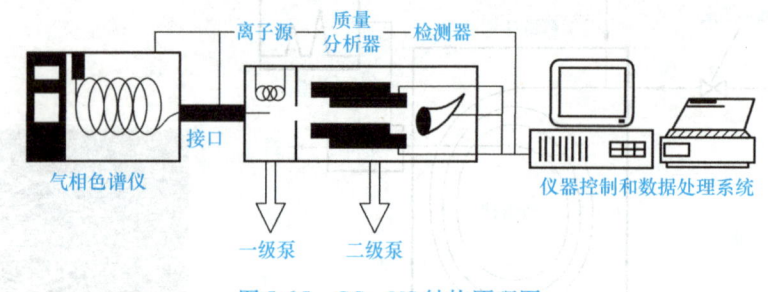

图 5-25 GC-MS 结构原理图

3. 高效液相色谱仪

液相色谱法（LC）是一种以液体作为流动相的色谱分离方法。高效液相色谱仪（HPLC）在经典液相色谱仪的基础上引入气相色谱理论，采用高压输液泵、高效固定相和高灵敏度检测器，具有高压、高速、高效和高灵敏度等特点。与经典液相色谱仪相比，高效液相色谱仪的载液流速和分析速度更快，在几分钟内即可完成数百种物质的分析和检测。

高效液相色谱仪一般由溶剂输送系统（高压泵）、样品引入系统（进样器）、样品分离系统（色谱柱）、信号检测系统（检测器）和数据处理系统组成，其结构原理见图 5-26。其中高压泵将储液器中的流动相连续不断地以高压形式泵入液路系统，是整个仪器的心脏；进样器将样品注入色谱柱；色谱柱由柱管和固定相组成，用于对样品组分进行分离，是仪器最关键的部件；检测器将从色谱柱连续流出的样品组分转变成易于测量的电信号，输入数据处理系统；数据处理系统对色谱数据进行处理，得到样品组分分离后的色谱图。

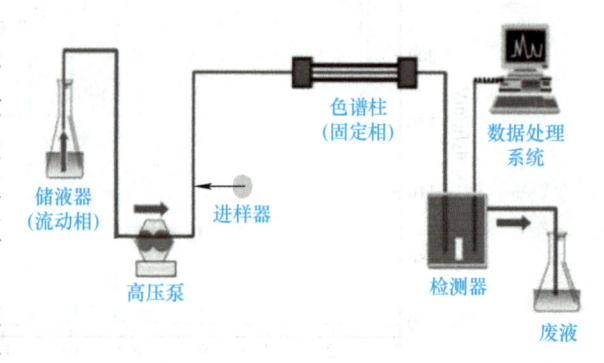

图 5-26 HPLC 结构原理图

高效液相色谱仪的检测器分为紫外检测器、二极管阵列检测器、荧光检测器和电化学检测器等，HJ/T 400—2007《车内挥发性有机物和醛酮类物质采样测定方法》中规定在测定醛酮组分时采用紫外检测器或二极管阵列检测器。其中紫外检测器的结构组成见图 5-27，该仪器基于被测组分对特定波长紫外光的选择性吸收原理，适用于对紫外光有吸收性能样品的检测。

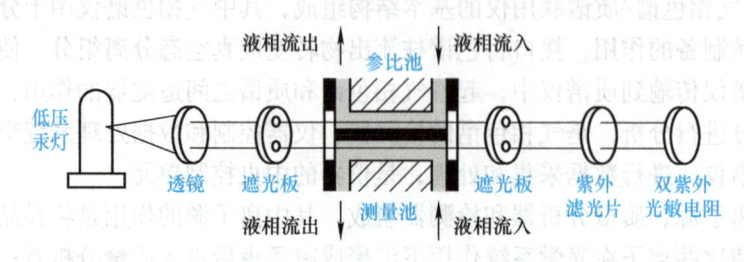

图 5-27 紫外检测器结构组成图

第四节　汽车电磁辐射检测

随着汽车技术向电动化、智能化和网联化方向快速发展，现代汽车装载的电子和电器设备不断增加，车内的电磁环境日益复杂。一方面，这些布置在汽车狭小空间内的设备，难免会发生电磁干扰导致工作失常或损坏，甚至诱发交通事故；另一方面，电磁辐射对人体危害具有累积效应，复杂的电磁环境对驾乘人员健康也存在很大威胁。目前，对汽车电磁环境的检测可分为两类，第一类是考虑设备正常工作和行车安全的电磁兼容性测试（EMC）；第二类是考虑电磁暴露和人身健康的电磁辐射检测（EMR）。本节主要从汽车环保和人体电磁暴露的角度介绍汽车的电磁辐射检测。

一、汽车电磁辐射源

汽车的电磁辐射源众多，主要有点火系统、电动机、发电机、电力电子器件和无线电设备等。此外，新能源汽车的动力主要来自电能，智能化程度也更高，相比于传统燃油车有更加复杂的电气系统，其电磁辐射源还包括电动机驱动系统、充电系统、DC-DC变换系统和AC-DC变换系统等。下面介绍五种典型的汽车电磁辐射源。

1. 点火系统

目前大部分汽车采用的都是电子点火系统，这也是汽车电气系统内最强的电磁辐射源。点火系统的电磁辐射主要来源于高压点火线、火花塞和点火线圈等部件。汽车发动机点火时，初、次级点火线圈瞬变电压很高，对车载电子装置产生很强的传导干扰；同时，由于火花塞电极放电强烈，对周围的空间也会产生很强的电磁辐射。

2. 电动机

汽车上装用的电动机主要有起动电动机、冷却系统电动机、空调系统电动机、门窗电动机；各式泵类电动机如气泵电动机、油泵电动机等。电动机电磁辐射主要源于绕组中突变磁场与换向器和电刷之间产生的火花放电。当切断电动机绕组的电流通路时，绕组中的磁场突然消失，绕组上会产生上百伏甚至上千伏的瞬变过电压。这种电压能导致极大的能量泄放，被释放的能量窜入控制回路，对系统中其他电子装置产生巨大的电能冲击。

3. 发电机

车辆运行时用电电器的使用是根据实际需要而定的，因此车用发电机的负载变化范围很大。发电机在正常工作时，若负载突然减小或完全无负载，会引起发电机输出电流急剧下降，在发电机电枢绕组上产生正向瞬变过电压。此时的瞬变电压是一个正向指数脉冲电压，幅值通常可达75~125V；最严重的瞬变发生于发电机满载运行时与蓄电池连接断开的情况下，此时电枢绕组上会产生极大的能量泄放，对电子器件形成较强的冲击。

4. 电动汽车驱动系统

电动汽车驱动系统的主要部件包括蓄电池充电机、逆变器、交流电缆及驱动电动机等，其电磁辐射源主要有：驱动器功率转换电路中的开关器件在开关过程中，大脉冲电流的切换引起电磁干扰；交流电网负载突变（如电动机的起动、制动及各种电器的通断等）时，在负载突变处产生瞬变电压，其振幅可高于电源电压；电动机电流切换时，瞬时电流值很大，不仅影响驱动电路，还会通过电源、接地线路进入控制线路造成强电干扰。

5. 电动汽车充电系统

电动汽车充电系统由电源整流模块、功率模块、控制模块和充电模块四部分构成，其中功率模块是由4个绝缘栅双极型晶体管（IGBT）组成的逆变桥，电磁辐射主要来自于功率模块。IGBT开关过程中由于电压、电流在短时间内发生跳变形成电磁干扰，这不仅会影响功率模块，还会通过电源、地进入控制线路，危害控制性能。此外，IGBT开关时还会产生大量的高次谐波，也会对其他车载设备产生辐射。

二、汽车电磁辐射检测指标

电磁波是由电场和磁场在空间中衍生发射的振荡粒子波，任何一个具有电感和电容的闭合回路都会形成电磁振荡并对外发射出电磁波。电磁波向空中发射或传播形成电磁辐射。当汽车工作时，车上装载的电器设备就会对车内和周围环境产生电磁辐射，成为移动的电磁波发射源。电磁辐射通常用电场强度、磁场强度和磁感应强度表示其特性。

1. 电场强度

矢量场量 E，其作用在静止的带电粒子上的力等于 E 与粒子电荷的乘积，单位为伏特每米（V/m）。

2. 磁场强度

矢量场量 H，在给定点等于磁感应强度除以磁导率 μ_0，并减去磁化强度，单位为安培每米（A/m）。

3. 磁感应强度

矢量场量 B，其作用在具有一定速度的带电粒子上的力等于速度与 B 矢量积，再与粒子电荷的乘积，单位为特斯拉（T）。在空气中，磁感应强度等于磁场强度 H 乘以磁导率 μ_0。

三、汽车电磁辐射检测标准

为解决车辆内外的电磁曝露问题，国际上相关机构制定了相应的限值标准和测试标准，如国际非电离辐射防护委员会制定的ICNIRP导则、电气和电子工程师协会电磁安全国际委员会制定的IEEE标准等。我国颁布的国标GB/T 37130—2018《车辆电磁场相对于人体曝露的测量方法》，参考国标GB 8702—2014《电磁环境控制限值》、ICNIRP导则1998版和ICNIRP导则2010版，给出了三种公众曝露参考限值供汽车企业根据实际需求进行选择，具体见表5-13～表5-15。

表5-13 GB 8702—2014 中公众曝露限值

频率 f 范围	电场强度 E/(V/m)	磁场强度 H/(A/m)	磁感应强度 B/μT
1～8Hz	8000	$3.2 \times 10^4/f^2$	$4 \times 10^4/f^2$
8～25Hz	8000	$4000/f$	$5000/f$
0.025～1.2kHz	$200/f$	$4/f$	$5/f$
1.2～2.9kHz	$200/f$	3.3	4.1
2.9～57kHz	70	$10/f$	$12/f$

(续)

频率 f 范围	电场强度 $E/(V/m)$	磁场强度 $H/(A/m)$	磁感应强度 $B/\mu T$
57~100kHz	$4000/f$	$10/f$	$12/f$
0.1~3MHz	40	0.1	0.12
3~30MHz	$67/f^{1/2}$	$0.17/f^{1/2}$	$0.21/f^{1/2}$
30~3000MHz	12	0.032	0.04
3000~15000MHz	$0.22f^{1/2}$	$0.00059f^{1/2}$	$0.00074f^{1/2}$
15~300GHz	27	0.073	0.092

表 5-14　ICNIRP 导则 1998 版中公众曝露限值

频率 f 范围	电场强度 $E/(V/m)$	磁场强度 $H/(A/m)$	磁感应强度 $B/\mu T$
1~8Hz	10000	$3.2\times10^4/f^2$	$4\times10^4/f^2$
8~25Hz	10000	$4000/f$	$5000/f$
0.025~0.8kHz	$250/f$	$4/f$	$5/f$
0.8~3kHz	$250/f$	5	6.25
3~150kHz	87	5	6.25
0.15~1MHz	87	$0.73/f$	$0.92/f$
1~10MHz	$87/f^{1/2}$	$0.73/f$	$0.92/f$
10~400MHz	27.5	0.073	0.092
400~2000MHz	$1.375f^{1/2}$	$0.0037f^{1/2}$	$0.0046f^{1/2}$
2~300GHz	61	0.16	0.20

表 5-15　ICNIRP 导则 2010 版中公众曝露限值

频率 f 范围	电场强度 $E/(V/m)$	磁场强度 $H/(A/m)$	磁感应强度 $B/\mu T$
1~8Hz	5000	$3.2\times10^4/f^2$	$4\times10^4/f^2$
8~25Hz	5000	$4000/f$	$5000/f$
25~50Hz	5000	160	200
50~400Hz	$25\times10^4/f$	160	200
400~3000Hz	$25\times10^4/f$	$6.4\times10^4/f$	$8\times10^4/f$
3~10kHz	83	21	27

四、汽车电磁辐射检测方法

GB/T 37130—2018《车辆电磁场相对于人体曝露的测量方法》中规定了人体所处车辆环境内低频（10Hz~400kHz）电磁场幅射的测量方法，适用于 M、N 和 L 类各种驱动类型的车辆，不适用于车辆无线充电状态测量。该标准主要从测量场地、仪器设备、车辆运行状态、测量位置以及测量程序等方面进行了要求。

1. 检测场地要求

试验期间，环境温度应为 -7~35℃。测试可在室内测功机或室外干燥平坦路面上进行。

在室外测试时，路面坡度应在 -2% ~2% 之间；在测功机上测量时，应根据车辆装备质量设置道路负荷。测量场地环境磁感应强度应低于所选公众曝露参考限值的 10%。

2. 检测设备

测量仪器应能进行磁场测量，频率范围满足标准规定的 10Hz~400kHz 要求。磁场探头为各向同性，外径不超过 13cm。进行频域测量时，仪器的数据采集频率分辨率最低要求见表 5-16；进行时域测量时，仪器应能对测量数据进行加权处理，输出以百分比表示的磁感应强度加权测量值。

表 5-16 数据采集频率的分辨率

频率范围	频率分辨率
10Hz≤f<5kHz	≤1Hz
5kHz≤f<50kHz	≤5Hz
50kHz≤f≤400kHz	≤50Hz

3. 车辆状态

测试时车辆的状态分为静止状态、行驶状态和充电状态（仅适用于电动汽车和混合动力汽车）三类。被测车辆为电动汽车或混合动力汽车时，车辆的 SOC 应在 20%~80% 之间。

1）静止状态：传统燃油汽车应在上电且发动机不运转状态和怠速状态分别测量；电动汽车的驱动电机系统应在待机状态；混合动力汽车的驱动电机系统应在待机且发动机怠速状态。

2）行驶状态：包括匀速、加速和减速三种行驶。

① 匀速状态：车辆以 40km/h 的速度匀速行驶。

② 加速状态：车辆以大于或等于 $2.5m/s^2$ 的加速度从静止开始加速到 90km/h 或者达到最高速度为止；对于无法达到 $2.5m/s^2$ 加速度的车辆，以所能达到的最大加速度进行测量。

③ 减速状态：车辆以大于或等于 $2.5m/s^2$ 的减速度从 90km/h 或最高速度开始减速直到停车为止；对于无法达到 $2.5m/s^2$ 减速度的车辆，以所能达到的最大减速度进行测量。

3）充电状态：车辆各传导充电状态（AC 充电和 DC 充电）应分别进行测量，各充电状态下充电电流均应大于额定充电电流的 80%。

4. 车载电器设备状态

车辆在静止状态和行驶状态测试时，所有能由驾驶人或乘客手动打开且持续工作时间超过 60s 的车载电器都应处于典型负载状态，推荐工作状态包括：车辆前照灯应设为远光状态；仪表盘处于最大亮度；前刮水电动机以最大速度工作；空调工作；收音机打开，中挡音量。

车辆在充电状态进行测量时应处于 OFF 挡，并关闭所有可由驾驶人或乘客手动开启的车载电器。

5. 测量位置

GB/T 37130—2018《车辆电磁场相对于人体曝露的测量方法》对 M、N 和 L 类车辆的测量位置进行了规定，下面以 M 类乘用车为例对测量位置进行介绍。

M 类乘用车在静止状态和行驶状态的测量位置相同，包括驾驶人位置、前排乘客位置、乘客位置和中控位置，详见图 5-28。其中驾驶人、前排乘客和乘客的座椅区域测量位置为通过座椅中心线的 3 个固定测试点：头枕中央、座椅靠背中央和坐垫中央，详见图 5-29；脚部空间区域均分为四个子区域，测试点为每个子区域的中心点，如图 5-30 所示。中控位置为驾驶人和前排乘客之间手部可接触区域。

　　M 类乘用车在充电状态的测量位置与静止状态相比，增加了各个充电接口区域的检测，包括充电接口处的探头可接触区域以及接口后 0.5m 范围内的充电线缆四周，测试位置见图 5-28。

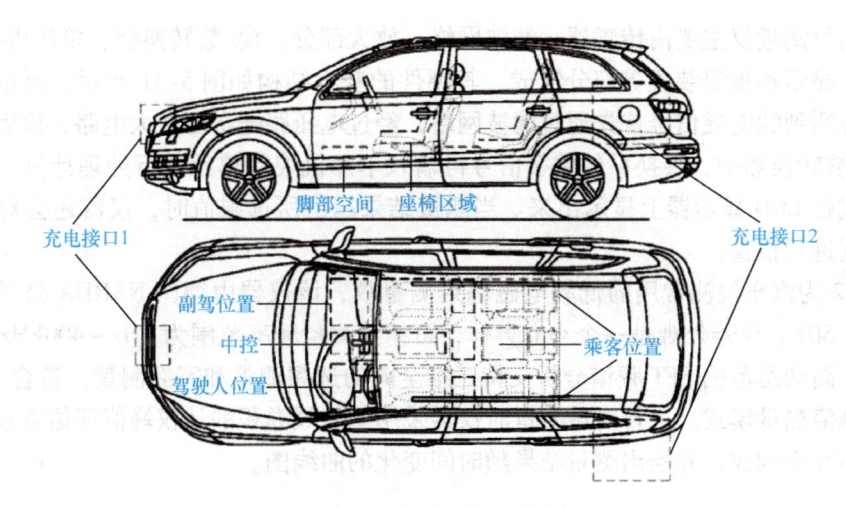

图 5-28　M 类乘用车测量位置

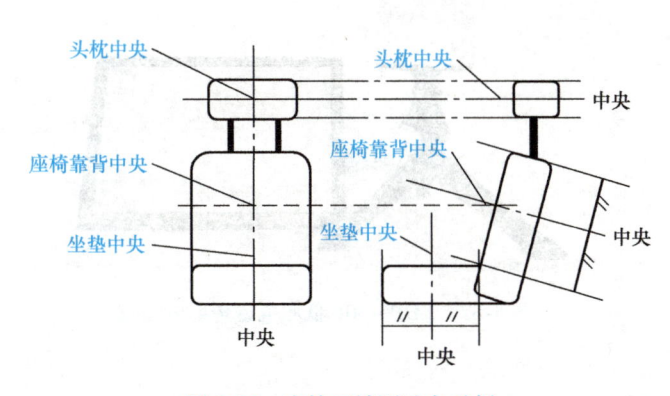

图 5-29　座椅区域测试点示例 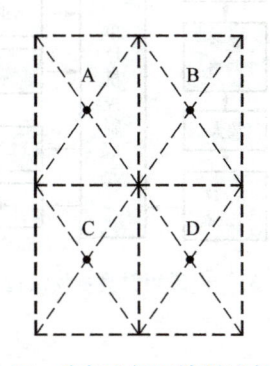　　　　图 5-30　脚部空间区域测试点示例

6. 测量程序

汽车电磁辐射的测量可以采用频域检测和时域检测两种方法。测试步骤为：

1）设置车辆和电器设备状态，调整座椅位置；频域测量还需要选定所分析频域特性的骚扰源，并设置骚扰源工作状态。

2）选定标准及限值，并将测量仪器调至对应的频域测量模式或时域加权测量模式。

3）将测量探头置于规定的固定座椅测试点和脚部空间区域测试点。

4）待读数稳定后，频域测量记录各测试点以频谱表示的磁感应强度测量值；时域测量则使用"最大值保持功能"记录各测试点以百分比表示的磁感应强度加权测量值。

5）重复步骤3）~4）完成所有测试点的检测。

测试时，选择GB 8702—2014作为测量限值的，应采用频域测量方法；适用频率范围内的频点测量结果均应低于所选限值要求。选择ICNIRP导则作为测量参考限值的，应采用时域测量方法；通过对测量频率范围内的磁场依照限值进行时域加权得到最终结果，结果小于100%时可认为满足所选限值要求。

五、汽车电磁辐射检测设备

电磁辐射测量仪主要由传感器、滤波网络、放大部分、模/数转换器、单片机控制单元、键盘控制、显示和报警装置等部分组成，其硬件的基本结构如图5-31所示。测量时，由传感器探头检测到的电磁信号首先通过滤波网络，经过电压跟随送至放大电路，放大后的信号输送到模/数转换器中，转换后的数字信号再输入单片机控制单元进行处理计算，最后以数字量的形式在LCD显示器上显示出来。当测量结果超出所选限值时，仪器还会对超过限值的检测数据进行报警。

图5-32为汽车检测常用的低频电磁辐射测量仪，该仪器由德国NARDA公司生产，型号为EHP-50F。仪器外观是一个小立方体，可精确测量频率范围为1Hz~400kHz的电场和磁场强度；高动态范围FFT频谱分析支持三维全向的选频测量和宽频测量，符合ICNIRP导则的计权峰值测量模式。进行时域测量时仪器采用了时域卷积的计权峰值评估方式，可准确获取信号的频率构成，并绘出测量结果随时间变化的曲线图。

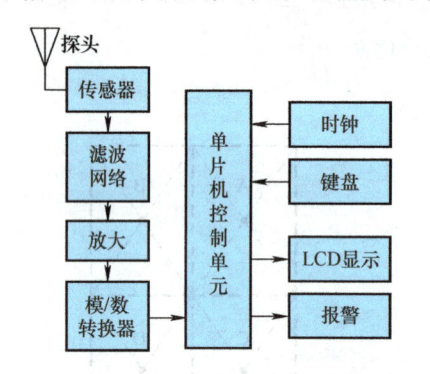

图5-31 电磁辐射测量仪结构组成图

图5-32 EHP-50F低频电磁辐射测量仪

复 习 题

1. 简述汽车噪声的来源及汽车噪声检测指标。
2. 汽车噪声的主要检测项目有哪些？各个项目应满足什么要求？
3. 车内噪声检测的测点位置如何确定？怎样检测车内噪声？
4. 车外噪声检测的测点位置如何确定？怎样检测车外噪声？
5. 如何检测汽车的喇叭声响？
6. 声级计的听觉修正网络有什么作用？简述声级计的工作原理。
7. 汽车的排放污染物主要有哪几类？在用汽车应检测哪些污染物？
8. 什么是双怠速工况？什么是自由加速工况？什么是ASM工况？
9. 不分光红外线气体分析的基本原理是什么？简述其结构和工作原理。

10. 简述化学发光气体分析和氢火焰离子气体分析的基本原理。
11. 简述不透光烟度分析的基本原理。
12. 汽车车内空气污染的来源有哪些？
13. 评价车内空气质量应检测哪些空气组分？
14. 气相色谱法的检测原理是什么？
15. 简述气相色谱/质谱联用仪的基本结构。色谱仪和质谱仪的作用分别是什么？
16. 简述高效液相色谱仪的基本结构。与经典液相色谱仪相比具有哪些特点？
17. 汽车的电磁辐射源主要有哪些？
18. 汽车电磁辐射检测的测点位置如何确定？怎样检测汽车的电磁辐射？
19. 简述电磁辐射测量仪的基本结构。
20. 现代汽车正在向智能化和网联化方向快速发展，自动驾驶技术成为汽车产业一个新的研发热点。智能车辆的使用是否会导致更多的能量消耗和电磁辐射，对此有何建议？

第六章 Chapter 6
汽车整车技术参数和车身检测

本章主要介绍汽车照明、车速表、外观、结构、质量、通过性等技术参数和车身损伤、客车防雨密封性检测的原理与方法。

第一节 汽车前照灯检测

汽车前照灯的技术状况对于保障汽车夜间安全行驶意义重大，是汽车安全性能检测的重要项目。若前照灯发光强度不足，则夜间行车时，驾驶人对汽车前方情况的辨认不清晰；前照灯光束照射方向不当，将可能引起对面来车驾驶人眩目。前照灯在使用过程中，灯泡会逐渐老化，发光效率下降；反射镜也会逐渐变暗，聚光性能变差。同时，机动车在行驶过程中的振动也会引起汽车前照灯的位置变化，从而改变前照灯光束的照射位置。因此，前照灯发光强度和光束照射方向必须符合 GB 7258—2017《机动车运行安全技术条件》的规定，以保证汽车夜间行车安全。

一、汽车前照灯的结构

前照灯的光学组件由灯泡、反射镜和配光镜构成，如图 6-1 所示。

1. 灯泡

灯泡是前照灯的光源，常见的前照灯灯泡有充气灯泡和卤钨灯泡两种，如图 6-2 所示。

（1）充气灯泡　充气灯泡用钨丝作灯丝，灯泡内充有氩气和氮气混合的惰性气体。灯泡工作发热后，惰性气体受热膨胀而产生较大的压力，可减小灯丝钨的蒸发、提高灯丝的温度、增加发光效率、延长灯泡的使用寿命。

（2）卤钨灯泡　卤钨灯泡也用钨丝作为灯丝，但充入的气体中掺有卤族元素（如碘、溴、氯等）。卤钨灯泡工作时，内部形成卤钨再生循环反应，保证灯丝上蒸发的钨返回到灯丝上，以避免钨沉积在灯泡壳上使灯泡发黑，延长使用寿命。

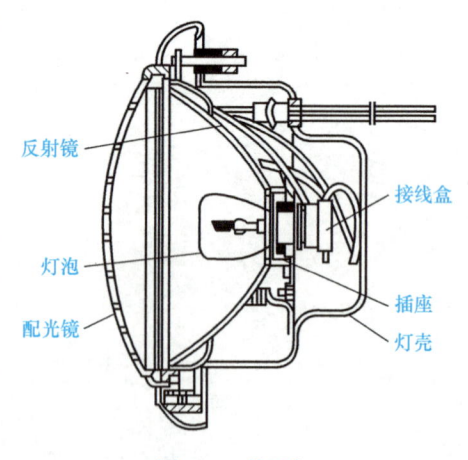

图 6-1　前照灯

灯丝直接焊在反射镜底座上的全封闭式前照灯，只有灯丝，没有灯泡壳。

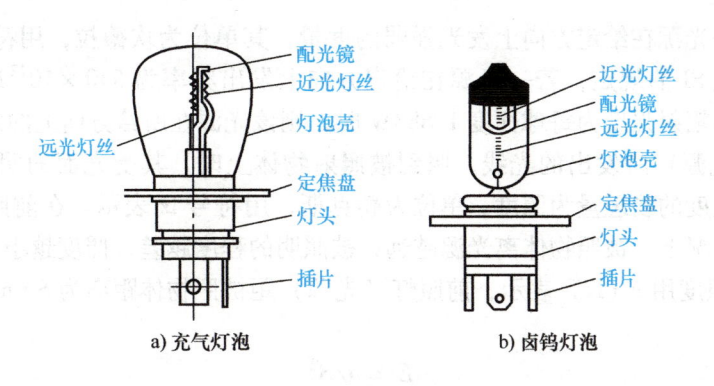

图 6-2　前照灯灯泡

a) 充气灯泡　　b) 卤钨灯泡

2. 反射镜

反射镜表面形状为旋转抛物线，当灯丝位于焦点处时，光线经反射镜聚合、反射后，可形成平行光束射向远方，使前照灯的光亮度增强，并导向前方（图 6-3）。无反射镜时，灯泡只能照清周围 6m 左右的距离；而配备反射镜后，其照距可增至 150m 以上。反射镜反射的散射光线用于照明近距离路面和路缘。

3. 配光镜

配光镜即为车灯前部的透光玻璃，也叫散光玻璃，由透明玻璃压制而成。配光镜的外表面平滑，内侧则是凸透镜和棱镜的组合体，其作用是将反射镜反射出光束进行折射，以扩大光照的范围（图 6-4），使前照灯 100m 以内的路面和路缘能够有均匀的照明，以达到所要求的配光特性。

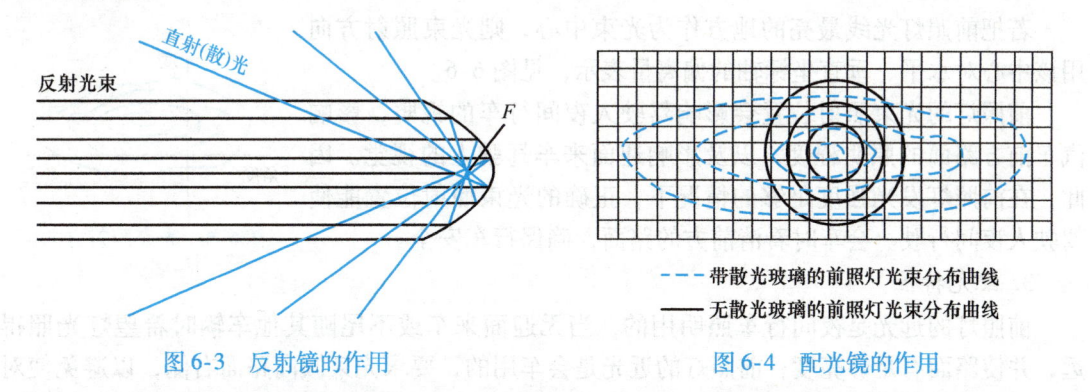

图 6-3　反射镜的作用　　图 6-4　配光镜的作用

在汽车上，前照灯的安装数量一般为二灯制或四灯制。二灯制前照灯均为远、近光双光束灯，对称安装在汽车前部两侧；四灯制前照灯则每侧两只，装在外侧的两只是远、近光双光束灯，装在内侧的两只是远光单光束灯。

二、汽车前照灯的特性

前照灯特性包括发光强度、光束照射方向和配光特性等。

1. 发光强度

发光强度是光源在给定方向上发光强弱的度量,其单位为坎德拉,用符号 cd 表示。根据国际标准单位 SI 的规定,若一光源在给定方向上发出频率为 540×10^{12} Hz 的单色辐射,且在该方向上的辐射强度为每球面度 1/683 W 时,则该光源在所给方向上的发光强度为 1cd。

前照灯(光源)所发出的光线,照到被照射物体上时,其受光面的明亮度发生变化。衡量受光面明亮度的物理量为照度,单位为勒克斯,用符号 lx 表示。在前照灯(光源)发光强度不变的情况下,被照物体离光源越远,被照明的程度越差,照度越小。若发光强度用 I(cd)表示,照度用 E(lx)表示,前照灯(光源)距被照物体距离为 S(m),则三者间的关系为

$$E = I/S^2$$

上式说明:照度与光源的发光强度成正比,与被照物体至光源距离的平方成反比(称倒数二次方法则)。图 6-5 为实测前照灯主光束照度随距离的变化曲线与理论曲线的拟合情况。距离超过 5m 时,实测值和理论值基本一致,距离越远,测量值越准确;距离为 3m 时,约产生 15% 的误差。但由于测量场地的限制。在用前照灯检测仪对前照灯进行检测时,通常采用的测量距离为 3m、1m、0.5m。按上式把在此距离下测出的照度折算为前照灯前方 10m 处的照度,并换算成发光强度进行指示。

2. 照射方向

若把前照灯光线最亮的地方作为光束中心,则光束照射方向用该中心对水平、垂直坐标轴的偏离量表示,见图 6-6。

前照灯的光束照射位置会影响驾驶人夜间行车的视野,影响汽车前方路面的照明程度,以及影响迎面来车驾驶人的视觉。因此,在前照灯发光强度足够的情况下,正确的光束照射位置能使驾驶人夜间行驶、会车时看清前方的路面,确保行车安全。

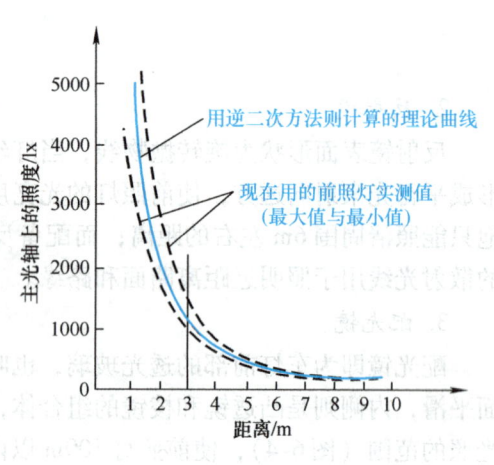

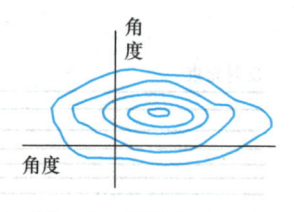

图 6-5 主光束照度变化曲线

图 6-6 光束照射方向

3. 配光特性

前照灯的远光是夜间行车照明用的,当无迎面来车或不尾随其他车辆时希望灯光照得远,并使路面有足够亮度;前照灯的近光是会车用的,要求光束倾向路面右侧,以避免使对面来车的驾驶人眩目。因此,前照灯发出的光线应满足一定的分布。配光特性即是用等照度曲线表示的明亮度分布特征,也称为光形分布特征。

前照灯配光有 SAE 标准和 ECE 标准两种,GB 4599—2007《汽车用灯丝灯泡前照灯》所规定的配光标准与 ECE 标准一致。两种配光方式的远光灯配光特性基本相同,区别在于近光灯的照射位置和防眩目的方法。其配光特性应满足的要求是远光具有良好照明,近光具有足够照明和不眩目。

(1)SAE 配光方式 SAE 配光方式见图 6-7,远光灯丝位于反射镜焦点处,所发出光线经反射后沿光学轴线平行射向远方;近光灯丝位于焦点之上,所发出的光线经反射后,大部

分向下倾斜，从而下部较亮而上部较暗，所形成的光形分布水平方向宽、垂直方向窄。若等照度曲线左右对称，不偏向一边，上下扩展不太宽，就是好的配光特性。SAE 配光方式的近光照射在屏幕上的光斑没有明显的明暗截止线。

a) 远光　　　b) 近光　　　c) 近光照在屏幕上的光斑

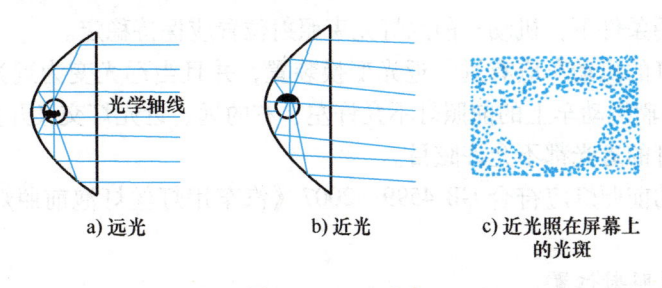

图 6-7　SAE 配光

（2）ECE 配光方式　ECE 配光方式也称欧洲配光方式，见图 6-8。其远光配光与 SAE 配光方式相同；但近光灯丝位于反射镜焦点之前，且在灯丝下设一遮光屏。这样，近光光线只落在反射镜上半部分而向下倾斜反射。照到屏幕上时，可看到具有明显的明暗截止线和明暗截止线转角点的光斑。

ECE 近光配光方式有两种。一种在配光屏幕上，明暗截止线的水平部分在 $V-V$（即汽车纵向中心平面在屏幕上的投影线）的左半边（图 6-9），右半边为与前照灯基准中心高度水平线 $h-h$ 成 15°斜线向上偏斜；另一种称为 Z 形配光方式，其明暗截止线的左半部分在 $h-h$ 线下 250mm 处，右半部分则与水平线成 45°角向上倾斜，至与 $h-h$ 线重合后成为水平线，明暗截止线在屏幕上呈 Z 字形。我国前照灯的近光灯已采用 Z 形配光方式，其配光性能在 GB 4599—2007《汽车用灯丝灯泡前照灯》中给出了具体规定。

a) 远光　　　b) 近光　　　c) 近光照在屏幕上的光斑

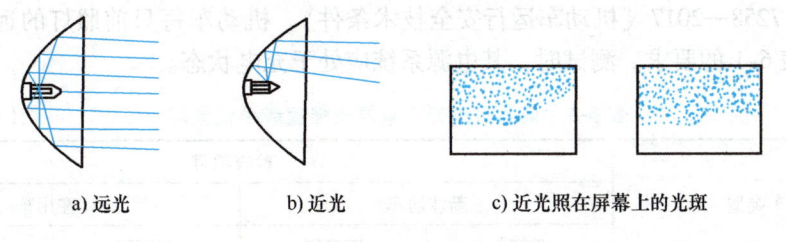

图 6-8　ECE 配光

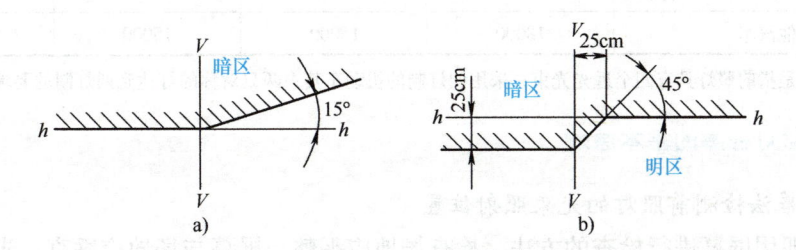

图 6-9　近光配光方式

三、汽车前照灯检测项目与标准

在汽车前照灯检测过程中，从安全行车的角度出发，其发光强度和光束照射方向为必检

项目，其检测值必须满足 GB 7258—2017《机动车运行安全技术条件》的规定。此外，前照灯的配光性能应满足 GB 4599—2007《汽车用灯丝灯泡前照灯》的要求。

1. 基本要求

① 在正常使用条件下，机动车前照灯光束照射位置应保持稳定。

② 装有前照灯的机动车应有远、近光变换装置，并且当远光变为近光时，所有远光应能同时熄灭。同一辆机动车上的前照灯不允许左、右的远、近光灯交叉开亮。

③ 所有前照灯的近光都不允许眩目。

④ 汽车装用的前照灯应符合 GB 4599—2007《汽车用灯丝灯泡前照灯》等有关标准的规定。

2. 前照灯光束照射位置

① 在检验前照灯近光光束照射位置时，前照灯照射在距离 10 米的屏幕上时，乘用车前照灯近光光束明暗截止线转角或中点的高度应为 $0.7H \sim 0.9H$（H 为前照灯基准中心高度，下同），其他机动车（拖拉机运输机组除外）应为 $0.6H \sim 0.8H$。机动车（装用一只前照灯的机动车除外）前照灯近光光束水平方向位置向左偏不允许超过 170mm，向右偏不允许超过 350mm。

② 在检验前照灯远光光束照射位置时，对于能单独调整远光光束的前照灯，前照灯照射在距离 10m 的屏幕上时，其屏幕光束中心离地高度，对乘用车为 $0.85H \sim 0.95H$（但不得低于前照灯近光光束明暗截止线转角或中点的高度），对其他机动车为 $0.8H \sim 0.95H$；机动车（装用一只前照灯的机动车除外）前照灯远光光束水平位置要求，左灯向左偏应小于等于 170mm，向右偏应小于等于 350mm，右灯向左或向右偏均应小于等于 350mm。

3. 远光光束发光强度

根据 GB 7258—2017《机动车运行安全技术条件》，机动车每只前照灯的远光光束发光强度应达到表 6-1 的要求。测试时，其电源系统应处于充电状态。

表 6-1 前照灯远光光束发光强度最小值要求 （单位：cd）

机动车类型	检查项目			
	新注册车		在用车	
	两灯制	四灯制	两灯制	四灯制
最大设计车速小于 70km/h 的汽车	10000	8000	8000	6000
其他汽车	18000	15000	15000	12000

注：四灯制是指前照灯具有四个远光光束；采用四灯制的机动车其中两只对称的灯达到两灯制的要求时视为合格。

四、前照灯检测的基本原理

1. 用屏幕法检测前照灯的光束照射位置

屏幕法即用屏幕进行检查的方法。检查场地应平整，屏幕与场地应垂直。光束照射位置检测应在车辆空载、轮胎气压正常、乘坐一名驾驶人的条件下进行。将车辆停置于屏幕前，汽车纵轴线与屏幕垂直，使前照灯基准中心距屏幕 10m。

屏幕画有三条垂直线和三条水平线。垂线 $V-V$ 与车辆纵向中心线对齐，两侧垂线 $V_{左}-V_{左}$ 和 $V_{右}-V_{右}$ 分别与左右前照灯中心线对齐。水平线 $h-h$ 与被检车辆前照灯中心等高，距

地面高度为 H（mm），其下第一条水平线与被检车辆前照灯远光光束中心的上限值等高，距地面高度为 $H_1 = 0.95H$（对乘用车）；第二条水平线与被检车辆的前照灯近光光束中心的上限值等高，距地面高度为 $H_2 = 0.9H$（对乘用车）。标准规定远、近光光束中心高度的偏差范围分别为 $0.1H$ 和 $0.2H$（对乘用车），即其下限值分别为 $0.85H$ 和 $0.7H$。

检测前照灯的光束照射位置时，先遮住一侧的前照灯，首先对未遮盖前照灯的近光进行检测。根据检测标准，其近光明暗截止线转角或光束中心应照在高度为 H_2、$H_2 - 0.2H$ 的两条水平线及距垂直线 $V-V$ 的距离为 $\frac{1}{2}S + 170\text{mm}$、$\frac{1}{2}S - 350\text{mm}$（对左灯）或 $\frac{1}{2}S + 350\text{mm}$、$\frac{1}{2}S - 170\text{mm}$（对右灯）的两条垂直线所围成的矩形框内，否则表明近光光束偏斜量超标，见图6-10。一般而言，在检测调整光束照射方向时，对远、近双光束灯以检测调整近光光束为主。因为制造质量合格的汽车前照灯灯泡，近光调整合格后，远光光束一般也能合格；若近光光束调整合格后，如经复核远光光束照射方向不合格，则应更换灯泡。

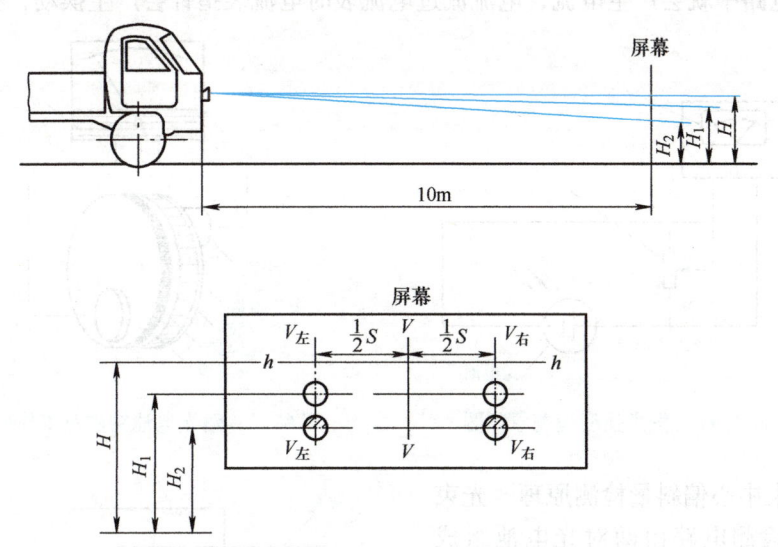

图6-10 用屏幕法检测前照灯光束照射位置

在检验前照灯远光光束及远光单光束照射位置时，根据检测标准，其光束中心应位于由高度为 H_1、$H_1 - 0.1H$ 的两条水平线和距垂直线距离为 $\frac{1}{2}S + 170\text{mm}$、$\frac{1}{2}S - 350\text{mm}$（对左灯）或 $\frac{1}{2}S - 350\text{mm}$、$\frac{1}{2}S + 350\text{mm}$（对右灯）的两条垂直线所围成的矩形内。

屏幕法简单易行，但只能检测光束照射位置；同时为适应不同车型需经常更换屏幕，并且占用场地较大。因此，在汽车检测站进行机动车安全技术检验时，广泛采用前照灯检测仪对汽车前照灯进行检测。

2. 用检测仪检测前照灯的发光强度和光束照射位置

前照灯检测仪的类型很多，但基本检测原理类似，一般均采用可把所吸收的光能转变为电流的光电池作为传感器，按照前照灯主光束照在其上时所产生电流的大小和比例，来检测前照灯的发光强度和光束偏斜量。

（1）发光强度检测原理 当受光距离 S 为一定值时，光源的发光强度 I 与被照面上的照度 E 有对应关系。因此，只要测得受光物体被照面上照度的大小，即可得到光源的发光强度。

被照面上的照度可利用光电池的光电伏特效应检测。当被照面上装有光电池时，受光照射后，其光照越强，照度越大，则光电池产生的电动势就越大，据此可测得被照面上的照度，而后计算求得光源的发光强度。汽车前照灯检测仪采用这一原理来检测前照灯的发光强度。

发光强度检测电路由光度计、光电池和可变电阻构成，见图 6-11。当前照灯在规定距离处照射光电池时，光电池产生与受光强弱成正比的电流，使光度计的指针偏转。经标定后，其指针偏转量便可反映前照灯的发光强度。电路中的可变电阻用于调整光度计指针零位。常用光电池的主要类型是硒光电池，当受到光线照射时，金属薄膜和非结晶硒的受光面与背光面之间产生电位差。因此，若在金属膜和铁底板上装上引出线，将其用导线与电流表连接起来，电路中就会产生电流，电流流过电流表时电流表指针会产生摆动，见图 6-12。

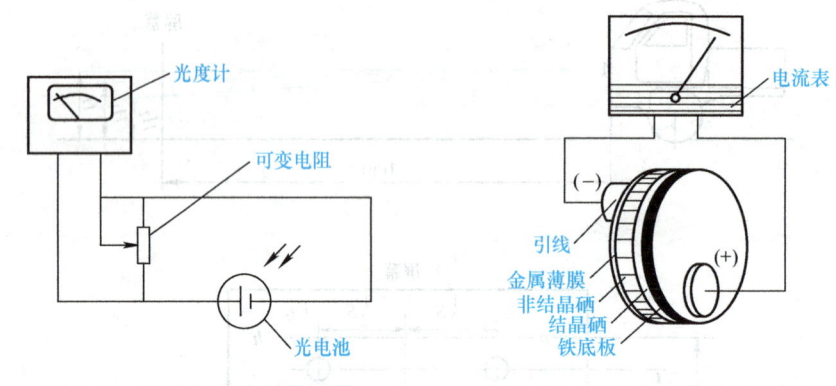

图 6-11 发光强度检测原理图

图 6-12 硒光电池结构及工作原理

（2）光束中心偏斜量检测原理 光束中心偏斜量检测电路由两对光电池组成（图 6-13），左、右一对光电池 $S_左$、$S_右$ 上接有左右偏斜指示计，用于检测光束中心的左、右偏斜量；上、下一对光电池 $S_上$、$S_下$ 上接有上下偏斜指示计，用于检测光束中心的上、下偏斜量。当光电池受到前照灯照射时，各光电池分别产生电流，若前照灯的光束中心有偏斜，则四个光电池受到的光照度不等，从而产生的电流也不相等。光电池 $S_左$、$S_右$ 所产生电流的差值，使左右偏斜指示计的指针偏摆；光电池 $S_上$、$S_下$ 所产生电流的差值，使上下偏斜指示计的指针偏摆，从而可测出前照灯光束中心的偏斜量。若通过适当的调节机构，调整光线照射光电池的位置，使 $S_左$、$S_右$ 和 $S_上$、$S_下$ 每对光电池受到的光照度相同，此时每对光电池输出的电流相等，两偏斜指示计的指针指向零位，其调节量反映了光束中心的偏斜量。

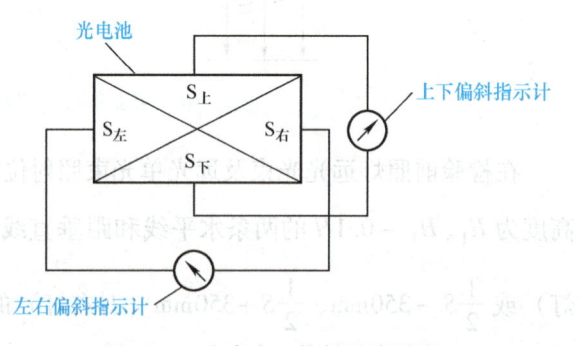

图 6-13 光束中心偏斜量检测原理

五、常用前照灯检测仪的结构和工作原理

常用汽车前照灯检测仪有聚光式、屏幕式、投影式和自动追踪光轴式等类型。

1. 聚光式前照灯检测仪结构和工作原理

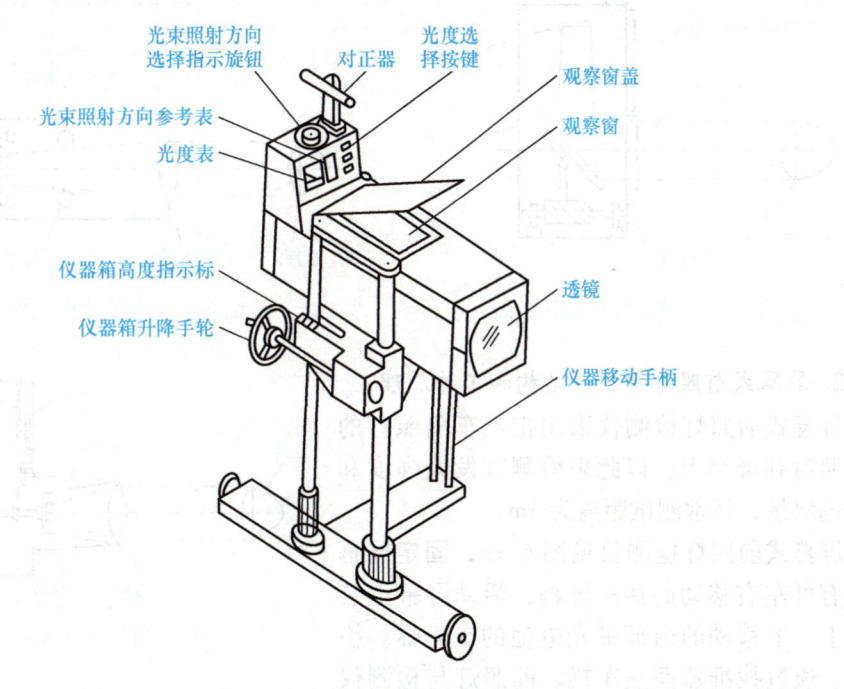

聚光式前照灯检测仪利用聚光透镜把前照灯的散射光束聚合起来，并导引到光电池的光照面上，根据其对光电池的照射强度，检测前照灯的发光强度和光轴偏移量。

聚光式前照灯检测仪由支架、行驶部分、仪器箱、仪器升降调节装置和对正器组成。检测时，检测仪位于前照灯前1m处。行驶部分装有三个带槽的轮子，可在导轨上行驶以迅速对正。仪器箱是检测仪的主体部分，转动升降手轮可使仪器箱的中心与被测车辆前照灯的基准中心高度保持一致。仪器箱顶部的对正器用于观察仪器与被测车辆的相互位置是否对正。检测仪的光度指示装置由电源开关、电源欠压指示、光度表和三个按键开关及三个相应调零按钮组成。远光Ⅰ号键可测 0～40000cd 的发光强度；远光Ⅱ号键可测 0～20000cd 的发光强度；近光按键可测 0～1000cd 的发光强度；调零按钮用于调零。聚光式前照灯检测仪见图 6-14，其光度指示装置见图 6-15。

图 6-14 聚光式前照灯检测仪

聚光式前照灯检测仪的检测方法有以下三种。

（1）移动反射镜检测法 前照灯的灯光通过聚光透镜、反射镜将光线照射在光电池上，见图 6-16。转动光轴刻度盘可使反射镜的安装角发生变化。当调整反射镜使光轴偏斜指示器的指针指向零位时，可从光轴刻度盘读得光轴的偏斜量，光度计也同时指示出发光强度。

（2）移动光电池检测法 转动光轴刻度盘，使光电池上下、左右移动，直至左右偏斜指示计和上下偏斜指示计的指针均指向零，见图 6-17。此时，从光轴刻度盘即可读得光轴的偏斜量，同时光电池输出的电流通过光度计指示出发光强度。

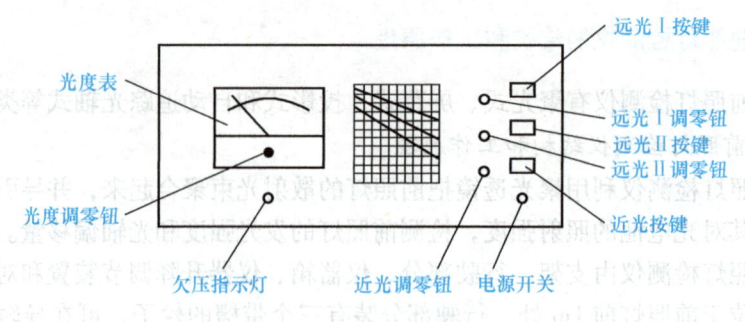

图 6-15 光度指示装置

(3) 移动透镜检测法 通过移动光轴检测杠杆调节聚光透镜的方位，从而使通过聚光透镜照到光电池上的光线最强，见图 6-18。此时，光轴偏斜指示器的指针指示值为零。光电池输出的电流通过光度计指示发光强度，光轴刻度盘与光轴检测杠杆联动，从而指示出光轴的偏斜量。

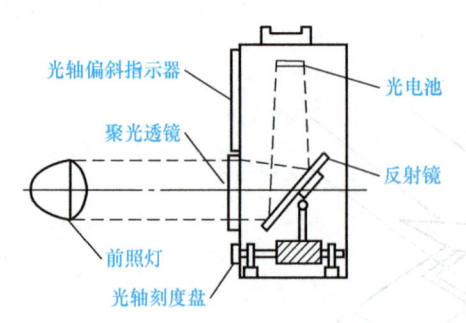

图 6-16 移动反射镜检测法

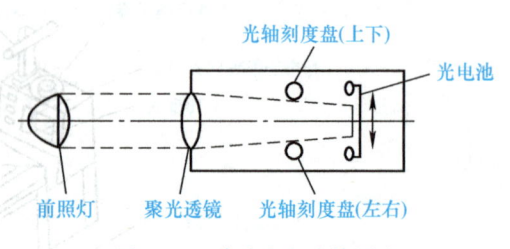

图 6-17 移动光电池检测法

2. 屏幕式前照灯检测仪结构和工作原理

屏幕式前照灯检测仪采用把汽车前照灯的光束照射到屏幕上，以此来检测其发光强度和光轴偏斜量，通常测试距离为 3m。

屏幕式前照灯检测仪见图 6-19，固定屏幕上装有可左右移动的活动屏幕，活动屏幕上装有能上、下移动的内部带光电池的受光器。检测时，通过找准器摆正车辆、前照灯与检测仪的相对位置，移动受光器和活动屏幕，使光度计的指示值最大，指示值即为发光强度值，该位置即为主光轴照射位置，从装在屏幕上的两个光轴刻度尺即可读得光轴偏斜量。

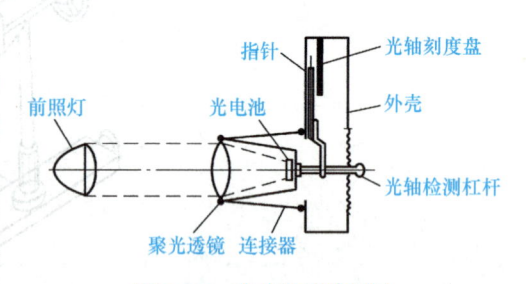

图 6-18 移动透镜检测法

3. 投影式前照灯检测仪结构和工作原理

投影式前照灯检测仪采用把前照灯光束映射到投影屏上，以此来检测其发光强度和光轴偏斜量，测试距离一般为 3m。

投影式前照灯检测仪见图 6-20，其光接收箱内部结构见图 6-21。检测时，先用对准瞄准器找准车辆与仪器的相对位置，被检前照灯的光束经透镜汇聚后进入光接收箱，由反射镜将光束反射到投影屏上。投影屏上对称布置着五个光电池。Ⅲ、Ⅳ号光电池检测水平方向光

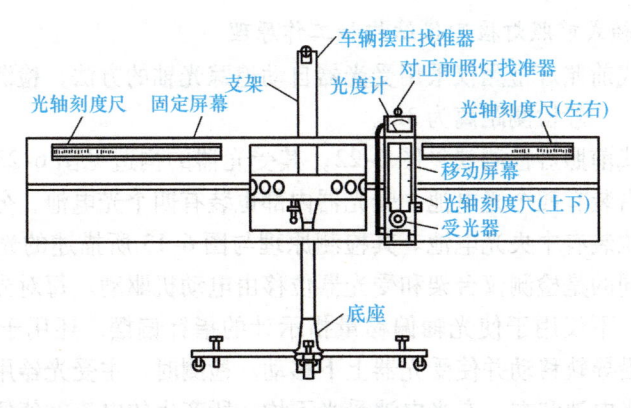

图 6-19 屏幕式前照灯检测仪

分布情况,其平衡输出分别连接到左、右光轴平衡表;Ⅰ、Ⅱ号光电池检测垂直方向光分布情况,其平衡输出分别连接到上、下光轴平衡表;Ⅴ号光电池检测发光强度,其输出连接到发光强度指示表。旋转左、右或上、下光轴刻度盘,可改变反射镜的角度,从而使每个光轴平衡指示表的指示为零。此时,光轴刻度盘所指示数值就是前照灯的光轴偏斜量,发光强度表所指示数值就是前照灯的发光强度。有些投影式前照灯检测仪上标有表示光轴偏斜量的刻度线,根据前照灯光束影像在投影屏上所处的位置,可直接读得光轴的偏斜量。

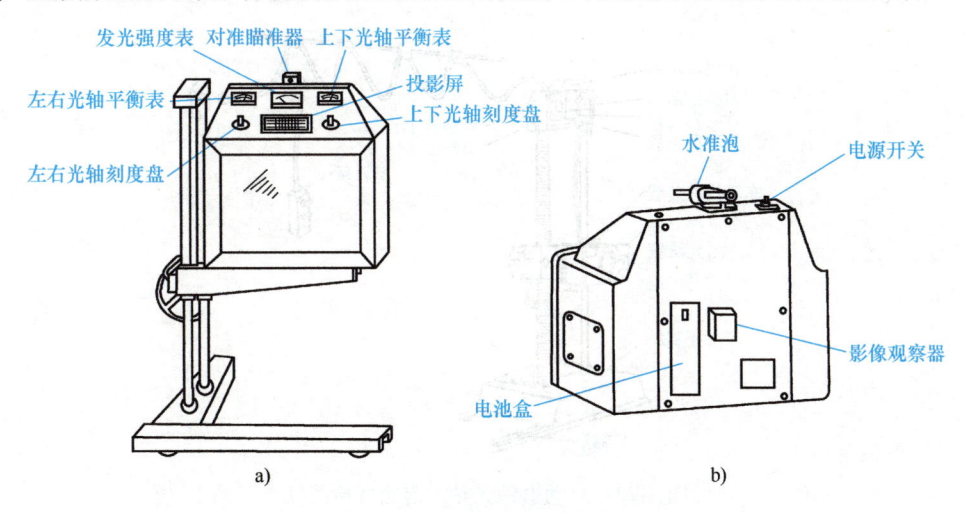

图 6-20 投影式前照灯检测仪

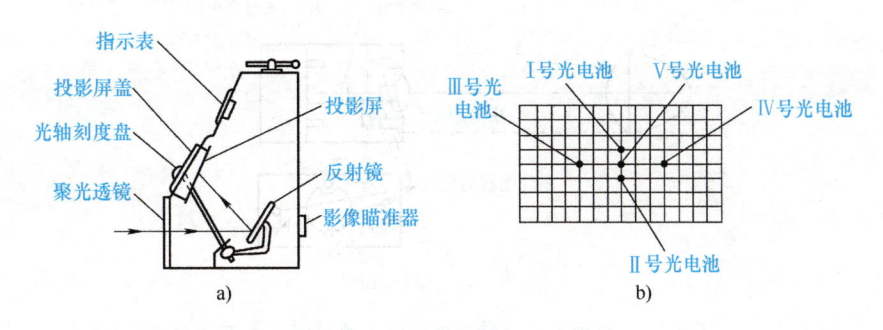

图 6-21 光接收箱内部结构

4. 自动追踪光轴式前照灯检测仪结构和工作原理

自动追踪光轴式前照灯检测仪采用受光器自动追踪光轴的方法,检测汽车前照灯的发光强度和光轴偏斜量,一般检测距离为3m。

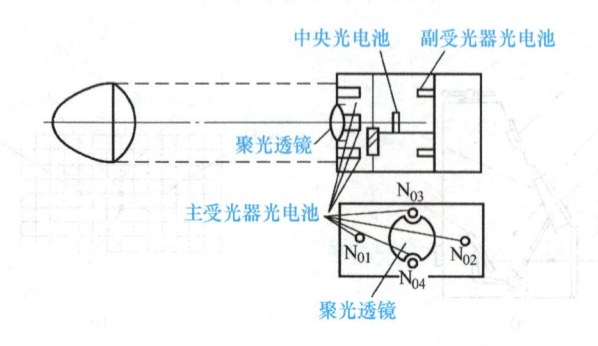

自动追踪光轴式前照灯检测仪见图6-22,其受光器的构造见图6-23。在受光器聚光透镜的上、下与左、右装有四个光电池,受光器内部也装有四个光电池,分别构成主、副受光器,透镜后中央部位装有中央光电池。其检测原理与图6-13所描述的光束中心偏斜量的检测原理相同,所不同的是检测仪台架和受光器位移由电动机驱动。每对光电池由于受光不均所产生的电流差值,不仅用于使光轴偏移量指示计的指针偏摆,还用于控制驱动电动机运转,使检测仪台架沿导轨移动并使受光器上下移动。检测时,主受光器用于追踪光轴,若主受光器上的上、下光电池和左、右光电池受光不均,所产生的电流差值便会控制驱动电动机运转,使检测仪台架沿导轨横向移动并使受光器上、下移动,直至每对光电池受光强度一致,输出电流相等。同时,前照灯光束通过聚光透镜照在副受光器光电池和中央光电池上。若前照灯光束偏斜时,副受光器上、下光电池和左、右光电池的受光强度也产生差别,从而产生相应的电流,控制副受光器或聚光透镜的位置发生移动,直到副受光器上每对光电池的受光强度一致,输出电流为零。该位置移动量反映了前照灯的光束偏斜量,由光轴偏斜指示器指示。此时,中央光电池上受光强度最强,其输出电流大小反映了前照灯的发光强度并由光度计指示。

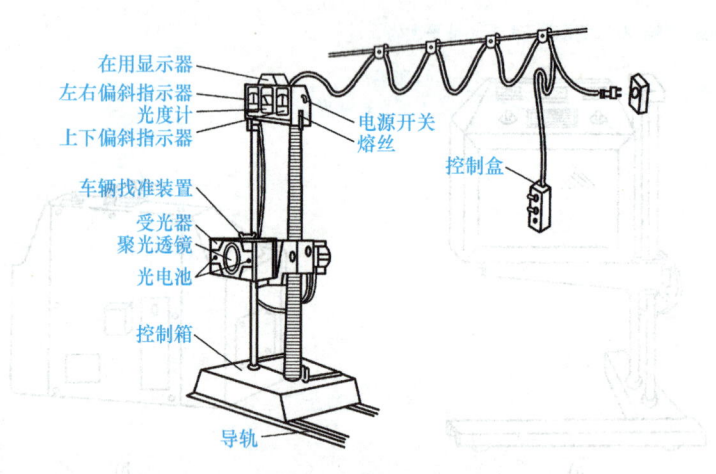

图6-22 自动追踪光轴式前照灯检测仪

图6-23 自动追踪光轴式前照灯检测仪受光器的构造

六、前照灯检测仪的使用方法

汽车前照灯检测仪有多种类型，其具体使用方法各不相同。因此，在使用检测仪检测汽车前照灯的发光强度和光轴偏斜量时，应认真阅读所使用检测仪的使用说明书，掌握正确的使用方法，使检测结果准确、可靠。其一般使用方法如下：

1. 被检测汽车的准备

① 消除前照灯上的污垢。
② 轮胎气压符合规定。
③ 蓄电池处于充足电状态。
④ 被测汽车空载，允许乘坐一名驾驶人。

2. 检测仪的准备

① 检测仪在不受光的条件下，检查光强和光轴偏斜角指示表的显示是否为零。否则，应首先调零。
② 检查聚光透镜的镜面上有无污物。若有，可用柔软的布或镜头纸擦拭干净。
③ 检查水准器的技术状况，若水准器无气泡，应按说明书要求调整。
④ 检查导轨是否沾有泥土等杂物。若有，应清扫干净。

3. 汽车前照灯的检测步骤

汽车前照灯检测仪有多种类型，其具体使用方法各不相同，使用时应根据检测仪使用说明书规定的步骤进行检测。以下以投影式和自动追踪光轴式前照灯检测仪为例介绍其检测步骤：

（1）投影式前照灯检测仪的检测步骤

① 将汽车驶近检测仪，并使汽车纵轴线尽可能与导轨保持垂直，使前照灯与光接收箱保持规定的距离。
② 用车辆摆正瞄准器使检测仪与汽车对正。
③ 使汽车发动机处于怠速状态，置变速器于空挡，电源处于充电状态。
④ 开启前照灯，移动检测仪使光束照射到光接收箱上并确保上下、左右光轴偏移指示计的指针指到零位。
⑤ 观察投影屏上前照灯影像位置，必要时转动光轴刻度盘测出光轴的偏移量。
⑥ 读取光度计的指示值，该值即为被测前照灯的发光强度。
⑦ 变换前照灯开关至近光，观察屏幕上的光束投影，检查近光配光性能。

（2）自动追踪光轴式前照灯检测仪的检测步骤

前三个步骤与使用投影式前照灯检测仪的检测步骤①、②、③相同，此后：

④ 打开前照灯，接通检测仪电源，通过操纵开关调整光接收箱的上、下与左、右位置，使前照灯光照射到光接收箱上。
⑤ 按下控制盒上的检测开关，测试指示灯亮，仪器进入测试状态，光接收箱随即追踪前照灯光轴，仪器将自动测定光轴偏移量和发光强度，并由各指示仪表直接显示检测结果。
⑥ 按控制开关使检测仪退出测试工作状态。

七、前照灯检测仪使用注意事项

① 按使用说明书要求（如场地要求、检测距离要求、平行度要求、垂直度要求、高度要求等），正确安装设备。

② 正确连接电源和各种线缆。前照灯检测仪在检测时要在前照灯间移动，因此线缆应有足够长度和适当防护措施。

③ 仪器使用前，应检查各指示器的零位是否漂移，受光器的受光面是否蒙尘或受到污染，对追踪光轴式检测仪的追踪性能应作周期性校准。

④ 要避开外来光线的影响。对于四灯制的车辆，检测时应将同侧的两只前照灯遮住一只再进行检测，然后再检测另一只。

⑤ 按所使用检测仪说明书的要求，制定相应操作规范，正确操作检测仪。

⑥ 应注意检测仪使用过程中的维护。应保持仪器的立柱表面清洁，每天加润滑油少许，以利滑行；应保持导轨表面洁净，去除沙粒、油泥、小石子等；每年对前照灯检测仪进行校准。

第二节　车速表检测

汽车的行驶车速与行车安全有直接关系。若车速表指示误差太大，驾驶人难以正确控制车速，极易因判断失误而造成交通事故。为确保车速表的指示精度，必须适时对车速表进行检测、校正。

一、车速表误差形成的原因

车速表误差形成的主要原因有：

1. **车速信号传递误差**

汽车车速表主要有电磁式和电子式两大类。电磁式车速表通常通过蜗轮蜗杆和软轴将变速器输出轴的转速传递给车速表的主动轴，尔后转换为车速信号。机械式传递车速信号的可靠性较高，一般不会产生误差。电子式车速表一般通过安装在变速器处的各种车速传感器（如光电式、霍尔效应式、磁阻式等）获得反映汽车车速的脉冲信号，再由电子电路驱动车速表。若传感器性能变差、老化、损坏，或驱动电路性能不良、存在故障，则会使车速信号产生误差，进而使车速表出现指示误差。

2. **车速表本身故障或损坏**

电磁式车速表是利用磁电互感作用，通过指针摆动来显示汽车行驶速度的。车速表内有可转动的活动盘、转轴、轴承、齿轮、游丝等零件和磁性元件。在使用过程中，由于这些零件的自然磨损，以及磁性元件的磁性变化，都会造成车速表的指示发生误差。而电子式车速表通常是一个电磁式电流表，用于接收驱动电路送来的车速信号，其接收的平均电流与车速成正比例，并驱动车速表指针偏摆，指示相应的车速。由于无须软轴传动，其性能一般较为稳定，但当电磁式电流表失效或性能变差时，也会造成车速表的指示出现误差。

3. **车轮滚动半径的变化**

汽车行驶速度可用下式计算：

$$v = 0.377 \frac{r \cdot n}{i_g \cdot i_o}$$

式中　v ——汽车行驶速度（km/h）；
　　　r ——车轮滚动半径（m）；
　　　n ——发动机转速（r/min）；
　　　i_g ——变速器传动比；
　　　i_o ——主减速器传动比。

由上式可知，汽车实际行驶速度与车轮滚动半径成正比。即汽车实际行驶速度会因为轮胎滚动半径的变小而变小；反之则变大。轮胎磨损、气压不足或气压过大都会引起轮胎滚动半径的变化，从而导致车速表指示值误差。

二、车速表检测的基本原理

车速表的检测方法有道路试验法和室内台架试验法两种。用道路试验法检测时，汽车以不同车速等速通过某一预定长度的试验路段，测出通过该路段的时间，然后计算出实际车速，把实际车速与车速表指示值进行对照，即可测出不同车速下车速表的指示误差。车速表的室内台架试验可以在滚筒式车速表试验台上进行。测量时，被测汽车的车轮置于车速表试验台的滚筒之上，由汽车车轮驱动滚筒旋转或由滚筒驱动汽车车轮旋转，由试验台的测量装置测出汽车的实际行驶速度（试验台滚筒线速度），然后与汽车车速表指示值对比，便可测出车速表误差值。

三、车速表检测设备

按有无驱动装置，车速表试验台分为标准型、电动机驱动型和综合型三类。

1. 标准型车速表试验台

标准型车速表试验台由速度测量装置、速度指示装置和速度报警装置等组成，本身没有动力驱动装置，试验台滚筒的旋转由被测汽车的驱动车轮驱动，见图6-24。

（1）速度测量装置　速度测量装置由滚筒、举升器和速度传感器等组成。

滚筒装置由左右对称布置的4个滚筒构成，滚筒直径为185~370mm，通过滚动轴承安装在框架上，且两个前滚筒用联轴器连接在一起，以防试验时汽车驱动轴差速器齿轮滑转。

举升器设置在前、后滚筒之间，以方便车轮进、出试验台。举升器和滚筒制动装置联动，当举升器升起时，滚筒便被制动从而不能转动。

速度传感器安设在滚筒的一端，用于将滚筒转速的信号，转化成电信号送至速度指示装置。

图6-24　标准型车速表试验台

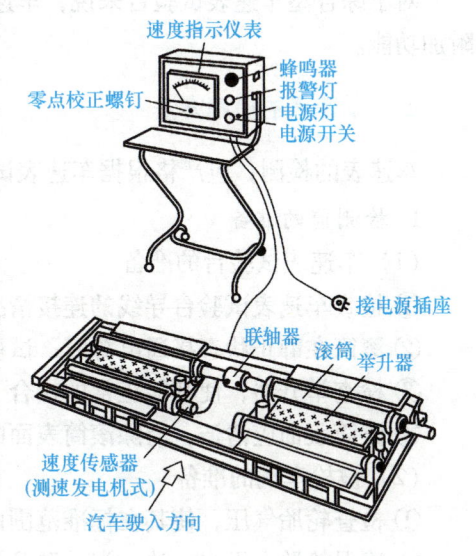

（2）速度指示装置　速度指示装置接收速度传感器的电信号，根据滚筒圆周长和滚筒

转速算出汽车的实际速度,并在指示仪表上显示,单位是km/h。

(3) 速度报警装置　速度报警装置用于提示汽车实际车速已达到检测车速(40km/h)。试验时,当汽车实际速度达到检测车速时,速度报警装置报警,提示检测员立刻读取驾驶室内车速表的指示值,以便与实际车速对照,判断车速表指示值是否在规定范围内。

标准型车速表试验台结构简单、价格便宜,应用广泛,但只适合检测车速表的车速信号取自变速器输出轴的车辆。对于车速信号取自从动轮的车辆,必须采用电机驱动型车速表试验台检测。

2. 电动机驱动型车速表试验台

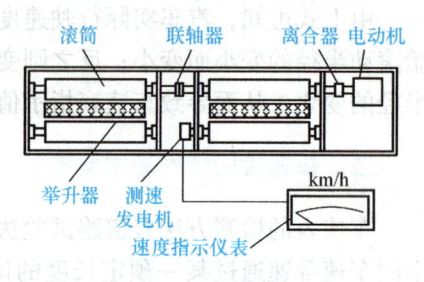

电动机驱动型车速表试验台由电动机驱动滚筒旋转,电动机通过离合器与滚筒相连。离合器的接合和分离,可起到传递和中断动力的作用。除此之外,其他组成结构基本与标准型车速表试验台相同,如图6-25所示。测试时,离合器接合,电动机驱动滚筒转动,滚筒带动从动车轮旋转,试验台车速测量装置测出实际车速(试验台滚筒线速度),比较汽车车速表指示值和实际车速值,便可测出车速表指示误差。离合器分离时,电动机驱动力被中断,此时驱动型车速表试验台与标准型车速表试验台的功能相当。

图6-25　电动机驱动型车速表试验台

驱动型车速表试验台检测范围广,几乎能检测各种车辆的车速表。但个别四轮驱动汽车和具有驱动防滑控制装置的汽车等除外。

3. 综合型车速表试验台

综合型车速表试验台通常是具有测速功能的多功能试验台(如汽车底盘测功机、汽车惯性滚筒式制动试验台等),可以对车速表进行检测。

对于综合型车速表试验台来说,车速表检测一般不是它的主要功能,而仅仅是它的一个附加功能。

四、车速表的检测方法

车速表的检测,应严格根据车速表试验台的使用说明书进行。其一般检测步骤如下:

1. 检测前的准备

(1) 车速表试验台的准备

① 检查车速表试验台导线的连接情况,不能出现接触不良或断路情况。

② 滚筒在静止状态接通电源时,试验台指示仪表指针应指示零位,否则应调零。

③ 检查举升器,使其能正常的接合、分离。

④ 滚筒表面应清洁,清除滚筒表面的油、水、泥、砂等杂物。

(2) 被检车辆的准备

① 检查轮胎气压,使其在标准范围内。

② 确保轮胎上无水、油、泥、砂及小石头等杂物。

2. 车速表检测方法

① 接通试验台电源,升起举升器。

② 被检车辆驶入车速表试验台，并使车轮停于两滚筒之间，然后降下举升器，至车轮和举升器托板完全脱离。

③ 用挡块抵住试验台滚筒之外的一对车轮的前方，以防检测时汽车驶出发生意外。

④ 使用标准型车速表试验台检测时：起动汽车，挂最高挡，踩下加速踏板，使驱动轮平稳运转；使用电动机驱动型车速表试验台检测时：接合试验台离合器，汽车变速器挂空挡，松开汽车驻车制动器，然后起动电动机，使滚筒带动车轮一起旋转。

⑤ 当试验台速度表的指示值（实际车速）达到检测车速40km/h时，读取汽车车速表的指示值；或当汽车车速表的指示值达到检测车速时，读取试验台车速表的指示值（实际车速）。

⑥ 使用标准型车速表试验台检测时：轻踩汽车制动踏板，使滚筒停止转动；使用电动机驱动型车速表试验台检测时：关闭电动机电源，轻踩汽车制动踏板，使滚筒停止转动。

⑦ 升起举升器，去掉挡块，汽车驶离车速表试验台，切断试验台电源。

五、车速表检测标准及检测结果分析

1. 检测标准

根据 GB 7258—2017《机动车运行安全技术条件》，车速表指示车速 V_1（km/h）与实际车速 V_2（km/h）之间应符合下列关系式：

$$0 \leq V_1 - V_2 \leq \frac{V_2}{10} + 4$$

即当车速表指示车速 V_1 为40km/h时，实际车速 V_2 在32.8~40km/h 范围内为合格；或当实际车速 V_2 为40km/h时，车速表指示车速 V_1 的读数在40~48km/h 范围内为合格。

2. 检测结果分析

汽车车速表的示值误差超出合格范围时，还需找出误差产生的原因，以便对汽车车速表进行更换或维修，使其达到检测标准。

轮胎尺寸和气压会引起车速指示误差。若轮胎磨损过甚，则应在更换新轮胎之后，同时轮胎气压在标准范围内时对车速表进行检测。车速表的部件磨损、老化或损坏之后，会造成车速表的指示误差，应及时更换磨损过大、使用时间过久和损坏的部件。若轮胎气压和尺寸均满足要求，但检测时车速表指示误差仍过大，则说明车速信号的接收或传递部分存在故障。

第三节　汽车外观和整车技术参数检测

汽车外观和整车技术参数检测是汽车检测诊断的重要内容。本节主要介绍汽车外观、结构、质量、通过性等技术参数的检测原理和方法。

一、汽车外观检测

1. 汽车外观检测的意义

汽车在使用过程中，随着行驶里程的增加，有关零件将会产生磨损、腐蚀、变形、老化

或意外事故等损坏。其结果是不但其技术状况逐渐变坏，致使汽车的动力性下降、燃料经济性变差和工作可靠性降低，而且还会相继出现种种外观症状。有些外观症状如车体不周正、车身和驾驶室的覆盖件开裂、油漆剥落和锈蚀等，将影响车容、市容；有些外观症状，如前后桥、传动轴、车架和悬架等装置有明显的弯、扭、裂、断等损伤，传动轴连接螺栓松动，转向拉杆球销的磨损松旷等，将会直接影响行车安全。因此，外观检测是车辆运行安全检测过程中重要内容之一。

2. 汽车外观检测的方法

随着近代科学技术的发展，人们开始应用仪器设备进行车辆性能检测和诊断。但是，车辆的某些故障，特别是车辆外部的故障，使用任何仪器和设备进行检测都不尽完善。例如，车辆外部损伤、漏水、漏气、渗油、螺栓和铆钉松动、脱落等，仍须依靠检测人员的技能和经验，用感观法以及简单的检测器具进行定性的直观检测。

3. 汽车外观的仪器检测

外观检测项目可分为两大类，一类检测项目可用直观检测法检测；对于作了量的规定的一类项目则须采用仪器设备和客观检测方法作定量检测和分析。

送检车辆在进行外观检测之前，一般都要进行外部清洗，为此检测站应配备清洗和吹干设备。

外观检测项目中，须在底盘下面进行的项目，应在设有检测地沟及千斤顶或汽车举升器的工位上进行。

4. 整车外观检测的项目

（1）车辆标志　车辆标志包括车辆的商标、铭牌、发动机型号和出厂编号、底盘型号及出厂编号。车辆的商标（或厂牌）、型号标记必须装设在车身前部的外表面上。

车辆必须装置车辆铭牌。铭牌应置于车辆前部易于观看之处。客车铭牌应置于车内前乘客门的上方。车辆的铭牌应标明厂牌、型号、发动机功率、总质量、载质量或载客人数、出厂编号、出厂日期及厂名等。

发动机的型号和出厂编号应打印在发动机气缸体侧平面上。字体为二号印刷字，型号在前，出厂编号的两端打上星号（☆）。

底盘的型号和出厂编号应打印在金属车架易见部位，字体为一号印刷字，型号在前，出厂编号在后，在出厂编号的两端打上星号（☆）。

（2）漏水检查　在发动机运转及停车时，散热器、水泵、缸体、缸盖、暖风装置及所有连接部位均不得有明显渗漏水现象。

（3）漏油检查　机动车连续行驶距离不小于10km，停车5min后观察，不得有明显渗漏油现象。

（4）车体周正的检查　GB 7258—2017《机动车运行安全技术条件》规定：车体应周正，车体外缘左右对称部位高度差应小于等于40mm。

将送检车辆停放在外观检视工位。首先目测检查，观察是否有严重的横向或纵向歪斜等现象，再用高度尺（或钢卷尺）、水平尺检测是否超过规定值。同时检查车架和车身是否变形，悬架是否断裂或刚度下降，轮胎装配及气压是否正常等。如果有异常，即使车体歪斜未超过规定值，亦应予以排除。否则，歪斜会越来越严重，可引起操纵不稳、行驶跑偏、中心转移、轮胎磨损加剧等弊病。

二、汽车结构参数检测

1. 汽车的主要结构参数

汽车结构参数主要包括车辆外廓尺寸、轴距、轮距、前悬、后悬、驾驶室内部尺寸以及人机工程参数等。

(1) 汽车的外廓尺寸　汽车的外廓尺寸指车辆的长度、宽度及高度，见图6-26。车辆外廓尺寸不得超过或小于规定的外廓尺寸界限。

车辆的长度 L 指垂直于车辆的纵向对称平面并分别抵靠在汽车前、后最外端突出部位的两垂直面之间的距离。

车辆的宽度 B 指平行于车辆纵向对称平面并分别抵靠车辆两侧固定突出部位（除去后视镜、侧面标志灯、示位灯、转向信号灯、挠性挡泥板、折叠式踏板、防滑链，以及轮胎与地面接触部分的变形）的两平面之间的距离。

车辆的高度 H 指在车辆无装载质量时，车辆支承水平地面和与车辆最高突出部位相抵靠的水平面之间的距离。

汽车的长、宽、高是根据汽车的用途、道路条件、吨位（或载客量）及结构布置等因素而确定的。为了使汽车的外廓尺寸适合于本国的公路、桥梁、涵洞和公路运输的标准及保证行驶的安全性，各国对公路运输车辆的外廓尺寸均有法规限制。

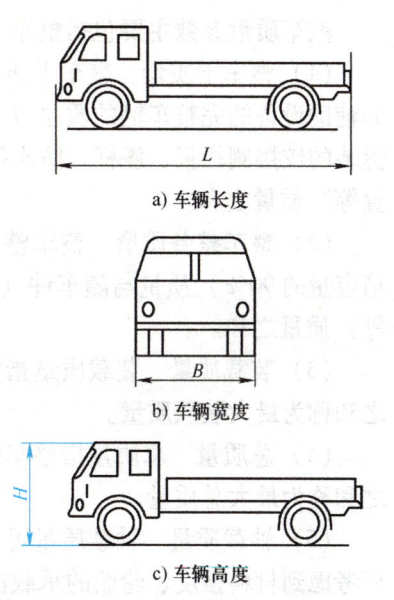

图6-26　车辆的外廓尺寸
a) 车辆长度　b) 车辆宽度　c) 车辆高度

(2) 汽车轴距和轮距　汽车轴距指汽车在直线行驶位置时，同侧相邻两轴的车轮落地中心点到车辆纵向对称平面的两条垂线间的距离。多轴机动车的轴距按第一轴至最后轴的距离计算，对铰接客车按第一轴至第二轴的距离计算。

汽车轮距指在支承平面上，同轴左右车轮两轨迹中心间的距离（轴两端为双轮时，为左右两条双轨迹中线间的距离）。

(3) 汽车前悬和后悬　汽车前悬指通过两前轮中心的垂面与抵靠在车辆最前端（包括前拖钩、车牌及任何固定在车辆前部的刚性部件）并垂直于车辆纵向对称平面的垂面之间的距离。

汽车后悬指通过车辆最后端车轮的轴线的垂面，与抵靠在车辆最后端（包括牵引装置、车牌及固定在车辆后部的任何刚性部件）并垂直于车辆纵向对称平面的垂面之间的距离。

后悬的长度取决于货厢的长度、轴距和轴荷分配情况，同时要保证车辆具有适当的离去角。若后悬过长时，上下坡时容易刮地，车辆转弯时的通道宽度过大。

2. 汽车结构参数检测方法

测量汽车的结构尺寸参数时，须将车摆正，放在水平干燥的柏油或水泥路面上，用简单量具测量或直接测量车的外廓尺寸、内部尺寸及人机工程参数。检测计量单位均采用毫米。

我国对汽车的外廓尺寸界限的规定为：

① 车辆高≤4m；

② 车辆宽≤2.5m；

③ 车辆长：货车、越野车≤12m，客车≤12m，铰接式客车≤18m，半挂汽车列车≤16.5m，全挂汽车列车≤20m。

三、汽车质量参数检测

1. 汽车质量参数

汽车质量参数主要包括整车干质量、整车整备质量、装载质量、总质量、轴载质量等。

（1）整车干质量　整车干质量是指装备有车身、全部电气设备和车辆正常行驶所需要的辅助设备的完整车辆的质量（不包括燃料和冷却液质量）与选装装置（包括固定的或可拆装的铰接侧栏板、篷杆、防水篷布及系环、机械的或已加注油液的液力举升装置、联结装置等）质量之和。

（2）整车整备质量　整车整备质量指整车干质量、冷却液质量、燃料（不少于整个油箱容量的90%）质量与随车件（包括备用车轮、灭火器、标准备件、三角垫木和随车工具等）质量之和。

（3）装载质量　装载质量指货运质量与客运质量之和。最大货运质量与最大客运质量之和称为最大装载质量。

（4）总质量　总质量指整车整备质量与装载质量之和，整车整备质量与最大装载质量之和称为最大总质量。

（5）轴载质量　轴载质量可分为厂定最大轴载质量和允许最大轴载质量。前者指制造厂考虑到材料强度、轮胎的承载能力等因素而核定出的轴载质量；后者指车辆管理部门根据使用条件而规定的轴载质量。

2. 汽车质量的测定

车辆先从一个方向驶上秤台，依次测量前轴、后轴质量。当台面较大时，可依次测量前轴、整车和后轴质量。然后，车辆再从反方向驶上秤台，按上述程序重复测试前述几个参数。以两次平均值作为测量结果。为保证测量精度、秤台入口地面应与台面保持在同一水平面。

测量时，车辆要停稳，发动机熄火，变速器置于空挡，制动器放松，不允许用三角垫木顶车轮。货厢内的载荷物装载应均匀，驾驶人和乘客座椅上放置65kg的沙袋代替乘员质量。

四、质心位置参数测试

1. 质心位置参数

汽车质心位置由纵向、横向和高度几何参数值确定。质心位置参数主要包括：车辆质心水平位置、质心高度等。

① 质心水平位置参数：指质心距前轴中心线的水平距离 L_1(m) 和质心距后轴中心线的水平距离 L_2(m)。

② 质心高度：指质心距车辆支承平面的垂直距离 h_g(m)。

2. 质心纵向水平位置测定方法

根据前后轴的轴载质量 m_1、m_2 和轴距 L，可计算出汽车质心到前轴和后轴中心线的距离 L_1 和 L_2（图6-27）。

$$L_1 = \frac{m_2 L}{m_1 + m_2}$$

$$L_2 = \frac{m_1 L}{m_1 + m_2}$$

3. 质心横向水平位置测定方法

一般认为汽车质心的横向位置处于汽车的纵向对称平面内，实际上由于燃料箱、蓄电池、随车工具及备用轮胎等的布置，汽车质心并不在汽车纵向中心平面内。对于前、后轴轮距相等的汽车，在地中衡上分别测量出左、右侧车轮负荷，据此可计算出质心的横向位置（图6-28）。

$$B_1 = \frac{BF_{Zr}}{G}$$

$$B_2 = \frac{BF_{Zl}}{G}$$

式中　B_1——质心至左侧车轮距离（m）；
　　　B_2——质心至右侧车轮距离（m）；
　　　G——汽车重量（N）；
　　　F_{Zl}——左侧车轮负荷总和（N）；
　　　F_{Zr}——右侧车轮负荷总和（N）。

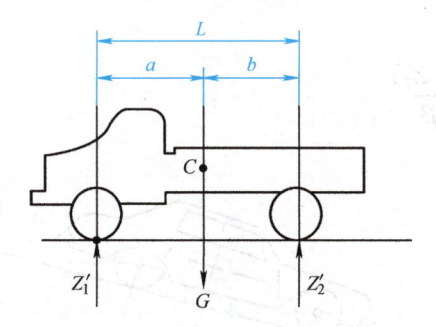

图6-27　质心纵向水平位置测定　　　图6-28　质心横向水平位置测定

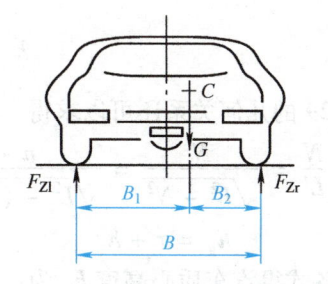

4. 质心高度的测定方法

质心高度的测量方法有力矩平衡法、侧倾法等。

（1）力矩平衡法　将汽车的前悬架、后悬架锁死在正常位置上，如图6-29所示。把汽车的一根车轴放置在地中衡上，而将另一根车轴抬高到一任意高度n。在抬高车轴时，一般不要在地中衡上的车轮的前、后放三角木。同时，也不要使举升器触及车轮以外的任何零部件，以免产生附加力矩而影响测量结果。

由图6-29所示的几何关系可以看出，如果求出距离b'就能够用绘图法找到b'与b尺寸左侧边界线的交点C，此点即为汽车的质心位置，其质心高度就可以用比例尺量出。

距离b'可以根据力矩平衡关系求出。对后轴中心取力矩，则有：

$$b' = \frac{Z'_f}{G} L' = \frac{Z'_f}{G} \sqrt{L^2 - N^2} = \frac{Z'_f}{G} \sqrt{L^2 - (n-r)^2}$$

式中　b'——后轴抬起后，后轮中心到质心的水平距离（m）；

Z'_f——后轴抬起后,地中衡称量的前轴轴荷(N);
L'——后轴抬起后,后轮中心距前轴中心的水平距离(m);
L——前后轴距(m);
N——后轴抬起后,后轮中心距前轴中心的垂直距离(m);
n——后轴抬起后,后轮中心距地面的距离(m);
r——车轮静力半径(m)。

而后,利用绘图法测出汽车质心高度 h_g。

汽车质心高度 h_g 也可以用解析方法求出:

距离 b' 也可以根据图 6-29 所示的几何关系求得:

$$b' = b\cos\beta + h\sin\beta$$
$$L' = L\cos\beta$$

由以上各式得:

$$b\cos\beta + h\sin\beta = \frac{Z'_f}{G}L\cos\beta$$

整理后得:

$$Z'_f L = Gb + Gh\tan\beta$$

而 $b = \dfrac{LZ_f}{G}$

可解得

$$h = \frac{L(Z'_f - Z_f)}{G\tan\beta}$$

由图 6-29 的几何关系还可以求得

$$\tan\beta = \frac{N}{L'} = \frac{N}{\sqrt{L^2 - N^2}} = \frac{n - r}{\sqrt{L^2 - (n-r)^2}}$$

$$h_g = r + h$$

由以上各式得汽车质心高度 h_g 为

$$h_g = r + h = r + \frac{Z'_f - Z_f}{G}\frac{L}{n-r}\sqrt{L^2 - (n-r)^2}$$

(2) 侧倾法

1) 试验准备。

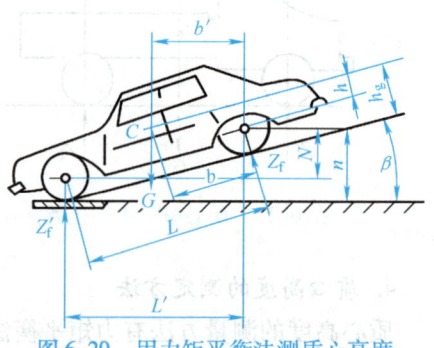

图 6-29 用力矩平衡法测质心高度

试验设备:侧倾试验台、车轮负荷计等。试验前应将侧倾试验台调整到台面处于水平状态。

试验车辆应装备齐全,并装配在规定的位置上,使车辆处于整备质量状态;车门、窗应完全关闭,座椅调整到标准位置上;轮胎气压充至技术条件中的规定值;试验中应采取措施防止汽车侧倾时燃料、润滑油及冷却液等泄漏;如果试验车辆装用空气弹簧悬架,应将悬架调整到标准技术状态后锁死。

将汽车驶上侧倾试验台,用台面侧下部的车轮抵挡装置(防侧滑挡块)挡住车轮(图 6-30),防止汽车在台面上侧向滑动。防侧滑挡块一般低于 30mm,以免影响测量精度。另外,还要使用钢丝绳对汽车进行保护性约束,以防汽车翻出试验台面。但正常实验时,钢丝绳应处于自由状态。

2）侧倾试验。用液压举升机构举起试验台面及被试汽车，使其向右倾斜。侧倾角每增大5°时，用车轮负荷计测量一次车轮负荷。缓慢举升试验台，直到汽车左侧车轮负荷为零或左侧车轮脱离试验台面时为止。向右侧的倾斜试验共进行三次，且要求每次测量结果的相对误差不大于1%。

如果汽车质心位于汽车纵向对称平面内，则可根据举升角度直接计算出质心高度，即

$$h_g = \frac{B}{2}\cot\alpha_{max}$$

式中　h_g——质心高度（m）；
　　　B——轮距（m）；
　　　α_{max}——最大侧倾角（°）。

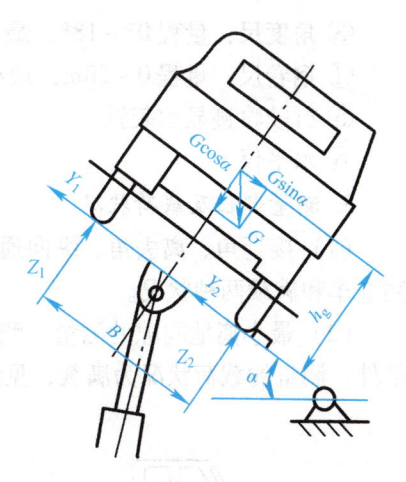

图 6-30　侧倾法测汽车质心高度

若汽车质心的横向位置不处于车辆纵向对称平面内，则应使汽车再向左倾斜，重复上述试验步骤。

分别取向左、向右侧倾三次所测最大倾角的算术平均值作为汽车侧倾角的测量结果，而后据此计算质心高度，计算式为

$$h_g = \frac{B_l}{\tan\alpha_l}$$

或

$$h_g = \frac{B_r}{\tan\alpha_r}$$

式中　B_l、B_r——分别为质心距左、右轮的距离（m）；
　　　α_l、α_r——分别为向左、右倾斜时，所测最大倾角的算术平均值（°）。

根据向左、向右侧倾角计算出的质心高度应相等。若不相等则取其均值作为质心高度的测定结果。

五、通过性参数检测

通过性参数包括最小离地间隙、接近角、离去角、纵向通过角、转弯直径和转弯通道圆。

1. 测量条件

① 测量场地应具有水平坚硬覆盖层的支承表面，其大小应允许汽车作全圆周行驶。
② 汽车转向轮应以直线前进状态置于测量场地上。
③ 汽车轮胎气压应符合设计要求。
④ 汽车前轮最大转角应符合该车的技术条件规定。

2. 测量仪器、设备

① 高度尺：量程 0~1000mm，最小刻度 0.5mm。
② 离地间隙仪：量程 0~500mm，最小刻度 0.5mm。

③ 角度尺：量程 0°~18°，最小刻度 1°。

④ 钢卷尺：量程 0~20m，最小刻度 1mm。

⑤ 行驶轨迹显示装置。

⑥ 水平仪。

3. 测量部位及载荷状况

（1）接近角、离去角、纵向通过角的测量　测量部位见图 6-31，测量的载荷状况分为测空车和满载两种状况。

（2）最小离地间隙的测量　测量支承平面与车辆中间部分最低点的距离且指明最低点部件，测量的载荷状况为满载，见图 6-32。

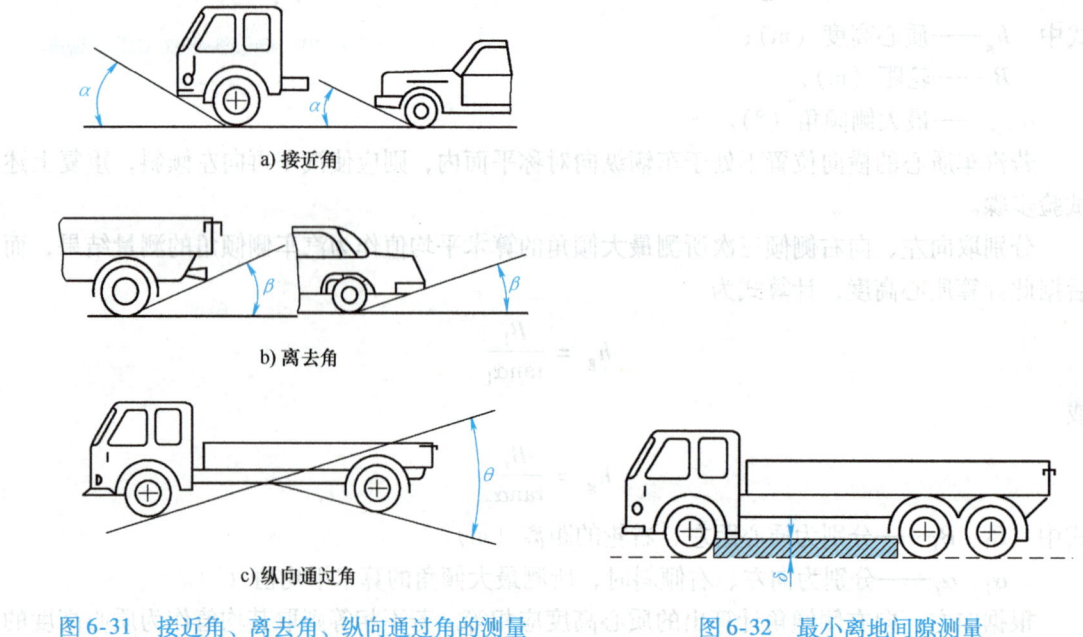

a) 接近角

b) 离去角

c) 纵向通过角

图 6-31　接近角、离去角、纵向通过角的测量

图 6-32　最小离地间隙测量

（3）汽车转弯直径的测定　汽车转弯直径（图 6-33）的测定步骤如下：

在前外轮和后轮胎面中心的上方，在车体离转向中心最远点和最近点垂直地面方向，分别装置行驶轨迹显示装置。

汽车以低速行速，转向盘转到极限位置，保持不动，待车速稳定后起动显示装置，使各测点分别在地面上显示出封闭的运动轨迹之后，将车开出轨迹外。

用钢卷尺测量各测点在地面上形成的轨迹圆直径，应在互相垂直的两个方向测量，取算术平均值作为测试结果。

汽车向左转和向右转各测定一次。

六、汽车稳定性参数的测试

汽车停放在坡度角为 α 的侧向坡道上时，其受力情况如图 6-34 所示。随着 α 的增大，左侧车轮的载荷 Z_1 增大；右侧车轮的载荷 Z_2 减小。其侧翻的临界角 $α_f$ 为

$$\tan\alpha_f = \frac{B}{2 \cdot h_g}$$

由此可见，汽车横向侧翻的临界角度 α_f 与汽车的轮距 B 和质心高度 h_g 有关。汽车的静态横向稳定性是汽车设计和结构布置合理性的重要特性之一。其结构参数所应满足的基本要求为

$$\frac{B}{2 \cdot h_g} > \phi_s$$

式中　B——汽车的轮距（m）；

　　　h_g——质心高度（m）；

　　　ϕ_s——侧向附着系数。

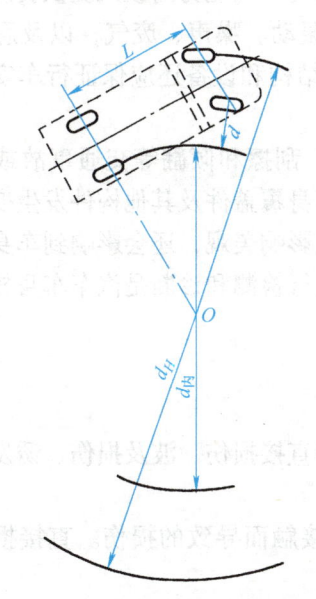

图6-33　最小转弯直径和内轮差　　　图6-34　汽车的侧翻

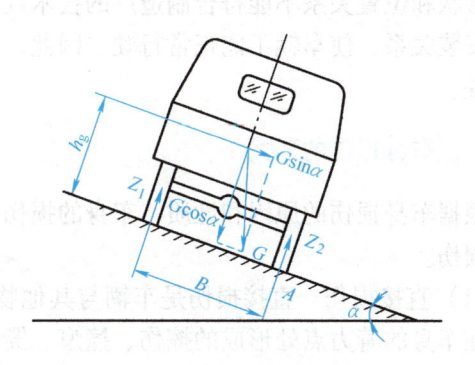

GB 7258—2017《机动车运行安全技术条件》规定：

1）客车、发动机中置且宽高比小于或等于0.9的乘用车在乘客区满载、行李舱空载的情况下测试时，向左侧和右侧倾斜最大侧倾稳定角均应大于等于28°（对专用校车均应大于等于32°）；且除设有乘客站立区的客车外，在空载、静态条件下，向左侧和右侧倾斜最大侧倾稳定角均应大于等于35°。

2）罐式汽车和罐式挂车在满载、静态状态下，向左侧和右侧倾斜最大侧倾稳定角应大于等于23°。

3）除消防车外的其他机动车在空载、静态状态下，向左侧和右侧倾斜最大侧倾稳定角应大于等于：

① 三轮机动车：25°；

② 总质量为整备质量的1.2倍以下的机动车：28°；

③ 总质量不小于整备质量的1.2倍的专项作业车和轮式专用机械车：32°；

④ 其他机动车：35°。

在汽车倾斜试验台上检验汽车静态横向稳定性时，应使汽车的纵向中心线平行于倾斜试验台转轴的中心线，将汽车制动后，用绳索在汽车将出现滑移或翻倒的反方向上栓住，但绳索上不应预先施加拉力。此后，将试验台缓慢而稳定地倾斜，当倾斜角达到规定的值时，车辆不翻倒为合格。如若测取某车辆的最大横向稳定角，则将倾斜试验台继续缓慢而稳定地倾斜，当汽车出现侧滑或翻转时，即刻从试验台倾斜角度指示盘上记下读数值。以同样的方法，左右倾斜各2~3次，而后取其平均值作为车辆的最大横向稳定角。

第四节　车身损伤的检测

汽车车身是驾驶人工作、乘客乘坐或装载货物的机构，应能为驾驶人提供良好的操作条件，为乘员提供舒适的乘坐条件（隔离汽车行驶时的振动、噪声、废气，以及恶劣气候的影响），并保证完好无损地运载货物且装卸方便。车身结构和设备还应保证行车安全和减轻事故后果。

汽车车身是轿车和客车的主体结构部分，在碰撞、刮擦和倾翻等交通事故或意外事故中，车身是受损最严重的部分。车架或整体式车身、车身覆盖件及其他构件发生变形后，将使其形状和位置关系不能符合制造厂的技术规范。不仅影响美观，还会影响到车身与其他总成的安装关系，使车辆不能正常行驶。因此，对车身进行检测和诊断是汽车车身校正和修复的前提。

一、车身损伤的形式

根据车身损伤的原因和性质，车身的损伤形式包括直接损伤、波及损伤、诱发性损伤和惯性损伤。

（1）直接损伤　直接损伤是车辆与其他物体直接接触而导致的损伤。直接损伤的特征是，在车身的着力点处形成的擦伤、撞痕、撕裂状伤痕。

（2）波及损伤　波及损伤是指碰撞冲击力作用于车身上并分解后，其分力在通过车身构件过程中所形成的损伤。根据力的可传性，碰撞形成的冲击力在分解、传播、转移的过程中，可以很容易地通过强度、刚度高的构件，但当传到强度、刚度相对较弱的构件时，就会造成车身构件不同程度的损伤。波及损伤的特征是：在相对薄弱的构件上形成弯曲、扭曲、剪切、折叠等形态的损坏。

（3）诱发性损伤　诱发性损伤是指部分车身构件发生了损坏或变形后，同时引起相邻或与其有装配关系的构件的变形及损坏。与波及损伤不同，受诱发性损伤的构件并不承受冲击载荷或承受冲击载荷很少，主要是受到关联件的挤压和拉伸而导致损坏。诱发性损坏的特征为弯曲、折断、扭曲。

（4）惯性损伤　惯性损伤是指车辆发生碰撞后，在强大的惯性力作用下而导致的损伤。惯性损伤的特征是撞伤、拉断或撕裂、局部弯曲变形等。损伤的形态有：车辆总成与车身的接合部或刚度的薄弱环节，易发生局部弯曲变形、拉断或撕裂等损伤；人和货物易发生二次碰撞造成车身损坏和人员伤害。

二、车身各部件尺寸检测

由于各种金属材料的强度不同,发生破坏的现象也不相同。汽车车身的壳体一般都由光滑空间曲面(也称为蒙皮)组成,在光滑曲面的下面都有柱状盒形结构,以便于安装车身其他附件。但是,这种结构在碰撞后受力分析相当复杂。依据汽车车身的几何尺寸和形状的改变情况,也可以判断车身碰撞损坏的程度。

1. 车身各部件尺寸

各种轿车的随车文件中都有车身各部件尺寸的图样,可以用作车身检测和修复的主要技术文件,也是用来判断碰撞损伤程度的依据之一。图 6-35 所示为某型轿车承载式车身各部分尺寸。为了能更清楚说明车身各部分的位置,常采用车身制图法。在长度方向上,以前轮轴线为基准(零线位置);在高度方向上以车身下沿为基准;在宽度方向上以车身对称中心平面为基准。用汽车车身检测仪,可以将碰撞后的汽车车身按照车身制图的三个方向(长度方向、高度方向和宽度方向)进行定位,然后将生产厂家提供的车图样数据与实际测量的结果进行比较,从而判断车身各部件受碰撞后的损伤情况。

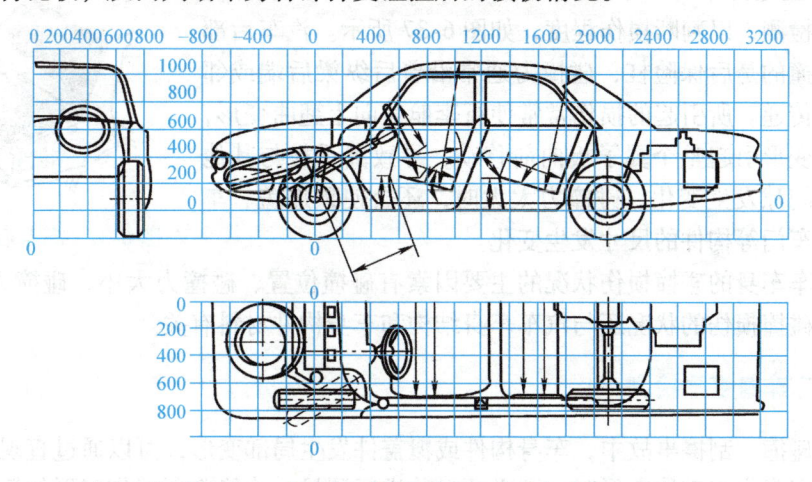

图 6-35 车身制图法表示的车身各部分位置

2. 车身前部损伤程度检测和判断

轿车在受碰撞以后,其车身损伤就像石落水中形成的水波一样扩展,如图 6-36 所示。承载式车身由薄金属板构件(钣金件)连接而成,碰撞时的大部分冲击能量被金属板构件所吸收,碰撞冲击波通过车身构件传递,波及其他构件。发动机前置的轿车,车身前部的结构紧凑,其刚度和强度都较好,较轻的碰撞不会影响到其他部位。一般其损伤程度可以按下列步骤进行检测和判断。

图 6-36 车身碰撞后损伤的扩展形式

① 检测前保险杠、前围板的几何尺寸和形状是否有变化。可以将碰撞的一边与没有碰撞的另一边进行比较,根据变化情况判断碰撞损伤的程度。

② 检测发动机罩与前围板、两侧挡泥板的遮盖密闭是否良好,以及碰撞一侧的挡泥板与轮胎两侧的间隔尺寸有无变化。如果这些部位的尺寸和形状有变化,则应继续检测。

③ 检测碰撞一侧前支柱尺寸有无变化，首先检测车门铰链螺栓有无松动，再检查车门与前支柱之间的间隙有无变化。有变化时，应重复测量碰撞一侧控制点间的尺寸，并与厂家提供的尺寸进行比较，从而判断碰撞损伤的程度。

④ 检测前风窗下沿框架与密封橡胶件有无变化。通常，该部位若有明显的尺寸变化，则碰撞较为严重。检测时，应将轿车车身前部的附件拆除，对其控制点进行检测，特别是对控制点对角线的尺寸进行检测。

需要强调的是，轿车车身由于车身腰线以下有较好的强度，车身设计时为上下车的方便，前立柱都略微向后倾斜，轿车车身碰撞以后会使车身顶盖向后移动，使顶盖与车门间出现空隙。

3. 车身后部损伤程度检测和判断

轿车车身后部的结构较为简单，可按下列步骤判断其损伤程度。

① 检测后保险杠、行李舱、后灯具是否有表面损伤，后保险杠下部的尺寸有无变化，后车轮与翼子板的间隙有无变化。

② 如果上述部位的尺寸发生了变化，可以对其车身后部的控制点进行检测，以判断损伤程度，如图6-37所示。汽车后部首先受到碰撞的是后保险杠，碰撞力通常沿着后纵梁后端或邻近的钣金件传递。所引起的损伤常常使行李舱盖向上翘曲变形，同时使轮罩变形引起整个翼子板向前移动，导致翼子板与其他部件之间的间隙发生变化。碰撞力太大时，还会使顶篷盖、车门后立柱、车门等构件的尺寸发生变化。

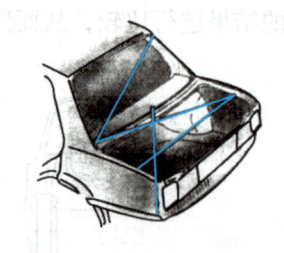

图6-37 车身后部控制点

影响汽车车身的碰撞损伤状况的主要因素有碰撞位置、碰撞力大小、碰撞力的方向等。此外，车身碰撞损伤的状况还与汽车车身结构和车身构件材料有关。

三、整车车身变形检测

车辆在碰撞、刮擦事故中，车身构件或覆盖件发生局部变形，可以通过直观观察做出损伤鉴定。当车身出现整体变形时，则必须对其进行测量，才能判断损伤变形的情况。

1. 整车车身变形检测的目的

整车车身变形检测的目的是确认车身损伤状态，并把握变形程度大小。若碰撞造成车身整体定位参数发生变化，会严重影响汽车的使用性能。车身整体定位参数是指直接影响发动机、底盘和车身主要构件装配位置的基础数据，如前轮定位、两侧轴距差、传动轴输入输出角等参数。

2. 整车车身检测的测量基准

车身测量的目的是检测车身变形后的形状和位置误差，其基础和前提是选择正确的测量基准。根据车身变形的部位，车身测量基准的选择可以参照下面的基本要素。

汽车制造过程中有很多重要的测量基准点，这些基准点既是汽车制造时的基准，也是车身检测和修复的工艺基准和测量基准。

车身测量中，其测量基准就是车身的尺寸参照基准，包括参照点、基准面和中心线。

（1）参照点 参照点是车身修复时用于测量、检验车身是否恢复至原来尺寸的一些特殊点。参照点通常是车身上便于测量的特殊点，包括孔、特殊螺栓、螺母、钣金件边缘或车身上的其他部位。为便于车身的检测与修复，现代轿车车身尺寸图中都标明了参照点及其标准位置参数。

图 6-38 是与车身矫正机测量系统配套使用的某轿车车身检测参照点及标准尺寸参数图。图中第一行数字 1～12 为检测参照点序号；第二行字母 H～F 为检测触头的型号；第三行符号为检测触头的形状；第四行数字为检测参照点的相对高度尺寸，即专用检测触头在规定条件下所显示的标准高度尺寸。

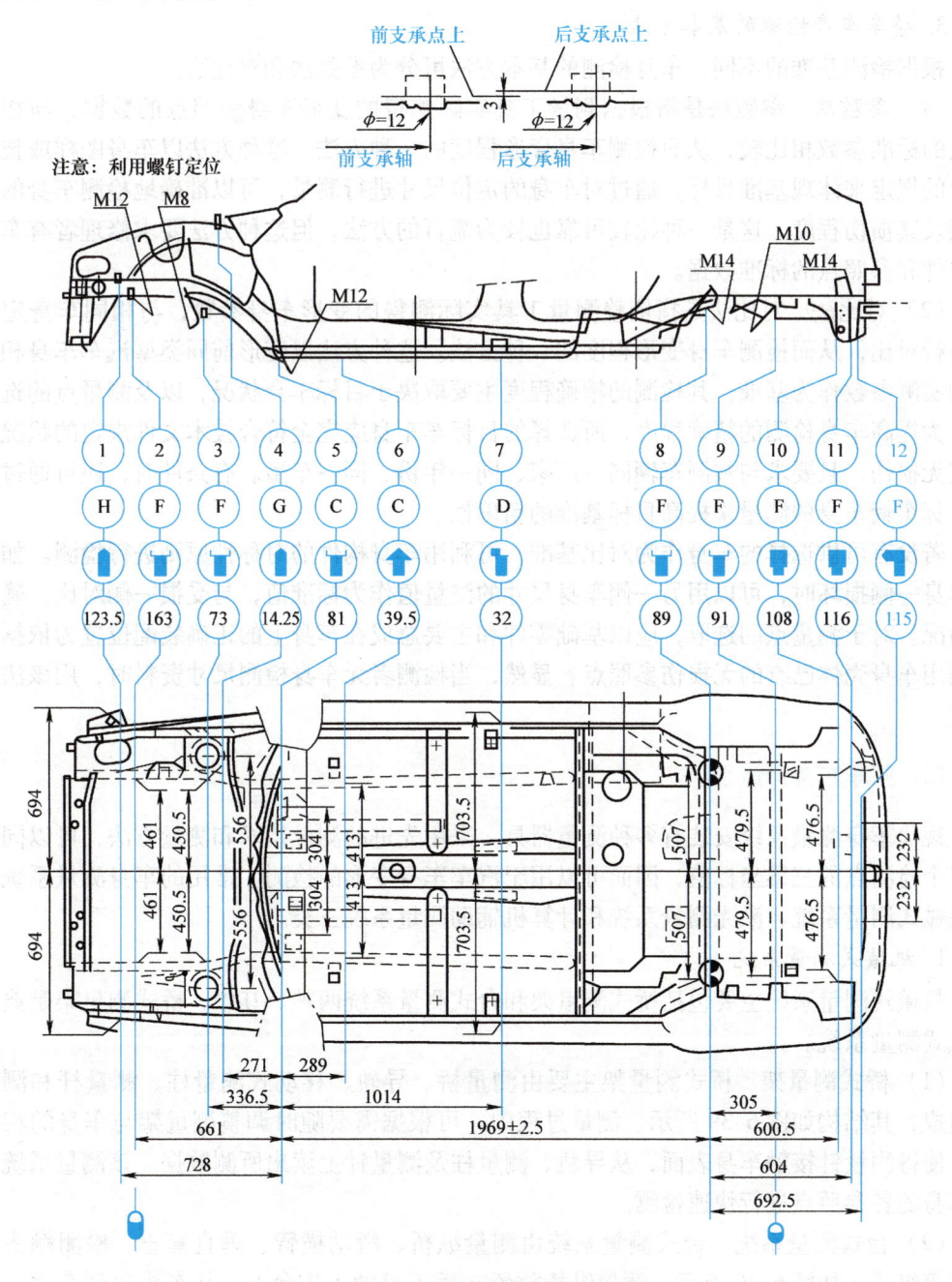

图 6-38 车身检测参照点及尺寸参数

（2）基准面　基准面是一个假象的与底面平行且有一定距离的平面，用于车身垂直轮廓测量的参照基准，车身参照点的高度尺寸都是以基准面为基准获得的。实际应用中，不方便直接测量时，可以采用投影法。

（3）中心线　中心线是一条假想的空间直线，指将汽车分成左右相等两部分的中心平面在俯视图上的投影线。中心线也是车身横向尺寸的参照基准，利用它可以方便、迅速地测量横向尺寸。

3. 整车车身检测的基本方法

根据检测基准的不同，车身检测的基本方法可分为参数法和对比法。

（1）参数法　参数法是指根据测量工具实际测得的变形车身参照点的数据，与相同参照点的标准参数相比较，从而检测车身变形程度的一种方法。这种方法以车身图样或技术文件中的规定来体现基准目标，通过对车身的定位尺寸进行测量，可以准确地检测车身的变形范围及其损伤程度。这是一种比较可靠也较为流行的方法，但这种方法要求修理者有车身技术文件和参照点的标准数据。

（2）对比法　对比法是指依赖测量工具实际测得的变形车身参数，与相同车身定位参数进行对比，从而检测车身变形程度的一种方法。这种方法以变形前同类型汽车车身相同部位的实测参数作为基准，其检测的精确程度主要取决于目标车身状况，以及测量点的选取。

为提高车身检测的精确程度，所选择的目标车车身应完全符合技术文件规定的状况，车身应无损伤，且要求与被测车辆同一厂家、同一年份、同一车型。有条件时，还可通过对多个目标车辆车身的测量来提高目标基准的精确性。

若没有可供选择的车身作为对比基准，可利用车身构件的对称性原则进行检测。如当只有车身一侧损坏时，可以用另一侧车身尺寸的测量值作为标准值，与受损一侧对比，确定损伤情况。对于测量点的选取，应以基础零件和主要总成在车身上的正确装配位置为依据，尽量利用车身壳体已有的无损伤参照点。显然，当检测者无车身检测尺寸资料时，用该法较为方便。

四、整车车身测量系统

现代车身测量系统安装有多种测量器具，采用先进的测量技术和测量方法，可以同时测量多个检测点的三维坐标值，因而可以用于汽车车身变形的检测。常用的车身测量系统主要有机械式测量系统、激光测量系统和计算机辅助测量系统三类。

1. 机械式测量系统

机械式测量系统主要包括桥式测量架和台式测量系统两种。其中，桥式测量架是典型的机械式测量系统。

（1）桥式测量架　桥式测量架主要由测量桥、导轨、移动式测量柱、测量杆和测量针等组成，其结构如图6-39所示。测量过程中，可根据需要随时调整测量架与车身的相对位置，使得测量针接触车身表面，从导轨、测量柱及测量针上读出所测数据。该测量系统可以对车身的各参照点进行快速检测。

（2）台式测量系统　台式测量系统由测量纵桥、滑动横臂、垂直套管、检测触头和测量架等组成，如图6-40所示。测量纵桥放置在矫正机的工作台上，从车头通到车尾，能体现车身检测的基准面和中心线。滑动横臂安装在纵桥上，可在前、后、左、右四个方向上移

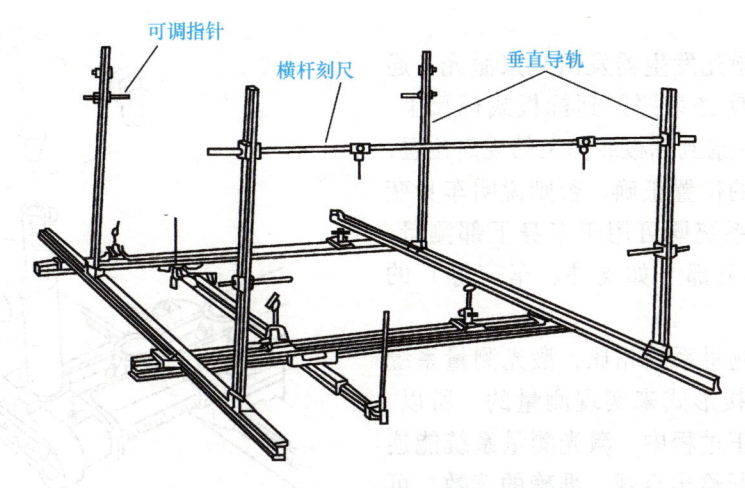

图 6-39　桥式测量架

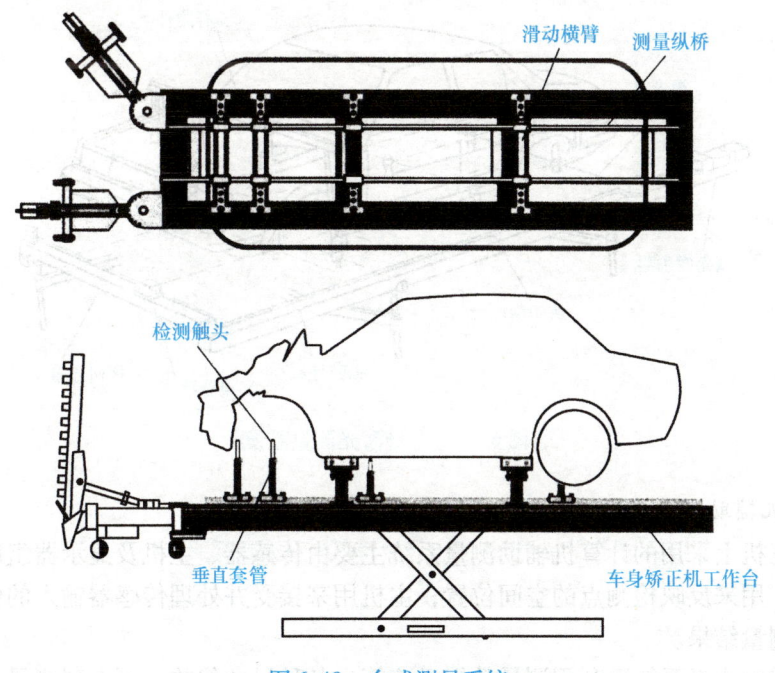

图 6-40　台式测量系统

动。前后移动时可测量纵向尺寸，左右移动时可测量横向尺寸。垂直套管安装在滑动横臂上，如图 6-41 所示。检测触头安装在垂直套管的上部，上下移动时可测量被测点的高度尺寸。测量架安装在纵桥上，用于对车身上部参照点进行检测。

2. 激光测量系统

激光测量系统是指利用激光对车身参照点进行测量的系统，如图 6-42 所示。该系统包含光学机构和机械构件两大部分，主要由激光发生器、光束分解器、激光导向器、标板或刻尺组成。其中：激光发生器用于提供安全、低强度激光束；光束分解器能使光束按某个角度精确投射；激光导向器能使光束 90° 角反射。标板或标尺是参照点位置的体现，是激光束照射的目标。

检测时，激光发生器发出一束激光，通过光束分解器使光束照射到标板或标尺上。如果光束正好照射到标板或标尺的规定位置，则说明参照点的位置正确。否则说明车身变形。激光测量系统既可用于车身下部测量，又可用于车身上部（如支柱、车窗等）的测量。

与机械式测量系统相比，激光测量系统不是以机械连接形式来实现测量的。所以，在整个车身校正过程中，激光测量系统能连续工作，能不断给出直观、准确的读数，可以快速、连续反映各参照点的位置偏差。

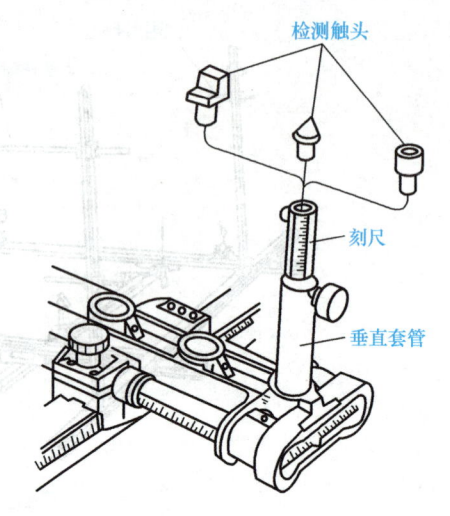

图 6-41 垂直套管及检测触头的安装示意图

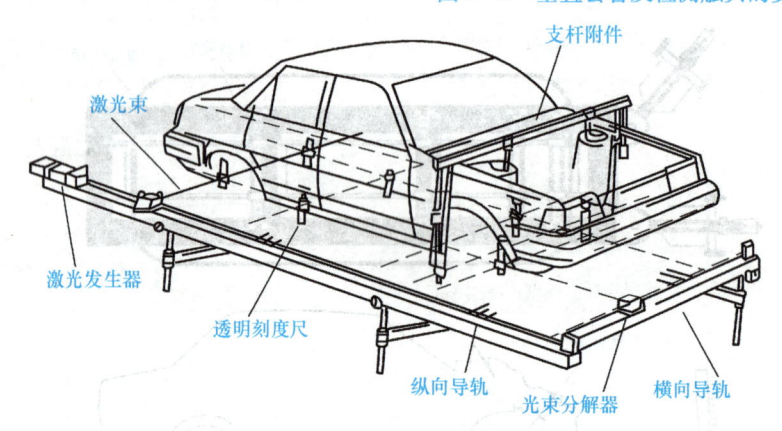

图 6-42 车身激光测量系统

3. 计算机辅助测量系统

车身矫正机上采用的计算机辅助测量系统主要由传感器、主机及显示器组成。传感器即是检测触头，用来反映检测点的空间位置；主机用来接受并处理传感器输入的信号；显示器则用来显示测量结果。

计算机辅助测量系统可利用测量数据迅速算出各种尺寸偏差，可实现测量过程电子化和结果显示数字化。该系统采用了自动跟踪车身检查点校正移动的测量系统。因此，能在车身校正过程中，边矫正边测量，同时在计算机屏上显示测量检查的瞬时位置，以便于工作人员矫正。此外，计算机辅助测量系统的效率高、自动化程度也高。

第五节　客车防雨密封性检测

客车防雨密封性指客车处于静止状态，在规定的人工淋雨试验条件下，关闭所有门、窗和孔口盖，防止雨水进入车辆的能力。防雨密封性是客车重要使用性能之一。良好的防雨密封性，可保证客货运输安全可靠及乘车舒适性。

一、客车防雨密封性检测设备

检测客车防雨密封性时，必须配备合格的喷淋装置，其检测设备、检测方法和限值应满足汽车行业标准 QC/T 476—2007《客车防雨密封性限值及试验方法》的规定。

1. 检测设备结构及工作原理

客车防雨密封性检测，采用客车防雨密封性试验设备——淋雨装置（淋雨室）进行。

淋雨装置主要由水泵、压力自动调节阀、水压表、主管路、分管路、支管路、流量计、流量调节阀、喷嘴、喷嘴架、喷嘴架驱动调整机构及蓄水池构成，如图 6-43 所示。由喷嘴及喷嘴架构成前后左右及顶部五个矩形喷淋面，若淋雨试验涉及带行李舱的客车，还应设置底部矩形喷淋面。各喷嘴与支管路连接。在通向前喷淋面及通向其他喷淋面的分管路起始端，分别设置流量计和流量调节阀。各喷淋面应涵盖淋雨试验所涉及的外形尺寸最大的车型以及各种车型的所有受检部位，喷淋面应为移动式以适应车辆外形及尺寸的变化。

淋雨设备的水泵由电动机驱动，把水从蓄水池内不断泵入主管路，经过压力调节和流量调节，进入淋雨管路，通过喷嘴射向车体表面。喷射出的水汇集流入蓄水池，经过多级沉淀、过滤后，循环使用。因此，淋雨装置是一个液体水的循环过滤系统。

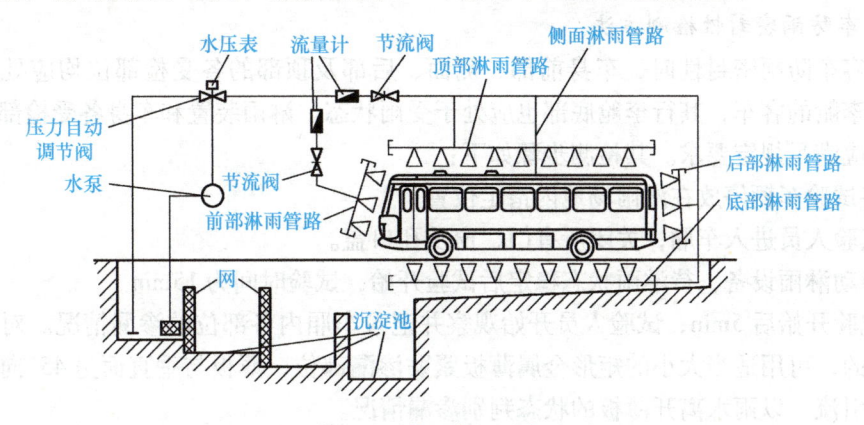

图 6-43 淋雨装置示意图

2. 水泵供水压力

水泵供水压力设定为（150±10）kPa。水泵的扬程、流量以及管路直径等应满足系统使用要求。

3. 喷嘴布置及数量

在各喷淋面支管路上均匀安装喷嘴，喷嘴间横向及纵向间距为 0.4m，喷嘴数量应保证对应车身外表面各受检部位处于淋雨区域内。顶部及底部喷嘴的轴线与水平面垂直，前部及后部喷嘴的轴线与车辆纵向对称面平行，侧面喷嘴的轴线与车辆纵向对称面垂直。喷嘴垂直朝向对应车身。底部喷嘴位于地面以下 0.2m，其余喷嘴与车身外表面距离为（0.7±0.2）m。喷嘴出水应均匀且呈 60°圆锥体形状，喷孔直径为 2.5～3mm，所有喷嘴的尺寸及内部结构应相同。

4. 淋雨强度及调节方法

（1）淋雨强度 淋雨试验时，客车规定的车体受雨部位及其淋雨强度如下：

车身前部平均淋雨强度为（12±1）mm/min，车身侧面、后部、顶部及底部平均淋雨强度为（8±1）mm/min。

平均淋雨强度指单位时间内某一淋雨面内各喷嘴的总喷水体积量，与该淋雨面内各喷嘴对应的总喷淋面积的比值，单位为mm/min。各喷嘴的喷淋面积按0.16m²计算。

（2）淋雨强度的调节 将分管路节流阀置于某一开度，启动淋雨设备。将主管路压力调节至规定值，分别调节分管路节流阀开度，使分管路流量计示值分别达到规定平均降雨强度的对应值。

对应流量计算公式为：

$$Q = \frac{6FN}{625}$$

式中 Q——对应流量（m³/h）；
　　F——平均降雨强度（mm/min）；
　　N——车体待测部位对应标准面积（m²）。

二、客车防雨密封性检测过程

1. 客车防雨密封性检测方法

检测客车防雨密封性时，车身前部、侧面、后部及顶部的各受检部位均应处于受雨状态。带行李舱的客车，其行李舱底部也应处于受雨状态。淋雨装置和车身各受检部位的平均淋雨强度应满足规定要求。其检测步骤如下：

① 将试验车辆停放在淋雨场地内指定位置。
② 试验人员进入车厢，关闭所有门、窗及孔口盖。
③ 启动淋雨设备，待淋雨状态稳定后试验开始，试验时间为15min。
④ 试验开始后5min，试验人员开始观察并记录车厢内各部位的渗漏情况。对渗漏状态无法确定的，可用适当大小的矩形金属薄板紧贴渗漏部位，薄板与垂直面呈45°向下，将渗漏的雨水引流，以雨水离开薄板的状态判别渗漏情况。
⑤ 对于带行李舱的客车，在检测结束后，检测人员擦净行李舱门接缝处的积水，打开行李舱门，观察并记录行李舱内部的渗漏情况，行李舱底板如有水迹，每处均按慢滴处理。
⑥ 车辆渗漏情况记入表6-2。

表6-2 客车防雨密封性检测记录表

检查部位	渗漏处数及扣分值										小计	
	渗（每处扣1分）		慢滴（每处扣2分）		滴（每处扣4分）		快滴（每处扣6分）		流（每处扣10分）			
	处数	扣分	处数	扣分	处数	扣分	处数	扣分	处数	扣分	处数	扣分
风窗												
侧窗												
后窗												
驾驶人门												
乘客门												

(续)

检查部位	渗漏处数及扣分值										小计	
	渗（每处扣1分）		慢滴（每处扣2分）		滴（每处扣4分）		快滴（每处扣6分）		流（每处扣10分）			
	处数	扣分	处数	扣分	处数	扣分	处数	扣分	处数	扣分	处数	扣分
后门												
顶盖（顶窗）												
侧围												
后围												
行李舱												
其他部位												
合计												

2. 检测结果

（1）相关术语

① 渗：水从缝隙中缓慢出现，并沿着内护面向周围蔓延。

② 慢滴：水从缝隙中出现，以小于或等于每分钟30滴的速度离开或沿着车身内表面断续落下。

③ 滴：水从缝隙中出现，以大于每分钟30滴且小于或等于每分钟60滴的速度离开或沿着车身内表面断续落下。

④ 快滴：水从缝隙中出现，以大于每分钟60滴的速度离开或沿着车身内表面断续落下。

⑤ 流：水从缝隙中出现，离开或沿着车身内护面连续不断地向下流淌。

（2）检测数据处理 检测数据处理采用扣分法，初始分值为100分，每出现一处渗扣1分，每出现一处慢滴扣2分，每出现一处滴扣4分，每出现一处快滴扣6分，每出现一处流扣10分，初始分值减去全部扣分值，实得分值即为试验结果（如出现负数则按零分计）。

三、客车防雨密封性限值

客车防雨密封性限值应符合 QC/T 476—2007《客车防雨密封性限值及试验方法》的规定，各类客车防雨密封性限值见表6-3。

表6-3 客车防雨密封性限值

客车类别		限值（分）
小型客车		94
旅游客车，长途客车	车长≤9m	94
	车长>9m	92
城市客车	车长≤9m	92
	车长>9m	90
双层客车，铰接客车，无轨电车		88

四、客车防雨密封性检测的注意事项

① 系统管路压力应在 140~160kPa 范围内。
② 水泵的扬程及流量应满足系统使用要求。
③ 各喷淋面应涵盖淋雨试验所涉及的外型尺寸最大的车型,以及各种车型的所有受检部位。
④ 对带行李舱的客车进行防雨密封性检测时,还应设置底部喷淋面。
⑤ 应定期清理喷嘴及管路并检查淋雨强度是否符合要求。
⑥ 车体前部、侧面、后部及顶部的各受检部位均应处于受雨状态。带行李舱的客车,其车体底部行李舱的对应部位也应处于受雨状态。

复 习 题

1. 简述汽车前照灯的特性。光源发光强度与照度之间有什么关系?
2. 什么叫配光特性?简述 SAE 配光方式和 ECE 配光方式的特点。
3. 汽车前照灯的发光强度和光束照射位置应满足什么要求?
4. 简述用检测仪检测发光强度和光束照射位置的基本原理。
5. 常用的前照灯检测仪有哪几种类型?简述其检测原理。
6. 使用检测仪检测前照灯时应注意哪些问题?
7. 简述车速表误差形成的原因。
8. 简述车速表检测的基本原理。
9. 简述车速表的检测标准。
10. 汽车整车外观检测项目有哪些?
11. 汽车主要结构参数有哪些?怎样测试?
12. 汽车质量参数包括哪些,怎样测试质心位置?
13. 汽车的通过性参数有哪些,如何检测?
14. 怎样测试汽车的稳定性参数?
15. 何为车身检测基准?它对轿车车身的检测与诊断具有什么实际意义?
16. 为何轿车车身整形后必须进行定位检测?
17. 车身检测诊断的基本步骤、方法有哪些?如何利用检测系统诊断车身?
18. 简述客车防雨密封性检测设备的工作原理。

第七章 电动汽车及主要总成系统检测

电动汽车指全部或部分采用电能驱动电机作为动力系统的汽车,包括纯电动汽车、混合动力电动汽车和燃料电池电动汽车等类型。其中,纯电动汽车是指以电池为储能单元,以驱动电机作为驱动系统的汽车;混合动力电动汽车是指同时装备两种动力源——热动力源(由传统的汽油机或者柴油机产生)和电动力源(电池与驱动电机)的汽车;燃料电池电动汽车是指采用燃料电池作为电源的电动汽车。根据中国汽车工程学会《节能与新能源汽车技术路线图2.0》提出的发展目标:到2030年,新能源汽车销量达到汽车总销量的40%左右;到2035年,新能源汽车成为主流,其销量达到汽车总销量的50%以上。作为一种重要的新能源汽车,电动汽车的产销量必将不断增长,而相关检测技术是保障电动汽车可靠运行的关键,因此,本章重点介绍,以纯电动汽车为代表的电动汽车整车及其主要总成系统的检测技术。

第一节 电动汽车整车性能检测

安全性、能耗和续驶里程以及环境适应性是电动汽车整车检测的重要内容,本节主要介绍这些性能的技术指标和检测方法。

一、整车安全性技术检测

1. 电子稳定控制系统检测

电子稳定控制(ESC)系统是目前应用最广泛的主动安全系统之一,技术已基本成熟。该系统包含了汽车防抱死制动系统(ABS)和牵引力控制系统(TCS)功能,并在此基础上,增加了方向盘转角、车辆侧向加速度和车辆转向行驶时横摆率的测量,电子控制器(ECU)根据相关传感器信号,计算每一个车轮的制动力以及驱动力大小,从而更好地控制车辆,保证行驶稳定性。

由于乘用车、商用车存在较大的差异,因此相应的电子稳定控制系统检测方法具有明显差异。具体来说,乘用车ESC系统的检测,依据GB/T 30677—2014《轻型汽车电子稳定性控制系统性能要求及试验方法》,检测的主要性能包括车辆的方向稳定性和响应特性。商用车ESC系统的检测,依据JT/T 1094—2016《营运客车安全技术条件》,总质量不大于3500kg的营运客车装备的ESC应符合GB/T 30677—2014的要求,主要检测车辆的方向稳定性和响应特性;其他营运客车装备的ESC应符合其附录A的要求,主要检测其车道保持能力和防侧翻控制能力等;营运货车适用于JT/T 1094—2016附录A。两者检测方法的主要区

别如下。

测试场景方面，乘用车通过慢增量转向试验计算出基准转向盘转角，记作"A"，然后在（80±2）km/h 的恒定车速下进行正弦停滞转向试验，每组试验从转向盘转角幅值为 1.5A 开始，以 0.5A 的幅度逐次增加转向盘转角幅值，直至达到规定的最后一次试验的转向盘转角幅值；商用车以 J-转向试验为基本测试场景，需要在该场景下确定初始参考车速和参考车速，之后以参考车速作为试验依据，进行防侧翻控制能力和车道保持能力等的检测。

检测指标方面，乘用车在正弦停滞转向输入完成后 1s 测得的横摆角速度应不超过转向盘转角方向改变后记录的第一个横摆角速度峰值的 35%，正弦停滞转向输入完成后 1.75s 测得的横摆角速度应不超过本次试验中转向盘转角方向改变后记录的第一个横摆角速度峰值的 20%；商用车在连续 8 次试验过程中，车辆以相同速度进入弯道，应至少 6 次试验满足"车辆进入弯道后 3s 时刻，车速应不超过 47km/h；车辆进入弯道后 4s 时刻，车速应不超过 45km/h；任何车轮不应偏离车道；ESC 激活行车制动"。

2. 电安全测试

在整车被动安全方面，电动汽车区别于传统汽车之处主要在于电动汽车有超过人体安全电压的 B 级电压（DC>60V，AC>30V），因此电动汽车除了电池燃烧、爆炸等隐患外，还有来源于 B 级电压对人体的触电伤害。因此，GB 18384—2020《电动汽车安全要求》对高压安全要求进行了较为详细的说明，包括接触防护等级、绝缘电阻和绝缘监测等多个检测项目，由于绝缘电阻的检测涉及部件级、系统级和整车多个层面，故对其检测方法进行详细分析。

(1) 检测回路方案指定　整车高压系统比较复杂，包含动力电池系统、直流系统、交流系统，以及外接电网的交流系统等多个子系统。在对系统检测时，需要对整车绝缘电阻检测回路进行选择与确定，根据整车高压系统拓扑结构，指定检测回路方案。确定整车各系统回路后，根据回路特征，还需要遵循以下原则：

1) 对于无源系统，使用绝缘电阻表等有源设备检测；

2) 对于有源系统，采用含有 B 级电压电源的电路绝缘电阻检测方法。

(2) 测试准备方面

1) 为提高测试安全性，车辆应处于静置状态；

2) 因为含有动力电池的系统级检测相当于采用动力电池的电压作为测试电压，为提高检测准确性，车载可充电储能系统应处于满电状态，即被测系统为最高工作电压；

3) 测试前车辆自身的绝缘监测系统应拆除或关闭，如采用硬件拆除方式，在计算整车绝缘电阻时应将移除的部件包含在内。

(3) 系统回路检测方面　在采用含有 B 级电压电源的电路的绝缘电阻检测方法进行系统绝缘电阻测试时，必须使高压继电器吸合方可进行，一般可以采用以下三种吸合方式：

1) 拆卸动力电池包，使用连接线或导电导体直接将继电器触点连接；

2) 根据整车控制策略，通过软件控制需要测试回路的高压继电器吸合；

3) 根据整车高压系统原理，通过低压控制电源给控制高压继电器触点的线圈供电，以强制高压继电器吸合。

(4) 不含电源的 B 级电压负载绝缘电阻测量方面　不含电源的 B 级电压负载的绝缘电阻检测除整车外，还需要在部件层面进行。对于不同类型的部件测试方法也不相同。比如高压电线束的测试，由于其不具有金属外壳，因此无法找到高压测试点外的另一个有效的测试点。为解决此问题，可将高压电线束的绝缘层部分浸入导电溶液中，将导电溶液作为另一个测量点，如图 7-1 所示。测试时将被测样件的所有外露端子彼此连接。使用绝缘检测设备，测试彼此连接的端子与线束外表面间的绝缘电阻值。

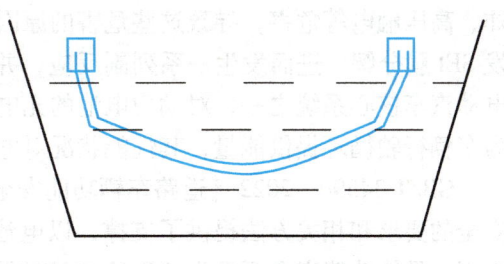

图 7-1　高压电线束绝缘电阻测试示意图

另外，对电动汽车整车绝缘电阻检测，首先需要分析被测车辆高压系统拓扑结构，根据结构特点及控制原理，将整车绝缘电阻分为动力电池、直流回路、驱动电机交流回路及充电机交流回路四个部分，如图 7-2 所示。其中，动力电池部分和直流回路部分可合并测试；驱动电机交流部分因逆变器 IGBT 特性不能保证有效连接，需要单独进行测量；充电机的交流部分因为充电机的隔离设计也需要单独测试。

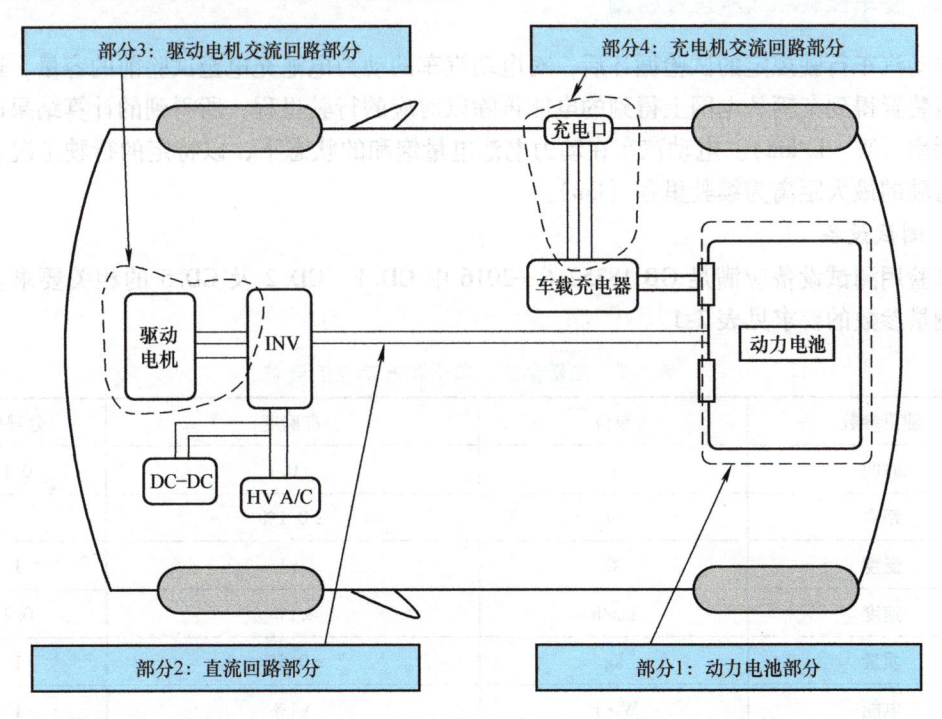

图 7-2　整车绝缘电阻回路检测方案

在进行动力电池部分测试时，按 GB 18384—2020《电动汽车安全要求》中含有 B 级电源的电路绝缘电阻的五步法进行测试，为保证检测安全性，要将测试点用引出线方式测试。需要注意的是，一定要用双笔法，且要保证对正负极和电平台间电压测试时的同步。而驱动电机交流回路及充电机交流回路的绝缘电阻检测，可采用无源方式进行。

3. 电池管理系统（BMS）功能安全检测

当前，锂离子动力电池由于其能量密度和功率密度高的优点成为电动汽车的主流，但随之而来的是显著的安全问题。锂离子动力电池在使用的过程中可能会产生冒烟、起火、爆炸、高压触电等危害，导致这些危害的原因有很多，主要有电芯过充电、过电流、过温等引发 SEI 膜分解，进而发生一系列副反应，并产生大量热，最终导致发生热失控。而 BMS 是电动汽车核心系统之一，对动力电池的充电、放电进行管理，使动力电池系统合理、有效地为车辆行驶循环提供能量，其性能状况对电动汽车功能安全具有直接影响。

GB/T 34590—2022《道路车辆功能安全》为电动汽车整车和车辆上关键电控系统功能安全的要求和相关方法提供了支撑，以电池管理系统中系统功能安全要求 BMS_FSR_001 为例，具体功能安全要求为"BMS 应该监测每个电芯电压，当电芯电压值超过安全阈值时，断开高压继电器，使动力电池系统进入安全状态"，对应的检测方法如下：

1）在试验台架上设置正常电压试验条件，使继电器闭合；
2）设置电芯电压值，观察继电器状态；
3）依次以例如 0.5V 的速度调整输入给 BMS 的电芯电压值；
4）当电芯电压设置为某一数值时，观察继电器状态以及继电器状态变化的时间。

二、整车能耗和续驶里程检测

电动汽车行驶规定的试验循环后，对电动汽车的动力电池充电至试验前的容量，通过充电测量装置得到车辆从电网上得到的电能再除以对应的行驶里程，所得到的计算结果即为能量消耗率（W·h/km）。电动汽车在动力电池电量饱和的状态下，以特定的行驶工况，能够连续行驶的最大距离为续驶里程（km）。

1. 测试设备

试验用测试设备应满足 GB 18352.6—2016 中 CD.1、CD.2 及 CD.5 的相关要求。其他相关测量参数的要求见表 7-1。

表 7-1 测量参数、单位和准确度的要求

测量参数	单位	准确度	分辨率
时间	s	±0.1	0.1
距离	m	±0.1%	1
温度	℃	±1	1
速度	km/h	±1%	0.2
质量	kg	±0.5%	1
电能	W·h	±1%	—
电压	V	±0.3% FSD[a] 或读数的 ±1%[b]	0.1
电流	A	±0.3% FSD[a] 或读数的 ±1%[b,c]	0.1

注：a. FSD：最大显示或标尺的长度。
　　b. 取较大者。
　　c. 电流积分频率 20Hz 或更高。

2. 试验循环

依据 GB/T 18386.1—2021《电动汽车能量消耗率和续驶里程试验方法　第一部分：轻型汽车》对电动汽车进行能量消耗率和续驶里程检测，其规定的轻型车试验循环应按照

GB/T 38146.1—2019 附录 A 所述的中国轻型汽车行驶工况（CLTC，包括 CLTC-P 和 CLTC-C，其中 CLTC-P 适用于 M1 类车辆，CLTC-C 适用于 N1 类和最大设计总质量不超过 3500kg 的 M2 类车辆），包括低速（1 部）、中速（2 部）和高速（3 部）3 个速度区间。若车辆的最高车速小于 CLTC 的最高车速，在目标车速大于车辆最高车速时，按照 GB 18352.6—2016 中 CA.5 的规定对试验循环进行修正。

3. 一般要求

道路载荷测量与测功机设定参照 GB 18352.6—2016 附件 CC 的规定进行。车辆应按照上述试验循环进行测试。应对车辆进行适当控制，准确跟踪试验循环曲线。每个试验循环的速度公差应满足 GB 18352.6—2016 中 C.1.2.6.6 的要求，即公差上限 +2.0km/h，时间在 ±1.0s 之内，公差下限 -2.0km/h，时间在 ±1.0s 之内。对于加速踏板踩到底超出公差上限的情况，不作为超差处理。

4. 终止试验的条件

当出现以下情况时应停止试验：

1）若车辆申报的最高车速不小于 CLTC 的最高车速，不能满足规定的公差要求时，应停止试验。

2）若车辆申报的最高车速小于 CLTC 的最高车速，对于超过车辆申报最高车速的部分，按照 GB 18352.6—2016 中 CA.5 的规定对试验循环进行修正，此时要求驾驶人将加速踏板踩到底，允许车辆实际车速超过规定的公差上限，但不能满足规定的公差下限要求时，应停止试验；在目标车速不超过车辆申报最高车速时，不能满足规定的公差要求时，应停止试验。

3）若车辆在恒速段 CSS_E 连续 4s 不能满足规定的公差下限要求，应停止试验。

达到试验结束条件时，挡位保持不变，使车辆滑行至最低稳定车速或 5km/h，再踩下制动踏板进行停车。

三、整车环境适应性技术检测

1. 电磁兼容（EMC）性能检测

与传统内燃机驱动的汽车相比，电动汽车给汽车产业带来的最大变革是增加了电力驱动的动力系统，这也为电动汽车带来了新的电磁兼容的挑战。电动汽车与车外环境的电磁兼容性检测主要考察电动汽车的车外电磁发射特性和车外电磁抗扰性。

（1）车外电磁发射特性　为检测电动汽车在运行过程中，辐射的电磁信号是否超过相应限值，依据 GB/T 18387—2017《电动车辆的电磁场发射强度的限值和测量方法》，测试布置及实际测试如图 7-3 和图 7-4 所示。车外电磁发射特性测试时电动汽车在一定的工作状态，使用天线设备接收电动汽车辐射的电磁能量，通过接收机读取测量值进行测量。

具体测试步骤如下：

1）道路负荷按照车辆满载情况设置，车速为 40km/h 的稳定条件运行车辆。

2）按照标准要求布置单极天线，记录电场测量数据。

3）按照标准要求布置环天线，记录磁场的两个方向的测量数据。

4）依据步骤2）和步骤3）相对于限值的最大测量结果，确定最大发射方向。如果车辆的两个不同侧面的最高电平大致相等，那么可以选择其中一个侧面作为最大辐射方向。

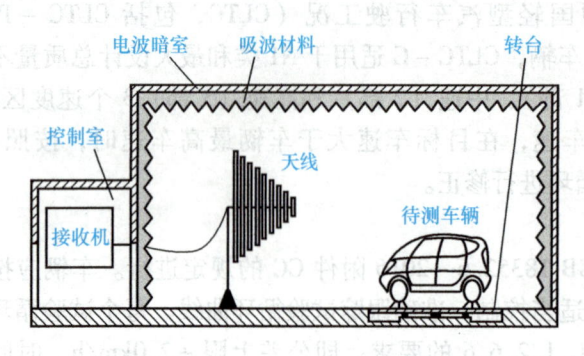

图 7-3　30～1000MHz 车外电磁发射特性测试布置图及实际测试图

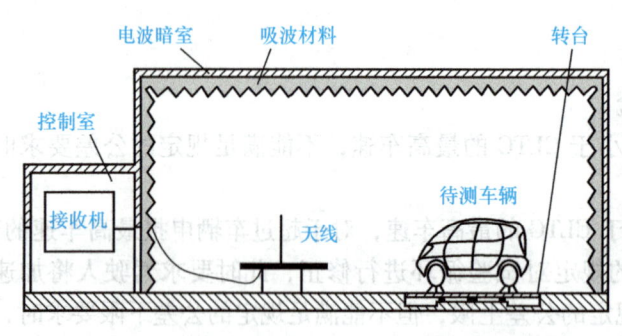

图 7-4　30MHz 以下车外电磁发射特性测试布置图及实际测试图

5) 车辆运行模式如下：低速模式，车速为 16km/h，道路负荷按照车辆满载情况设置；高速模式，踩下加速器或设置巡航控制系统产生额定车速 70km/h，道路负荷按照车辆满载情况设置，如果车辆在电驱动系统工作情况下无法达到 70km/h 的速度要求，车速应工作于最大车速。注：如果车辆无法在测功机上完成试验，可使用轮轴支架支起车辆进行试验。

6) 在车辆最大发射侧面进行电场峰值扫描和磁场峰值扫描，判断其是否超过表 7-2 所示的发射限值。

表 7-2　电场强度和磁场强度的发射限值

电场强度的发射限值		磁场强度的发射限值	
频率 f/MHz	峰值限值/[dB/(μV/m)]	频率 f/MHz	峰值限值/[dB/(μV/m)]
0.15～4.77	88.89 − 20lg (f)	0.15～4.77	37.36 − 20lg (f)
4.77～15.92	116.05 − 60lg (f)	4.77～15.92	64.52 − 60lg (f)
15.92～20	67.98 − 20lg (f)	15.92～20	16.45 − 20lg (f)
20～30	41.96	20～30	−9.57

(2) 车外电磁抗扰性　为检测车外环境中的无线信号是否对电动汽车的正常运行造成影响，依据 GB/T 33012.2—2016《道路车辆　车辆对窄带辐射电磁能的抗扰性试验方法　第 2 部分：车外辐射源法》，测试布置及实际测试如图 7-5 所示。车外抗扰性测试利用信号源、功率放大器与不同频段的天线，将一定场强的电磁波在电波暗室中辐射到汽车，通过观察汽车的工作状态来检测汽车的抗扰性。

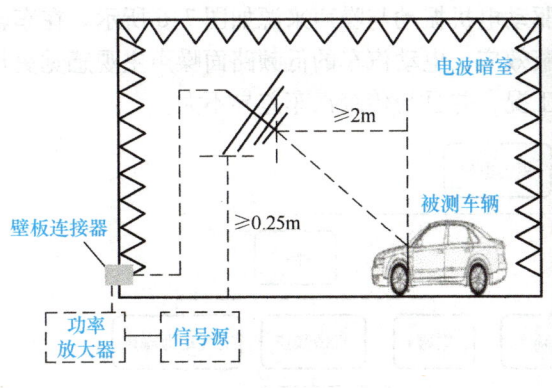

图 7-5　车外抗扰性测试布置图及实际测试图

车外抗扰性测试利用信号源、功率放大器与不同频段的天线，将一定场强的电磁波在电波暗室中辐射到汽车，通过观察汽车的工作状态来评价汽车的抗扰性，相关评价标准见表 7-3。

表 7-3　车外电磁抗扰性评价表

汽车试验条件	失效判定准则
车速为 50% ± 20%（巡航控制系统开启）	速度变化大于运行速度的 ±10%
近光灯打开（手动模式）	灯熄灭、AFS（如装有）产生误动作
前刮水器开到最大速度（手动模式）	前刮水器完全停止
驾驶人侧的转向灯打开	频率改变（低于 0.75Hz 或高于 2.25Hz）
可调节悬架处于正常位置	变化范围超出汽车制造商的规定
驾驶人座位和方向盘处于中间位置	位置变化大于总范围的 10%
报警器关闭	报警器非预期激活
喇叭关闭	喇叭非预期激活
驾驶人侧安全气囊和安全约束系统运行	非预期激活
自动门关闭	非预期打开
可调节缓速制动杆处于常规位置	非预期激活
制动工况：应包括制动踏板的操作	制动灯不亮、制动故障警告灯亮
充电状态	汽车异常动作

2. 电动汽车 NVH 性能开发与测试评价

NVH 是指 Noise（噪声）、Vibration（振动）和 Harshness（声振粗糙度），因其可直接感知，故汽车 NVH 性能对驾乘舒适性具有直接影响。

（1）电动汽车噪声的特点　电动汽车噪声区别于传统燃油车，主要有以下三个部分：

① 电驱动系统噪声。

② 电气附件噪声。

③ 低速路噪、高速风噪和异响。

电驱动系统主要包括驱动电机和减速器，电动汽车的动力源由发动机变成了驱动电机，使得动力系统在运行方式上发生了本质的变化，即传统发动机是由活塞往复运动带动曲轴旋转,而驱动电机则完全变换为旋转运动。驱动电机振动与噪声来源如图7-6所示。在车辆低速行驶状态下,由于没有发动机噪声的掩蔽效应,电动汽车的低频路面噪声主观感觉更加突出;而空气动力噪声主要体现在中高车速工况,并且与传统汽车差异不大。

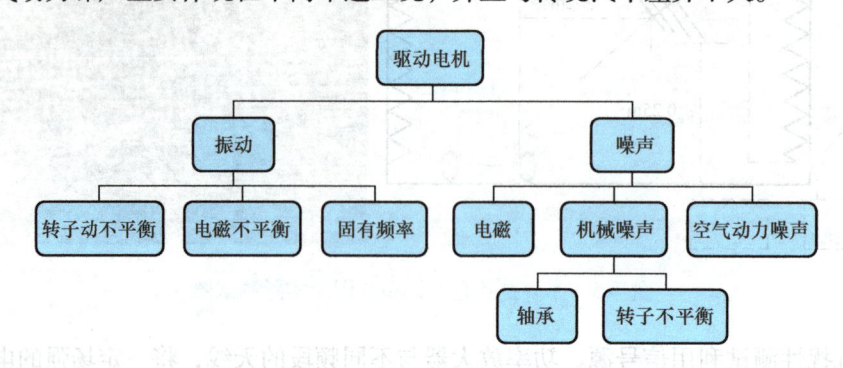

图 7-6　驱动电机振动与噪声来源

(2) 电动汽车 NVH 主观检测方法

① 试验场地。为保证检测结果的一致性,评价场地应在国家级试验场进行,评价路面包括平坦路面、粗糙路面和坡道路面,路面保持干燥且清洁。平坦路面应选择试车场的长直线试车道,粗糙路面选择试车场的小卵石路,坡道路面选择20%坡度的路面。路面要求为清洁、干燥、无积水和积雪。

② 试验环境。符合国家标准 GB/T 12534—1990《汽车道路试验方法通则》相关试验要求。其中,风速不大于 3m/s;大气温度允许在 -20~40℃ 范围内;环境噪声应低于被测噪声 10dB。

③ 试验载荷。试验载荷按轻载、满载两种状态进行评价,需做半载视具体情况而定。轻载状态为整备质量加一名驾驶人,也可视具体情况再加一名乘员;满载状态为满载设计载荷,载荷可以是乘员,也可以是人体模型,人体模型需模拟人体状态固定可靠。

④ 试验人员。主观评价人员以 NVH 专家和 NVH 性能测试工程师为主,辅以少数有经验客户参与体验,相应评分标准如表7-4 所示。

表 7-4　主观评价评分标准

分值	描述	分值	描述
1	不能忍受的	6	可接受的
2	令人难受的	7	好的
3	根本不能接受的	8	非常好
4	不能接受的	9	优秀
5	有待提高的	10	非常优秀
	不可接受的		可接受的

(3) 电动汽车 NVH 测试方法　电动汽车可以综合以下运行工况中被测汽车车内振动噪声水平来评价整车 NVH 性能。

1) 匀速行驶。在热机的情况下,在沥青路面车辆速度分别为 40km/h、60km/h、80km/h、100km/h、120km/h 时进行测试。汽车以所选择的车速匀速行驶,记录原始数据并进行后处理。

对于每一车速行驶时，应保证车速变化不超过 ±3%，每一次测量时间建议 10s。

2）全油门加速行驶。在热机情况下，在指定的路面上以静止状态行驶，然后迅速将加速踏板踩至底部，同时开始采集数据，加速至指定驱动电机转速（一般为最高转速的 90%）时，停止采集。

3）缓加速行驶。同全油门加速行驶测量过程基本一样，不同的是对于缓加速行驶，应使加速踏板缓慢均匀地打开，加速过程中车辆加速度最后控制在（1±0.1）m/s^2 以内。由于加速踏板位移变化率不容易保持一致，因此，该工况测试时数据一致性很难保证，如无特别要求，该工况试验可根据情况选做。

4）滑行行驶。车辆在指定驱动电机转速或车速下，滑行至车速 20km/h 或相应的电机转速以下，记录在滑行过程中原始数据。

5）车辆定置。

① 车辆定置（Ready 状态），车载制冷空调开启。在热机情况下，车辆定置（驻车制动处于拉紧状态，挡位为 P 位），车内空调制冷开启，并记录空调风机挡位（空调模式为最低温度、内循环吹面模式，鼓风机挡位为一挡），测量车内测点处数据。每一次测量时间建议 10s。

② 车辆定置（Ready 状态），车载制热空调开启。在热机情况下，车辆定置（驻车制动处于拉紧状态，挡位为 P 位），车内空调制热开启，并记录空调风机挡位（空调模式为最高温度、内循环吹面吹脚模式，鼓风机挡位为一挡），测量车内测点处数据。每一次测量时间建议 10s。

第二节 动力电池及充电系统检测

动力电池是电动汽车的动力源泉，直接关系到电动汽车能否正常行驶以及续驶里程的长短；而充电系统是从供电电源获得能量，经过转换和整理后，以合适方式传递给动力电池的必备子系统之一。因此，动力电池与充电系统的性能检测是保证车辆正常行驶的基本条件。

一、动力电池的主要类型和性能指标

1. 电池的主要类型

电池的种类繁多，划分的方法也有多种。车用动力电池，按其原理划分，主要可分为生物电池、物理电池及化学电池三大类。生物电池是利用生物（如生物酶、微生物或叶绿素等）分解反应过程中表现出来的带电现象所进行的能量转换，包括酶电池、微生物电池和生物太阳能电池等。它主要具有体积小、无污染、寿命长、可在常温常压下使用等优点。物理电池是指利用物理原理制成的电池，其特点是可以在一定条件下实现直接的能量转换，主要包括太阳能电池、飞轮电池、核能电池和温差电池。太阳能电池是利用光电效应，将光能转化为电能，然后将输出的直流电存储在蓄电池中；飞轮电池是将电能转换为飞轮的旋转动能，飞轮以高速旋转来储存动能，然后利用发电机将动能转变成电能输出；核能电池是依靠核子发生裂变或聚变工作的；温差电池是一种直接将热能转换成电能的电池。化学电池是将化学反应产生的能量直接转换为电能的装置，也称为化学电源。另外，还有超级电容器，它是一种介于传统电解质电容器及电化学电池之间的新型储能元件。

化学电池是生活中使用最多的电池，化学电池一般按电解液种类、正负极材料和其功能有如下三种分类方式。

1) 按电池的电解液种类可以分为碱性电池、酸性电池、中性电池及有机电解液电池四类。碱性电池的电解质主要是以氢氧化钾水溶液为主，如碱性锌锰电池、镍铬电池、镍氢电池等；酸性电池主要以硫酸溶液为介质，如铅酸电池；中性电池是以盐溶液为介质，如锌锰干电池；有机电解液电池是以有机溶液为介质的电池，如磷酸铁锂电池、锂离子电池等。

2) 按电池的正负极材料可分为锌系列电池、镍系列电池、铅系列电池、锂系列电池、二氧化锰系列电池及空气系列电池等。锌系列电池包括锌锰电池、锌银电池等；镍系列电池包括镍铬电池、镍氢电池等；铅系列电池包括铅酸电池等；锂系列电池包括锂离子电池、锂锰电池、聚合物锂电池、磷酸铁锂电池等；二氧化锰系列电池包括锌锰电池、碱锰电池等；空气电池系列包括锌空气电池、铝空气电池等。

3) 按电池功能分类是指根据工作性质或储存方式不同进行的分类法，主要分为一次电池、二次电池、燃料电池及储备电池四类。一次电池称为原电池，即不能再充电的电池。若原电池中的电解质不流动则称为干电池，如锌锰干电池、锌汞干电池、锌银干电池等。二次电池即可充电的电池，习惯上称为蓄电池，它是目前电动汽车上用得最多的动力电池，主要包括铅酸电池、锂离子电池、镍氢电池及磷酸铁锂电池等。燃料电池又称为"连续电池"，即将活性物质连续注入电池，使其连续放电的电池。储备电池又称为"激活电池"，这类电池的正负极活性物质在储存器不直接接触，使用前临时注入电解液或用其他方法使电池激活，如锌银电池、镁银电池。

2. 电池的性能指标

(1) 电池的容量　电池的容量是指完全充电的蓄电池在规定条件下所释放的总电量，通常用字母 C 来表示，其单位为安时（A·h）。与其相关的还有蓄电池储存性能，即表示蓄电池长期搁置后容量变化的特性。电池容量一般有理论容量、额定容量、可用容量、剩余容量。

(2) 电池的能量　电池的能量是指在一定标准所规定的放电条件下，电池对外做功所能输出的电能，其单位是瓦时（W·h）或千瓦时（kW·h）。电池的能量一般有总能量、充电能量、放电能量。

在此需格外强调容量与能量的区别，前者表示电池输出的电量，而后者表示其做功能力。能量可以用容量乘以放电平均电压求出。电气设备用电流控制时，则用容量衡量；当电压显得重要时，则多用能量衡量。分析比较电动汽车能量利用效率时即用能量。

(3) 能量密度与功率密度　能量密度与功率密度分别指从蓄电池的单位质量（或体积）所获取的电能与输出功率，也分别被称为比能量与比功率。有以下四种具体表示法。

① 质量能量密度。也称质量比能量，单位为 W·h/kg。
② 体积能量密度。也称体积比能量，单位为 W·h/L。
③ 质量功率密度。也称质量比功率，单位为 W/kg。
④ 体积功率密度。也称体积比功率，单位为 W/L。

能量密度和功率密度的区别在于，动力电池的功率密度一定程度地解决了汽车的加速性、爬坡性及最高车速，而动力电池的能量密度决定了汽车一次充电后的续驶里程。动力电池的重量也一定程度地影响了汽车的驱动力，而电池的体积决定了汽车各部件在汽车底盘的布局空间。因此,电动汽车希望比功率和比能量都能较大。但通常来说,动力电池的功率密度增加时,能量密度要下降。其原因为动力电池内产生高电流的化学反应限制了能量密度,为了形成高电流,需要大量的集电器;为了让出空间,就得缩小储存电能量的电极材料的体积。

(4) 电池的开路电压　蓄电池处于开路状态下电极两端的电位差称为开路电压,通常用高内阻的电压表或万用表测量。电池的开路电压主要取决于构成电池的材料特性,如正、负极材料和电解液的性质。对于同一系列的电池,若材料来源不同、晶型结构不同,制成电池的开路电压也会有差异,这一点在电池组合时需格外注意,即要选择性能尽量一致的单体电池为同一组。开路电压是电池体系的一种特征数据,随着电池存放时间的延长,其开路电压会有所降低,这是由电池自放电引起的,但下降幅度不大。若电池的开路电压下降很快,则表示电池内部可能存在慢性短路或电池性能衰退。

(5) 电池的内阻　电池放电时的内阻包括欧姆内阻与极化电阻。欧姆内阻是电池中各组成部分的电子导电阻力、离子导电阻力及接触阻力之和,与电极结构和装配工艺有关。极化电阻是由电极反应形成的,和电极反应的本质及材料有关。电池内阻越小,电池工作输出电流时其内部的压降就越小,电池就可以输出较高的工作电压和较大的电流,输出能量及容量就越大。

(6) 电池的工作电压、放电终止电压和放电曲线　电池工作电压是指电池放电时,电池两极之间的电位差,也称为放电电压或端电压。工作电压应等于其开路电压减去电池内阻的压降,和放电制度有关。放电制度是指电池放电时所规定的各种条件,主要有放电方式(指连续或间断)、放电电阻、放电电流、放电时间、放电终止电压和放电环境温度等。

放电终止电压是指电池放电时,电压下降至不宜再继续放电的最低工作电压。根据不同的电池类型和放电条件,对电池容量和寿命的要求也不同,所以所规定的电池放电终止电压也不同。通常在低温或大电流放电时,终止电压要求低,由于此时电极极化大,活性物质不能得到充分利用,电池电压下降较快。而在小电流放电时,终止电压就规定较高,因为小电流放电电极极化小,且活性物质可以得到充分利用。

放电曲线表示在一定放电条件下,连续放电时电池的工作电压随着时间变化的关系曲线。图 7-7 所示为某电池在不同放电率下的放电曲线,可以看出放电时其工作电压随时间的变化过程,通过放电曲线也可以计算出放电时间和放电量。放电时率小,其电压下降速度快,终止电压低,放电时间也短;反之放电时率大,其工作电压下降慢,通常也能输出较多的能量。工作电压变化的速度也被称作放电曲线的平稳度。

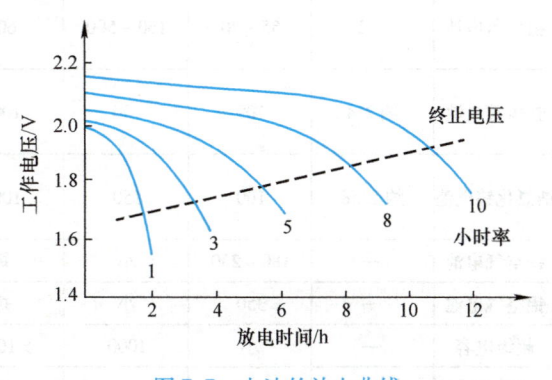

图 7-7　电池的放电曲线

(7) 电池的寿命　电池的寿命是指电池使用时间或充电循环次数所表示的电池耐用性。循环充电电池经历一次充电与放电的过程,称为一个循环或一个周期。在一定的充放电制度下,电池容量降低到某一规定值时,电池所能经受的循环次数,称为蓄电池的循环寿命。影响蓄电池循环寿命的主要因素:在充放电过程中,电极活性表面积减小;电极上活性物质脱落或转移；电极材料发生腐蚀；电池内部短路；隔膜损坏和活性物质晶型改变，活性降低。在每个充放电循环中，电池中的化学活性物质会慢慢老化变质，活性衰减，化学功能减弱，使得电池的充放电效率逐渐下降，最后电池丧失功能而报废。蓄电池的循环周期与其充电和放电的形式、使用环境温度和放电深度有关，放电深度"浅"时，有助于延长电池的寿命。动力电池在电动汽车上的使用环境、电池组中各个电池的均衡性以及安装方式等均会影响电池的使用寿命。

（8）电池的温度特性　环境温度是影响电池性能的重要因素。电池对环境温度及温度升高的情况均比较敏感。大部分电池都要求在较狭窄的温度范围内工作，方可保持较高的性能，否则就会损坏。所以，电池在电动汽车上安装使用时，必须注意其环境及温度变化的调节控制。

3. 各类车用动力电池的性能比较

电动汽车动力电源的主要要求包括比功率高（在大电流工况下能够平稳放电，提高加速、爬坡性能）、比能量大（延长续驶里程）、循环寿命长、安全可靠、成本低、对使用环境温度要求低、能量转换效率高、对环境污染小等。电动汽车的未来发展很大程度上决定于动力电池的各项性能。各类车用动力电池的性能比较见表7-5。

表7-5　各类车用动力电池的性能比较

电池类别	单体电池电压（V）	比能量（W·h/kg）	比功率（W/kg）	寿命（次）	优点	缺点
铅酸蓄电池	2.0	35~40	50	400~1000	技术成熟、原料丰富、价格低、温度特性好	比能量和比功率较低、寿命短、铅有污染
锂离子电池	3.6	110	300	>1000	比能量大、寿命长	成本高
聚合物锂电池	3.8	150	315	>300	比能量大、电压高、自放电小、超薄	成本高
磷酸铁锂电池	3.2	100	—	2000	寿命长、安全性好	体积大
镍氢蓄电池	1.2	55~70	160~500	600	放电倍率高、免维护	自放电高、单体电压低
钠硫蓄电池	约2.4	109	150	1000	比能量高、转换效率高、寿命长	工作温度高、性能不稳定、使用不安全
钠氯化镍电池	约2.58	100	150	1000	优点同钠硫蓄电池，但比钠硫蓄电池安全	工作温度较高
锌空气电池	—	180~230	小	短	比能量大	比功率低
铝空气电池	—	350	小	短	比能量大、成本低	比功率低
超级电容	—	小	1000	>10000	比功率大、寿命超长	比能量小
飞轮电池	—	小	大	长	比功率大、寿命长	比能量小
燃料电池	—	—	—	—	寿命长、效率高、污染小、噪声低、可快速补充能源和连续工作	存在制氢、储氢的成本和安全等问题

二、动力电池主要性能指标的检测方法

动力电池是电动汽车的动力源或辅助动力源，在电动汽车设计制造和使用时，需要了解动力电池的多种性能以便评价和选用。相关标准检验的性能指标主要包括 3h 放电率的额定容量、大电流放电效率、低温放电性能、过放电性能、安全性、荷电保持能力、循环耐久能力、耐振动及储存性能等。对二次电池来说，由于电池的机理不同，其检测所用的设备和方式存在一定区别，为此对不同种类电池的检测应使用相应的检测设备及仪器。

1. 动力电池充放电性能检测

充电过程中的主要参数包括充电接受能力及充电的最高电压。动力电池充电测试的基本电路由电源、电流电压检测设备、控制设备及记录设备等组成。也可以利用动力电池的性能测试仪进行自动检测，其原理如图 7-8 所示。

充电效率是指在充电时充入动力电池的电能和所消耗的总电能的比例。充电电流、充电方法、充

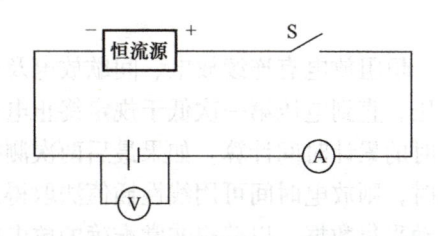

图 7-8　动力电池的性能测试仪原理

电时的温度直接影响充电效率。通常来说，充电初期效率高，充电效率接近 100%，充电后期因为电极极化的因素，充电效率低，电极上伴随着大量的气体析出。充电的最高电压是充电过程的另一个重要指标。充电电压低，表明电池在充电时的极化小，充电效率高，使用寿命长。动力电池的耐过充电能力说明电池在处于极端充电的条件下，也有很好的使用性能。例如 Ni–MH 电池，要求在 1C 充电率下，电池充电 90min 应无泄漏，充电 6h 内不发生爆裂。

放电制度主要是指放电时间、电流、环境温度和终止电压等。电池的放电方式主要包括恒流放电或恒阻放电，还有恒压放电、定电压放电、连续放电和间歇放电等。最常用的是恒流放电与恒阻放电。

（1）恒流放电　恒流放电系统由恒流源、电流和电压检测记录装置组成。恒流源可以由电子稳流电路组成或用恒压源和电阻构成。

放电过程可以采用人工记录、自动记录或通过数据采集用计算机来自动记录，也可以使用专门设备，如 BS–9300、DK–2010 等电池性能测试仪。常用放电电流、放电曲线及放电时间率来表示动力电池的放电性能。放电电流的大小直接影响动力电池的放电性能。所以，在标注动力电池的放电性能时，应表明放电电流的大小。动力电池的工作电压是衡量电池放电性能的一个重要指标。放电曲线反映了整个放电过程中工作电压的变化过程。工作电压是个变化量，通常以中点电压表示，如 Ni–MH 电池 1C 放电时，中点电压即指放电 30min 后所测动力电池电压。放电时间率是指动力电池放电至电压值的放电时间占总放电时间的比值。如 Ni–Cd 电池以 1C 放电到 1.0V 的放电时间为 60min，其标称电压为 1.2V，电池放电到 1.2V 的时间为 48min，那么计算放电到 1.2V 的时间与总放电时间的比率为 80%（即 48/60），习惯上把放电时间率称为电池的电压特性。良好的电压特性可以确保电池输出功率高，并可以使用电设备长时间处于工作电压范围内（电压稳定），有利于实际应用中电池容量的发挥。

（2）恒阻放电　恒阻放电是指放电过程中保持负荷电阻为一定值，放电到终止电压的

放电方法，用放电过程中电压随时间的变化表示放电特性，检测电路如图7-9所示。

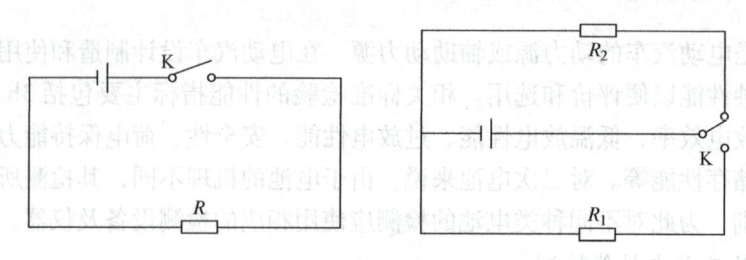

图7-9　恒阻放电检测电路

恒阻放电有连续放电、间歇放电及交替放电三种方式。每隔一定时间测量一次动力电池电压，直到电压第一次低于规定终止电压。放电时间按动力电池开始放电至电压降到终止电压时的累计时间计算。如果最后两次测得的电压值，一次高于终止电压，另一次低于终止电压时，则放电时间可用线性插值法取得。也可以采用连续记录仪或数据采集卡，使用计算机自动采集数据，以获得非常准确的放电时间及自动绘制出放电曲线图。

2. 动力电池容量检测

动力电池容量是指活性物质参加动力电池成流反应时所有的电量，其容量可以分为理论容量、实际容量和额定容量等。动力电池理论容量是指动力电池活性物质全都参加成流反应时的电量，用法拉第定律计算，是理想值。额定容量是指设计和制造动力电池时，规定或确保动力电池在一定放电条件下应该放出的最低限度的电量，又称标称容量。实际容量是指在一定放电条件下，动力电池放出的实际电量。因放电条件不同，实际容量也会不同。所以，实际容量取决于容量较小的那个电极，通常在实际生产活动中使负极容量过剩（即负极面积大），限定整个动力电池容量的是正极电容量。

动力电池容量的测定方法和电池放电性能测定方法基本相同，包括恒流放电法、恒阻放电法、恒压放电法、定电压放电法、定电流放电法、连续放电法和间歇放电法等。恒流放电法的基本表达式为

$$C = It$$

需要特别强调的是放电容量与放电电流有密切关系，与放电温度、充电制度、搁置时间均有较大关系。如在相同的充电制度下，动力电池的自放电性能对于电池容量有影响。搁置10min与搁置1h再测试动力电池容量，其结果也会有差别。

恒阻放电法中，放电电流不是定值。放电开始时电流较大，随后逐渐减小。放电电阻越大，放电电流越小，放电曲线越平缓，电容量也越大。容量基本表达式为

$$C = \frac{Ut}{R}$$

式中　U——平均放电电压，即电池刚放电时的初始工作电压与终止电压的平均值；
　　　R——放电电阻；
　　　t——放电时间。

3. 动力电池循环次数检测

在一定的充放电制度下，动力电池容量降到某一定值之前，动力电池所能承受的循环次数，称为循环寿命，这是动力电池的主要性能指标之一。我国电动车辆用动力电池标准规

定，锂离子电池循环寿命不得小于300次，铅酸电池循环寿命不得小于400次，其实影响动力电池循环寿命的因素较多，如电极材料、电解液、隔离膜及制造工艺和使用中的环境温度等。过高或过低的充电电压、放电深度等，将大大缩短动力电池的使用寿命，如图7-10所示。

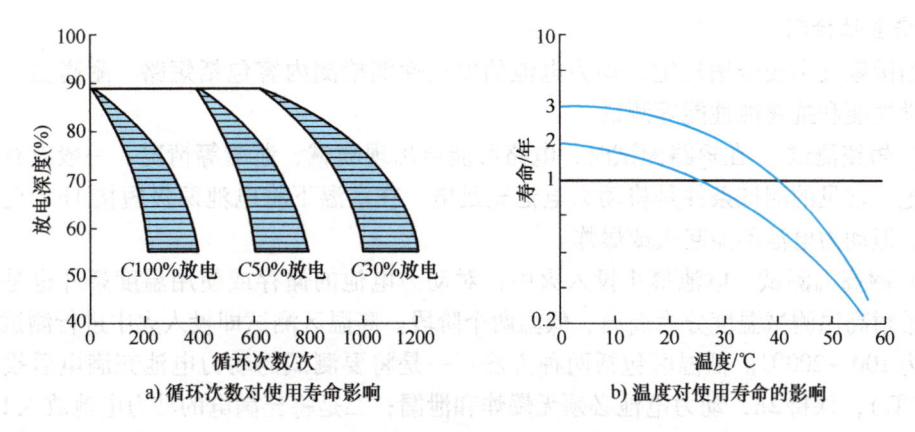

a) 循环次数对使用寿命影响

b) 温度对使用寿命的影响

图7-10 循环次数及温度对使用寿命影响

4. 动力电池内阻的检测

电流通过动力电池时所受到的阻力称为电池内阻。同类电池，通常来说，内阻小则电池的电压特性好，电池内阻是电极发生电化学反应时所表现的极化电阻与欧姆电阻的总和。欧姆电阻是电极材料、电解液、隔离膜等几个部分零件的接触电阻之和。

动力电池内阻大小随着电池类型不同而不同，如Ni-MH电池的内阻通常为15~50mΩ，铅酸蓄电池的内阻为10mΩ，Ni-Cd电池的内阻为30~100mΩ。电池内阻和普通电阻元件不同，它是有源元件，必须用方波电流法、交流电桥法、交流阻抗法、直流伏安法、短路电流法或脉冲电流法等特殊方法测量。实际上，在工程检测中多用专门内阻仪检测，常见的内阻检测仪原理通常采用交流法。它把电池等效于一个有源电阻，给被测电池通以恒定交流电流（通常为1000Hz，50mA），然后对其进行电压采样、整流滤波等一系列处理，从而测得比较精确的内阻。

5. 自放电及储存性能检测

在静止开路状态时，电能容量下降的现象称为自放电。动力电池的储存性能是指电池开路时，在一定温度、湿度条件下，储存时能量下降率的大小。不同类型的动力电池其自放电程度也不同，如空气电池的自放电很小，Ni-MH电池的自放电较大，Ni-Cd电池、锂离子电池的自放电相对较小。在储存过程中，容量下降主要是因为化学电源两个电极之间的自放电引起的，自放电产生的原因包括电极的腐蚀、活性物质的溶解、电极上发生的歧化反应（同一物质的分子中，同一价态的同一元素间发生的氧化还原反应）、活性物质的钝化、电池组成材料的分解变质等。

自放电速率用单位时间内容量降低的比例表示，即

$$R_z = \frac{C_0 - C_n}{C_0 T} \times 100\%$$

式中，R_z为自放电的速率，C_0为储存前容量，C_n为储存T时间后的容量，T为储存时间，在实

际使用中常用保持率 R_b 来表示，计算公式为

$$R_b = \frac{C_n}{C_0} \times 100\%$$

电池保持率也称电池容量剩余比例、荷电保持能力等。

6. 安全性检测

根据国家技术安全法规定，动力电池的安全性能检测内容包括短路、耐高温、钻孔试验、力学性能和抗腐蚀性能等测试。

（1）短路测试　在短路测试时，电路可能会出现喷碱、泄漏等情况。一般应有较好的防护措施。常见的测试条件是将动力电池充足电，在室温下将电池两极短接1h，允许有泄漏发生，但动力电池不能起火或爆炸。

（2）耐高温测试　电池禁止投入火中，对动力电池的储存或使用温度条件也是有规定的。通常耐高温测试温度分为高温、低温两个阶段。高温区测试即投入火中进行测试，低温区温度为100～200℃。低温区包括两种方法：一是将要测试的动力电池充满电后投入沸水中（100℃），保持2h，动力电池必须无爆炸和泄漏；二是将充满电的动力电池放入150℃的恒温箱中保持10min，动力电池必须无爆炸和泄漏。

（3）钻孔试验　在受到外界尖锐物体的冲击时，动力电池可能会被刺破外壳，如果刺入物是金属，则正负极会短路，带来一定的危险。应进行钻孔试验，钻头通常为导电性的。测试条件：钻头直径为1.0mm，径向钻穿，允许电池有漏液发热，但不允许爆炸。由于此试验属于破坏性试验，要有安全措施和设备，保证安全。

（4）力学性能检测　常用的力学性能试验有碰撞试验与振动试验，在（20±5）℃条件下，将动力电池从1.0m高度上跌落至木板上，一个方向进行两次跌落试验。观察电池是否发生电解液泄出、爆炸情况，以及是否产生明显的形变。对电动道路车辆动力电池的耐振动性能试验分为三步进行：

① 用生产厂家提供的专用充电器，按照规定的充电方法将动力电池充满电。

② 将充满电的动力电池安装在振动试验台上，使动力电池以 I_3（A）电流放电。

③ 使动力电池以30～35Hz频率上下方向振动，振动的电池最大加速度为30m/s²，时间为2h，并观察动力电池放电电压是否有异常变化，及动力电池是否有泄漏等情况。

（5）抗腐蚀性能测试　抗腐蚀测试通常为电化学测试法，即盐雾试验法。测试时，将动力电池暴露在测试箱内，并向测试箱中喷入经雾化的试验溶液，细雾在自重作用下均匀地沉降在试样的表面，试验溶液为5%的食盐溶液，其中总固体含量不超过20μg/g，pH值为6.5～7.2。试验时盐雾箱内温度应保持恒定。动力电池在盐雾箱内的时间为48h，试验后，动力电池容量应有显著降低，外壳金属部分不应有多处锈迹，不得有绣孔和明显点蚀，严禁有泄漏、爆炸。

三、充电系统特性与检测方法

1. 充电装备

电动汽车的充电装备主要有动力电池整体更换站和充电桩两种。在电动汽车销售点、维修站、公共电动汽车停车场等可以建设专门的动力电池整体更换站，将电动汽车"待充电"的电池组整体拆卸并更换。再将"已充电"的电池组装到电动汽车上，可有效地解决充电

慢、检修时间长等问题。但需要配备某种电动汽车专用电池组、电池组拆卸和更换的专用机械手或机械设备等，目前电动汽车的电池组还没有实现标准化与通用化，在短期内推广有一定的困难。因此，这里重点介绍充电桩。

（1）接触式充电桩　接触式充电桩相当于一个独立的小型充电器，充电时直接用插头插接在插座上即可得到电能，接触式充电桩将交流电经过整流器转换为直流电，向电动汽车的动力电池组直接充电，如图 7-11 所示。接触式充电桩技术成熟、结构简单、使用方便，价格便宜，但充电时应用小电流充电，充电时间长，安全性较差。

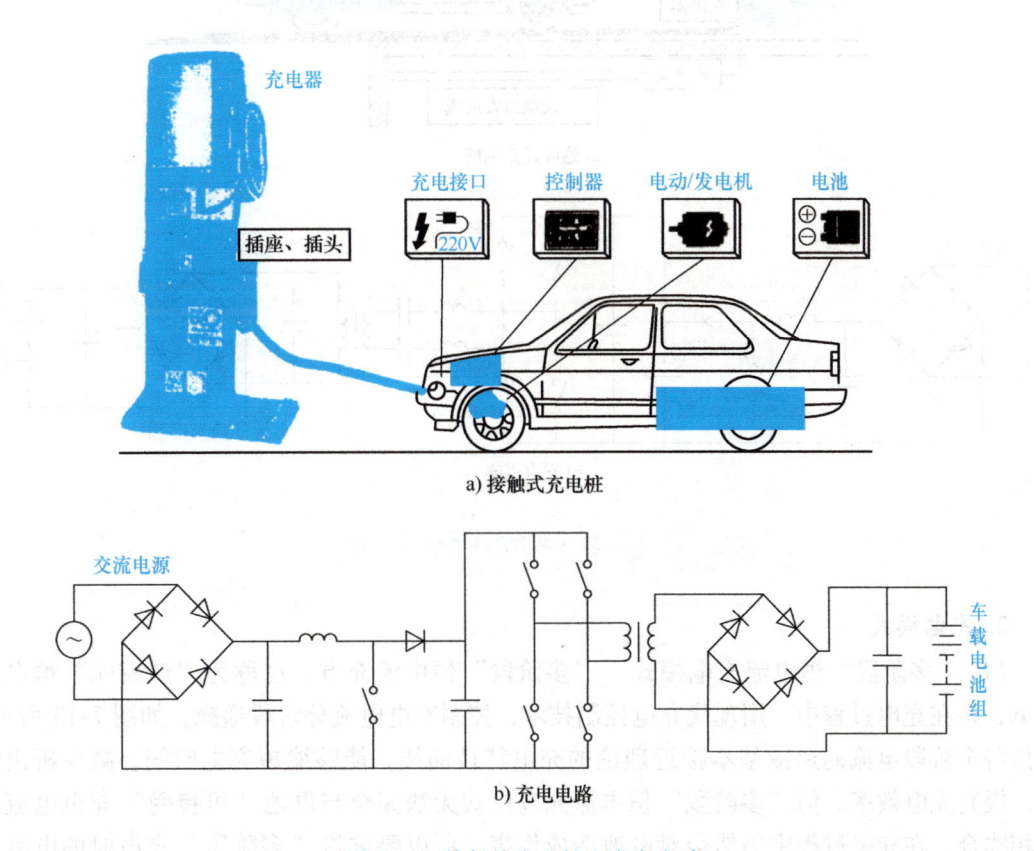

图 7-11　接触式充电桩和充电电路

（2）感应式充电桩　感应式充电桩用于布置有车载感应式充电器的电动汽车充电。车载感应式充电器相当于一个小型变压器，充电时，利用高频变压器原理，将高频变压器的原边绕组隐藏在地下的发射导线中，高频变压器的副边绕组布置在电动汽车上，如图 7-12 所示。充电控制系统将电网电源 50Hz 或 60Hz 的普通交流电，转换为 80～300Hz 的高频，可适用于电动汽车充电的直流电流，通过电磁耦合作用，在电动汽车的高频变压器的副边上，形成感应直流电流并对动力电池进行充电。感应式车载充电器充电时间较短，不需要用插头与插座接触，安全性较好。但只能在装有感应式充电站的地方与装有感应充电装置的电动汽车之间，方可进行感应充电。目前，它的使用仍不方便，充电时，会产生感应损耗，效率较低，造价也较高。

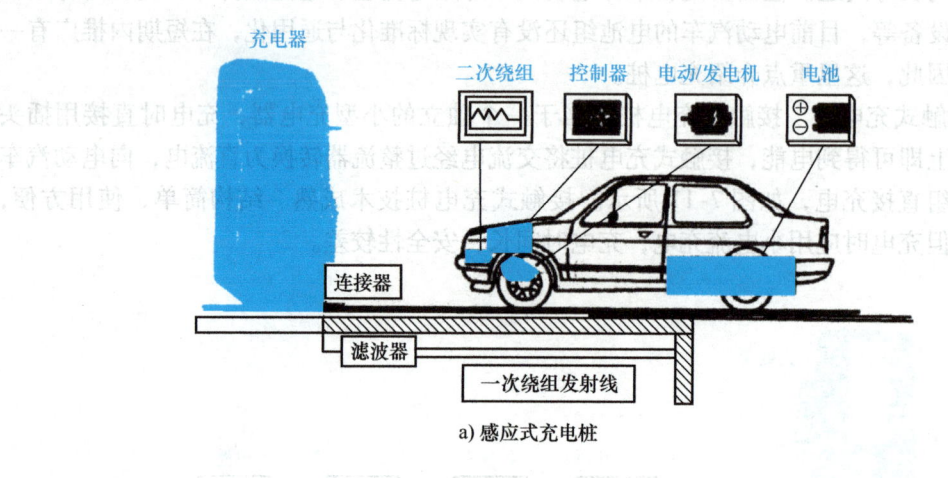

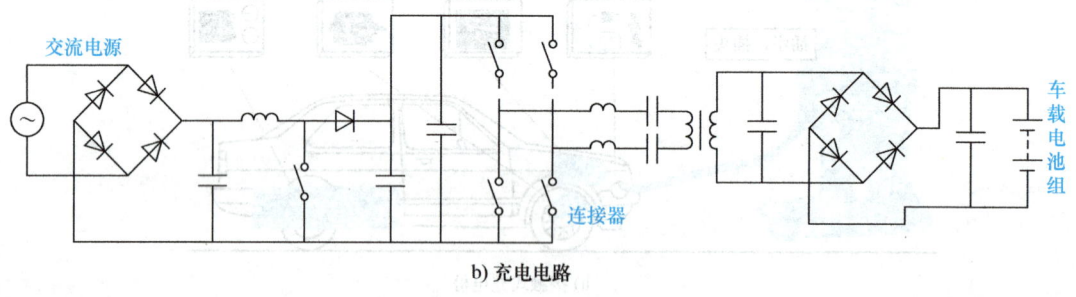

图 7-12 感应式充电桩和充电电路

2. 充电模式

（1）"多阶段"恒电流充电模式　"多阶段"恒电流充电，也称为"递减式"恒电流充电，是在充电过程中，用现代充电控制技术，控制充电电流分阶段递减，如图 7-13 所示。保持各个阶段电流的递减基本接近理论的充电特性曲线，能够缩短充电时间，减少析出气体，提高充电效率。但"多阶段"恒电流充电模式无法完全与电池"可接受"充电电流曲线相吻合，在充电过程中仍然会对电池造成伤害，所以要求将"多阶段"充电时的电流充电阶段分得很细，因而使得控制变得复杂。

（2）恒电压限电流充电模式　按恒电压限电流充电技术控制充电时，高精度控制充电电压和充电电流连续变化，若参数选择正确，恒电压限电流充电过程可以更接近"可接受"的充电曲线，如图 7-14 所示。

（3）智能脉冲快速充电模式　智能脉冲快速充电，采用去极化脉冲电流充电。通常在 5min 内能够恢复电池放电容量的 50%，15min 达到电池放电容量的 80%。快速充电的电流很大，在短时间内电压升高很快，因此电池内阻会使得电池温度迅速上升。

3. 充电系统检测方法

下面以比亚迪 E5 纯电动汽车为例，介绍充电系统技术状况的检测方法。

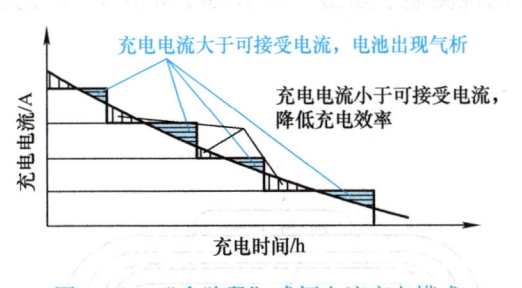

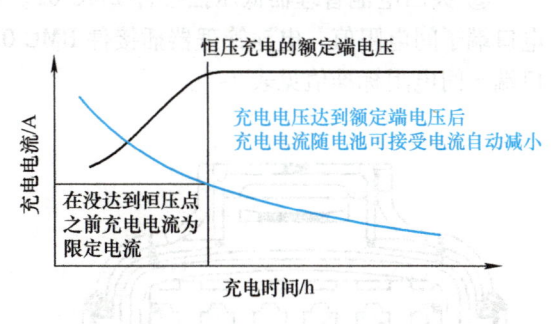

图 7-13 "多阶段"式恒电流充电模式　　　　图 7-14 恒电压限电流充电模式

（1）直流充电系统技术状况检测　若直流充电口、高压电控总成、电池管理器或线束等处技术状况不良，将导致直流无法充电的故障，具体检测步骤如下。

1）检查直流充电口总成高、低压线束。

① 分别拔出直流充电口总成的高压插接件和低压插接件，分别测试正负极电缆和低压线束是否导通。

② 用万用表检查低压插接件与充电口端子间电阻值是否正常，检测标准见表7-6。直流充电接口端子如图 7-15 所示，低压插接件检测端子如图 7-16 所示。

表 7-6　低压插接件与充电口端子间正常值

低压插接件端子	直流充电口端子	正常值/Ω
1	A −	<1
2	A +	<1
3	CC2	<1
4	CC1	<1
5	S −	<1
6	S +	1000 ± 30

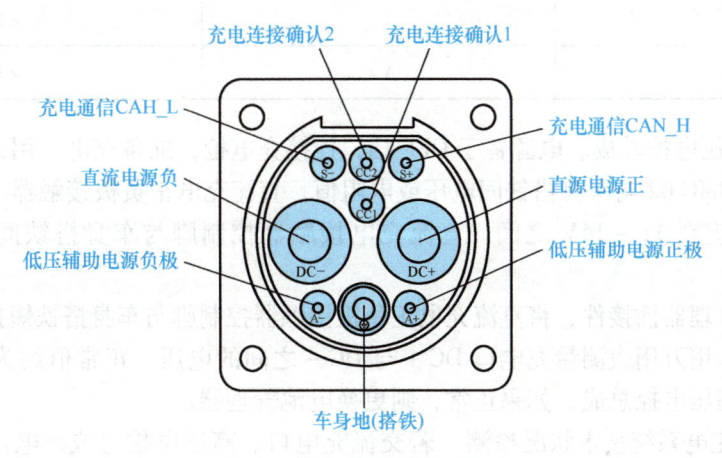

图 7-15　直流充电接口端子

③ 拔出电池管理器低压插接件 BMC 02。用万用表检查电池管理器插接件 BMC 02 与充电口端子间电阻值。电池管理器插接件 BMC 02 的检测端子如图 7-17 所示，BMC 02 与充电口端子间电阻标准值见表 7-7。

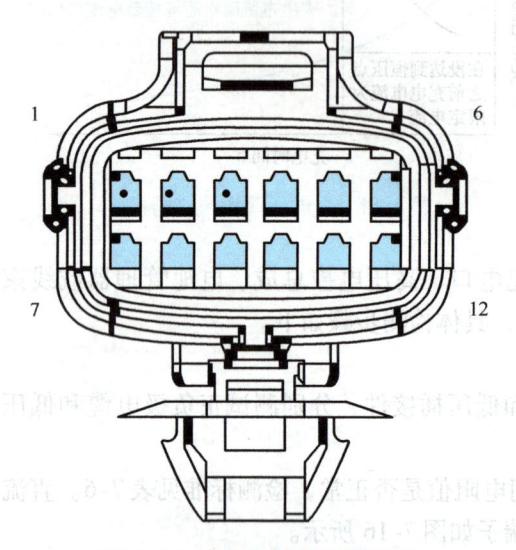

图 7-16　低压插接件检测端子
1~6、7~12 为检测端子序号

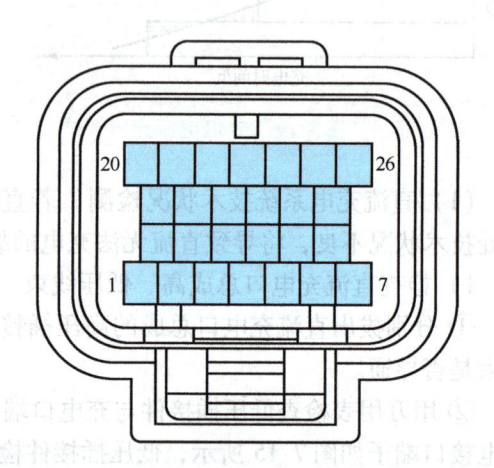

图 7-17　电池管理器插接件 BMC 02 的检测端子

表 7-7　BMC 02 与充电口端子间电阻标准值

BMC 02 端子	直流充电口端子	正常值/Ω
04	CC2	<1
14	S+	<1
20	S−	<1
1	A−	<1
2	A+	<1

2）检查高压电控总成。电源置于 OFF 挡，连接充电枪，准备充电。用万用表检查电池管理器插接件 BMC 02 与车身搭铁间电压或电阻值，直流充电正负极接触器电源脚与车身搭铁间的电压值应在 11~14V 之间，直流充电接触器控制脚与车身搭铁间的电阻值应小于 1Ω。

拔下电池管理器插接件，将直流充电正负极接触器控制脚与车身搭铁短接，将吸合充电正负极接触器。用万用表测量充电口 DC+ 与 DC− 之间的电压，正常值约为 650V。如果不正常，则检修高压电控总成；如果正常，则更换电池管理器。

（2）交流充电系统技术状况检测　若交流充电口、高压电控总成、电池管理器或线束等处技术状况不良，将导致交流无法充电的故障，其中交流充电接口端子如图 7-18 所示。具体检测步骤如下。

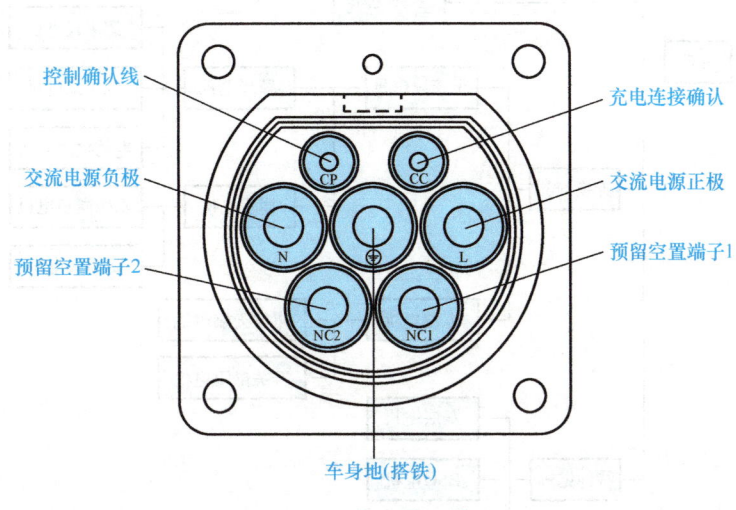

图 7-18 慢充接口端子

1）检查交流充电口总成。检查充电电缆是否断路。如果不正常，则更换交流充电口总成。如果正常，则检查高压电控总成。

2）检查高压电控总成。将交流充电口接入充电桩或家用电源。用万用表测量高压电控总成插接件交流充电感应信号脚端子电压，正常值小于1V。如果不正常，则检修或更换高压电控总成。如果正常，则检查低压线束（交流充电口－电池管理器）。

3）检查低压线束（交流充电口－电池管理器）。如果不正常，则更换线束。如果正常，则检查电池管理系统。

第三节 驱动电机系统检测

纯电动汽车驱动电机系统由驱动电机和电机控制器构成。其中，驱动电机是电动汽车的核心部件，电机控制器是控制电动汽车动力电源与电机之间能量传输的装置。驱动电机系统的技术状况直接影响电动汽车的性能。

一、驱动电机类型及特点

在电动汽车上最常用的电动机是永磁电机、正弦波电机、方波电机以及特种电机，电动汽车可选用的驱动电机类型如图7-19所示。电动汽车所采用的驱动电机通常由几十千瓦到100~200kW，几种常用电机的特性见表7-8。电机的主要性能指标如下。

（1）额定电压 U_e（V） 电机在额定情况运行时，电机定子绕组应输入的线电压值，通常小型直流电机为36~48V，单相交流电机为220V，三相交流电机为380V，特种电机的电压可达500V。

（2）额定电流 I_e（A） 电机在额定电压下，其轴上输出的机械功率是额定功率时，电机定子绕组通过的线电流值。

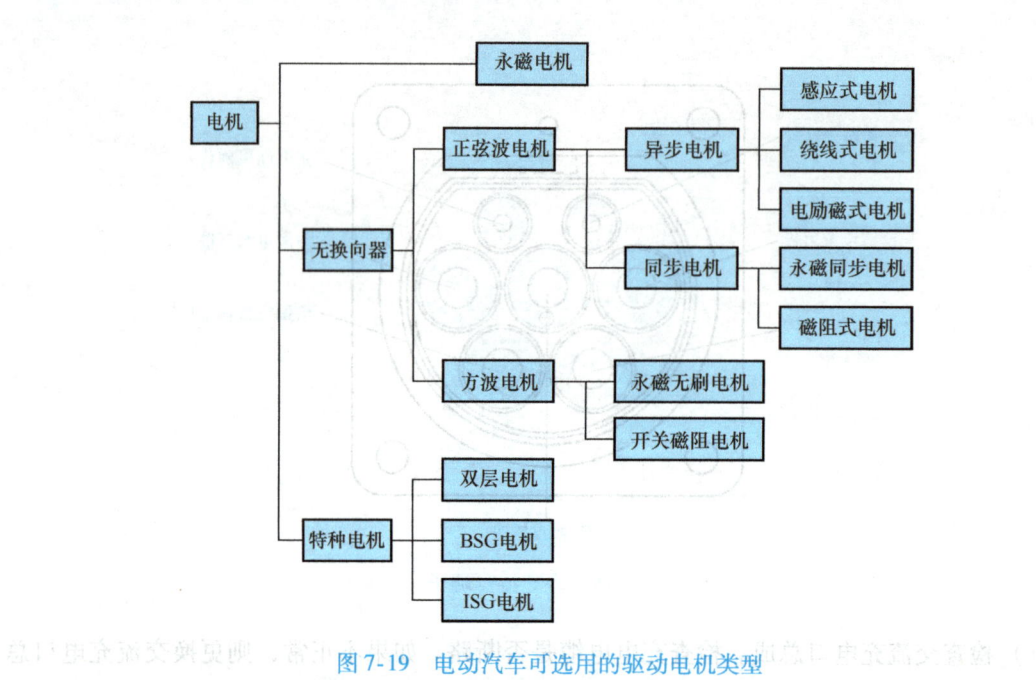

图 7-19　电动汽车可选用的驱动电机类型

表 7-8　几种常见电机的特性比较

项目	直流电机	交流感应电机	永磁电机	开关磁阻电机
转速范围/(r/min)	4000~6000	9000~15000	4000~10000	可以达 15000
功率密度	低	中	高	较高
功率因数（%）	—	82~85	90~93	60~65
峰值效率（%）	85~89	94~95	95~97	85~90
负荷效率（%）	88~91	79~85	90~92	78~86
10%负荷时的效率（%）	88~91	79~85	90~92	78~86
最高效率（%）	85~89	94~95	90~97	90
过载能力（%）	200	300~500	300	300~500
恒功率区比例	—	1:5	1:2.25	1:3
电机重量	重	中	轻	轻
电机外形尺寸	大	中	小	小
可靠性	一般	好	较好	好
安全性	中	高	低	高
控制操作性能	最好	好	好	好
结构的坚固性	差	好	一般	优良
电机成本	高	低	高	较高
控制器成本	高	高	高	一般
单位输出功率相对成本/(元/kW)	1.0	0.8~1.2	1~1.5	0.6~1.0

（3）频率 f（Hz）　三相电流的频率。我国为 50Hz 的三相电流，国外大多采用 60Hz 的三相电流。

（4）额定转速（r/min）　电机在指定的频率（我国为 50Hz）时，在额定电压下其输出轴上输出的机械功率是额定功率时电机的转速。根据电动汽车速度、动力性能的要求，需要选择不同转速的驱动电机，通常电机的转速有以下几种：低速电机，转速为 3000~6000r/min；中速电机，转速为 6000~10000r/min；高速电机，转速为 10000~15000r/min。

（5）额定功率 P_e（kW）　电机在额定运行时其轴上输出的机械功率。

$$P_e = U_e I_e \eta_e$$

式中　U_e——额定电压（V）；
　　　I_e——额定电流（A）；
　　　η_e——效率（%）。

电动轿车驱动电机的功率为 30~50kW，电动客车与货车驱动电机的功率为 50~150kW。ISG 电机的功率为 5~15kW。

（6）峰值功率 P_{max}（kW）　电机在额定转速运行时，电机轴上输出的最大机械功率。电机的峰值功率为额定功率的 2~3 倍。

（7）机械效率 η_e　电机在最高值运行时其轴上输出的机械功率，与电机在额定情况下运行时，电源输入电机定子绕组上的功率的比值（%），要求电机高效区（效率大于 85%）占电机整个运行区间的 50% 以上。

（8）温升（℃）　电机在运行时允许升高的最高温度。

二、驱动电机系统的检测方法

1. 驱动电机控制器的检测

驱动电机控制器是驱动系统的核心执行模块，其接收电池管理器和整车控制单元的信息，控制三相驱动电机运转，实现电机转速、方向和转矩的改变。电机控制器通过接收电机角度传感器（或称电机解角器传感器）信号作为控制命令的输出反馈，实现系统的闭环控制。下面以比亚迪 E6 为例，介绍驱动电机控制器的检测方法。

（1）控制器电源与搭铁的检测　拔下电机控制器 B32（外围 24PIN 棕色插接件）连接器，测量线束端连接器各端子间电阻或电压，连接器端子如图 7-20 所示。在电源打到 ON 挡的条件下，B32-8 与车身搭铁间的电压正常值应为 11~14V，B32-1 与车身搭铁间的电阻应小于 1Ω。

（2）电机控制器与电机低压端子线束电阻检测　检查电机控制器和电机低压端子 B22、B23（图 7-21）线束电阻，并把测量结果与表 7-9 所示正常值进行对比，如果不满足要求则需更换相应的组件。

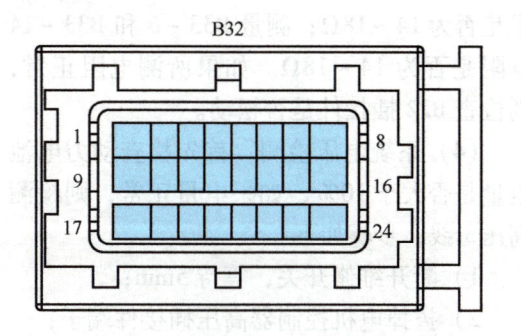

图 7-20　电机控制器连接器 B32 端子

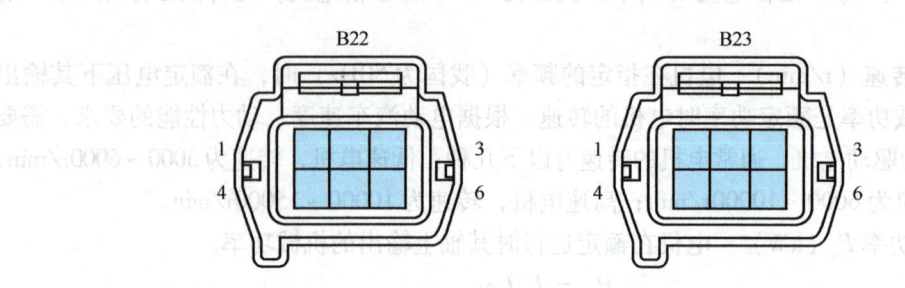

图 7-21　电机控制器连接器 B22、B23 端子

表 7-9　连接器 B22、B23 端子间的电阻正常值

端子	线色	正常值/Ω
B33-7→B23-1	橙（O）	<1
B33-15→B23-4	浅绿（Lg）	<1
B33-4→B22-1	黄/蓝（Y/L）	<1
B33-5→B22-2	黄/橙（Y/O）	<1
B33-6→B22-3	黄/绿（Y/G）	<1
B33-12→B22-4	蓝/白（L/W）	<1
B33-13→B22-5	蓝/橙（L/O）	<1
B33-14→B22-6	绿（Gr）	<1

（3）电机角度传感器检测　退电 OFF 挡，拔掉电机控制器低压插接件 B33，如图 7-22 所示，其主要端子定义及正常值如表 7-10 所示。测量 B33-4 和 B33-12 电阻是否为 8~10Ω；测量 B33-5 和 B33-13 电阻是否为 14~18Ω；测量 B33-6 和 B33-14 电阻是否为 14~18Ω。如果所测电阻正常，则检查 B22 插接件是否松动。

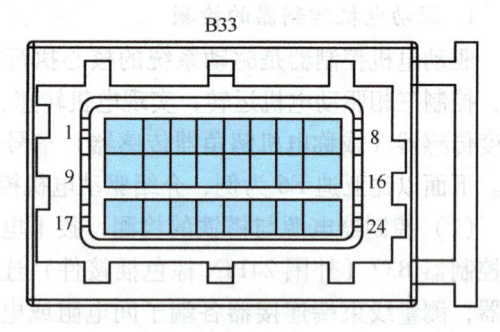

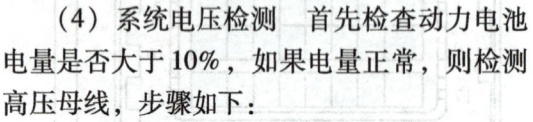

图 7-22　电机控制器低压插接件 B33 端子规格

（4）系统电压检测　首先检查动力电池电量是否大于 10%，如果电量正常，则检测高压母线，步骤如下：

1）断开维修开关，等待 5min；

2）拔掉电机控制器高压插接件端子；

3）插上维修开关，整车上电；

4）测量母线电压值，如果母线电压值不在正常范围（正常值为标准动力电池电压），那么检查高压配电盒及高压线路。否则，需要更换驱动电机控制器。

表 7-10　B33 主要端子定义及正常值

端子号	线色	端子描述	条件	正常值
3	绿	MG2 旋变屏蔽地	始终	小于 1V
4	黄	MG2 励磁 +	线束端（断线插件）	与励磁（−8±2）Ω
5	蓝	MG2 正弦 +	线束端（断线插件）	与正弦（−14±4）Ω
6	橙	MG2 余弦 +	线束端（断线插件）	与余弦（−14±4）Ω
7	粉	MG2 电机过温	线束端（断线插件）	与 15 脚有电阻值（小于 100Ω）
8	灰	运行模式切换信号输入	ON 挡	小于 1V 或 11~14V
11	紫	CAN（控制器局域网络）屏蔽地	始终	小于 1V
12	绿黑	MG2 励磁 −	线束端（断线插件）	与励磁（8±2）Ω
13	黄黑	MG2 正弦 −	线束端（断线插件）	与正弦（14±4）Ω
14	蓝黑	MG2 余弦 −	线束端（断线插件）	与余弦（−14±4）Ω
15	绿黄	MG2 电机过温地	线束端（断线插件）	与 7 脚有电阻值（小于 100Ω）
16	黄红	运行模式切换信号输出	ON 挡	小于 1V 或 11~14V
19	棕	CAN 信号高	始终	2.5~3.5V
20	白	CAN 信号低	始终	1.5~2.5V
21	白黑	驻车制动信号	驻车	小于 1V
22	白红	行车制动信号	踩制动踏板	11~14V

2. 驱动电机系统绝缘检测

（1）电机控制器电缆与高压控制盒绝缘检测　电机控制器电缆与高压控制盒连接 4 芯电缆绝缘检测方法如图 7-23 所示。

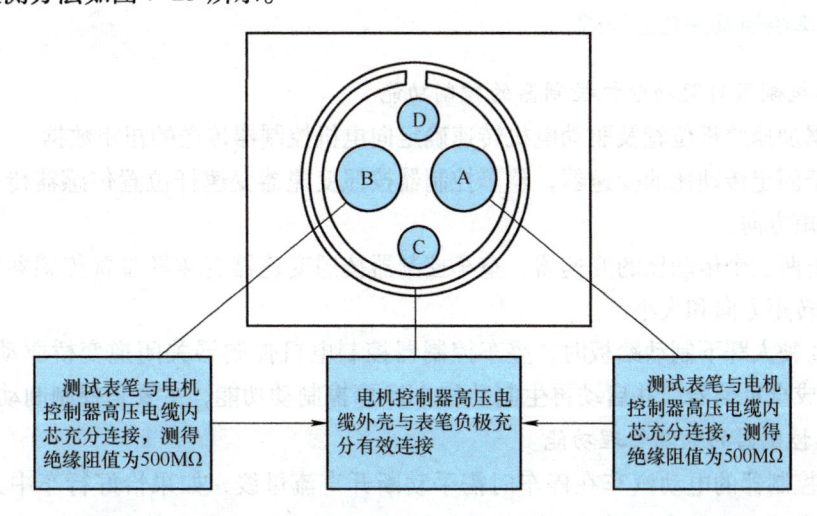

图 7-23　电机控制器电缆与高压控制盒连接 4 芯电缆绝缘检测

（2）驱动电机高压电缆绝缘检测　驱动电机 U、V、W 高压电缆绝缘阻值测量方法如图 7-24 所示。如果确定驱动电机绝缘阻值过低，应进行电机维修。

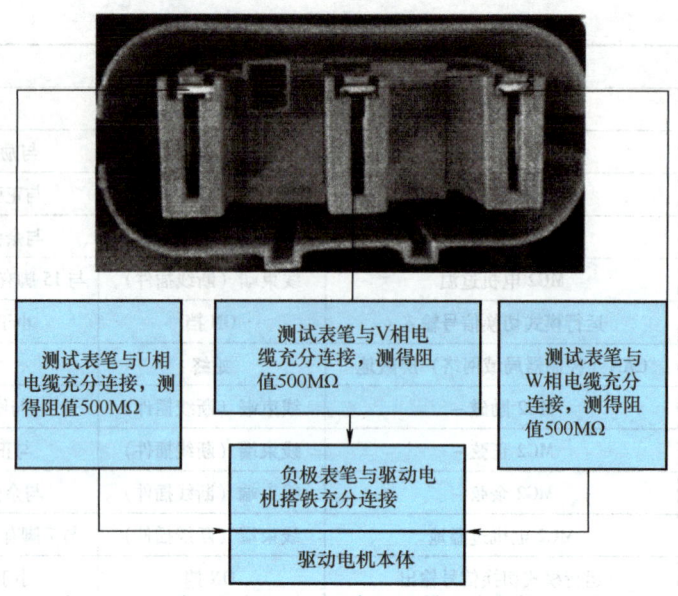

```
┌─────────────────┐      ┌─────────────────┐      ┌─────────────────┐
│ 测试表笔与U相    │      │ 测试表笔与V相电  │      │ 测试表笔与      │
│ 电缆充分连接，测 │      │ 缆充分连接，测得 │      │ W相电缆充分     │
│ 得阻值500MΩ     │      │ 阻值500MΩ       │      │ 连接，测得阻    │
│                 │      │                 │      │ 值500MΩ        │
└────────┬────────┘      └────────┬────────┘      └────────┬────────┘
         │                ┌───────┴────────┐                │
         │                │ 负极表笔与驱动电│                │
         └────────────────┤ 机搭铁充分连接  ├────────────────┘
                          └───────┬────────┘
                                  │
                          ┌───────┴────────┐
                          │  驱动电机本体  │
                          └────────────────┘
```

图 7-24　驱动电机 U、V、W 高压电缆绝缘阻值测量方法

第四节　整车控制系统检测

整车控制系统是电动汽车正常行驶的控制中枢，是电动汽车正常行驶、故障诊断处理和车辆状态监控等功能的主要控制部件。整车控制系统技术状况的检测对于保证电动汽车的正常行驶具有重要作用。

一、整车控制系统功能原理

1. 整车控制器对驱动电机控制器的控制功能

1）根据加速踏板位置及驱动电机转速确定向电机控制器传送的扭矩数据。

2）对于固定传动比的变速器，整车控制器按照变速器变速杆位置传感器传来的位置信号，确定转矩方向。

3）对于两三个传动比的变速器，整车控制器按照变速器变速杆位置传感器传来的位置信号，确定转矩方向和大小。

4）当驾驶人踩下制动踏板时，整车控制器控制电机控制器关闭逆变桥驱动电路信号，由正信号变成全负信号，并启动再生制动和 ABS 摩擦制动功能，主要是控制制动效果。

2. 整车控制器的电源管理功能

无整车控制器的电动汽车在停车时需手动断开直流母线，如果恰好行车中人为断开母线，将会有大的电流冲击，同时在修理时会产生安全隐患。有整车控制器时，整车控制器中的软件会对正负直流母线进行有区别的断电。电池箱内布置有熔丝的检修塞或空气开关，只有在维修时采用手动插检修塞或断开空气开关的断电方式。直流母线断电继电器位置需设计在动力电池组的输出近端，尽可能采用减缓电流冲击的三继电器控制方式，除正负母线两个继电器外，其中一个是系统主电阻器继电器。

3. 整车控制器的自诊断功能

整车控制器可以对接入自身的传感器、执行器、整车控制器进行监测。整车控制器对检测仪的输出数据包括整车控制器的版本、电机控制器的版本、防盗电子钥匙的版本及整车控制器存储的故障码、数据流。整车控制器对检测仪输入包括单元编码功能、执行元件诊断、自适应功能。检测仪还要有登录上网功能，以利于检测仪的数据更新。

传感器监测包括对电机中冷却液温度、冷却风扇电机继电器线圈电路、水泵电机继电器线圈电路，以及电机电源的有无进行监控，如有故障则生成故障码，必要时点亮故障指示灯。执行器监测包括继电器是否能工作，原因在线圈还是开关，电磁阀是否能工作，并设计有进行执行元件诊断的程序。

4. 整车控制器同其他控制节点的数据信息共享功能

如图7-25所示为电动轿车控制单元结构。

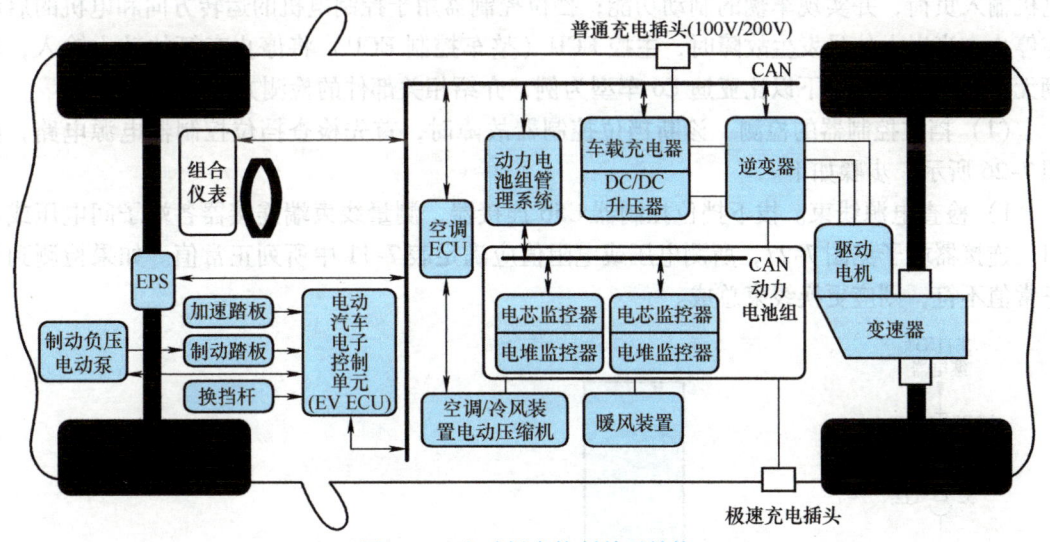

图7-25 电动轿车控制单元结构

1）接收电机控制器节点传来的电机控制器如过温、低电压、过电流等故障，对故障进行存储，分析后认为有必要则输出到仪表，点亮仪表动力系统故障灯。

2）对来自电池管理系统的动力电池总电压、电流，以及各动力电池电芯的电压、电池箱温度、风扇继电器工作情况、烟度传感器信号、内置温度传感器信号、动力电池的单块温度等信息进行处理，必要时，给仪表输出故障信号，向仪表输出电池箱号及动力电池位置号，这样利于维修中更换动力电池。

3）整车控制器和空调ECU交换信号，控制空调的制热和制冷。

4）从漏电保护器单元接收高压漏电信号，启动高压漏电自动切断主电路开关功能。

5. 整车控制器的电器管理功能

1）对灯光及加热器等的控制。

2）对电器用电的优先权进行控制。

6. 整车控制器的防盗器功能

将编码机械钥匙（或感应钥匙）、整车控制器及电动机控制器三者联系在一起，采用变码送码防盗技术。变码送码防盗技术主要有编码机械钥匙（或感应钥匙）和整车控制器无

线通信、密码算法 A。此外就是整车控制器和电机控制器实现有线通信、密码算法 B。一旦三者身份认证通过，那么控制电机控制器正常工作，否则电机控制器进入控制锁死状态，而不是仅仅不发转矩信号，这样可防止盗贼通过车辆自身动力将车盗走。由于三者出厂时已经通过认证，盗贼盗走最多的是电机控制器与整车控制器两者，没有钥匙这两个控制器不能工作，也可明显减少盗贼盗走电机控制器和整车控制器的想法。服务修理上一旦钥匙丢失，软件上有可以配置新的电子钥匙的程序。防盗控制状态能通过检测仪的数据流功能看到。

二、整车控制系统检测方法

1. 驱动系统输入/输出信号部件检测

驱动电机的运转主要由驾驶人通过加速踏板、制动踏板和挡位进行控制。其中：加速踏板用于为驱动系统提供电机负荷的输入信号，并控制制动能量回收功能；制动踏板用于取消电机输入负荷，并实现车辆的制动功能；挡位控制器用于控制电机的运转方向和电机的启动与停止。当以上信号发生故障时，主控 ECU（整车控制 ECU）将停止车辆的动力输入，车辆无法正常行驶。以下以比亚迪 E6 车型为例，介绍相关部件的检测方法。

（1）挡位控制器的检测　诊断挡位控制器故障时，首先检查挡位控制器电源电路，如图 7-26 所示，步骤如下。

1）检查电源线束。拔下挡位控制器 G56 连接器，测量线束端连接器各端子间电压或电阻。连接器端子见图 7-27，所测电压或电阻值应满足表 7-11 中所列正常值。如果检测到与正常值不符，则应更换线束总成。

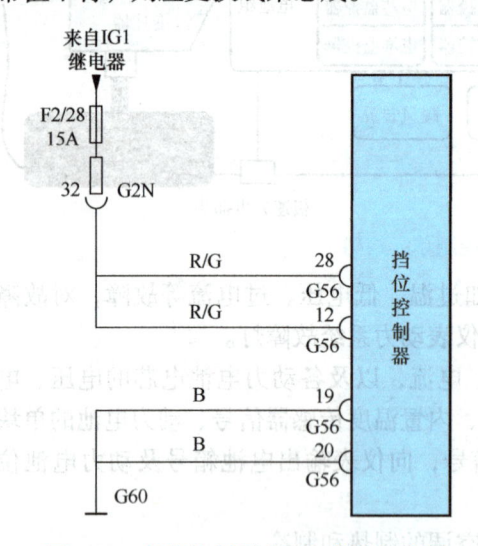

图 7-26　挡位控制器电源和搭铁电路图

图 7-27　挡位控制器端子

表 7-11　挡位控制器端子电压或电阻正常值

端子	线色	条件	正常值
G56-28—车身搭铁	红/绿（R/G）	电源挡位打到 ON 挡	11~14V
G56-12—车身搭铁	红/绿（R/G）	电源挡位打到 ON 挡	11~14V
G56-19—车身搭铁	黑（B）	始终	<1Ω
G56-20—车身搭铁	黑（B）	始终	<1Ω

2）检查挡位传感器。电源挡位打到 ON 挡，从挡位传感器 G54 连接器后端引线或从挡位传感器 G55 连接器后端引线，测量线束端连接器各端子间电压或电阻，连接器端子如图 7-28 和图 7-29 所示，所测电压或电阻值应满足表 7-12 中所列正常值。

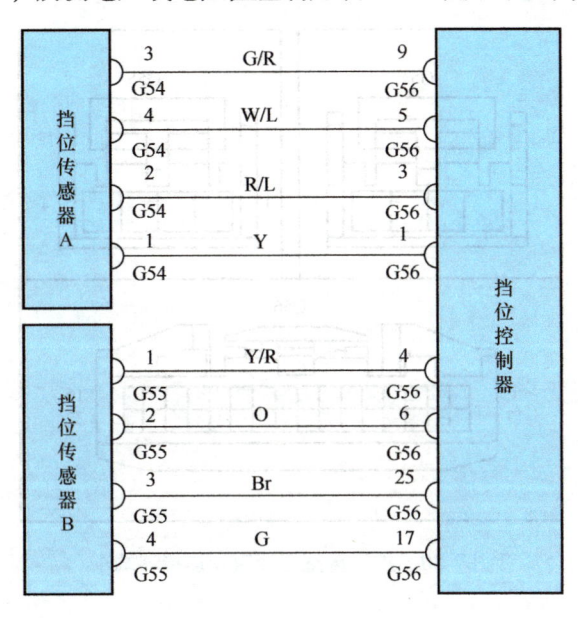

图 7-28　挡位传感器电路图

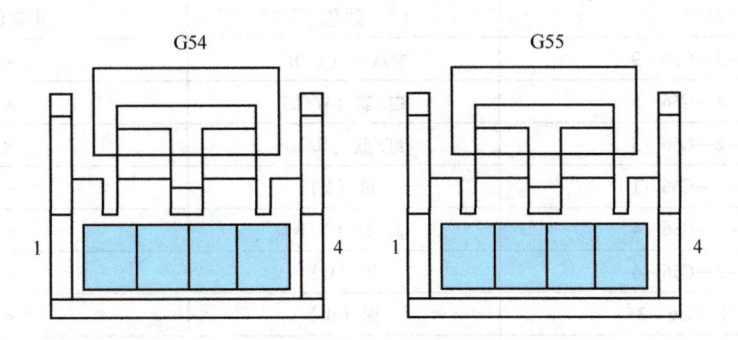

图 7-29　挡位传感器端子

表 7-12　挡位传感器端子电压或电阻正常值

端子	线色	条件	正常值	端子	线色	条件	正常值
G54-3—车身搭铁	绿或红（G/R）	始终	<1Ω	G55-1—车身搭铁	黄或红（Y/R）	变速杆转到 R 位	<1Ω
G54-4—车身搭铁	白或蓝（W/L）	变速杆转到 N 位	约 5V	G55-2—车身搭铁	橙（O）	变速杆转到 D 位	约 5V
G54-2—车身搭铁	红或蓝（R/L）	变速杆转到 N 位	约 5V	G55-3—车身搭铁	褐（Br）	始终	约 5V
G54-1—车身搭铁	黄（Y）	电源打到 ON 挡	约 5V	G55-4—车身搭铁	绿（G）	电源打到 ON 挡	约 5V

3）检查挡位传感器线束。拔下挡位传感器 G54 连接器、挡位传感器 G55 连接器、挡位传感器 G56 连接器，测量线束端连接器各端子间电阻，连接器端子如图 7-30 所示，所测电阻值应满足表 7-13 所列的正常值。

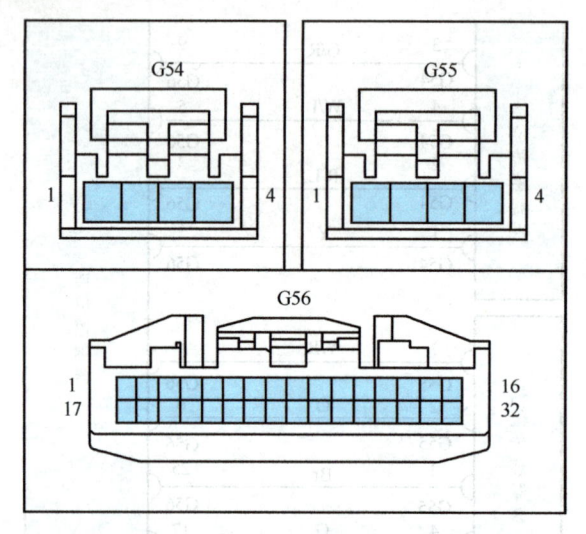

图 7-30　挡位传感器线束端连接器端子

表 7-13　挡位传感器线束端连接器端子电阻正常值

端子	线色	正常值/Ω
G54-3—C56-9	绿或红（G/R）	<1
G54-4—C56-5	白/蓝（W/L）	<1
G54-2—C56-3	红/蓝（R/L）	<1
G54-1—C56-1	黄（Y）	<1
G55-1—C56-4	黄/红（Y/R）	<1
G55-2—C56-6	橙（O）	<1
G55-3—C56-25	褐（Br）	<1
G55-4—C56-17	绿（G）	<1

（2）加速踏板位置传感器及其连接线束的检测

1）加速踏板位置传感器的检测。加速踏板位置传感器电路如图 7-31 所示，检测步骤如下：

① 电源挡位打到 ON 挡；

② 从传感器 B31 连接器后端引线；

③ 测量线束端连接器各端子间电压，连接器端子如图 7-32 所示，所测电压应满足表 7-14 所列正常值。

2）加速踏板位置传感器与电机控制器线束电阻的检测。拔下传感器 B31 连接器、传感器 B32 连接器，测量线束端连接器各端子间电阻，连接器端子如图 7-33 所示，所测电阻应符合表 7-15 中所列正常值。

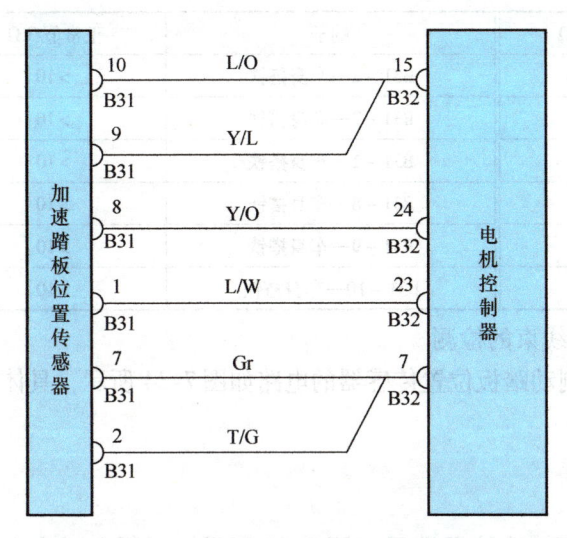

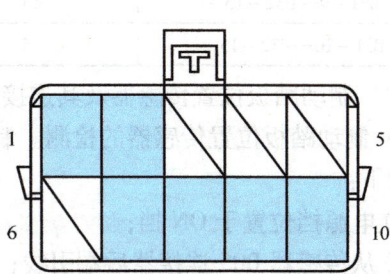

图 7-31　加速踏板位置传感器电路图　　图 7-32　加速踏板位置传感器端子

表 7-14　加速踏板位置传感器端子电压正常值

端子	条件	正常值/V
B31-1—车身搭铁	不踩加速踏板	约 0.66
B31-1—车身搭铁	加速踏板踩到底	约 4.45
B31-8—车身搭铁	不踩加速踏板	约 4.34
B31-8—车身搭铁	加速踏板踩到底	约 0.55
B31-2—车身搭铁	电源打到 ON 挡	约 5
B31-7—车身搭铁	电源打到 ON 挡	约 5
B31-9—车身搭铁	电源打到 ON 挡	<1
B31-10—车身搭铁	电源打到 ON 挡	<1

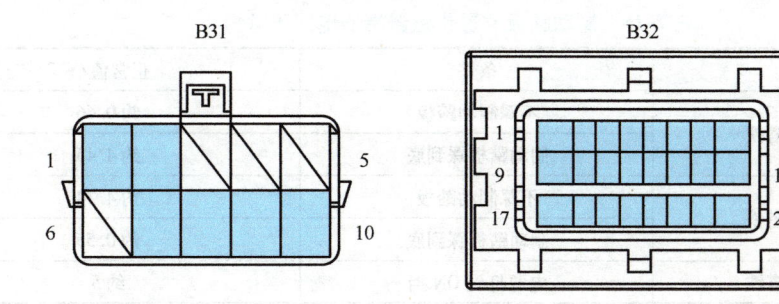

图 7-33　加速踏板位置传感器线束端连接器端子

表 7-15 加速踏板位置传感器端子电阻正常值

端子	正常值/Ω	端子	正常值/kΩ
B31-2—B32-7	<1	B31-2—车身搭铁	>10
B31-7—B32-7	<1	B31-7—车身搭铁	>10
B31-1—B32-23	<1	B31-1—车身搭铁	>10
B31-8—B32-24	<1	B31-8—车身搭铁	>10
B31-9—B32-15	<1	B31-9—车身搭铁	>10
B31-10—B32-15	<1	B31-10—车身搭铁	>10

（3）制动踏板位置传感器及其连接线束的检测

1）制动踏板位置传感器的检测。制动踏板位置传感器的电路如图 7-34 所示，具体检测方法如下：

① 电源挡位置于 ON 挡；

② 从传感器 B05 连接器后端引线；

③ 测量线束端连接器各端子间电压，连接器端子如图 7-35 所示，所测电压值应符合表 7-16 中所列正常值。

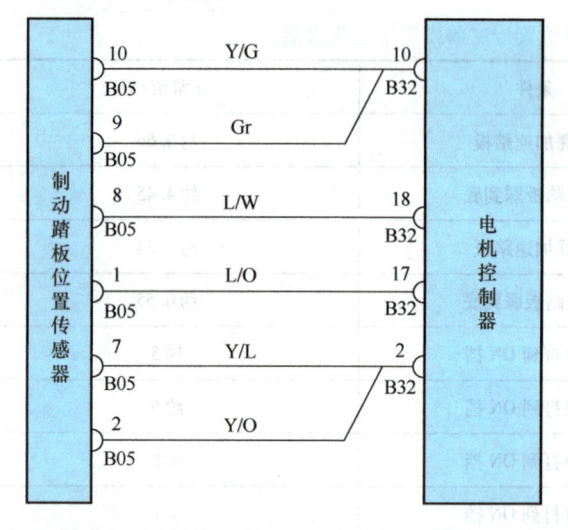

图 7-34 制动踏板位置传感器电路图　　图 7-35 制动踏板位置传感器端子

表 7-16 制动踏板位置传感器端子电压正常值

端子	条件	正常值/V
B05-1—车身搭铁	不踩制动踏板	约 0.66
	制动踏板踩到底	约 4.45
B05-8—车身搭铁	不踩制动踏板	约 4.34
	制动踏板踩到底	约 0.55
B05-2—车身搭铁	电源打到 ON 挡	约 5
B05-7—车身搭铁	电源打到 ON 挡	约 5
B05-9—车身搭铁	电源打到 ON 挡	<1
B05-10—车身搭铁	电源打到 ON 挡	<1

2）制动踏板位置传感器与电机控制器线束电阻的检测。拔下传感器 B05 连接器、传感器 B32 连接器，测量线束端连接器各端子间电阻，连接器端子如图 7-36 所示，所测电阻值应符合表 7-17 所列正常值。

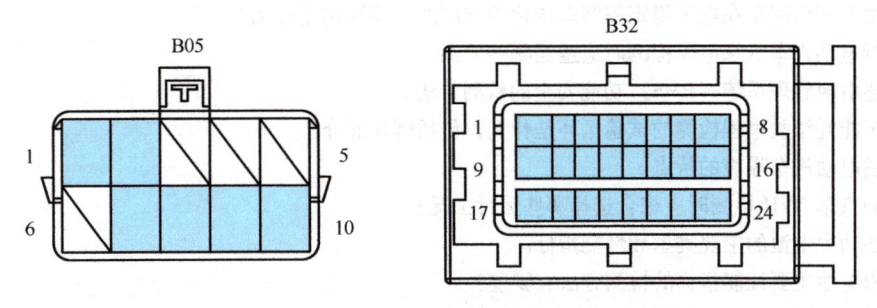

图 7-36　制动踏板位置传感器线束标准值图

表 7-17　制动踏板位置传感器端子电阻正常值

端子	正常值/Ω	端子	正常值/kΩ
B05－2—B32－2	<1	B05－2—车身搭铁	>10
B05－7—B32－2	<1	B05－7—车身搭铁	>10
B05－1—B32－17	<1	B05－1—车身搭铁	>10
B05－8—B32－18	<1	B05－8—车身搭铁	>10
B05－9—B32－10	<1	B05－9—车身搭铁	>10
B05－10—B32－10	<1	B05－10—车身搭铁	>10

2. 高电压系统检测

（1）高电压电路检测

1）断开被测量的高压导线连接器。

2）使用高压绝缘测试仪分别测量导线与车身间的电阻。

① 测量正极导线对车身电阻（测量电压 1000V），标准电阻应在 50MΩ 以上。

② 测量负极导线对车身电阻（测量电压 1000V），标准电阻应在 50MΩ 以上。

③ 测量两线之间电阻（测量电压 1000V），标准电阻应在 50MΩ 以上。

3）对于不符合要求的导线，需要更换新的高压导线。

（2）漏电传感器的检测

1）检查 12V 蓄电池电压及整车低压线束供电是否正常，标准电压值：11～14V。如果电压值低于 11V，需要更换 12V 蓄电池或检查整车低压线束。

2）在关闭点火开关的状态下，断开漏电传感器连接器。

① 测量漏电传感器供电电压，标准值在 9～16V。

② 测量漏电传感器搭铁电阻，标准值在 0.2Ω 以下。

③ 所测值不在以上范围的，需要继续检查传感器本身或连接电路。

3）使用诊断仪在电源管理器模块内读取漏电传感器数值，如不能正常读取，需要更换新的漏电传感器。

复 习 题

1. 电动汽车整车安全性技术检测包括哪些内容?
2. 乘用车和商用车在电子稳定控制系统检测方面的主要区别是什么?
3. 进行电动汽车绝缘电阻检测时应遵循哪些原则?
4. 简述电池管理系统(BMS)功能安全的检测方法。
5. 整车能耗续驶里程检测的试验循环是什么,包括哪几部分?
6. 简述电动汽车噪声的特点。
7. 电动汽车 NVH 检测时应综合选择哪些运行工况?
8. 简述动力电池的主要类型和性能指标。
9. 动力电池主要性能指标的检测方法有哪些?
10. 动力电池安全性检测主要包含哪些内容?
11. 电动汽车的充电装备有哪些?各有什么特点?
12. 电动汽车驱动电机的主要性能指标有哪些?
13. 以比亚迪 E6 车型为例,简述驱动电机控制器的检测内容。
14. 电动汽车整车控制系统的主要功能有哪些?
15. 以比亚迪 E6 车型为例,简述整车控制系统漏电传感器的检测方法。

参考文献

[1] 陈焕江. 汽车检测与诊断：上册 [M]. 3版. 北京：机械工业出版社，2012.
[2] 陈焕江. 汽车检测与诊断：下册 [M]. 3版. 北京：机械工业出版社，2014.
[3] 赵祥模，陈焕江. 汽车检测诊断技术 [M]. 北京：人民交通出版社，2022.
[4] 张建俊. 汽车诊断与检测技术 [M]. 5版. 北京：人民交通出版社，2021.
[5] 邱兆文. 汽车与环境 [M]. 北京：人民交通出版社，2021.
[6] 郭淑清. 汽车检测与诊断 [M]. 北京：机械工业出版社，2021.
[7] 赵英勋. 汽车检测与诊断技术 [M]. 北京：机械工业出版社，2020.
[8] 陈成法. 汽车检测诊断技术 [M]. 4版. 北京：北京理工大学出版社，2020.
[9] 刁秀明，等. 汽车发动机电控系统检修 [M]. 北京：机械工业出版社，2020.
[10] 毛彩云. 新能源汽车检测与诊断实验 [M]. 北京：北京理工大学出版社，2020.
[11] 吴志新，周华，王芳. 电动汽车及关键部件测评与开发技术 [M]. 北京：科学出版社，2019.
[12] 陈焕江，等. 汽车运用工程学 [M]. 2版. 北京：机械工业出版社，2018.
[13] 樊海林，李瑄葙，周茂杰. 电动汽车维护与检测 [M]. 北京：人民交通出版社，2018.
[14] 孙焕新. 汽车检测与诊断技术 [M]. 西安：西安交通大学出版社，2018.
[15] 刘国兵. 汽车检测技术 [M]. 西安：西安交通大学出版社，2018.
[16] 王盛良. 汽车发动机电控技术与检修 [M]. 3版. 北京：机械工业出版社，2017.
[17] 王盛良. 汽车故障诊断与检测技术 [M]. 3版. 北京：机械工业出版社，2017.
[18] 李江江，袁永超，许海华. 汽车发动机机械系统的检测与维修 [M]. 武汉：华中科技大学出版社，2017.
[19] 宁德发. 电动汽车结构原理检测维修 [M]. 北京：化学工业出版社，2017.
[20] 陈焕江. 汽车运用工程 [M]. 2版. 北京：人民交通出版社，2016.
[21] 崔胜民. 新能源汽车技术解析 [M]. 北京：化学工业出版社，2016.
[22] 王继宇. 汽车检测与故障诊断技术 [M]. 北京：电子工业出版社，2016.
[23] 邱兆文. 汽车节能减排技术 [M]. 北京：化学工业出版社，2015.
[24] 李清明. 汽车发动机故障分析详解 [M]. 2版. 北京：机械工业出版社，2015.
[25] 王锡坚，廖俊材. 发动机进气控制与故障诊断 [M]. 广州：华南理工大学出版社，2015.
[26] 沈锦. 汽车底盘构造与检修 [M]. 2版. 北京：机械工业出版社，2014.
[27] 胡光辉. 汽车自动变速器原理与检修 [M]. 3版. 北京：机械工业出版社，2012.
[28] 麻友良. 汽车电气系统结构与故障诊断精解 [M]. 北京：机械工业出版社，2012.
[29] 杨玲玲. 汽车转向、行驶与制动系统检测与维修 [M]. 北京：机械工业出版社，2012.
[30] 陈帮陆，等. 汽车发动机电控系统检修 [M]. 北京：国防工业出版社，2012.
[31] 赵国富，管恩进. 自动变速器结构原理与维修 [M]. 北京：机械工业出版社，2012.

参 考 文 献

[1] 陈家瑞. 汽车构造与拆装：上册 [M]. 3版. 北京：机械工业出版社，2012.
[2] 陈家瑞. 汽车构造与拆装：下册 [M]. 3版. 北京：机械工业出版社，2013.
[3] 戚厚福强，陈铭江. 汽车电器和电控技术 [M]. 北京：人民邮电出版社，2022.
[4] 朱明善. 汽车检修与检测技术 [M]. 5版. 北京：人民交通出版社，2021.
[5] 陈龙文. 汽车电控原理 [M]. 北京：人民交通出版社，2021.
[6] 黄海波. 汽车底盘电控系统 [M]. 北京：清华大学出版社，2021.
[7] 戚厚福. 汽车电控系统故障技术 [M]. 北京：机械工业出版社，2020.
[8] 陈家瑞. 汽车底盘构造与检修 [M]. 4版. 北京：北京理工大学出版社，2020.
[9] 刘常荫，等. 汽车电控技术应用与检修 [M]. 3版. 北京：机械工业出版社，2020.
[10] 张春华. 新能源汽车检修与检测技术教程 [M]. 北京：北京理工大学出版社，2020.
[11] 关宏志，刘凯，魏凯，等. 电动汽车及新能源汽车的原理与设计技术 [M]. 北京：科学出版社，2019.
[12] 薛国忠，等. 新能源汽车构造 [M]. 7版. 北京：机械工业出版社，2018.
[13] 黄靖林，车知新. 网联汽车、电动汽车电控与检修 [M]. 北京：人民交通出版社，2018.
[14] 刘东林. 汽车检修与检测技术 [M]. 西安：西安交通大学出版社，2018.
[15] 刘国臣. 汽车电控检修技术 [M]. 西安：西安交通大学出版社，2018.
[16] 王浩亮. 汽车发动机电控技术与检修 [M]. 3版. 北京：机械工业出版社，2017.
[17] 王阮杰. 汽车动力底盘电控系统检修 [M]. 3版. 北京：机械工业出版社，2017.
[18] 李江军，姜永利，王军强，等. 汽车发动机电控系统与信号原理与检修 [M]. 北京：清华大学出版社，2017.
[19] 罗俊芳. 电动汽车新技术及故障检测 [M]. 北京：化学工业出版社，2017.
[20] 赵英军. 汽车电器原理 [M]. 2版. 北京：人民交通出版社，2016.
[21] 白智辉. 新能源汽车技术及维修 [M]. 北京：化学工业出版社，2016.
[22] 王继文. 汽车电控自动底盘检修技术 [M]. 北京：电子工业出版社，2016.
[23] 陈忠义. 汽车智能控制技术 [M]. 北京：电子工业出版社，2015.
[24] 李海波. 汽车发动机电控系统与检修 [M]. 2版. 北京：机械工业出版社，2015.
[25] 杨胜兵. 新能源及其配套电控系统原理 [M]. 广州：华南理工大学出版社，2015.
[26] 张虎. 汽车电气检测与检修 [M]. 2版. 北京：航空工业出版社，2014.
[27] 徐汉东. 汽车自动变速器原理与检修 [M]. 3版. 北京：机械工业出版社，2012.
[28] 牛永亮. 汽车电子电路原理与故障诊断与检修 [M]. 北京：机械工业出版社，2012.
[29] 杨永生. 汽车结构. 汽车电控底盘系统原理与检修 [M]. 北京：机械工业出版社，2012.
[30] 郝宇卿，等. 汽车发动机电控系统原理 [M]. 北京：化学工业出版社，2012.
[31] 陈明军，李伯宇. 自动变速器故障诊断与维修 [M]. 北京：机械工业出版社，2012.